22日经历了第一个谷底15 460.72点（距离最高点的跌幅达25%），又于2008年10月29日达到最低的4 792.37点（距离最高点的跌幅达77%）。在这期间，恒生中国企业指数还经历了2008年3月19日这一阶段性谷底11 379.91点。这些下跌是在中国市场2005年中期到2007年10月翻了六倍之后发生的。

对2008—2009年泡沫的实时预测

2009年7月10日，根据本书中描述的LPPLS理论和方法，我们在国际科学文献预印本存档网站（international scientific archive arXiv.org）上发表了我们的预测结果：中国市场在2009年7月17日至27日之间崩盘的概率为60%，在2009年7月10日至8月10日之间崩盘的概率为80%。七天之后，我们又于2009年7月17日缩小了预测范围，我们预测当时中国股市于2009年7月19日至8月3日之间崩盘的概率为80%。2009年7月29日，中国股市经历了自2008年11月以来最严重的下跌，日内最高跌幅超过8%，开盘跳空低开幅度超过5%。之后市场反弹，于2009年8月4日触顶，然后经历了长达几周的暴跌。上证综指8月跌幅达22%，根据彭博社的统计，这一跌幅在全世界所有89个基准指数中名列第一，然而在这一年的上半年上证综指的涨幅却是第一名。在以后的四年里，中国股市带着巨大的波动一路向下，直到2014年7月又一个泡沫开始（见下文）。

我们把与对这两次泡沫的预测相关的研究写成论文[210]，合作者来自华东理工大学、在业界工作的比利时同事和我自己在苏黎世联邦理工学院的科研团队成员。这一骄人的成就全拜本书中介绍的LPPLS技术所赐。

LPPLS是指对数周期性幂律奇异性（log-periodic power law singularity）。正如第6章所介绍的，对数周期性是金融市场的离散层级或离散分形结构导致的可观测到的结果。也就是交易单位大小的层级和趋势跟随者与价值投资者之间的非线性互动所导致的结果。对数周期性这一重要现象与深刻而美丽的对称性密切相关，本书英文版的封面即是一例。又如第4章和第5章所介绍的，顺周期性和正反馈会导致特殊的加速趋势（使系统越来越偏离其稳态的趋势），我称之为"幂律奇异性"（power law singularity），因为在数学上这一性质可以被描述为在时域上的双曲幂律函数。在本书中，我只是简单地把对数周期性（log-periodic）和幂律（power law）结合起来，把这一模型称为对数周期性幂律（LPPL）模型。但最近，我决定在 LPPL 的后面加上 S，代表"奇异性"（singularity），这么做是为了消除人们的迷惑，因为幂律经常被用来形容金融回报率的厚尾分布，而这跟我们要讨论的幂律奇异性有很大不同。在由 LPPLS 理论定义的泡沫中，幂律奇异性并不是统计上的，它描述价格在某有限时间点前的超指数增长过程，而这一时间点就是区分泡沫生成期和崩盘期的奇异点。通过本书，读者将会了解到关于此类泡沫的生成及其后果的描述、量化、预测与建模的一般性框架。我认为金融泡沫的主要基本生成过程与模仿、跟风、自组织合作行为以及正反馈相关。这些内容都会在本书中详细介绍。它们都可能导致内生不稳定性的发展。根据这一理论，多数金融泡沫在其系统内自己发展出来，伴随着越来越强的不稳定性而走向成熟，并最终成熟于泡沫破裂和接下来的崩盘。本书发展了一整套理论来探索泡沫的真正根源，以及因股价增长不可持续的脚步而导致的崩盘。随着投机泡沫的发展，它会变得越来越不稳定并对任何干扰都非常敏感。很多一般被认为是可以有效解释崩盘的因素其实都具有误导性，它们是挡住森林的树。崩盘的真正原因是收敛于不稳定的状态。

LPPLS 理论并没有失灵，它现在至少依旧与 2003 年时一样管用和可信。它更像好酒，越陈越香。自我加入苏黎世联邦理工学院以来，LPPLS 理论受到过多次指责。2008 年 8 月，为了纠正人们对美国金融危机根源的不恰当理解，在我对危机不可预测这一广为流传的错误观点忍无可忍的情况下，我创建了金融危机观测站（Financial Crisis Observatory，FCO）。创建这一科学平台的目的是在大尺度上系统地测试和严格地验证一个假设：金融市场虽然存在一定程度的无效性，但它有可能被预测，尤其是在泡沫的生成期。事实上，在 2005 年 6 月，我与周炜星一起诊断出美国房地产市场正处于严重泡沫期，并预测崩盘时间为 2006 年中期，这一结论后来被证明是正确的。我们本质上不预测危机，但我们可以诊断出美国股票、商品期货、金融衍生品以及房地产的泡沫繁荣期。金融危机观测站建立的理论基础是本书中提到的崩盘的本质原因可以在之前几个月甚至几年被发现。市场协作性的逐步增强和投资者间有效互动的不断加强通常会导致市场价格的加速增长（泡沫）。金融危机观测站的目标就是在不同时间尺度下（每周、每月或每季度）为将来金融市场的不稳定性提供预警。它现在监控着包括全球所有地区（北美洲、欧洲、亚洲、非洲、南美洲等）的全部资产类别（股票、债券、期货、外汇和股指）的总共25 000种资产。任何人都可以在网站www.er.ethz.ch/financial-crisis-observatory.html上免费得到一部分分析结果和报告。其中包括每天更新的LPPLS指标和每月更新的全球泡沫状态报告。这些分析全都采用本书中所介绍的方法。

由于回测（back-testing）中总会有主观偏见，我在2009年开始了金融泡沫试验（financial bubble experiment，FBE），这是为了在实时状态下，尽可能多地消除任何可能的主观偏见以更有效地预测泡沫。事实上，一般研究人员总是不停微调他们的程序，这使得被预测的事件变成了移动目标。只有非常先进的预测才能避免数据透视以及其他后验统计偏差。过去十年中我的科研团队和其他相关学者致力于在FBE中严格地测试泡沫的可预测性。FBE中用到的主要概念和技术也在本书中有所介绍。FBE运用一种全新的方法来公布我们的预测。结果只能在被预测的事件结束之后发表，同时我们在做预测时所用的原始数据会被公开地、数字化地认证。既然我们的科学和技术涉及预测，最好的检验手段就是将预测结果发布，然后等着看该结果有多准确，不论这期间的等待是几天、几周还是几个月。同时我们又希望在被预测的事件完全过去之后再公开我们的结果，这样做是为了避免有关责任义务、道德规范和投机等方面可能面临的问题。我们把所有可以检测我们的预测方法的质量的预测结果同时发布。我们同时希望回应关于只挑成功案例发布的质疑，因此我们发布所有案例，不论该案例的成败，我们认为这样做是比较有说服力的。三份FBE的报告也可以在FCO的网站上找到。

2014—2015年的泡沫

从2014年7月开始到2015年6月破裂的中国市场泡沫又是什么情况呢？

大家可以先去FCO的网站（tasmania.ethz.ch/pubfco/fco.html）看看，我们的LPPLS泡沫指标早在2014年12月就非常清楚地检测到了这次泡沫，并识别出了这次泡沫上升过程中的两次主要修正和最后崩盘。图1（由我的两个博士生——来自巴西的Gil Demos和来自中国的张群——协助准备）给出了这一时间段内的上证综指走势和LPPLS分析结果。图中色谱曲线表示用LPPLS对上证综指在2014年12月至2015年5月25日（图中灰色区域的左边界）之间进行拟合的结果，这些曲线很好地体现了LPPLS模型是如何在2015年5月25日这个时间点提炼信息以得出以后可能的价格演变过程的。换用其他介于2015年5月和6月之间的时间点也能得出类似结果。不同颜色（在中文版中无法区分不同颜色。——译者注）的曲线表示根据距离纯LPPLS模型的偏差来分配加在每条曲线上的权重，这样可以使我们对LPPLS模型的校准更稳健。这些曲线与我们所希望看到的LPPLS结构匹配得很好。平滑的双峰曲线是在2015年5月25日这个时间点预计的临界时间 t_c 的概率分布。临界时间概率密度的第一个峰值与上证综指达到顶点开始回落的时间相吻合。而第二个峰值与指数下跌最快的时间相吻合。图1中的下半部分展示了上证综指的回报（相对价格变动，定义见第2章）以及对崩盘风险率（即在崩盘还没发生的条件下，单位时间内发生崩盘的概率）的较为稳健的估计。关于崩盘风险率该如何计算，需要参考本书介绍的理性预期泡沫的约翰森-乐度阿-索尔内特（Johansen-Ledoit-Sornette）模型，该模型认为崩盘风险率正比于LPPLS的瞬时回报。颜色从绿变到红表示崩盘风险率变强，即随着泡沫的发展，崩盘的危险越来越大（遗憾的是，书中无法体现出颜色的这种变化）。图1中的上半部分的插图是由LPPLS拟合的确定性成分决定的回报时间序列，也可以拿它来同下半部分做比较。这些输出仅仅是从LPPLS理论中可获得的信息的一部分。值得一提的是，这些结构曾在本书中被用来分析1929年10月的大崩盘以及20世纪许多地区的许多案例，而直到今天，它们依然适用于现代中国和西方的泡沫环境。当你读完本书之后，就再也不会为此而称奇了，因为你将理解LPPLS的由来，它深深地扎根于人脑和社会结构。学习、理性模仿、竞争和跟风的倾向都是人类的天性，而这些正是泡沫、出于政治目的的利率以及信用政策的原始引擎。

随着中国股市不断发展，本书的内容也变得越来越重要。通过将现阶段与美国过去20年来的经验进行对比，我们可以发现一些有用的信息。我们的研究成果表明，美联储（美国央行）在某种程度上正在被股市所"奴役"，因为美联储的利率落后于（而不是领先于）标准普尔500指数的价格变化1～3个月。这一结果与一般的经济学理论大相径庭，因为一般认为央行利率的变化是领先的，股票价格的变化是由央行利率的变化引起的。其原因是，利率从本质上讲是货币的"价格"。较高的利率使借贷更

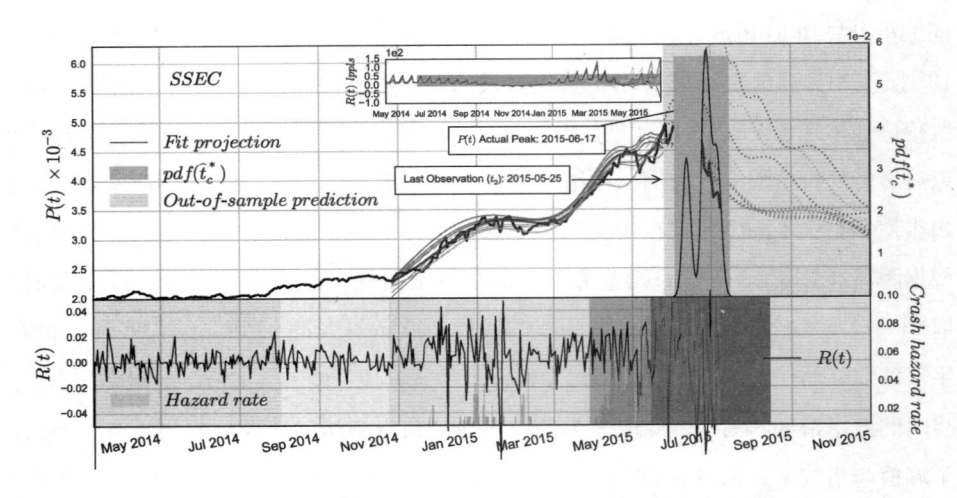

图 1 2014—2015 年的上证综指走势和 LPPLS 分析结果

贵，从而导致公司发展新项目的步伐变慢，也就拖累了经济发展。然而股票价格其实是领先的，即它是将来现金流的领先指标。为了预防利率上升，现在股票的价格变得更低。相反，较低的利率使信贷变得较为便宜，这催生了新项目的资金支持，也就加快了公司以及整个经济体的发展步伐。由于股票价格反映对将来经济表现的预期，股票价格以上涨来回应利率降低。然而实际上，在美国金融市场上发生的事情恰恰相反：美联储每次加息都是在股票价格上涨之后，而每次降息也都是在股票价格下跌之后。他们这么做的动机虽然不被正式承认，但仍非常明显地体现在美联储前任和现任主席的声明中：繁荣的股票市场让每个投资者都感觉更加富有，由于股票的抵押更加值钱，公司也有更强的借钱能力。经济体和消费者普遍带有乐观情绪。换句话说，在市场繁荣的时候，大多数人都对将来充满希望，也就在实际行动中表现得非常正面，这就变成了自我强化……至少在下次泡沫破裂之前会是这样。因此，自 2008 年金融危机以来，美国股票市场在抬升美国经济中扮演着至关重要的角色。毫不夸张地说，自 2009 年 3 月以来的美国股市的优异表现主要是由美联储策划的，而与真正应该充当动力的角色——实体经济关系不大。在过去几年中，中国金融市场也在经历类似的转换。比如说，在 2015 年 6 月 17 日开始的崩盘中，中国政府动用了一系列非常规手段去阻止崩盘，其中包括 2015 年 7 月 8 日，中国央行声明要帮助维护市场稳定，同时证监会禁止公司高管和主要股东减持自家股票。股市对中国及其经济、对投资者和公众、对中国政府都变得日益重要，其原因在于：首先，由于财富效应①机制（wealth effect mechanism）和股市成为公司募资的主要手段，市场表现与经济增长的关联性日益增强。这一趋势体现在国企的私有化进程、对银行贷款依赖性的减小，以及资产定价水平通过运转良好的股市得到了大幅提高上。其次，从人民币国际化的中期目标来说，股市升值有助于吸引境外投资者。抬升中国股市还有另外的政治原因，即回馈那些响应政府政策而把钱从内部关联利益以及繁荣的房地产市场转移到股市的中国精英们。股票市场与成功企业的"中国梦"以及中国特色的市场经济密不可分。在中国公众眼中，这二者的成功体现于股票市场的地位日益重要和估值持续提升。

我非常感谢闫晚丰博士、林黎博士和美国肯恩大学助理教授柯冬敏博士认真细致的翻译工作。

闫晚丰现在在日内瓦一家瑞士最大的私人银行工作，他是我最有才华的博士生之一。他于2011年8月从苏黎世联邦理工学院毕业，我们一起做了许多对LPPLS架构的重要拓展。

林黎现在华东理工大学任教，他曾经于2010年在我的科研小组访问过一年。我们一起开发了LPPLS模型的重要变形，使我们得以在更广泛的数学环境下探索泡沫模型。

我之前强调LPPLS理论自2003年以来并没有过时，但这并不代表故事已经结束。虽然我已经花了将近20年时间来研究这一理论，但我依然很开心地告诉大家：我还可以找到像璀璨的珠宝般的、可用于拓展和加强LPPLS理论的新的领悟。读者可能可以从图1中感觉到，仅在2015年，我和我的组员们就将LPPLS模型又向前拓展了一大步。这正是做科研的乐趣所在，它从来不会终结，总是会有美好的新事物等待着我们去发现。通过这本书，我确定作为中国读者的你可以从中找到研究股市理论的新的灵感并获得新的洞见。

迪迪埃·索尔内特
于苏黎世

---

① 财富效应指由于货币政策的实施引起的货币存量的增加或减少对社会公众手持财富的影响效果。人们的资产越多，消费欲望越强。这里指人们的财富及可支配收入会随着股价上升而增加，此时人们更愿意消费。——译者注

序言 | Why Stock Markets Crash

像很多人一样，我发现股市让人心醉神迷。市场有着丰厚回报的潜力和多彩有趣的个性，最近因互联网的诞生更加引人入胜，这些都与我们内心的赌徒天性相共鸣。它的惩戒力和喜怒无常的脾气使得投资者有时会以敬畏之心看待股市，尤其是在股市崩盘的时候。在这些事件之后的恐慌和自杀的故事已经成为流传于市场的民间传说。股票市场所展示的丰富模式可能诱惑着投资者通过使用或提炼一些知情的对冲（informative hedge）来试图"击败市场"。

然而，股市并不是调皮或愚蠢赌徒的"赌场"。它根本上是流动性交换的一个载体，可以让资本主义的自由竞争市场发挥其有效功能。

如图0-1及表0-1所示，世界市场总市值从1983年的3.38万亿美元上升至1998年的26.5万亿美元，再到1999年的38.7万亿美元。为了对这些数字有个更好的概念，1999年美国财政预算是1.7万亿美元，而其1983年的预算是8000亿美元。2002年美国的预算估计将达到1.9万亿美元。市场总市值和交易量在20世纪90年代翻了3倍。证券发行量则扩大了6倍。私有化在股市成长中扮演了一个关键的角色[51]。投资股市显然是最火爆的游戏。

1987年10月在世界绝大多数股票市场同步发生的市场崩盘使相当于数万亿美元瞬时从人间蒸发。以2001年10月的价值来看，在股市度过将近两年的凄惨时光之后，全世界市场总市值缩减为仅仅25.1万亿美元。一个30%的股市崩盘仍然相当于7.5万亿美元的绝对损失。市场崩盘因此可以在一瞬间吞噬掉人们多年积攒下来的养老金和积蓄。这些崩盘会不会只是大衰退的先声或是导火索，而我们将遭受更大的痛苦，就像1929年10月大崩盘发生后的1929—1933年？或者它们会不会导致金融和银行体系的总体崩溃，就像在还不太遥远的过去里曾几次三番勉强避免发生的那样？

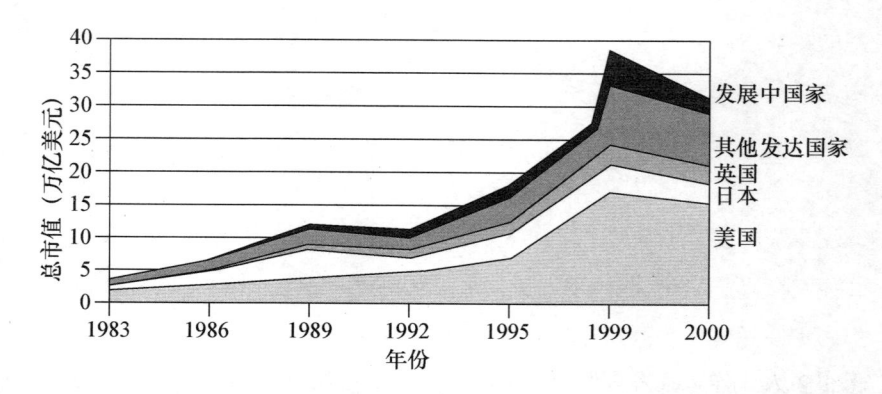

图 0-1 世界市场从 1983 年至 2000 年的总市值。由上而下依次为发展中国家（图中所示的位于顶端的带形）、其他发达国家（美国、日本和英国除外）、英国、日本和美国（位于底部的带形）。一万亿定义为一百万的平方。经 Boutchkova 和 Megginson [51] 授权复制

表 0-1 世界股市交易量的增长（1983—1999）（交易价值单位为万亿美元）。注意在 1990 年底达到顶点的日本泡沫：大约在这一时间，日本股市的交易量超越了美国市场！这一泡沫从 1990 年开始紧缩，最后损失了大约 60% 的价值。另外值得注意的是美国的市场交易量现在占到世界交易量的二分之一强，而在 1989 年占比少于三分之一。经 Boutchkova 和 Megginson [51] 授权复制

国家	1983	1989	1995	1998	1999
发达国家	1 203	6 297	9 170	20 917	35 188
美国	797	2 016	5 109	13 148	19 993
日本	231	2 801	1 232	949	1 892
英国	43	320	510	1 167	3 399
发展中国家	25	1 171	1 047	1 957	2 321
世界合计	1 228	7 468	10 216	22 874	37 509

股票市场崩盘之所以如此令人着迷，也在于它们体现了一类被称为"极端事件"的现象。极端事件是许多自然和社会系统的特征，这些系统经常被科学家们称为"复杂系统"。

本书是一个故事，一个关于如何借用现代科学中最前沿和最复杂的概念来理解金融崩盘的科学故事，即复杂系统和临界现象理论。本书首先是为好奇而聪明的外行读者而写，也同样适用于希望对自己的投资有更多控制的感兴趣的投资者。本书也可以用于鼓励那些对复杂系统理论感兴趣或从事该理论工作的科学家和研究人员。这一任务相当有野心。我的目标是覆盖这样的一个领域，可以将我们从描述我

们周遭的精彩组织如何发生，一路带到崩盘预测的最高目标。这是一项相当艰巨的任务，尤其是当我试图避免使用技术性的数学语言时。

一方面，股市崩盘为探索自组织系统的精彩世界提供了一个契机。股市崩盘是在自组织系统中极端事件戏剧性自然出现的例证。股市崩盘确实是承载需要与我们这个充满风险的世界打交道的重要思想的完美媒介。这里"世界"一词有几层含义，因为它可以是物理世界、自然世界、生物世界，甚至是内在的智力和心理世界。不确定性和易变性是描述我们千变万化的周边环境的关键词。停滞和均衡是幻觉，动态和非均衡才是规则。寻找平衡和永恒不变总将流于失败。

这个信息还可以更进一步，确认意识到像重大金融崩盘等极端事件的自组织/无组织角色的至关重要性。除了显而易见的社会影响之外，本书的基本思想是认可从一个静止状态到危机或灾难性事件的突然转变为我们提供了系统动力学机制最显著的印记。我们生活在一个有断续动态变化的星球上和社会中，绝非处于静止状态（用科学家的行话来说就是"均衡"）。所以我们日渐迫切需要使公民能敏感意识到各种不同形式的断裂带来的影响和重要性。金融崩盘在引入这些概念方面提供了一个卓越的例子，因为这已经超越了学者们的学术小圈子。

另一方面，市场崩盘提供了我们都想要预测的许多事件的精彩案例。时间之箭不可阻挡地将我们投射向不确定的未来。预测未来抓住了所有人的想象力，这也许是最大的挑战。"先知"们因为他们对未来的洞察力曾经在历史上惊吓到或者是启发了大众。科学在以专注于另一种形式的预测来尽量规避这个问题，即对全新现象进行预测（而非对未来进行预测），比如爱因斯坦对太阳引力场可以引起光线偏离的预测。在这里，我并不逃避这个巨大的挑战，我的目标是展示针对这一问题的一种科学方法如何提供不同寻常的洞见。

本书共分 10 章。前 6 章提供了理解大型金融崩盘为什么以及如何发生的背景知识。

第 1 章介绍了一些基本问题：崩盘是什么？它们是如何发生的？它们为什么会发生？它们什么时候发生？第 1 章概述了我给出的答案，并引用了一些著名的或非著名的历史性崩盘作为例证。

第 2 章描述了股票市场的基本特征，以及价格从一个时刻到下一个时刻的变化方式。这为我故事的主角们——大崩盘——表演的大舞台给出了一个总体框架。

第3章首先讨论了标准分析方法在描述崩盘如何特殊时的局限性。然后描述了对回撤（即连续损失的回合数）频数分布的研究，并且证明了大型金融崩盘是"异常值"：它们形成了自身的一个类别，这从它们的统计学特征上可以看出来。这个相当学术化的讨论可以由结果来验证：如果大型金融崩盘是"异常值"，那么它们就是特殊的，因此便需要一个特殊的解释，一个特殊的模型，即为它们所独有的一种理论。而且，它们的特殊性质可能被用于对它们自身的预测。

第4章揭示了引起正反馈（即自我强化）的主要机制，例如投资者之间的模拟行为和"羊群效应"。正反馈为投机泡沫的成长提供了动力，为大崩盘的不稳定性推波助澜。

第5章展示了投机泡沫及崩盘的理性模型的两个版本。第一个版本认为崩盘风险在于驱动市场价格。由于"噪声交易者"（即在几乎没有信息的情况下进行交易的人，即使他们认为自己"知情"）的集体行为，崩盘风险有时可能会飞涨。第二个版本则反转逻辑，认为价格驱动了崩盘风险。价格有时会猛涨，也是源自投资者的投机或模仿行为。根据理性预期模型，这一结果自动带来了崩盘概率的相应增长。最重要的信息是发现了通往崩盘之路的稳健性和普遍性特征。对于所有发达和发展中国家的股票市场、货币市场等几乎所有的崩盘，这些前兆模式都已经被记录在案。

第6章则退后一步，说明了分形、自相似、复分形维度及与其相关的离散自相似等一般概念。第6章展示了这些不同寻常的几何和数学对象如何使我们得以整理包含于大崩盘前的前兆模式之中的信息。

最后四章详细记录了这一发现，并展示了如何使用这一洞见及从这些模型中得到的详细预测来预测崩盘。

第7章分析了在世界主要股票市场上已经发生过的大崩盘。该章描述了崩盘的临界对数周期前兆特征具有普遍性的实证证据。

第8章将这一分析扩展到新兴市场，包括六个拉丁美洲股票市场指数（阿根廷、巴西、智利、墨西哥、秘鲁及委内瑞拉）和六个亚洲股票市场指数（中国香港、印度尼西亚、韩国、马来西亚、菲律宾及泰国）。该章也讨论了在大型国际事件发生之后市场之间存在着间歇的强相关性。

第 9 章阐述了如何预测崩盘以及其他重大市场事件，并详细检验了预测技能及其局限性，特别是在可见范围和预测精度方面。详尽地分析了数个案例并仔细计算了成功和失败的数目。第 9 章还提出了"反泡沫"的概念，将日本从 1990 年年初至今的崩溃作为一个突出的例子。这个发表于 1999 年 1 月的预测结果直到现在还有非常强的准确性，它成功地预测了好几次趋势变换。众所周知，这对一般的经济学预测技术来说是非常难的。

最后，第 10 章通过扩展分析，实现了时间尺度覆盖成百上千年的重大跨越。它分析了整个美国金融史，以及过去两千年的世界经济和人口动态，以证实存在强烈的正反馈，其表明在 2050 年左右存在潜在的有限时间奇异点，它标志着在 2050 年左右，世界经济和人口会出现一次根本性的改变（一次超级崩溃？）。我们可能正开始看到这个阶段改变的特征。我提出了三个主要的场景：崩溃，向可持续发展过渡，超人。

本书有一些技术性插页作为补充，它们有时会用点数学，在第一次阅读或快速阅读时可被跳过不读。它们提供深入一个论点的补充，或作为有用的附加信息。伴随文字的还有很多图，因为正如谚语所说，一幅图胜过千言万语。

本书中的故事有不寻常的起源。其根源可以追溯到 20 世纪 60 年代的先驱性科学家们，如 Ben Widom（现康奈尔大学教授）、Leo Kadanoff（现芝加哥大学教授）、Michael Fisher（现马里兰大学教授）、Kenneth Wilson（现俄亥俄州立大学教授和 1982 年诺贝尔物理学奖得主）以及许多其他探索和建立自然科学中的临界现象的理论的人。我要感谢 Pierre-Gilles de Gennes（现任职于法兰西学院，1991 年诺贝尔物理学奖得主）和 Bernard Souillard（当时是巴黎综合理工学院帕莱索分校的法国国家科学研究中心的研究主管），因为在最令人兴奋的那一学年（1985—1986 年），我在巴黎做他们的博士后。在那里，我开始学习如何完善对临界现象进行思考的艺术，并将这一领域的知识应用到最复杂的情况。我也很珍惜通过与 Thomson-Sintra 公司（现 Thomson-Marconi-Sonars 公司）的 Michel Lagier 合作所获得的扩大我的应用科学视野的绝佳机会，这段合作开始于 1983 年我服兵役时，并一直延续到了今天。在过去的二十年中，他经久不衰的友谊和善意的支持，对我来说意味着很多。

1991年，我迎接了令人兴奋的挑战，即如何预测芳纶纤维基体和碳基做成的压力罐的失效，它们是欧洲的 Ariane 4 和 Ariane 5 火箭的重要组成部分，并被应用在卫星的加速器中。我意识到，复合材料结构的破裂可被理解为一种带来特定的可被预测的临界行为的合作现象（见第 4 章和第 5 章，将这些理论用在金融崩盘上）。在这种环境下，我发现了幂律和相关复指数以及对数周期模式，我将在本书特别是第 6 章中讨论。一个可预测的算法现已申请了专利，现在在欧洲被成功地作为常规性地检查这些压力罐进入太空的标准程序使用。我要感谢 Jean-Charles Anifrani（现任职于欧洲直升机公司）和法国波尔多的马特拉太空公司（现 EADS，是欧洲的 Ariane 火箭的总承包商）的 Christian Le Floc'h，感谢他们富有启发性的合作及提供了这个绝佳的机会。

几年后，Anders Johansen、Jean-Philippe Bouchaud 和我意识到，金融崩盘可被视为类似于市场的"破裂"。Anders Johansen 和我开始系统地探讨这些思路及方法在这方面的应用。本书中描述的就是之后发生的事情。在这次冒险中，现在任职于哥本哈根的玻尔研究所的 Johansen 扮演了一个非常特殊的角色，因为他首先作为我在尼斯的学生已陪伴了我两年，之后，又在加州大学洛杉矶分校的博士后流动站与我共事了两年。这项工作的相当大部分在很大程度上应归功于他，因为他在我们的共同工作中完成了大部分的数据分析。我很高兴与他分享了那些激动人心的时刻，当时我们似乎在独自对抗所有人，试图记录和证明这一发现。如今这种情况已有所改变，作为一个吸引了越来越多学者甚至更多的专业人士和从业人员的课题，它有着主题生动的健康的辩论，特别是与微妙而敏感的崩盘预测问题相关（更多的讨论参见第 9 章和第 10 章）。我希望本书能够在这方面提供帮助。

我也感谢与 Jorgen V. Andersen 的卓有成效和鼓舞人心的讨论及合作，现在与我在巴黎南泰尔大学（University of Nanterre, Paris）和法国尼斯大学（University of Nice）共同工作，一起为拓展第 5 章中的泡沫和崩盘模型而努力。我还要提到加州大学洛杉矶分校安德森商学院的 Olivier Ledoit。第 5 章中描述的第一个理性泡沫和崩盘的模型在很大程度上要归功于我们一起的讨论及工作。其他密切的合作者还有加州大学洛杉矶分校的 Simon Gluzman、Kayo Ide 和周炜星，他们和我一起参加了对金融市场及其崩溃的建模的研究。我还必须特别提到德国科隆大学的 Dietrich

Stauffer，作为数个国际学术期刊的主编，他在帮助我们打破常规的论文审查使之得以发表的过程中起到了关键作用。Dietrich Stauffer 机智、做事干脆利落、率真而富有幽默感，他一直对我们非常支持且给予了大量帮助。他也是第 9 章中对日本日经股市的预测的一位独立的见证人。

我也感谢南加州大学的 Yueqiang Huang、加州大学洛杉矶分校的 Per Jögi 和 Matt W. Lee、巴黎–默东天文台的 Laurent Nottale、尼斯大学的 Guy Ouillon，以及南加州大学的 Hubert Saleur 和 Charlie Sammis，感谢他们在对数周期性上的富有启发性的互动和讨论。我要感谢莫斯科地震预测理论和数学地球物理学国际研究所的 Vladilen Pisarenko，他提供了在统计测试的科学和艺术方面的大量建议及洞见。我要感谢俄克拉何马大学的 Bill Megginson 帮助获得全球市值的数据。阿姆斯特丹大学的经济金融非线性动力学中心的 Cars Hommes 和英国牛津大学的 Neil Johnson，是本书初稿的审稿人，我由衷地感谢他们善意又有建设性的意见。我感谢 Jorgen Andersen 和 Paul O'Brien 对稿件的批判性的阅读。2000 年 12 月，我在旧金山的一次美国地球物理联盟的会议上遇到了 Joseph Wisnovsky，他是普林斯顿大学出版社的主编，从一开始，他的热情和支持就对本书最终结晶提供了必不可少的帮助。周炜星在准备封面的分形螺旋图片上帮助颇多，Beth Gallagher 非常仔细地更正了手稿，对此我深表谢意。

我非常感谢 2000 年 James S. McDonnell 基金会授予的"复杂系统研究"奖。最后，我要感谢法国国家科学研究中心（CNRS），自 1981 年以来，正是由于该中心莫大的支持，我才能在法国和国外完全自由地从事研究。自 1996 年以来，加州大学洛杉矶分校的地球物理和行星物理研究所及地球与空间科学系，为我提供了新科学机遇、合作及支持。

我希望我在这一研究过程中感受到的喜悦、兴奋以及奇妙的感觉，至少有一部分能够为读者们所共享。

迪迪埃·索尔内特
2001 年 12 月于洛杉矶和尼斯

目录

第1章 金融市场崩盘简介 // 1
  1.1 什么是崩盘？我们为什么要关心它？ // 1
  1.2 1987年10月的崩盘 // 2
  1.3 历史上的崩盘 // 4
  1.4 复杂系统中的极端事件 // 12
  1.5 预测可行吗？尚待证明的假说 // 15

第2章 金融市场基础 // 21
  2.1 基本概念 // 22
  2.2 有效市场假说和随机游走 // 32
  2.3 风险收益权衡 // 40

第3章 金融市场崩盘是"异常值" // 42
  3.1 什么是"异常的"回报 // 42
  3.2 回撤 // 44
  3.3 股指回撤的分布 // 51
  3.4 异常值的出现是正常现象 // 59
  3.5 崩盘和反弹的不对称性 // 65

3.6　股市安全标准的含义　// 68

第4章　正反馈　// 70
4.1　经济学中的反馈和自组织　// 72
4.2　对冲衍生品、保险组合和理性恐慌　// 76
4.3　羊群行为和群体效应　// 78
4.4　模仿的力量　// 84
4.5　"反模仿"和自组织　// 96
4.6　模仿导致的合作行为　// 102

第5章　金融泡沫和市场崩盘的建模　// 113
5.1　模型是什么　// 113
5.2　金融模型的构建策略　// 114
5.3　风险驱动模型　// 127
5.4　价格驱动模型　// 137
5.5　风险驱动与价格驱动模型的比较　// 143

第6章　等级、复分形维度和对数周期性　// 145
6.1　由等级网络中的模仿造成的临界现象　// 146
6.2　等级系统中对数周期性的根源　// 157
6.3　非线性趋势跟随与非线性动态基本面分析　// 182

第7章　重要金融崩盘的剖析：普适指数与对数周期性　// 190
7.1　1987年10月的崩盘　// 190
7.2　1929年10月的崩盘　// 200
7.3　1987年、1994年和1997年的香港市场崩盘　// 203
7.4　货币市场崩盘　// 213
7.5　1998年8月的崩盘　// 217

目　录

7.6　对数周期性的非参检验　// 219
7.7　终结"电子繁荣"的 1962 年"慢速"崩盘　// 222
7.8　2000 年 4 月的纳斯达克崩盘　// 225
7.9　"反泡沫"　// 230
7.10　综合分析：股票市场的"涌现"行为　// 233

第 8 章　新兴市场的泡沫、危机和崩盘　// 235

8.1　新兴市场的投机泡沫　// 235
8.2　方法论　// 238
8.3　拉丁美洲市场　// 239
8.4　亚洲市场　// 249
8.5　俄罗斯股票市场　// 255
8.6　市场之间的相关性：经济危机蔓延和泡沫破灭同步化　// 259
8.7　缓解危机的启示　// 264

第 9 章　预测泡沫、崩盘以及反泡沫　// 268

9.1　预测的本质　// 268
9.2　如何开发并阐释对数周期性的统计学检验　// 272
9.3　预测的基本原则　// 276
9.4　预测机制的层级　// 281
9.5　前向预测　// 284
9.6　前向预测的现状　// 291

第 10 章　2050 年：增长时代的终结？　// 299

10.1　股市、经济和人口　// 299
10.2　"自然"科学家的悲观观点　// 301
10.3　"社会"科学家的乐观观点　// 302
10.4　对人口、国内生产总值和金融指数的超指数增长的分析　// 304

10.5　进一步分析　// 311

10.6　"奇点"的场景　// 322

10.7　向股市中的行为日益靠近的倾向　// 331

参考文献　// 333

第 1 章
金融市场崩盘简介

1.1 什么是崩盘？我们为什么要关心它？

股市崩盘是学术界和金融从业人员共同关心的重大金融事件。根据被学术界所认可的有效市场假说，只有当极端重大的新闻发布时，才会诱发崩盘。但事实上，即使是事后最彻底的分析也不能说明通常是哪一条新闻诱发了崩盘。对崩盘的恐惧是交易员和投资者永久的压力来源，每一次股市崩盘都会无情地夺去其中一些人的生命。

绝大多数解释崩盘的途径都只是搜寻在极短时间尺度（数小时、数天、数周）上可能的机理或效应。本书提供了一种与之前完全不同的观点：股市崩盘的根本原因在其发生前的数月或数年就已经显现——市场协调性的逐步建立和投资者之间的有效互动经常会转化为股票价格的加速上升（泡沫）。根据这一"重要"观点，股市崩盘的具体形式并不是十分重要：发生崩盘是因为市场进入了一个不稳定的阶段，在这种情况下任何一个很小的扰动和流程都可能引发市场剧烈变动。这就像把一把尺子立在手指上：这种非常不稳定的状态最终会导致尺子倒下来，而这却可能是由手的轻微移动（或者没有恰当地移动去维持平衡）直接造成的，抑或是细微空气流动的直接结果。尺子倒下来的根本原因是它极不稳定的位置；而直接促成它倒下来的因素都是次要的。同样的道理，在接近临界点时，市场敏感性的增强和不稳定性的增加可以解释为什么众多对崩盘的局部来源阐释的尝试之间差异会如此巨大。从根本上说，这些尝试只要在市场崩盘时机成熟的时候就可能合理。本书将展示崩盘从根本上说有一个发自内部的根源，外来的刺激只是诱发因素。因而，崩盘之源比预想的要隐蔽得多，崩盘是市场作为一个整体，自组织地逐步形成的。从这个意义上来说，系统的不稳定性可以被看作崩盘的真正原因。

各国政府、中央银行和管理机构高度关注系统的不稳定性［103］。20 世纪 90 年代一个一再被人们提及的问题是：由全球化的信息技术革命驱动的经济是不是已经超越了 20 世纪 50 年代所制定的一些规范，并创建了为"新经济"制定一系列新规范的必要性？那些持有这一疑问的人通常认为 1997 年之后的系统不稳定性（甚至早至 1994 年墨西哥金融危机）证明了后第二次世界大战时期规则现在已经不再适用。他们认为第二次全球化进程会遭受与第一次一样的命运。在这种极其脆弱的全球化经济下，把一个扳手扔进世界金融机器会造成多大的损害呢？权威机构巴塞尔银行监管委员会（Basle Committee on Banking Supervision）建议［32］：处理系统问题时要从两方面着手，一方面要发现在金融系统中过分自信所带来的风险及其在其他机构间的蔓延，另一方面要尽量减小对市场信号和纪律的扭曲。

本书的核心正是基于不完全信息下的信心、蔓延以及决策的动力行为。这些动力将引导我们去思考如下一些问题：崩盘背后的机制是什么？我们能预测崩盘吗？能控制吗？或者至少对它有一些影响？崩盘是否表明了世界金融体系中存在着很大的不稳定性？怎么做才能去除或抑制这些不稳定因素？

1.2　1987 年 10 月的崩盘

在从 1987 年 10 月 14 日开盘到 10 月 19 日收盘的短短几天时间里，美国所有主要股票指数都下跌了 30% 以上。同时，全球的主要市场也都在当月出现了显著的下滑。相较于各个国家股指收益率不高的相关性和它们市场结构的巨大差异这两个事实来说，全球市场同时普遍下跌显然是一个意外事件［30］。

以当地货币为衡量单位，下滑最少的经济体是奥地利（-11.4%），而下滑最多的经济体是中国香港（-45.8%）。23个主要工业经济体（澳大利亚、奥地利、比利时、加拿大、丹麦、法国、德国、中国香港、爱尔兰、意大利、日本、马来西亚、墨西哥、荷兰、新西兰、挪威、新加坡、南非、西班牙、瑞典、瑞士、英国和美国）中的19个股指跳水幅度大于20%。跟一般的想法不同，美国不是第一个急剧跳水的国家。除日本外的亚洲市场在当地时间10月19日率先开始跳水，紧接着一些欧洲市场开始受到影响，然后波及北美洲，最后日本也深陷其中。然而，早在前一周的后半段上述市场中的大多数就已经有了非常显著的下滑。除美国和加拿大外，其他所有的市场都持续下行，直至当月月底，而且其中一些的下跌幅度甚至与10月19日的崩盘幅度持平。

人们从交易特点和市场结构这两方面着手，进行了大量工作去揭示崩盘的秘密。然而可惜的是，并没有找到任何明显的原因。值得指出的是，在1987年10月股市大崩盘之前，许多国家的市场都经历了至少9个月的前所未有的大幅度上涨。以美国为例，美国市场在崩盘前9个月的累计涨幅高达31.4%。一些评论员认为10月的大崩盘是因为在这之前股市的过分上扬造成的投机泡沫。

我们把现有的主流解释都罗列如下：

（1）计算机辅助交易。计算机辅助交易又称程序交易，人们通常利用它在股市中某种趋势十分明显的时候自动下单，尤其是在遭受损失后自动下卖单更为普遍。但是，在1987年美国股市崩盘期间，其他一些没有用计算机辅助交易的市场也发生了崩盘，某些市场的下跌幅度甚至比美国的还大。

（2）衍生证券。股指期货和衍生证券被认为增加了美国股票市场的波动性、风险和不确定性。但是在1914年、1929年和1962年股市大崩盘的时候还没有这些技术。

（3）流动性缺失。在崩盘期间，大量的卖单不能被现有的金融市场交易机制消化。10月19日很多普通股直到接近中午才开始交易，只因为在这之前一直找不到足够多的买方去以卖方想要抛售的价格购买股票。因为投资者过高估计了交易量，这种流动性不足也许对股票价格下降的幅度有明显作用。但是资本市场的流动性不足这一观点的缺点在于，它不能解释为什么那么多的人在同一时间决定卖出股票。

（4）贸易逆差和预算赤字。1987年第三季度美国的贸易逆差和预算赤字达到了自1960年以来的最高水平，这让投资者担心相对于其他国家的证券，美国股票会下跌。但是如果美国的巨额预算赤字是原因，那么其他国家的股票为什么也会跟着下跌呢？从逻辑上讲，如果事先没有期望到的贸易逆差对一个国家是一件坏事，那么对这个国家的贸易伙伴来说，它必然是一件好事。

（5）过高估价。很多分析师承认1987年9月的股票市值被高估了。市盈率和本利比当时正处在历史最高水平。不过在1960—1972年市盈率也处在同样的水平，却没有诱发崩盘。可见并不是每次高估都会诱发崩盘。

其他可能的原因涉及拍卖系统自身、价格波动限制存在的合理性、保证金的监管要求、场外和市后交易（连续拍卖和自动报价）、场内经纪人被禁止用自己的账户投资、现金市场相对于远期市场的交易程度、交易商的身份（从属于哪一家银行或者证券公司），以及巨额的交易税等。

即使进行更多基于上述多种因素的、单变量关联或多元回归的严格、系统的分析，我们也不能确定到底是什么导致了崩盘［30］。最为精确的结果显示，10月大崩盘在统计意义上最为显著的解释变量只是各国市场对世界市场动态的一个反应，即便这一解释有一些循环引用因果关系的嫌疑。如果用前文提到的23个主要工业经济体的股票指数按当地货币加权计算组成一个世界市场指数［30］，并把9月30日的该指数值定为100，那么到10月30日时，这个指数跌至73.6。一个重要的结论是，在1981年年初到崩盘之前，各个经济体的反应/采取对策的力度迥异，但是它们之间存在着统计相关性［30］。这一相关性被证明是大于机构投资者市场的通行特性的。这表明微妙而有影响力的世界协同性时而先于崩盘而存在的可能性。

1.3　历史上的崩盘

在金融世界里，风险、收益和灾难一代又一代地重复上演。贪婪、骄傲和系统性波动给我们带来了郁金香狂热、南海泡沫、20世纪20年代和80年代的土地购买狂潮、1929 年的大萧条，以及 1987 年 10 月的大崩盘等上百个极端事件 [454]。

1.3.1 郁金香狂热

郁金香投机发生于荷兰经济大繁荣的时代。1585—1650 年由于商业活动在新发现的美洲日益增多，阿姆斯特丹变成了世界主要商业市场之一和西北欧的贸易中心。郁金香作为一种种植花卉由土耳其传入西欧（最早可见于 1554 年左右）。稀缺和十分绚丽的色彩使郁金香很快成为当时社会上层的必备品（见图 1-1）。

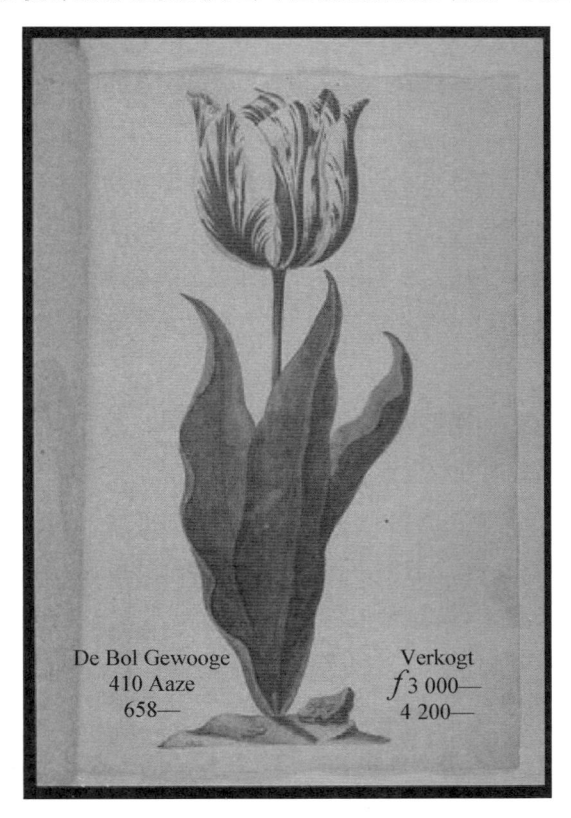

De Bol Gewooge
410 Aaze
658—

Verkogt
f 3 000—
4 200—

图 1-1 在阿姆斯特丹郁金香狂热时代，球茎最贵的郁金香品种之一——总督郁金香（Viceroy）。图中标有该郁金香的重量和在 1637 年时的价格。原图出自科斯（P. Cos）的《郁金香手册》，由瓦格宁根大学图书馆 (Wageningen UR Library) 特藏

在郁金香市场逐步建立的过程中，参与者并没有通过郁金香的生产过程赚钱。郁金香成为投机的手段，它的价格由郁金香市场参与者的富裕程度决定。至于是市场逐步扩大吸引了新的投资者，还是新投资者的加入壮大了郁金香市场，或者两者相互影响则无从得知。但是我们知道随着市场的逐步壮大，越来越多的人把自己来之不易的收入都投了进去。郁金香的价格完全偏离了它与其他商品和服务的相对价值。

现在我们所谓的 17 世纪"郁金香狂热"，在 16 世纪中叶到 1636 年是"十分有把握的"投资。在 1637 年毁灭性的结局之前，买郁金香的人很少会亏本。投资者对这个"十分有把握的"赚钱方式过分自信，以至在这一时期的顶峰，投资者都抵押自己的房子和生意去炒郁金香。疯狂的浪潮是如此不可抵挡，一些稀有品种的郁金香球茎竟然卖到折合几万美元的天价。在郁金香市场崩溃之前，任何关于郁金香的价格是非理性的的意见都被所有投资者忽略了。

一般意义上跟第一阶段的繁荣相关的条件现在都出现了：增加的现金量、新殖民可能产生的新经济和一个持续繁荣的国家共同创造了乐观的氛围（其中，繁荣被说成增长）。

危机来得那么突然，丝毫没有预兆。1637 年 2 月 4 日，郁金香可能卖不出去的观点第一次出现。从那时开始直到 1637 年 5 月底，花商、花农和荷兰政府之间的谈判都失败了。在 1637 年年初能卖到几万美元（折合成现价）的球茎在几个月之后变得一文不值。直到现在，这个著名事件还经常被评论员提及，用来与现代的投机狂热做比较。我们不禁要问：郁金香市场的繁荣和崩溃与今天的市场有关吗？

1.3.2　南海泡沫

南海泡沫是指 1720 年英国的投机狂热，并最终引发英国股市历史上第一次大崩盘［454］。这是一个引人入胜的故事，它讲述了群众的歇斯底里、政治腐败和公众剧变（见图 1-2）。整个故事由成千上万个赶上 1720 年的为期半年的疯狂的股票投机浪潮的人的个人命运组成。在这所谓的"泡沫年"中，各种各样的带有欺骗性质的股份公司希望从投机的狂热浪潮里获得好处，因此好几个不同的泡沫产生了。以下报道摘选自"泡沫工程"（The Bubble Project）［60］。

图 1-2 南海泡沫中的典型场景（版画），由画家威廉·贺加斯（William Hogarth）作于 1722 年［现藏于西北大学查尔斯·迪林·麦考密克图书馆（The Charles Deering McCormick Library）特藏室］。在这幅图中，贺加斯讽刺了在 1720 年在股市崩盘边缘时人们的政治投机。图中的旋转木马由南海公司运营，该公司对南美、太平洋诸岛和英格兰的贸易具有垄断权。该公司吸引了大量中产阶级通过荒谬的投机来获得"快钱"。画中央断裂的幸运之轮象征着人们不得不放弃"快钱"的价值，这种贸易导致很多人饿死。这幅画的右边是为纪念 1666 年伦敦市大火的伦敦消防纪念碑，碑上的题词为："以此纪念 1720 年南海对城市造成的破坏"。该图的复制已得到西北大学查尔斯·迪林·麦考密克图书馆特藏室授权

1711 年南海公司获得了所有南海港口贸易的垄断权。这项权利真实的好处是该公司得到了可预见的与在南美的富裕的西班牙殖民地之间的贸易权，但代价是南海公司需要承担部分英国政府因西班牙王位继承战争而欠下的国债。但在 1718 年英国和西班牙正式重新开战之后，英国与南美的即时贸易收益即刻化为乌有。然而，对投机者来说，最重要的是未来的前景，在这里，人们总是可以争辩说，未来的繁荣是令人难以置信的，当结束敌对行动时，它就会实现。

18 世纪初正是一个国际金融的时代。1719 年南海公司的董事希望在某种程度上能够模仿约翰·劳（John Law）。劳在法国操纵政府信用，使密西西比公司垄断了法国和北美之间的所有贸易。劳默许密西西比公司的股票疯涨，南海公司也希望这样做。1719 年南海公司的董事提交了一份承担整个英国政府国债的提案。1720 年 4 月 12 日，这份提案被通过了。密西西比公司马上开始人为地提升股票价格；大量新的认购和对西班

牙贸易前景的看好使人们有了这只股票只会涨不会跌的印象。不仅英国本土的投资者，大量荷兰投资者也购买了南海公司的股票，而这使得通货膨胀的压力也日益增大。

南海公司的股票从1月开始不停上涨并持续了整个春天。就像每一个成功的励志故事背后都会有一群模仿者一样，大量的股份制公司涌现出来，希望能通过这次投机狂潮大赚一笔。这其中仅有少数公司是合法设立的，而大部分公司是通过宣传虚假的方案来博取人们的信任。这期间产生的或大或小的泡沫都与海外贸易或是"新世界"概念相关。除南海公司和密西西比公司的商业投机外，还有改进格陵兰捕鱼业务和进口弗吉尼亚胡桃木等项目。通过买卖这些公司的股票赚钱变得十分容易。上面提到的种种项目至少在书面上有切实的实现途径。其他的在细节上就非常模糊了，仅有些口头承诺。这里最具代表性的是一份对当时情况的介绍中写着："一家公司正在执行一项有巨大利益的事业，但没人知道到底是什么。公司需要50万英镑的资本，每股100英镑，共5 000股，每股的押金是2英镑。任何交过押金的人都将获得每年每股100英镑的收益。但是这笔巨大的收益是怎么来的，募资人当时并没有给出详尽的解释"[60]。正如邓宁（T. J. Dunning）[114]所说：

> 资本总是厌倦微小收益。一旦回报的数量足够大，资本就会变得鲁莽。1%的收益就会保证一定会有资本进入；20%的收益就会令各类资本渴望进入。50%的收益就会让投资者变得极为贪婪；100%的收益足以让人去践踏任何法律；300%的收益使任何罪行和风险都不足以让投资者踌躇片刻，即使是被处以绞刑。

第二天早晨9点钟，这个人打开他位于康希尔（Cornhill）的办公室，人群马上涌进他的房间，当3点钟关门的时候，他发现至少1 000股股票已经被预订并且付过了押金。就这样，仅5小时，他就赚到了2 000英镑。他对他的冒险结果十分满意，并于当天晚上离开了大陆，从此再也没有出现过。

这样的丑闻给投机公司带来了很坏的影响，经过南海公司董事施压，一项《泡沫法令》于1720年6月11日被通过，其内容是要求所有的股份公司都必须拥有皇家许可。这时，人们的自信心进一步膨胀，他们又采取了相应的行动。南海公司的股票市值在2月底是175英镑，3月底达到380英镑，5月29日升至520英镑，并于6月底达到顶峰——1 000英镑（四位数的心理防线）。

现在盲从者的资金已经用尽，加上不断有谣言说越来越多的人（包括董事自己）正在减仓，泡沫经过缓慢且平衡的下跌过程，最终破裂了（与1989年12月日本日经指数达到史上最高值后下跌60%没有什么不同）。到8月中旬，在《伦敦公报》(*London Gazette*)上登出的破产公司数目达到了历史最高水平，这从侧面证明了有许多人通过赊欠和缴保证金来买南海公司的股票。成千上万人的财富完全消失。董事们尝试着去激励更多的投机行为，但是失败了。到9月底股票市场完全崩溃了，当时南海公司股票市值仅有135英镑。正如我们现在对1929年华尔街崩盘心有余悸一样，这次南海泡沫的破灭在整个18世纪都对西方世界有着深刻的影响。

1.3.3　1929年10月的大崩盘

因华尔街和缅因街的发展和繁荣而叱咤风云的20世纪20年代，由于1929年10月的大崩盘而正式终结（完整且权威的报道和分析请参见[152]）（如图1-3所

图1-3　1929年10月30日《纽约时报》头版确认了华尔街的巨大损失。该报试图努力消除投资者的恐慌，但正如历史所证明的一样，它没有成功

示）。随后的大萧条导致1 300万美国人失业，2 000家投资公司破产，美国银行业经历了有史以来最大的结构调整，政府管理制度进入了新纪元。不久之后开始了罗斯福新政。

1929年10月的大崩盘是一个同时拥有好几个显著特征的生动的崩盘实例。第一大特征是，股市崩盘通常不为大多数人预见，尤其是经济学家。"我认为几个月后股票会比今天更好。"美国著名的、卓越的经济学家，耶鲁大学经济学教授欧文·费雪（Irving Fisher）在华尔街黑色星期二（1929年10月29日）前14天这样说。

"像1920—1921年这样严重的萧条是在概率之外的。我们没有面临持久的清算。"这是崩盘发生后几天里哈佛经济学会向订阅者提供的分析。经过连续错误的乐观预测，该学会于1932年关闭。到此为止，两个最著名的美国经济预测机构都没有预测到崩盘即将到来，尽管股市一直持续地下挫，萧条控制了整个美国，它们依然持有乐观观点。原因很简单：到目前为止，对预测者来说，对趋势反转的预测是最为困难的挑战，而且这种预测往往非常不可信，尤其是那些在现行框架（自回归）下建立的经济学模型。

1929年10月的股灾印证了金融市场崩盘的第二大特征，即崩盘从来不会在事情看起来比较糟糕的时候发生。恰恰相反，在崩盘之前宏观经济指标总是看起来非常好。在崩盘之前，经济学家都说这正是经济发展的最好时期。任何一面都很美好，股市会持续上升，宏观经济指标（产量和就业）会持续提升。这恰好解释了股市崩盘为什么会套住大多数人。经济学家会因崩盘的发生而非常震惊。好的时期总是一成不变地被线性推广到未来。在所有人都被好行情冲昏头脑的时候谈论崩盘或者萧条难道不会被人认为是愚蠢的吗？

在泡沫形成时期，如1929年10月崩盘之前的那段时期，公众对很多商品诸如股票、钻石和硬币都产生了浓厚的兴趣。这些兴趣可以从几个指标中看出：关于这方面主题的图书和杂志在那段时间的发行量都明显增加（见图1-4）。另外，一个广为人知的经典结论是股票销售量会在牛市阶段上升，从图1-5中可以找到自然的解释：销售量的增加其实揭示并解释了泡沫在社会中的扩散过程。最近，这些性质被当作泡沫存在的证据来重新考察，通过对个股收益的研究来说明泡沫、"赶时髦的行为"和"羊群效应"[455]。在1928—1929年经济持续增长的时候有大量无知投资者进入市场，他们购买他们所"中意"的股票。这些行为导致那些被"中意"的股票的价格集体超过它们的基本面价值。而在经济迅速发展时期，股票间价格的相关性显著增强，这也是 20 世纪 30 年代早期市场大动荡的显著特征。这些结论正好与赶时髦的行为和羊群效应在市场上升、崩盘和接下来的振荡中扮演重要角色这一假设相符［455］。

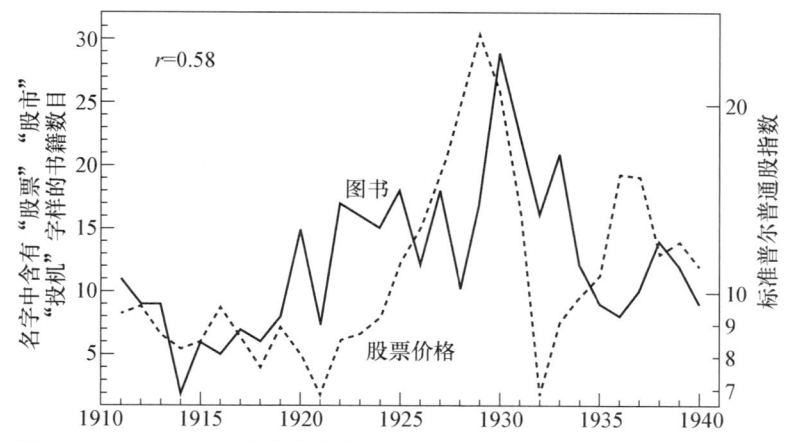

图 1-4 1911—1940 年每年出版的有关股票市场投机的图书数量与股票价格水平。实线：哈佛图书馆里名字中含有"股票""股市""投机"字样的图书数目。虚线：标准普尔普通股指数。当年出版书籍数量曲线延迟价格曲线约 1.5 年，这可以被解释为普通书籍出版所需要的时间

资料来源：The stock price index is taken from the Historical Abstract of the United States. Reproduced from ［349］.

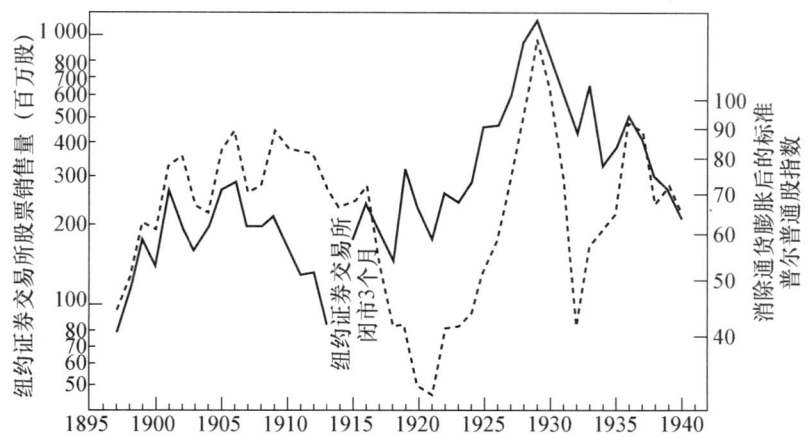

图 1-5 1897—1940 年纽约证券交易所交易股数和股票价格。实线：交易股数。虚线：消除通货膨胀后的标准普尔普通股指数

资料来源：Historical Statistics of the United States. Reproduced from ［349］.

1929年10月崩盘前的政治氛围也是乐观的。1928年11月赫伯特·胡佛（Herbert Hoover）以压倒性的优势当选为美国总统。他的当选引起了最大规模的股票买进。而不到一年之后，华尔街崩溃了。

1.4 复杂系统中的极端事件

金融市场并不是仅有的具有极端事件的系统，它是众多有着复杂组织和相似动力学机制的系统中的一员。这些系统的共同特点是：它们都拥有很多个相互作用的部分，这些部分通常对外界开放，对内部结构进行自组织并且有新的甚至令人意想不到的宏观［涌现（emergent）］性质。现在，可以"看到"全景以及各部分间相互连接和关系的复杂系统方法，已经在现代工程控制和商业管理中得到广泛深入的应用。这一方法同时在自然科学的大部分学科中扮演着日益重要的角色，这些学科包括生物学（生物网络、生态学、进化论、物种起源、免疫学、神经生物学和分子生物学等）、地质学（板块构造、地震、火山、侵蚀、景观、气候、天气和环境等），以及经济和社会科学（认知学、分布学习法和个体相互作用等）。人们逐步认识到，上述这些学科以及与我们未来福利及日常生活相关的许多亟待解决的问题的进步，都必须通过复杂系统和学科交叉的方法去解决。这一观点颠覆了之前用"分析"途径解决问题的方法。在分析方法中，人们把系统分解为互不关联的几个部分，认为要理解整体功能，只需要对每一部分都有精确理解就可以了。

由于复杂系统的各个组成部分之间反复进行非线性相互作用，这种系统的一个核心性质是，在系统中连贯的大尺度、多结构集体行为可能会发生：整体远大于各部分之和。人们普遍认为大多数复杂系统都没有准确的数学分析描述，只能通过"数值实验"来探究。用算法复杂性的数学语言来说［73］，很多复杂系统是计算不可约的（computationally irreducible），也就是说，发掘它们演化过程的唯一途径是让它们实时演化。因此，复杂系统的动力学演化具有内在的不可预测性。然而，这种不可预测性并不影响应用科学手段去预测一些新的现象［几个著名的例子证明了这一点：勒维耶（Leverrier）通过计算天王星轨道的扰动预测出存在海王星；爱因斯坦（Einstein）预测太阳引力场会造成光线偏移；沃森（Watson）

和克里克（Crick）基于早先鲍林（Pauling）和布拉格（Bragg）的预测给出了DNA分子的双螺旋结构］。相反，新现象的发现要归功于人们对未来世界充满无法满足的好奇心。即使有"先知"在历史上激励或恐吓大众，人们仍然愿意去探索未来世界。

复杂系统不可被预测这一观点最近被证实了。证实这一观点的是明确的预测应用——地震预测这一社会焦点问题（参见［312］）。除了对可靠地震预测的持续失败外，对地震和自组织临界的类比从理论上也说明了这一点［26］。这套理论建立在分形框架下（见第6章），这里不存在特征尺度，地震大小的幂律分布反映了大地震是由很多个小地震连在一起组成的。因此预测大地震就和预测很多个小地震一样，显然是不可能的。

这个观点对一切复杂系统都适用吗？以我们的生活为例。我们其实并不想提前知道什么时间将去某家商店，什么时候会在高速公路上开车。我们真正关心的是涉及健康、爱情、工作、幸福等方面的人生道路上的主要分叉口。类似地，预测复杂系统演化的每一个细节其实毫无用处，我们关心的只是像极端事件这种关键的事件能不能被预测到。

事实上，大多数关于自然和社会科学的复杂系统确实存在极少数很突然的相变，而相变的时间尺度要比系统进化的特征时间尺度小。这些极端现象比其他一切现象更能说明潜在的力量经常潜伏在几乎完美的平衡之下，因而提供了我们更好地理解复杂系统的可能性。

决定性事件有重要的社会影响力。它涉及自然灾害［地震、火山喷发、台风、龙卷风、山体滑坡、雪崩、雷击和流星/小行星撞击地球（如图1-6所示）］、环境退化灾害、工程结构性错误、社会动乱导致的大规模武装冲突和暴乱、股市崩盘、交通大堵塞、国家或全球性经济萎缩、区域性停电、疾病和流行病。非常重要的一点是，复杂系统的长期行为被这些罕见的灾害性现象所控制：宇宙可能因大爆炸而产生；超新星大爆炸（比太阳大很多的恒星在其生命最后阶段的燃烧）里的核聚变反应产生了日常生活中的重要元素；板块构造的大面积的变形导致加利福尼亚每2个世纪都会有一次非常大的地震；上千年的流水侵蚀比其他任何侵蚀因素都更多地改变了地貌；大规模火山喷发带来大面积的地质变化和严重的气候破坏；根据当代的观点，进化可能是由准停滞状态加上片段性地产生和消失的某些基因构成的［168，169］；金融崩盘可以瞬间让上千亿美元蒸发，可以威胁和改变一个投资者的精神状态；政治危机和革命形成长时期的地缘政治状态；甚至我们的长期生活都是由几个关键的决定和事件构成的。

　　这里未解决的科学问题是：这样的大尺度灾害性事件是怎么从一系列的小尺度事件逐步演化来的？在复杂系统中，空间和时间相关性的组成结构并不取决于系统内核化（nucleation）作用的扩散，而是来自系统内不断重复的相互作用引起的整个系统不断进化的全局性协作。例如，科学和技术发现就是在世界上不同地方的几个实验室里几乎同时发生的。这是全球自然科学的成熟过程所发出的信号。

图 1-6　小行星撞击地球：可想象的最可怕的灾难之一，该事件发生的概率非常小。直径 15 千米的陨石以 14 千米/秒的速度撞击地球（这次撞击释放出的能量相当于 1 亿吨 TNT 炸药爆炸，并直接导致恐龙灭绝）。这种级别的碰撞约 1 亿年发生一次。而如图所示的直径 1 000 千米的小行星撞击地球仅发生于太阳系形成早期［该图由空间艺术家唐·戴维斯（Don Davis）所作］

　　对极端事件建模和模拟常受到不同错误来源的困扰，这使得预测的可信性大幅降低［232］。一些不确定因素在建模过程中被控制；这通常涉及对事件的精确描述和可承受的计算量之间的权衡。而另一些错误来源是控制不了的，它们天生存在于对特定学科的建模方法。从这方面说，两种建模策略都有局限：大多数复杂问题都没有理论上的解析解。对方程（已知方程）或演化进程采用强力计算解决的方案只适用于系统"概率分布的中央"，也就是系统在远离极端事件的状态之下。因为只有在这样的状态里，我们才能收集到好的统计参数。危机是具有非凡影响的罕见极端现象，因此如果对它的计算完全依赖于抽样，那么计算结果将很不可靠。即使是每秒运行万亿次的超级计算机也不能改变这个基本的局限性。

尽管有这些局限性存在，我仍然相信科学进步和跨学科研究的深入已使得对复杂系统的预测时机已经成熟。特别地，一些新的方法使对"断裂"（突然从休眠状态转化为灾害或危机的事件）[393]这种特定的灾害事件的建模和预测成为可能。这些断裂涉及很多不同尺度结构之间的相互作用。在这本书里，我把这些想法应用于社会科学中最引人关注的事件之一——金融市场崩盘。这本书中介绍的方法是把上述想法同数学、物理、工程和社会科学方面的工具结合起来，以对可能在不同尺度下发生的普遍的结构进行定义和分类，然后利用这些结构开发专用方法来预测金融"危机"。我们将着重关注股市中在崩盘之前或者泡沫形成过程中有预兆过程之间的相互作用。

为了这个目的，我将介绍一种有能力在多尺度分级系统中同时或迭代搜索和比较不同模式的新的计算方法。我还将利用这些模式去增进对崩盘前后的动力学状态的理解，由此完善以发展对大尺度崩盘预测可信度为目的的分级社会系统统计模型。

1.5　预测可行吗？尚待证明的假说

纳斯达克综合指数从 2000 年 3 月 10 日的历史最高点 5 133 点在短短五周时间里下降了 37%。到 2000 年 4 月 17 日指数只剩下 3 227 点，这个点位事后被定义为"崩盘"的终止。这次崩盘和 1987 年 10 月的那次一样，事先没有人预见到。直到写作本书之时（2001 年 9 月 21 日），纳斯达克综合指数降至 1 395.8 点，并持续处于下降通道中。纳斯达克综合指数主要收录互联网、软件、计算机硬件、通信等与"新经济"相关的股票。这些股票的共同特点是：它们的市盈率甚至股息收益率经常维持在三位数。其中有些股票的每股收益率竟然是负的。以 VA LINUX 为例，它的每股收益率为 -1.68，但是市面价格为每股 40 美元。这与福特公司在 2000 年 3 月上旬的价格相似。作为对比，代表"旧经济"的福特、通用汽车、戴姆勒-克莱斯勒等"旧经济"公司的股票市盈率仅约等于10。旧经济和新经济股票的差别来源于对未来利润的期望值不同，参见[282]（[395]介绍了投机定价的新观点）：投资者认为互联网和计算机类产品的销售量会猛增，而汽车类产品则不会，所以他们倾向于购买思科而不是福特的股票，即使思科股票的每股收益远小于福特。思科和福特两家公司在1999年的每股价格相似（大约思科每股60美元，福特每股55美元），但思科的每股收益为0.37美元而福特高达6美元。在2000年4月14日，思科的总市值达到顶峰的时候，思科拥有3 950亿美元资本，而福特只有630亿美元。思科的股价在2001年9月跌到每股11美元，到2001年年末的时候徘徊在20美元。

根据基本定价公式，期望的收益等于股息收益与增长率之和。"新经济"公司用潜在的增长率来补偿它们现在的低利润。本质上，1997—2000年纳斯达克牛市行情是由人们对市场前景的看好而不是经济基本面决定的：朗讯科技公司在2000年1月5日崩盘之前的总市值为3 000亿美元，当时它的价格-股息比超过了900，这意味着除非股票增值，否则回报率比活期存款的利率还低！与此同时，戴姆勒-克莱斯勒等"旧经济"公司的收益比朗讯科技公司高出30倍，尽管如此，朗讯科技公司1999年每股上涨了40%，而同期戴姆勒-克莱斯勒股票下跌了40%。最近IBM、朗讯和宝洁等公司的崩盘损失（见图1-7～图1-9）竟然与某些国家的国家预算基本持平！而这在通常的公司资产负债表中被归结为"一切正常"，仅是收益比期望值少了一点点！

由此我们得出结论，一般的投资者更看重的是未来盈利的预期（和他人的预测），而不是现在合乎实际的经济状况。在对增长的预期不准确（当然要有后见之明很容易，但实时预测没那么容易）的时候，膨胀的价格可能演变为泡沫。前文已经提到，历史呈现给我们很多由不切实际的对未来的期望催生的泡沫导致崩盘的例子[454]。这些例子的基本成分不断重复出现：由最初良好的经济基本面推动，投资者通过模仿过程或者羊群效应自我促成对投资的空前热情，建造学者伯顿·马尔基尔（Burton Malkiel）所描述的"空中楼阁"[282]。进一步分析我们发现，美国股市的四次大崩盘（1929年10月、1987年10月、1998年8月和2000年4月）统统都属于这一类，只是在每次崩盘中造成泡沫的板块不一样而已。1929年是公用事业；1987年是政府放松对市场的管

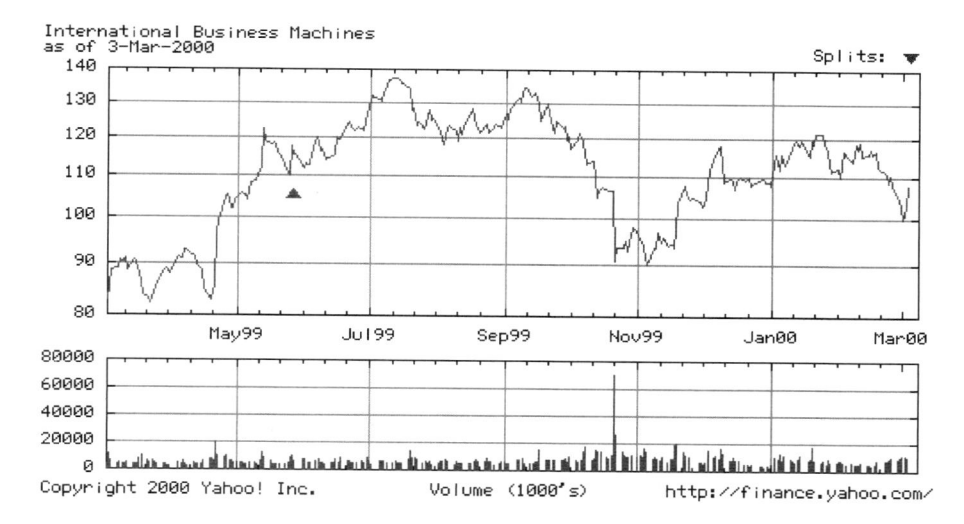

图1-7 1999年10月21日崩盘前后一年时间里IBM股票的每日收盘价（上图）和交易量（下图）。如图所示，崩盘发生时交易量极大。本图出自http://finance.yahoo.com/

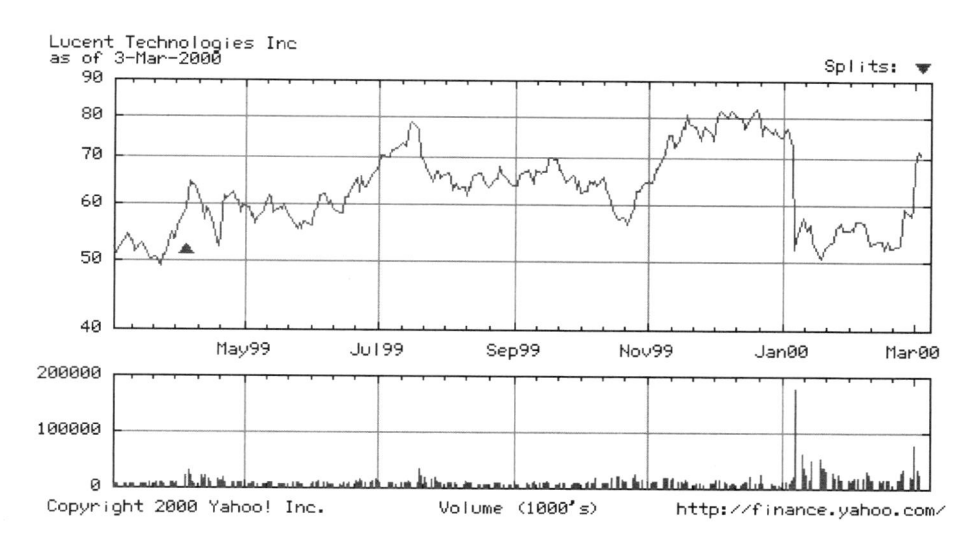

图1-8 2000年1月6日崩盘前后一年时间里朗讯股票的每日收盘价（上图）和交易量（下图）。如图所示，崩盘发生时交易量极大。本图出自http://finance.yahoo.com/

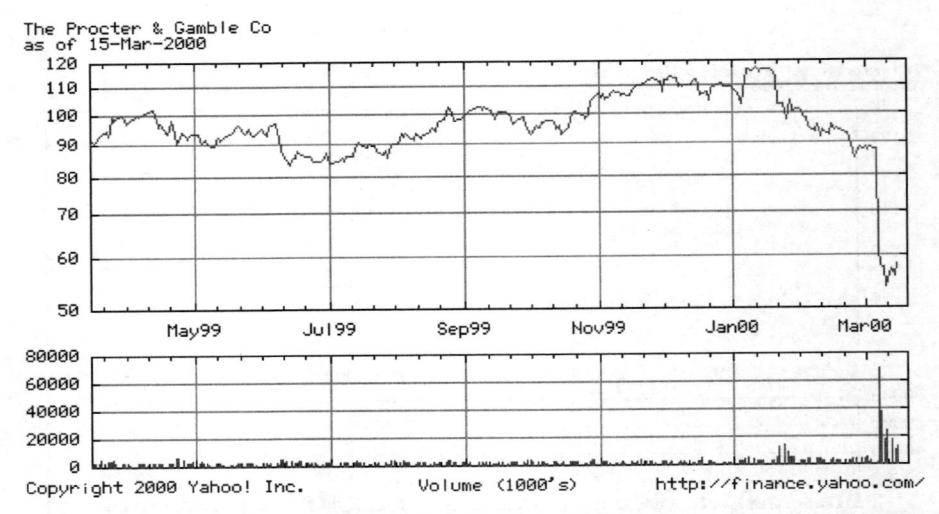

图1-9 2000年3月7日崩盘前后一年时间里宝洁股票的每日收盘价（上图）和交易量（下图）。如图所示，崩盘发生时交易量极大。本图出自 http://finance.yahoo.com/

制致使大量个体投资者带着对极高收益的期待进入市场；1998年是由于俄罗斯经济体系崩溃而产生了大量投资机会；2000年年初是因为对互联网、通信及其相关领域的过高期待。很多互联网和软件公司的首次公开募股（IPO）都十分疯狂，在开盘的前几个小时股价持续飙升。一个很好的例子是VA LINUX系统，它在1999年12月9日第一天上市的时候，每股股价从30美元涨至239.25美元，增长了697.5%，而到2000年4月14日崩盘结束后，该股票价格跌至每股28.94美元。

基于上述发现，我们假设股票市场崩盘的原因是逐步建立起来的大范围关联所导致的市场全局协作行为。崩盘总是在这种协作行为规模足够大之后在关键性的短时间内爆发并终止。这里"关键性的"并不符合一般字面意思：数学上是指复杂动力系统中的临界点，定义为一般情况下表现正常的量突然变为无穷大。事实上，只要非线性动力系统正常运作，临界点的存在就比不存在更加正常。股市崩盘是那样的强烈和令人困惑，探讨崩盘和临界点之间可能的联系就显得十分重要。

- 我们的核心假设是股市崩盘是由区域内部投资者之间带有自我强化性质的模仿行为造成的。这种自我强化模仿的过程导致了泡沫的盛行。如果投资者模仿他们朋友这一行为的趋势增长到了某一阈值（临界点），很多投资者将同时做出同样的（卖出）决定，这时崩盘就会发生。我们需要一个概率来描述逐步增强的模仿和无处不在的噪声之间的互动：崩盘并不是泡沫产生后可能导致的唯一结果，这可以用风险率来描述，即在崩盘发生之前，下一个单位时间内可能会崩盘的概率。

- 既然崩盘并不是泡沫的唯一结果，一些理性的投资者在泡沫发生时会依旧持有股票。他们承担崩盘的风险以获得股票在泡沫中很高的回报。这是因为泡沫有可能会"软着陆"，即泡沫并不以崩盘的形式结束。

在我与很多同事［主要是安德斯·约翰森（Anders Johansen）］合作的论文中，我们列举了大量证据去证实：在泡沫产生时，股价超指数增长并伴有对数周期性振荡的先兆。对数周期性振荡的先兆是一个分形的概念，我们将在后面的章节详细阐述（见第6章）。在解释这一概念的同时，我们将回答如下问题：为什么会有这些先兆？这些先兆具体是怎么产生的？这说明了什么？这对预测有什么启示？

我和我的合作者断定根据上述这些分析，会有一定的预测泡沫和崩盘的技巧存在。而对这方面的尝试已经开始进行了，其中包括我们和一些学术界人士，而更多的尝试者来自业界。书中接下来讨论的证据来源于以下几次崩盘：

- 1929年10月华尔街崩盘、1987年10月世界崩盘、1987年10月中国香港崩盘、1998年8月世界崩盘、2000年4月纳斯达克崩盘。

- 1985年五国政府对外汇市场的干预和从1998年8月起美元与加拿大元和日元之间的汇率调整。

- 1997—1998年间俄罗斯市场的泡沫和随即发生的崩盘。

- 在一些国家和地区（阿根廷、巴西、智利、墨西哥、秘鲁、委内瑞拉、中国香港、印度尼西亚、韩国、马来西亚、菲律宾和泰国）中发生的22次崩盘和重大汇率调整。

上述所有的事件，除了少数几个例外，都证实了不管是在西方市场还是在新兴市场，对数周期性幂律模型都可以用来描述投机泡沫。

尽管这些崩盘发生的时代和环境非常不同，我将说明它们有着共同的背景和结构。对这一令人吃惊的结果的解释可能在于，21世纪的人被赋予的感性和理性的特点与17世纪（或者任何其他世纪）的人没有什么不同。人们在追求美好生活的同时，至少在某种程度上显现出贪婪和畏惧。我将在本书中揭示的"普适性"结构可以被理解为，由投资者间相互作用具有某些特征"规则"导致的市场涌现出的健壮性质。说它稳健是因为人们相互作用的方式改变之后（比如变为计算机或电子通信），该性质并没有发生质变。我们将看到，这种稳健性将会在复杂系统理论中得到解释。

第 2 章
金融市场基础

尽管人们对崩盘的故事津津乐道，越来越多的学术研究却试图说明崩盘与一般的价格波动并无二致；这种观点来源于复杂系统的一些分支理论断言股票市场的价格波动没有特征尺度（characteristic scale）［287］。因而，非常大幅度的股票价格下跌（崩盘）仅是小幅下跌没有停止而已［26］。根据这一观点，既然崩盘与我们日常观测到的回报（小幅波动）属于同一类，而小幅波动显然是不可预测的，那么本质上崩盘将不可预测。

在第 3 章里，我们将详细分析这一观点对非常大的崩盘是否适用。我们将更进一步提出非常有力的证据来说明大崩盘实际上自成一体：它们是"异常值"（outliers）。我们可以对这一观点提供新的解释，从而使得对崩盘的预测成为可能。为了得到这一令人吃惊的结论，我们需要先回顾价格波动或回报的分布（即频率）及其相关性等相关的基础知识。奔着这一目的，我们先来看看股市中对价格波动和回报的标准看法。一个简单的、没有经过细心考虑的模型，揭示了为什么套利机会（获得"免费的午餐"的机会）通常都会在知道信息的投资者（这涉及有效的股票市场的概念）的投资中很快消失。我们将在下一章中检验这些概念，通过分析连续数天的下跌幅度分布得出大崩盘（快速或缓慢）自成一体这一结论。

2.1　基本概念

2.1.1　价格轨迹

在任何时间尺度下，股票的价格都在不断变化。短到相邻两笔交易间的间隔（在活跃的市场中这个时间大概是几秒或者更短，这期间的价格变动经常是报价所允许的最小值），长至几个世纪，价格不断地勾勒出它的运行轨迹。图 2-1 是道琼斯工业平均指数在 1790—2000 年的轨迹。图中最引人注目的地方在于 1929 年 10 月的大崩盘和接下来的大萧条。而 1987 年 10 月的大崩盘很难看出来，它仅像历史轨迹中两条近似垂直线间的小毛刺。

什么是道琼斯工业平均指数（Dow Jones Industrial Average，DJIA）？道琼斯工业平均指数是由美国 30 只蓝筹股组成的指数，也是美国市场中历史最悠久的指数。"平均"是因为它仅把原始股价加在一起然后除以股票数（1896 年 5 月 26 日指数创建时，工业股票的平均值为 40.94）。这样的方法应该可以很真实清楚地描述当时的经济状况。直到今天这一方法仍然延续下来，但是为了保证指数的历史延续性，除数发生了变化。组成指数的工业股票由《华尔街日报》的记者投票产生，这从更宽的视野上说明了什么才是"工业"。最近一次组成指数的股票成分变动发生在 1999 年 11 月 1 日周一，由家得宝（Home Depot Inc.）、英特尔（Intel Corp.）、微软（Microsoft Corp.）和西南贝尔电信（SBC Communications）替换了联合碳化物（Union Carbide Corp.，1928 年进入）、固特异轮胎（Goodyear Tire & Rubber Co.，1930 年进入）、西尔斯罗巴克百货（Sears, Roebuck & Co.，1924 年进入）和雪佛龙石油（Chevron，1984 年进入）。再前一次的变动发生在 1997 年 3 月 7 日，那时惠普（Hewlett-Packard）、强生（Johnson & Johnson）、旅行家集团（Traveller's Group，现为花旗集团）和沃尔玛（Wal-Mart Stores）替代了伍尔沃思（Woolworth）、西屋电气（Westinghouse Electric)、德士古（Texaco）和伯利恒钢铁（Bethlehem Steel）。组成道琼斯工业平均指数的公司的股价每天都被刊登在《华尔街日报》C3版面的"投资理财"上（见http://averages.DowJones.com/about.html）。图2-1中所示的是1896年之后真实的道琼斯指数以及由周期研究基金会（The Foundation for the Study of Cycles）外推到1790年的数据［138］。

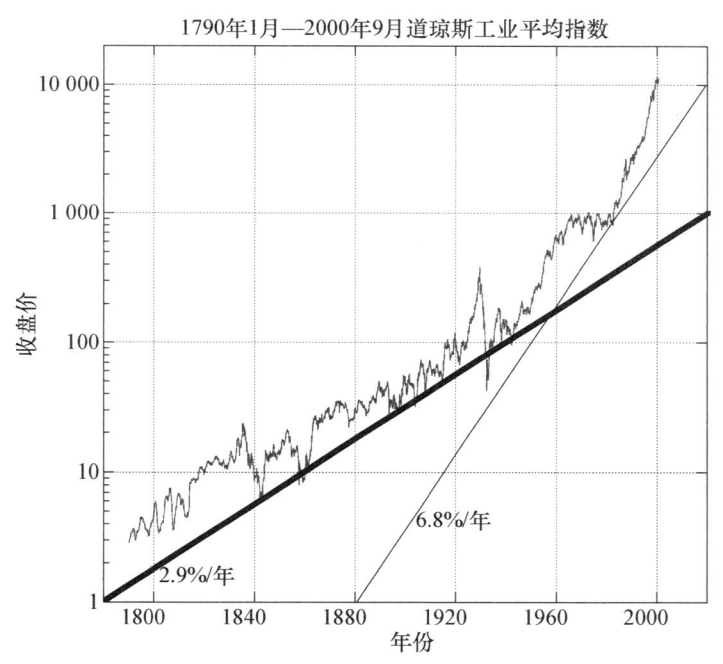

图 2-1 1790 年 1 月—2000 年 9 月道琼斯工业平均指数的月数据线。纵轴使用对数刻度使得指数乘以某个确定数，比如说 10，等价于在这幅图中加了某个常数。从数学上讲这是一个从乘法到加法的映射，该映射让我们得以在一幅图中显示数千倍的价格变化（在这个例子中，价格从 1790 年的 3 左右上升至 2000 年的 10 000 左右）。粗（细）直线表示以 1780 年（1880 年）为 1 美元开始计算，年回报率约为 2.9%（6.8%）的价格变化。在这两种情况下，到 2020 年价格分别应该为 1 000（10 000）美元

图 2-1 中的粗直线代表在 1780 年投资 1 美元的财富指数增长过程，年回报率大约是 2.9%，这样算来到 2020 年会增长到 1 000 美元。细直线是从 1880 年开始、年回报率约为 6.8% 的财富增长线，以最初投资 1 美元计算，到 2020 年总财富会达到 10 000 美元。这两条线都生动地说明了复利的威力！通过比较这两条线不难看

出，道琼斯工业平均指数的回报率是在加速增加的。从1780年到20世纪30年代平均年回报率约为3%，而这之后平均年回报率变为7%左右。然而即使这些也不能充分描述道琼斯工业平均指数的变化：道琼斯工业平均指数的增长比细线更快，并且仍然在加快（第10章将会给出对这一现象的解释）。

图2-2展示了从1980年1月2日到1987年12月31日期间，道琼斯工业平均指数的轨迹。图中采样为每个交易日的收盘价格。这段时间的轨迹对应到图2-1中就是那个由两条竖直线组成的毛刺。虽然图2-2仅画了8年的数据，而图2-1画了210年的数据，但是这两条轨迹看起来惊人地相似，而需要引起我们注意的是这两幅图中的纵坐标尺度不同（图2-1纵轴用了对数尺度而图2-2纵轴用的是线性尺度）。我们将在第7章和第10章中详细比较这两种图的不同。

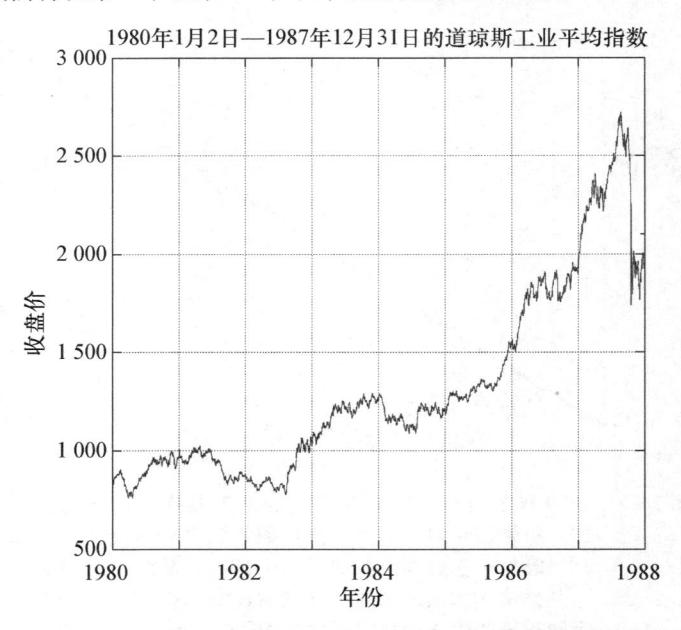

图2-2 1980年1月2日—1987年12月31日的道琼斯工业平均指数的价格曲线。这段时间的轨迹在图2-1中被表示为由两条竖直线组成的毛刺

2.1.2 回报轨迹

图2-3、图2-4和图2-5给出了三种不同时间尺度下的回报率（不是价格本身）的时间序列：在一个交易日里每分钟的回报率、8年里每天的回报率和2个多世纪中每月的回报率。作为比较，图2-6给出了用期望为0、标准差为1%的正态

分布来随机产生的时间序列。真实的回报序列比随机时间序列变化更多，并且有着很显著的集群效应。[①]

什么是回报率? 如果现在你将 100 元钱存进银行，年利率是 5%，那么一年后你有 105 元，因为 (105－100)/100＝5%，这恰好是年利率值。更一般地，一项资产在时刻 t 的价格为 $p(t)$，到时刻 $t+dt$ 的时候价格变成了 $p(t+dt)$，那么它在这段时间内的回报是 $(p(t+dt)-p(t))/p(t)$。连续复利是把上式 $(p(t+dt)-p(t))/p(t)$ 用对数回报 $\ln[p(t+dt)/p(t)]$ 代替。在前面的例子中，$(p(t+dt)-p(t))/p(t)=5\%$，而 $\ln[p(t+dt)/p(t)]=\ln(105/100)=4.88\%$。两种方法给出的结果差别不大（5% 和 4.88%），但并不完全相同：对数回报率比较小，这是因为在对数回报中，投资者不断地重新投资，但在最后会得到与一般回报同样的钱。事实上，在对数回报里，利息自己会产生利息，利息的利息又会再产生利息。所以连续复利（对数回报）要比一般利率低一些。

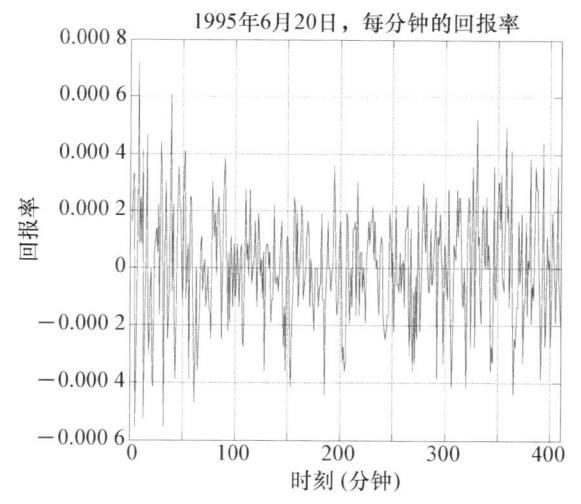

图 2-3 1995 年 6 月 20 日标准普尔 500 指数每分钟的回报率曲线，该图充分体现了价格变动的高度随机特性。由于开盘时交易员频繁下单并试图找出当天的价格变动规律，此时的回报率波动一般比较大。临近中午时波动变得较小，然而收盘时波动率再次变大，这是因为收盘价格策略倾向于在此时交易

---

① 回报率绝对值较大的时间挨在一起。——译者注

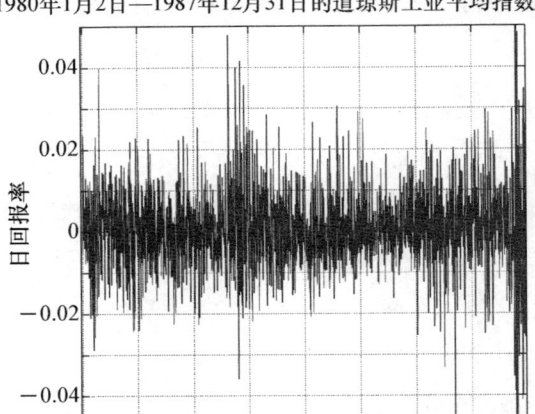

图2-4 1980年1月2日—1987年12月31日的道琼斯工业平均指数日回报率曲线。这一系列曲线的累计值可大体给出如图2-2所示的道琼斯工业平均指数的价格曲线。相对较大的正负回报都发生在1987年10月的崩盘期间。1987年10月19日创下单日最大跌幅（崩盘），即−22.6%。单日最大涨幅发生于1987年10月21日，该日涨幅为+9.7%（崩盘之后的反弹）。这两天的幅值都超出正常波动幅度非常远

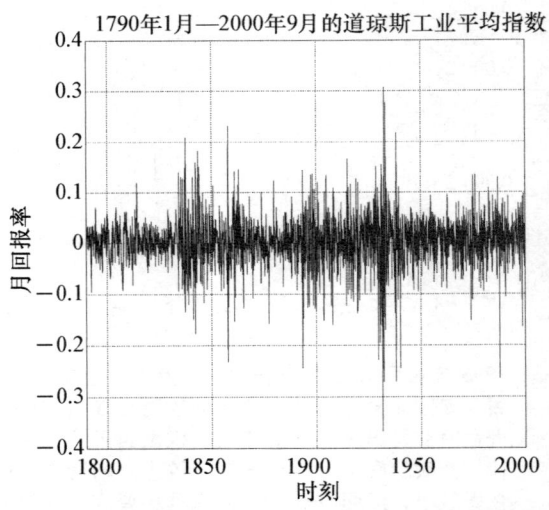

图2-5 1790年1月—2000年9月的道琼斯工业平均指数月回报率曲线。这一系列曲线的累计值可大体给出如图2-1所示的道琼斯工业平均指数的价格曲线。相对较大的月涨幅和跌幅都出现于1929年10月和1987年10月的大崩盘期间

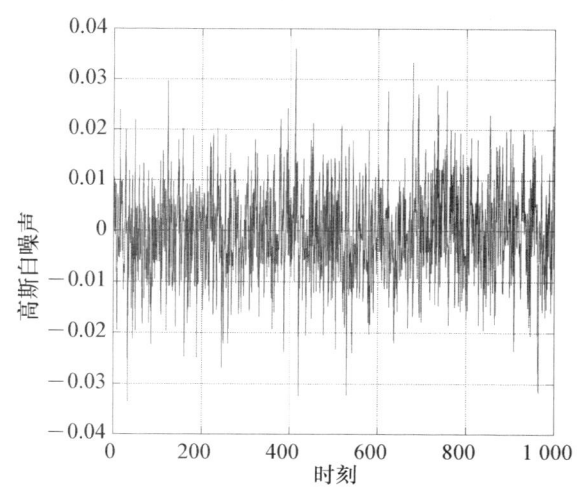

图 2-6 使用随机数产生器,标准差为 1% 的高斯白噪声。这条曲线的积分即为图 2-9 所示的随机游走

令人称奇的是,随机性和模式特征同时存在于时间序列中。从图 2-3、图 2-4 和图 2-5 中,我们可以看到在任何时间尺度下,价格的波动都普遍存在。这些波动就好像股市的"脉动"一样。"脉动"由投资者的活动引起,而投资者的活动是如此令人着迷,因为它是自发产生的,但却揭示出了一种生命的存在形式,并如同我们周围的世界一样复杂。不仅如此,它还制约着我们的投资回报率。图 2-1、图 2-2 所示的价格轨迹以及图 2-3、图 2-4 和图 2-5 所示的回报轨迹令人悦目又感到神秘。因为它们恰好处于随机性和有序性的微妙平衡点之上。诸如走向、周期、繁荣和泡沫破裂,这些从股票价格轨迹中观测到的很多种结构,已经被社会学和金融学领域的学者以及职业的金融分析师和操盘手进行了广泛深入的分析。尤其是金融分析师和操盘手给这些模式取了丰富多彩的名字,比方说"头肩形态"(head and shoulder)、"双底结构"(double bottom)、"上吊线"(hanging-man lines)、"启明星形态"(the morning star)和"艾略特波浪"(Elliott waves)(参见[316])。

在股票市场的投资遵循一条非常简单直接的规则:如果你认为市场将要上涨,你就买进(这是看多市场)并且持有,直到你认为市场走势将会逆转;如果你认为市场将要下跌,就持续观望,或者如果市场允许,你就卖空(看空市场,借别人的股票卖出并在将来以较低的价格买入并还给别人）。但是猜测股票将来的走势很难，即使以几十年为尺度可以完全抛开"噪声"所造成的影响，这件事也不是那么容易。为了证明这一点，我举一个例子：即使被广泛引用的"事实"——"美国从来没有过在30年这么长的时期内股市回报率低于国债的时候"这句话也是错误的。事实上1831—1861年这段时间就是反例［378］。如果以10年或20年为时间尺度，这一结论就更加有问题了，股票的回报率总高于国债这一观点完全不成立［375］。股票和国债的根本不同在于国债是固定收入，它保本（以货币计价但是如果存在通货膨胀就没有实际价值）保息。因此国债比动荡的股票更具安全性和基准性。

2.1.3 回报率分布及其相关性

要决定是买还是卖，首先要弄清楚价格变化的根源是什么，价格是否会变化，什么时候变化；更一般地，需要知道价格变化的哪些性质能帮助我们预测未来。这些性质中最吸引我们的有两个：价格波动（或回报率）的分布和连续的价格变动（或回报率）之间的相关性。

图2-7展示了道琼斯工业平均指数和纳斯达克指数在1990年1月2日—2000年9月29日的日回报率分布。纵坐标值是回报率大于横坐标值出现的次数。例如，在道琼斯工业平均指数中我们可以看到回报率大于等于4%的次数为5，而回报率小于4%的次数也为5。作为比较，在纳斯达克指数中，回报率大于等于4%的次数为20，低于4%的次数为15。在纳斯达克指数中回报率的波动更大，这也可以从可被量化的波动率中看出：道琼斯工业平均指数的正回报（负回报）的波动率为1.6%（1.4%），而纳斯达克指数的正回报（负回报）的波动率为2.5%（2.0%）。图2-7中的直线代表指数增长。纳斯达克回报率分布是凸函数的形状，这适用于拉伸指数模型（stretched exponential model）［253］，具体表现为尾巴更"胖"；这说明纳斯达克指数比道琼斯工业平均指数有更高的大幅度下跌（上升）风险。

什么是纳斯达克综合指数？ 1961年为了从整体上加强对证券业的管制，美国国会要求美国证券交易委员会（Securities and Exchange Commission, SEC）指导开展一项对全部证券市场的特殊研究。1963年，美国证券交易委员会提交了一份报告，认为柜台交易市场（over-the-counter, OTC）很零碎并且

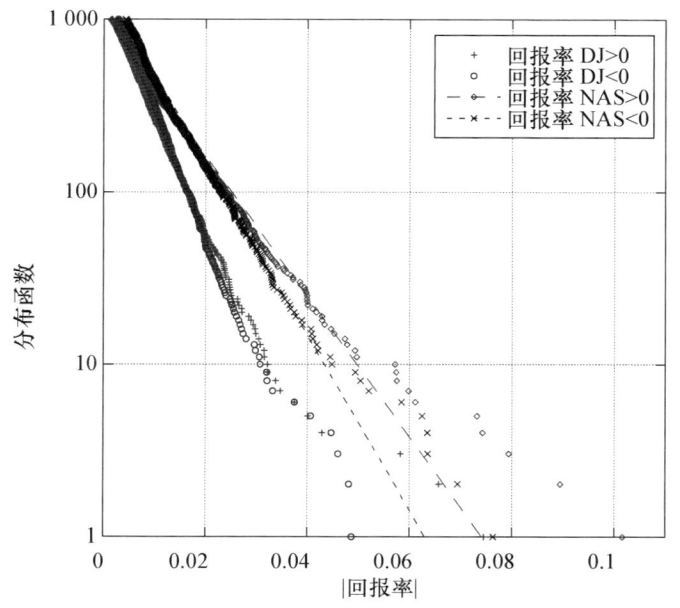

图 2-7 1990 年 1 月 2 日—2000 年 9 月 29 日道琼斯工业平均指数和纳斯达克指数的日回报率分布。这里的分布定义为回报率大于等于指定值的事件在 1990 年 1 月 2 日—2000 年 9 月 29 日出现的次数。因此，该分布是对不同回报观测值的相对频率的度量。直线代表用书中所述模型进行拟合的结果

非常不透明。美国证券交易委员会提供了一种解决方案，并命令美国证券交易商协会（National Association of Securities Dealers）付诸实施。这个方案就是证券交易自动化。1968 年自动化的柜台交易系统建成，它被命名为美国证券交易商协会自动报价系统（National Association of Securities Dealers Automated Quotation），简称纳斯达克（NASDAQ）。1971 年 2 月 8 日，纳斯达克正式开始运行。这是一个电子自动报价系统，它显示了超过 2 500 个证券柜台的最新中间报价。1990 年美国证券交易商协会自动报价系统正式更名为纳斯达克股票市场。1994 年纳斯达克股票市场在年度总成交量上超过了纽约证券交易所。1998 年纳斯达克与美国证券交易所（AMEX）合并，成立新的纳斯达克-美国证券交易所集团。

图 2-8 给出了 1995 年 6 月 20 日的标准普尔 500 期货分钟（时间序列见图

2-3）回报率的相关函数。延迟时间为 τ 的相关函数从统计上描述了现在的回报率与 τ 个时间段之前的回报率相似度的大小。也就是说，相关函数量化了在已知过去的情况下预测未来的准确程度。所有不同延迟（从1到无穷大）的相关函数值的和正比于除纯粹随机影响外将来会出现的同现在回报率数值相同的回报的次数。如果所有延迟不为0的相关函数的值均为0，说明回报率是完全随机的，就好比公平的掷骰子游戏。相关函数值为1代表完全相关，这仅存在于任意时刻的回报率都与固定时间之前的回报率相等的情形。[在这里需要说明：相关函数值为0在某种程度上并没有完全排除对未来价格预测的可能性。一些由至少之前三个回报率数值组成的数值方法（"非线性"相关）有可能可以更好地描述价格变化的动力学机制。然而，这样的依存关系更难被发现、创建和使用（见第3章）。]从图2-8中可以看出，相关函数仅在非常短的延迟（通常为几分钟）内不为0。这说明通过简单地（线性）外推过去的方法不能对未来价格波动进行预测。

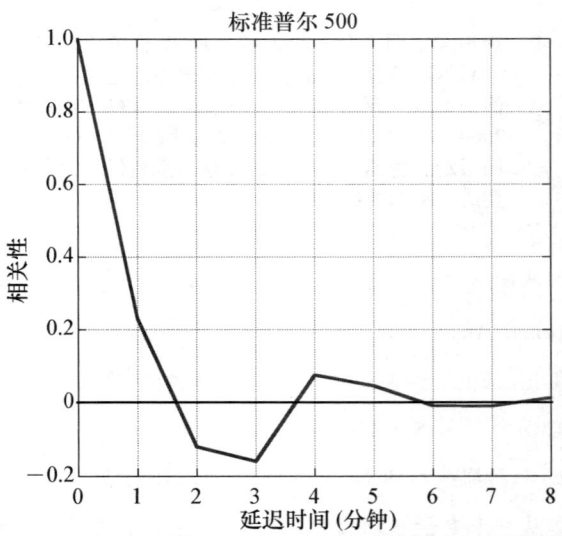

图2-8 1995年6月20日标准普尔500期货分钟回报率的相关函数。其时间序列如图2-3所示。经过少许波动，相关函数值在延迟几分钟后很快衰减为零。从图中可知，价格走势会持续一分钟多点儿的时间。两分钟后，价格趋势开始反转（表现为负相关系数）。再之后的相关函数与噪声无异

利用相关性的交易策略。在流通性很好的资本市场和外汇市场中，回报率的相关系数非常小。这是因为一旦有较大的相关系数出现就会导致无风险套利存在，而投资者会马上抓住这个机会去进行套利，其结果是原本较大的相关系数消失，套利机会不复存在。事实上可以通过简单计算来理解为什么在流通性很高的市场中相关系数约等于 0 [50，348]。假设 t 时刻的收益为 r，之后 t' 时刻的收益为 r'，这里 t 和 t' 都是某个时间单位（比如 5 分钟）的整数倍。收益 r 和收益 r' 都可以分解为平均收益的贡献加上随机波动的部分。我们关心的是如何去量化不确定波动部分之间的相关系数 $C(t, t')$，这个不确定部分就是经收益率的方差（波动率）归一后的波动部分 r 和 r' 的乘积的平均值。因此，$C(t, t'=t)=1$（r 跟它自己完全相关）。经过简单的数学计算可以得出，已知 t 时刻之前的收益 r_{t-1}，r_{t-2}，…，r_i，…，对 t 时刻收益的最好的线性预测结果 m_t 满足：

$$m_t \equiv \frac{1}{B(t,t)} \sum_{i<t} B(i,t) r_i \tag{2.1}$$

这里 $B(i, t)$ 可以由相关系数 $C(t', t)$ 表示，一般被称为相关矩阵的逆矩阵中的 (i, t) 系数。公式 (2.1) 表明所有过去收益 r_i 对 t 时刻收益的预测都正比于系数 $B(i,t)/B(t,t)$。只要时刻 i 和时刻 t 之间的相关性不为 0，i 时刻的收益就会对 t 时刻的收益预测有贡献。通过这个公式得到的线性预测实际上是把波动最小化了。根据这个预测结果能得到强有力的交易策略：如果 $m_t > 0$（对将来价格的期望高于现在），就买入；如果 $m_t < 0$（对将来价格的期望低于现在），就卖出。

我们考虑仅 $B(t, t)$ 和 $B(t, t-1)$ 不为 0 的情况，两笔交易之间间隔的时间大概与能计算相关性的最短时间间隔相等，还是 5 分钟。这里的关键问题是：如果交易太多就会带来非常高的交易费用。在进行相关性计算的时间间隔内的平均收益率与一般情况下 5 分钟的收益率一样，为 0.03%（考虑到预测可能不完美，我们用更保守的估计，而不是每 5 分钟的收益率为 0.04%）。这样的话每天的平均收益率将会为 0.59%，而一年内如果持续重复投资，收益率会达到 435%，如果不重复投资，收益率为 150%！在没有交易费用和其他摩擦现象（比方说延误：由于市场流动性的缺乏或者人们执行订单需要时间，订单并不是总能在指定的价格被执行）的情况下，这么小的相关性就会得到如此巨大的收益。显而易见，如果交易费用为 0.03%，或者每 10 000 美元收取 3 美元交易费，这种赚钱策略就被彻底破坏了。你也不可以为了降低交易费用去减少你的交易频率，因为用相关性预测的能力仅有 5 分钟左右，如果 5 分钟之后不进行交易，你的预测就失效了。由此我们可以得出结论：因"不完全"市场条件而造成的剩余相关系数（几分钟之内收益率相关性不为 0）足够小，以至不能用它开发出一个赚钱的策略。换句话说，流通性较强的或者有效的市场可以把相关性的影响控制在一个几乎没有套利机会的条件下。

2.2　有效市场假说和随机游走

随机游走已经有相当长的历史了，它是由法国数学家路易斯·巴舍利耶（Louis Bachelier）在他的博士毕业论文（1900 年）及其后续工作（主要是在 1906 年和 1913 年）[25] 中提出并阐述的。为了揭示股票价格的飘忽不定，巴舍利耶建议用理想的随机游走去描述价格轨迹。

2.2.1　随机游走

随机游走这个概念非常简单，但是它被广泛应用于很多不同领域。不仅是金融学，而且物理学和对自然现象的描述中也经常用到随机游走。它可以被认为是近代物理学乃至金融学中最重要的概念之一，因为它是基本粒子（宇宙组成的基本单元）理论以及描述我们周边物质的复杂组织形式的理论的基石。随机游走最简单的版本是：你掷一枚硬币，如果正面朝上就向前走一步，如果反面朝上就向后退一步。这样重复掷多次之后，你最后的位置是在哪里？答案是：如果你重复很多次这个过程，那么最后位置的平均值是你原来的位置。这是因为向前一步再向后一步的结果是原地不动。然而，我们很容易看到随着掷硬币次数的增加，你的位置会在原来位置附近波动。图 2-9 给出了一个虚拟随机市场价格的轨迹，这里由计算机生成随机数代替掷硬币去决定每一步价格是变高还是变低。在这个模拟过程中每一步

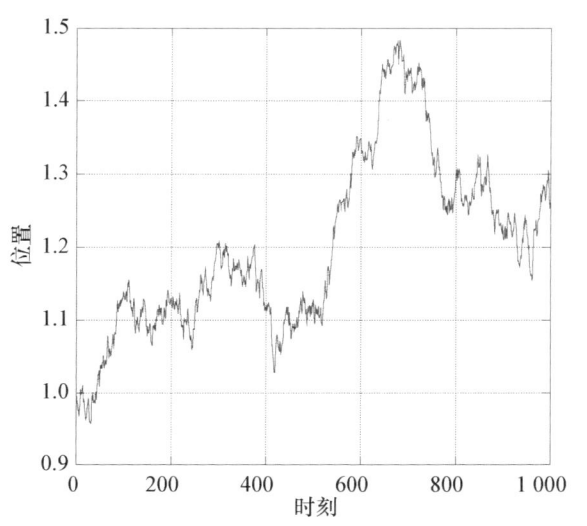

价格变化的幅度服从高斯分布（钟形线）。

图 2-9　虚拟随机市场价格（或随机游走的位置）。该曲线由电脑"掷硬币"随机决定价格是上涨还是下跌。而价格的波动大小则由标准差为 1% 的高斯分布随机产生。这里增量由图 2-6 决定，即该虚拟市场价格为图 2-6 中所示曲线的积分

除了崩盘和像图 2-1、图 2-2 中所出现的股票突然大幅上涨外，用肉眼很难观察出用随机游走虚拟的轨迹和真正的市场价格轨迹（比如图 1-7 和图 1-8）之间的差别。这对投资来说是个坏消息：如果价格波动真的像掷硬币一样随机，就不可能找到今天和明天之间或者任意两个时间点之间的价格变动方向了。

随机游走的合格标度性质。为了对随机游走模型描述股票价格轨迹的好坏有一个量化的感觉，我们来看图 2-3、图 2-4 和图 2-5 中的三个很不相同的时间尺度（分钟、天、月）下的收益时间序列。随机游走模型中最重要的预言就是，位置波动的平方跟时间尺度成正比。这等价于位置的一般高度正比于时间尺度的平方根。比方说间隔为 4 分钟的收益率一般值应该是间隔为 1 分钟收益率值的两倍而不是四倍。这一结论微妙而深刻：既然随机游走中的醉汉向前和向后走一步的概率相同，那么他的平均位置跟他起始的地点相同。然而，直觉告诉我们，随着他步子的积累，他的位置会偏离初始位置，而且时间越长，

偏离得越多。与匀速直线运动中走过的距离与时间成正比不同，随机游走所描述的运动很不规则，它的典型波动距离要比匀速直线运动慢很多，事实上仅与时间的平方根成正比。这是因为在任何尺度下，随机游走都会不断前后折回。每一步移动的正负号都是随机的，但是它的平方总是正的，所有步长的平方和正比于总步数，而总步数恰恰代表时间。也就是因为符号的原因，总位移的平方等于每一步的平方和。因此我们得出结论：随机游走中波动幅度的平方正比于时间。

让我们看看数据能否证实这一假设。这个测试建立在一天的回报是一天当中每分钟的回报之和，而一个月的回报是一个月中每天的回报之和这一事实的基础上。回报近似于随机游走，那么前面讨论的"平方根"法则应该适用。为了证实这一点，我们估计在图2-3中每一分钟的回报率绝对值大概是0.04%（大多数纵坐标数值在这之内）。在图2-4中，用同样的方法估计回报率波动大概为1%。1%除以0.04%得25。另一方面，每个交易日有410分钟，410的平方根约为20.25，这与25很接近。同样地，通过图2-5中的估计，每个月的回报率约为5%，这是日回报率1%的5倍，它与每个月20～24个交易日的平方根相近。这些都说明随机游走模型在描述股票市场变化的典型回报率时效果是比较好的。然而，在描述图2-4和图2-5中出现的"非典型"的大波动时，这个模型并不适用。

价格波动不可预测这一概念是由著名经济学家、诺贝尔经济学奖获得者保罗·萨缪尔森（Paul Samuelson）提出并扩展的［357，358］。简单地说，巴舍利耶［25］、萨缪尔森和之后的众多经济学家都发现：即使是最优秀的投资者，也不能在长期投资中比综合普通股的平均数（比如标准普尔500指数），甚至是对类似波动率股票的随机选择，赚到更多的钱。因此，相对股票价格的变动（根据对将来分红的期望做适当调整）看起来跟掷硬币或者轮盘赌没有任何区别。这种随机性是由众多追求财富的投资者不断的投资活动造成的。这些投资者即时有效地处理所有可以收集到的信息并由这些信息生成投资决策。根据这一点，巴舍利耶和萨缪尔森都断定，任何一条有可能被用来赚钱的信息都很快就被它们作用于价格的反馈消灭了。他们的观点是：即时价格波动与投资者的活动相关，并且价格波动是投资者活动的结果。如果这样的反馈在一个没有摩擦并且没有交易费用的理想市场里发生，那么价格应该完全反映所有可以收集到的信息，任何利用信息来进行的交易都将得不到任何好处（因为这些好处已经被人抢光了）。这个由巴舍利耶提出的基本概念现在被称为"有效市场假说"。这个假设很明显违背了人们的直觉，并有很浓厚的自相矛盾的味道：市场越有活力、越有效，说明投资者工作越勤奋并且对工作越熟练。这样的结果是这种市场里股票价格的变化规律越来越趋向于随机。最有效的市场当然就是所有的价格变动都是完全随机的，没有任何可以预测它的办法。

我们用构成染色体的基本分子单元脱氧核糖核酸（DNA）中所含的信息来做个有趣的类比。在这里脱氧核糖核酸中的四个要素按一定顺序排列成一串，构成我们基因信息的编码。这就像一种仅由四个字母构成的语言。脱氧核糖核酸一般被分为编码区和非编码区两部分。编码区携带了怎么合成蛋白质和怎么让整个身体正常运作的信息。最近的研究表明［444，286，14］脱氧核糖核酸的非编码区的序列存在长程相关性，然而编码区的代码只有短程相关性或者没有相关性。这是个绝妙的悖论：信息导致随机，而缺乏信息却产生规则。这其中的原因是，编码区由很多有用的信息组成，而有用的信息之间必然是不同的，所以编码区的信息显得很无序。如果编码区存在相关性，那么说明编码存在冗余，可以用更短的编码来代替现有编码，也就是说现在的编码并不是最优化的。相反，非编码区不含或者仅含很少的有用信息，所以非编码区的编码可以强相关。事实上，"1111111"这个序列基本上不含什么信息，而相比之下，"429976545782"这个序列可能会含有非常多的信息。一个信息序列，如果它包含很多信息，那么它应该是不相关的，而如果它仅含很少量的信息，那么它应该是高度相关的，这一悖论是理解随机序列的基础。一个真正随机的数字或符号序列才是包含最多种可能信息的序列；换句话说，不可能再有另外的序列与真正随机序列含有相同的信息并且比它更短［73］。而真正随机序列的条件是它必须完全不相关，因此它其中的任何一段都携带着新的信息。

我建议读者读到这里时停下来，去认真想一想这个非常奇怪的概念中的细节：投资者越聪明并且工作越勤奋，股市中的价格变化就越趋向于随机。这表示了股票市场与自然事件最根本的不同。后者可以在观测者的监视之下，科学家可以在自己不干扰整个系统的条件下提出解释和理论。相反，在社会和金融系统中，任何人都既是观察者,也是被观察者,这就构成了一个反馈圈。下面的寓言是个有用的例子。

2.2.2 一个寓言:信息是怎么融入价格并进而破坏"免费的午餐"的

假设有一半的投资者被告知明天的股票会从今天的价格 p_0 的基础上上涨,虽然不是确定的消息,但是这个消息的真实性大概有 75% 的概率(也就是说,有 25% 的概率明天股价会下跌)。另一半的投资者没有得到任何信息,用布莱克(Black)的经典描述[40],我们把这些投资者称为"噪声投资者"。这些人把他们自己认为是信息而实际上仅是噪声的东西用来作为投资的依据。他们的买卖与市场的运动并不相关,虽然他们自己认为他们的"信息"有用。对于噪声投资者,他们卖股票可能仅是因为自己需要现金,这跟股票市场的动向完全没有联系。我们用掷硬币的结果来决定有多大比例的噪声投资者将会卖出。假设这一比例为 y,那么相应的将要买入的噪声投资者的比例将为 $1-y$。根据定义,这些噪声投资者对现在的成交价和报价都不敏感。

相反,知道信息的投资者希望利用这个机会买入股票从而获利,因为买入的赢面很大,有 3/4。为了买入,他们需要向做市商(核心代理人)提出报价。做市商的职责是同时收集所有的买卖订单,并对它们进行配对,使得最大数量的订单能够成交。这实际上就是在供给和需求之间寻求平衡。

然而,知道信息的投资者并不会以任意价钱买入,他们心中有一个对收益的预期。如果做市商提供给他们的价格比他们心中预期的股票将要达到的价格还高,那么他们就失去了购买的动机。令已知信息(股价要涨)后的预期增长值为 (δp_+),在比原来价格 p_0 高出 x 的价格时,仍然希望买入的知道信息的投资者比例随着 x 的增加而下降。这里有两个极端情况:在报价为 p_0(此时 $x=0$)的时候,因为股票会上涨,所有的知情投资者都希望买入;而当报价为 $p_0 + (\delta p_+)$(此时 $x=\delta p_+$)或者更高的时候,因为这个价钱已经高于对明天股票预期能增长到的价格了,任何知情投资者都不会冒可能亏本的风险再去以这么高的价格买入。为了把问题简单化,我们假设在这之间报价比 p_0 高出的部分 x 与希望买入的知情投资者占总知情投资者的比例呈线性关系。这正好构成上面提到的两个极端情况之间的线段,如图 2-10 所示。

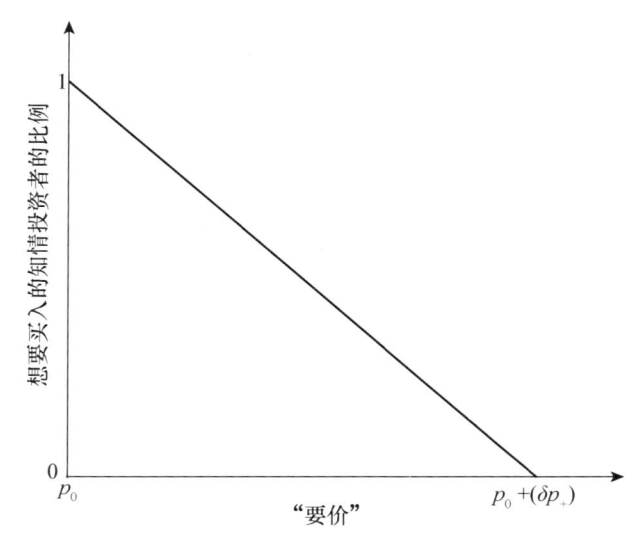

图 2-10 想要买入的知情投资者的比例随"要价"变化：如果要价是 p_0，因为期望的回报率为正，每一个知情投资者都会买入；相反，如果要价大于等于当前价格加期望增加值，知情投资者将不会再买入。这一依存关系与"风险中性"原则一致

知情投资者的决定依赖于噪声投资者。为了简单起见，我们假设每位卖出者（买入者）只卖（买）一股。那么会出现两种情况。

- 如果要卖出的噪声投资者比例 y 小于 $1/2$，那么股票会出现严重的供应不足：$1-y>1/2$ 的噪声投资者和所有的知情投资者都要买入。要卖出的噪声投资者尚且不能提供足够的股票给对应的要买入的噪声投资者，就更不用说知情投资者了。在这种情况下，做市商会将价格提高到一个知情投资者都不会再买的高度。对噪声投资者来说，因为他们不知道将来的价格会是什么样子，所以这样的高价对他们没有影响。于是（当 $y<1/2$ 时）成交价格至少上涨到知情投资者都不会再买的 $p_0+(\delta p_+)$ 之上。在这样的成交价格下，日后以期望的价格 $p_0+(\delta p_+)$ 卖出根本不能赚钱！这里需要注意的是，在没有任何知情投资者的情况下，价格仍然会停留在 p_0，这时赚钱的机会依然存在。正是知情投资者把价格推到了一个他们都不再希望买入的高度。虽然并没有知情投资者出现在交易当中，但正是他们的订单使得做市商把价格抬到一个获利机会完全消失的高度。

- 第二种情况是，要卖出的噪声投资者比例 y 大于 $1/2$。这时噪声投资者卖出的股票不但能满足要买入的噪声投资者，还能满足一部分知情投资者。这时做市商将会把价格调整到仍然希望买入的知情投资者的比例正好填补了噪声投资者买完后剩下来的部分，即 p_0+x。计算所有 $y>1/2$（当然小于 1）的情况，我们发现在 $y=3/4$ 的时候，平均成交价格比原价格 p_0 上涨了预期收益（δp_+）的一半 $[x=(\delta p_+)/2]$。这时正好还有一半的知情投资者仍然希望买入，供给和需求达到平衡：3/4 的噪声投资者卖出，同时剩下的 1/4 噪声投资者和 1/2 知情投资者买入。

下一步我们计算知情投资者的收益期望。这个收益期望等于股价上涨的概率 3/4 乘以 [平均的收益（δp_+）$-x$] 减去股价下跌的概率 1/4 乘以损失的幅度。这里损失的幅度等于 x 减去股票价格下跌的幅度。假设价格波动对称（可以很好地描述大多数股市），那么下跌的幅度与上涨幅度的期望相同，等于 $<\delta p_+>$。综上所述，收益期望等于：

$$\frac{3}{4}((\delta p_+)-x)-\frac{1}{4}((\delta p_+)+x) \tag{2.2}$$

把之前的结论 $x=(\delta p_+)/2$ 代入上式，我们发现收益期望竟然是 0：噪声投资者的活动，以及知情投资者根据噪声投资者和自己所知道的信息进行分析后所做出的行为，使得股价增长到收益期望恰好为 0 的点 p_0+x！

2.2.3 价格可以被预测吗

不论怎么改变上述模型的参数和知情投资者的买入策略，该模型的结果都不会变。因此，我们由这个模型得到如下几点基本想法：

（1）利用提前知道的信息进行的操作会使价格自动调节到套利消失的状态。这是价格对这些操作的反馈。这正好有力地证明了巴舍利耶、萨缪尔森和其他一些人的观点：聪明和知情的投资者使股票价格的变化趋于随机。在没有知情投资者的情况下，价格依然保持在 p_0，也就是说套利机会依然存在。

（2）噪声投资者必然存在于股市运作之中。对这类人有很多种叫法：有时候叫他们投机者，有时候叫他们根据自己制定的技术指标或者对新近经济信息的主观臆断来做决策的投资者。在我们的模型中，所有知情投资者都做了买入的决定。然而，在没有噪声投资者的情况下，他们不会找到相应的空方，交易就不可能完成：

如果所有人都同意现在的股票价格，交易不会带来利润，那么为什么还要交易？因此股票市场需要"噪声"的存在，即使噪声很小，它也是"流动性"的来源。所以这一理论的结论是，聪明的投资者不停地努力工作使市场中任何有用的信号都消失了，市场完全由噪声组成。

（3）知情投资者在已知股票上涨的可能性会很大的情况下不能得到好处这一事实，并不与仅一个人知道并利用这一信息会在小额投资中赚到一些好处这种情况相矛盾。这其中的原因是，一个人的活动并不能对市场产生重大影响。相反地，如果这个人非常鲁莽，知情后借来一大笔钱用于投资，那么情况将会与知情的人占总人数一半时相同，他会使股价抬升。因此，股价仅在有足够多的知情投资者参与进来时才会变得随机。

对适当的股价预期是随机的这一结论的一般性证明。萨缪尔森给出了股价不能被预测的严格证明［357］。在证明中他假设当前的股票价格 p_t 是由一系列将来的分红期望 d_t，d_{t+1}，d_{t+2}，…组成的。而这一系列的红利由一般的随机过程生成：

$$p_t = d_t + \delta_1 d_{t+1} + \delta_1 \delta_2 d_{t+2} + \delta_1 \delta_2 \delta_3 d_{t+3} + \cdots \tag{2.3}$$

这里的参数 $\delta_i = 1 - r < 1$ 随时间变化，它们代表在消费者价格指数（CPI）r 不为 0 的情况下，将来价格对现在的贴现。这里我们知道 $p_t = d_t + \delta_1 p_{t+1}$，因此已知现在的价格 p_t，对下一时刻 $t+1$ 的价格 p_{t+1} 的期望 $\mathrm{E}(p_{t+1})$ 为：

$$\mathrm{E}(p_{t+1}) = \frac{p_t - d_t}{\delta_1} \tag{2.4}$$

这一事实说明，除分红和通货膨胀的影响外，价格变化没有系统成分并且对过去没有记忆，因此它是随机的。即使经济情况不是随机变动，知情的投资者也会使股票价格变成随机过程。

粗看之下，这些观点与数据正好吻合。从图 2-7 中可以看出正回报率和负回报率的分布基本一样：股价上涨和下跌的概率几乎相同。另外，图 2-8 说明在活跃并有良好组织的市场中，回报的相关性几分钟之内便会消失，因此对过去回报率的线性外推并不能对将来的回报进行预测。

然而，如前所述，这并没有完全消除在更细微的情况下价格波动之间的相关性。这有可能是因为投资者还没来得及发现并利用它赚钱,或者是利用它能赚到的好处实在太少。

正收益和负收益之间的不平衡性。包含市场收益的价格波动分布经常会有偏差。例如,假设年收益率为10%,那么平均下来每天的收益应该大概为10%/365＝0.03%。这一数值与多数市场平均每天的波动率数值1%(对于成长中的市场和新兴市场,这个数值会更大)相比小了很多。但是当这个很小的平均每天收益率融入市场的时候,就会造成上涨和下跌的不对称性。以道琼斯工业平均指数为例,在1897—1997年共有27 819个交易日,这其中有13 091天股指下跌,而有14 559天股指上扬。也就是说,有47.06%的概率股票会跌,同时有52.34%的概率股票会涨(这两项的概率之和不为1,因为有些天股指既没上升也没下降)。类似地,1946—1997年下降的概率为47.27%,而1897—1945年下降的概率为46.86%(约低0.5个百分点)。保持前面的条件不变,在1897—1997年道琼斯工业平均指数一周内下降的概率为43.98%,而上升的概率为55.87%。纳斯达克指数在1962—1995年每日下降的概率为46.92%,而上升的概率为52.52%。IBM股票在1962—1996年每日下降的概率为47.96%,上升的概率为48.25%。

2.3　风险收益权衡

现代金融经济学中的一个核心理念是要在风险和预期收益之间做出权衡。萨缪尔森的有效市场假说虽然对预期收益做出了约束,但是并没有把风险计算在内。特别地,如果一种证券的预期价格将会提升,这种预期收益将会激励投资者持有这一证券并忍耐风险。如果投资者足够规避风险,他们有可能很乐意拒绝持有没有固定预期回报的证券。

罗闻全(Lo)和麦金利(MacKinlay)[464]用下面这段话讨论了这一问题:

格罗斯曼(Grossman)和施蒂格利茨(Stiglitz)[180]走得更远。他们主张完美信息的有效市场不可能存在。如果市场真的完全有效,收集信息去获得回报就毫无价值。在这种情况下，不能找出任何理由来从事交易，最终股市崩盘。或者说，市场无效性的程度决定投资者希望收集信息并根据信息进行交易的程度。在这种情况下，非退化的市场均衡只有在有足够的套利机会时才能达到。这时投资者利用市场无效性带来的套利利润去补偿交易费用以及获取信息的成本。这些勤劳的投资者赚到的钱可以被认为是希望从事这些活动的人所得到的经济租金。谁是这些租金的提供者？布莱克[40]给出了一个具有挑衅性的答案：那些自认为掌握信息，其实是在利用噪声进行投资的噪声投资者是这些租金的提供者。一般来说，不论何时何地，总会有一些投资者会因除了信息外的其他原因进行交易（比如那些需要临时资金周转的人），这些投资者希望立即"偿还"他们执行交易的特权。

第 3 章
金融市场崩盘是"异常值"

400多年前,培根(Bacon)在他的名著《新工具》(*Novum Organum*)中提到这样一段话:"自然、运动和妖怪的错误会更正人们对正常事物的认识,并帮助人们找出事物的一般结构。知道自然规律的人更容易发现他的异常,同样地,知道什么是异常会帮助人们更精确地描述正常的自然规律。"我们将于这一章中讨论如下问题:股市的大幅下跌是"异常值",并由此问题出发,进一步揭示股市的基本性质。

3.1 什么是"异常的"回报

如图2-4、图2-5所示,股市时常表现出飙升或者崩盘等巨大的动作。我们平时应该考虑这类巨大的振荡吗?还是应该把它们归为异常的一类?

异常只是一个相对的概念,它是相对于"正常"而言的。我们举一个例子:在巴舍利耶和萨缪尔森的金融世界中,回报是遵循高斯分布的,所有的回报都可以用一个基本的"尺子"来衡量,这个"尺子"就是标准差。考虑图2-4中所示的以日为单位的道琼斯指数时间序列。正如我们在第 2 章所指出的，这个序列的标准差约为 1%。如果按高斯分布来计算，特定回报率出现的概率如表 3-1 所示。我们发现日回报率高于 3%，从理论上讲，只能 1.5 年才出现一次。日回报率高于 4% 的出现频率仅为 63 年一次，而日回报率大于 5% 的情况，在人类历史这么短的时间内还未曾出现。

表 3-1 观测到一次回报幅度（绝对值）大于 X 倍标准差的概率是多少？在高斯分布的世界里的答案见本表。最左列是 X 的值，从 1 到 10。第二列是绝对回报大于 X 倍标准差的概率。第三列把概率转化为观测到这么大的回报一般来说需要等待的时间（单位为天）。第四列把等待时间用合适的单位来描述，我们假设一个月约有 20 个交易日，一年约有 250 个交易日。作为参照，一般认为，宇宙的年龄（仅）有 100 亿～150 亿年

X	概率>	每 N 次事件中发生一次	等待时间
1	0.317	3	3 天
2	0.045	22	1 月
3	0.002 7	370	1.5 年
4	6.3×10^{-5}	15 787	63 年
5	5.7×10^{-7}	1.7×10^6	7 千年
6	2.0×10^{-9}	5.1×10^8	2 百万年
7	2.6×10^{-12}	3.9×10^{11}	15.62 亿年
8	1.2×10^{-15}	8.0×10^{14}	3 万亿年
9	2.3×10^{-19}	4.4×10^{18}	1.772 1 万万亿年
10	1.5×10^{-23}	6.6×10^{22}	2.6 万万万亿年

通过对表 3-1 的学习，我们应该很清楚地认识到在高斯分布下 "正常" 和 "异常" 所代表的含义。1987 年 10 月 19 日的日下跌 22.6% 和 1987 年 10 月 21 日的日反弹 9.7% 都是异常的：在标准的高斯分布之下，这种情况完全不可能出现。它们的存在让我们认识到市场可以非常严重地偏离标准。这些市场创造的 "妖怪" 被称为 "异常值"。换句话说，它们在不可能出现的情况下出现了。

如图 2-7 所示，事实上回报率并不遵循高斯分布。高斯分布在这种半对数坐标的图上应该是条倒抛物线。而回报率的分布曲线近似于直线。直线在半对数坐标中对应的是指数分布。我们再用指数分布重新计算很大的回报率所对应的概率。比方说 10 个标准差之外（在我们的例子中，等价于回报率大于 10%）的概率为 0.000 045，也就是说，大概 22 026 天或者 88 年会发生一次。这样的话，1987 年 10

月 21 日的反弹也就不是那么不正常了。然而 1987 年 10 月 19 日的日跌幅达到 22.6％这件事在指数分布下仍然只能 5.2 亿年才发生一次，这个值依然是个异常值。

非常明显，在指数模型下，10％的日回报率不是"异常值"。另外，我们发现，一个特定数值的回报率是正常的还是异常的，取决于我们对回报率分布模型的选择。寻找能够很好地描述很大回报率的分布模型是一个非常微妙的课题，也仍然是研究的热点。由于很难确定究竟哪个分布模型才是最好的，找回报率分布这一方法看起来并不是辨别异常值的最有效方法。

到现在为止，我们仅考虑了回报率的分布。然而，复杂的回报率时间序列还有很多其他的结构并没有在分布中体现出来。我们已经在图 2-8 中介绍了相关函数这种不同方法。在接下来的章节里，我们将介绍另一种新的更加精确的鉴别市场异常状态的方法，这种方法不需要指定频率分布的特定数学表述，也就是说，这种方法是非参数方法。

3.2 回　撤

3.2.1 回撤的定义

比简单的频率统计和线性相关更进一步的测量方法是对"回撤"的统计。回撤被定义为价格在连续几天之内持续下跌的幅度。因此，如图 3-1 所示，回撤是价格的上一个最大值与下一个最小值之间的累计损失。回撤才是我们要考虑的指标：它直接测量一项投资所经历的累计下跌，同时量化地给出投资阶段所能经历的最坏情况，即在局部最高点买入，在局部最低点卖出。因此非常值得我们去探索，有没有在价格波动分布中缺席却存在于回撤分布中的结构呢？

回撤是由一系列连续的同种符号（见下文）的波动构成的，因此回撤之间体现出很微妙的相关性。从回撤的分布中，我们能捕获到一连串下跌之间的相互影响和这些下跌是怎么组织在一起并构成一个持续过程的。这个过程的持续性是回报率分布所不能测量的。根据定义，回报率是时间的函数，某一时间段内的回报会忘记其他时间段的回报所处的相对位置。而回报率的分布仅考虑了所有回报率的出现频率。

道琼斯工业平均指数

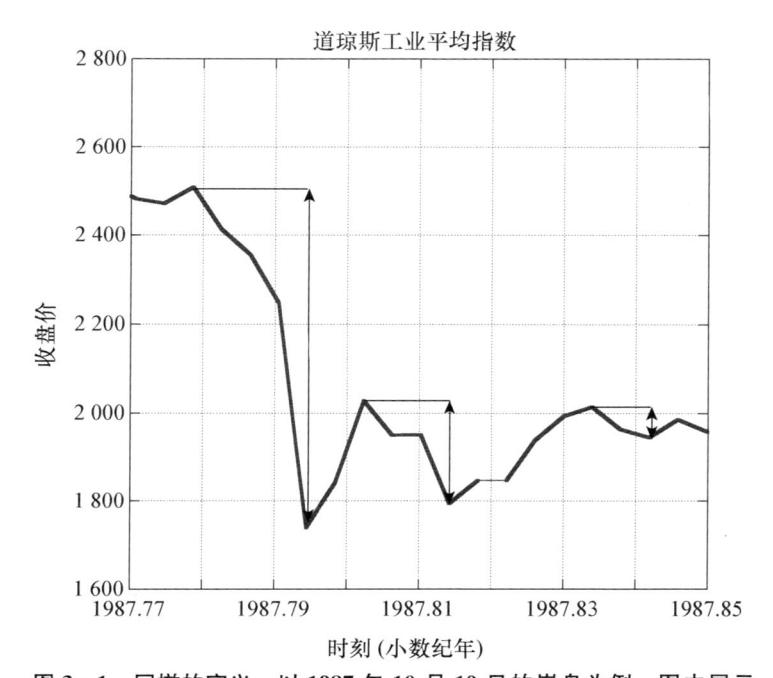

图 3-1 回撤的定义。以 1987 年 10 月 19 日的崩盘为例,图中展示了三个表示从上次最高到下次最低间累计损失的回撤。其中最大的回撤是在四个连续交易日中损失 30.7%：1987 年 10 月 14 日（对应于小数纪年 1987.786,关于小数纪年,第 7 章的 7.1.1 节有详细解释）道琼斯工业平均指数下跌 3.8%,10 月 15 日累计下跌 6.1%,10 月 16 日累计下跌 10.4%,然后经历周末之后迎来黑色星期一 1987 年 10 月 19 日,使四日的总跌幅达到 30.7%。每日的单日跌幅分别为 3.8%、2.4%、4.6% 和 22.6%（请注意回报不能直接相加,因为它们是经价格归一后的价格波动,而用于归一的价格是随时间变化的）

因此,回报率分布不能测出下跌的持续性。同样地,两点相关函数也不能用来测量持续性。这是因为两点相关函数只给出了整个时间序列平均的线性相关性,而不能测量在特殊时段之内的相关性。下面这个例子说明了,在很长的时间序列中,某些特征会被全局性平均抹杀掉。

一个相关性为零但可预测性很高的非线性模型。为了进一步增强回撤能够测量连续价格波动之间相关性这一概念,我们来做个游戏。假设价格的增幅 $\delta p(t)$ 满足：

$$\delta p(t) = \varepsilon(t) + \varepsilon(t-1)\varepsilon(t-2) \tag{3.1}$$

这里，$\varepsilon(t)$ 是均值为 0、方差为 1 的白噪声。比如 $\varepsilon(t)$ 就像掷硬币，只能有 +1（正面朝上）和 −1（背面朝上）两种结果，并且两种结果的概率都是 1/2。式（3.1）说明今天的价格波动是由随机掷三次硬币的结果来决定的，一个指示今天，另两个分别指示昨天和前天。代表今天的硬币正面朝上，同时代表前面两天的硬币如果朝向相同，那么价格将会上涨。同样地，代表今天的硬币正面朝下，同时代表前面两天的硬币朝向相反，价格则会下降。

很容易验证价格增幅的期望 $E(\delta p(t))$ 为零，同时两点相关函数，即
$$E(\delta p(t) \delta p(t')), \quad t \neq t'$$
也为零。所以，$\delta p(t)$ 也是白噪声。直观上讲，奇数个硬币会导致平均值为零这一结果：$[\frac{1}{2} \times (+1) + \frac{1}{2} \times (-1) = 0]$。然而，三点相关函数 $E(\delta p(t-2) \delta p(t-1) \delta p(t))$ 的值不是 0 而是 1。已知前面两个增幅 $\delta p(t-2)$ 和 $\delta p(t-1)$，今天增幅的期望 $E(\delta p(t) | \delta p(t-2), \delta p(t-1)) = \delta p(t-2) \delta p(t-1)$ 也不为零。这说明已知前两天价格波动的情况预测今天价格波动的成功率大于 50%！

而频率分布和两点相关函数不能探测出回撤的这种特殊的相关结构。为了便于分析，我们再次限制 $\varepsilon(t)$ 只能取值 ±1。那么增幅 $\delta p(t)$ 只能取值为 0 和 ±2。结果如下所示：

$\varepsilon(t-2), \varepsilon(t-1), \varepsilon(t)$	→	$\delta p(t)$
+++	→	+2
++−	→	0
+−+	→	0
+−−	→	−2
−++	→	0
−+−	→	−2
−−+	→	+2
−−−	→	0

上面左边三列给出了连续三次掷硬币的结果 $\varepsilon(t-2)$，$\varepsilon(t-1)$，$\varepsilon(t)$，而右边一列给出了相应的增幅 $\delta p(t)$。从中我们可以清楚地看出增幅 $\delta p(t)$ 是一个白噪声过程。然而，对回撤分布的分析表明，这其中有明显的可预测性：不可能出现连续两次以上的下跌，最坏的情况是 $\varepsilon: − − + − −$，这对应着增幅为

+2，−2，−2。下一步如果 ε=+，那么增幅将为+2，或者在一长列使增幅为 0 的 ε=−之后，只要 ε 变为+，增幅就为+2。虽然 ε(t) 序列可以从理论上一直为负，但是 p(t) 的回撤不可能一直为负。这说明如式（3.1）定义的增幅 δp(t) 在价格 p(t) 的回撤分布中有着引人注目的性质。这同时说明了，回撤可以比日回报率、周回报率或者其他固定时间尺度的回报率更灵活地把握对价格变动的测量。

3.2.2　回撤与异常值探测

为了更深入地理解回撤比固定时间尺度的回报率含有更多新信息这一观念，让我们来考虑如下情况：假设持续时间为三天，幅度为 30% 的崩盘是由连续三天下跌 10% 构成的。那么崩盘将被定义为回撤为 30% 的下跌。如果我们用一般方法去分析每一天的数据，特别是日回报率分布，那么 30% 的回撤会被看作三个−10% 的日回报，需要认识到的本质问题是回报率分布的解释相当于计算所观测的给定收益的天数。崩盘促成了三个−10% 的日回报，而这三个日回报是连在一起的这一信息完全被忽略了！举个例子以便我们清楚地看到这条信息其实是不能被忽略的。假设市场中日回报率−10% 出现的频率为每 4 年一次（这个假设对当前高波动的纳斯达克综合指数来说是合理的）。粗略估计，每年有 250 个交易日。4 年，也就是 1 000 个交易日中日回报率−10% 会发生一次。也就是每个交易日发生的概率为 1/1 000=0.001。30% 这种崩盘被分解为三次，所以变得不是非常引人注目了（在每一个 4 年里重复出现的次数都稍微偏多）。然而当我们问日回报率为−10% 的事情在连续三个交易日都发生的概率是多大这件事的时候，问题变得严重了。乘法原理告诉我们，如果把这三个日回报率为−10% 的事件看作是相互独立的，那么它们连续三个交易日都发生的概率为 $0.001 \times 0.001 \times 0.001 = 10^{-9}$。这对应于每 10 亿个交易日才可能出现一次！在正常情况下，我们需要等 400 万年才能看到它发生！

是哪里出问题了？只看日回报率及其分布破坏了日回报率可能在某些时刻是相关的这一信息！我们像盲人摸象一样，仅看到了一些局部信息。我们估计连续三天都下跌 10% 这件事是不可能发生的，是因为我们错误地假设了日回报率为−10% 这些事之间是相互独立的。连续的回报率之间是相互独立的这件事已经被很好地证实了，而且适用于绝大多数时候。然而，在大幅下跌之中，这种不相关性可能不再存在。换句话说，可能会有"相关性爆发"存在，也就是说，"可预测性"有可能是存在的。

很明显，回撤这个概念可以精确地保存局部相关性爆发这一信息，而相关性爆发可能是导致股市巨幅下跌的原因。

3.2.3 "正常"回撤的分布期望

在回到数据之前，我们现在问问自己：从随机游走这个假设中，我们将会得到些什么结论？如果价格波动是相互独立的，正回报（＋）和负回报（－）就像不停掷硬币得到正面或者背面一样。价格波动的对称性说明，从一个正回报（＋）开始，得到一个负回报（－）的概率为 1/2。连续得到两个负回报的概率为 $1/2 \times 1/2 = 1/4$；连续得到三个负回报的概率为 $1/2 \times 1/2 \times 1/2 = 1/8$，依此类推。每多一次连续的负回报，概率就会减小一半。这是指数分布，就是说一个时间单位把回撤提升到很大基本上是不可能的。这种指数分布也被称为泊松分布，是无记忆过程：比如序列＋－－－－，连续的四个负回报并不会修改下一个仍是负回报的概率，下一个回报依然是一半概率为正、一半概率为负。这种无记忆过程有可能违背直觉（在连续出现10次正面之后，很多人会赌下一次会是背面；这就是通常所谓的"赌徒谬误"），但是它非常精确地反映了我们所谓的完全随机：在公平的掷硬币游戏中，连续10次正面朝上可能会发生，但这对第11次的结果没有影响，第11次正面朝上的概率仍然是1/2。这种无记忆的随机过程可以被描述为：已知已经连续观测到 n 次背面，下一个观测结果为背面的概率与 n 无关，依旧是 1/2。然而，任何回撤指数分布的偏离将会体现过程中的相关性，并且提供了对未来事件预测的可能性。

在无记忆随机模型中，有一半的回撤持续时间都比一天长，因此观察股市中回撤的经验分布的时候用对数坐标比较方便，这是因为回撤的指数分布在对数坐标下呈现为一条直线。这是一个测试假设是否成立的有效方法：偏离直线说明偏离指数分布，从而说明了无记忆假设的正确性。

下面这些用来证明"异常值"存在的证据并不依赖于泊松分布的存在。事实上，我们已经从能够证实偏离连续回报之间相互独立这一假设的大部分回撤分布中得到了一些偏离结果。被大多数人甚至是最聪明的学者经常忽略的一点是：有异常值或是极端事件的证据既不需要也不同义于回撤分布里存在断裂。我们从另一个科学研究的热点中借用一个生动而有力的例子，这个热点就是描述山中河流和气候变化的涡流、旋涡。在这些问题中用具体的方程是不可行的，因此人们习惯把问题简化，只研究湍流的"壳"模型，用这种模型分析湍流中最重要的部分，人们认为通过对这些最基本部分的分析能够抓住对整体分析的实质。壳模型把三维空间分解为一系列洋葱一样的同心球面，这些球面的半径呈几何增长（1，2，4，8，…，2^n），而且一般只有相邻层之间有相互作用。

同金融中的回报率一样，这里最引人注意的量是，同一点上两个不同时刻速度的变化，或者不同点上同一时刻速度的变化。这种速度变化平方的分布结果见图3-2。请注意直线代表近似指数下降，以及值4~7及其以上（没有画出来）右侧的较大波动并存。通常，这么大的波动在统计上被视为不重要，并且没有提供任何特别洞见。这里，流速的大波动对应钟形密集峰在几个壳层间连贯地传播，几乎不依赖于幅值和持续时间（直到重新度量规模和持续时间）。当我们将视野拉长，超过图3-2中的值4，异常波动能被更好地取样，图3-3展示了连续的曲线（撇开一些一直存在的残留噪声来说）。这里，三条曲线分别对应给定壳层（$n=11$，15，18）的分布测量。

图3-3展示了标准的转换，也就是说，缩小或扩大每条曲线的坐标以至三条曲线彼此塌陷。如果一条曲线塌陷了，这意味着，直到单位的定义，三个分布是完全相同的，这有助于我们理解内在机制，以及将来利用风险评估和控制。我们天真地期望每一壳层有相同的物理成分，因此，包括改变反映体现每一层不同尺度的单位，分布都将是相同的。这里，我们观测到，三条曲线真正漂亮地塌陷，但是仅限于小的速度波动，同时大的波动被不同重尾所描述。另外，在一个大的速度波动的区域中，人们尝试塌陷曲线，接近原点的曲线部分根本不塌陷，且十分特别。著名的结论是：流速幅度的分布看起来由两个区域组成，"正常尺度"区域和极端事件区域。

从讨论中可以得出一个信息：异常值和极端事件的概念没有停留在分布不是光滑的这一要求上，正如图3-2的右侧所示。噪声和构建分布的恰当过程几乎将一直平滑曲线。从中我们发现［252］，分布由两个不同的种群组成：身体和尾巴。它们具有不同的物理成分、不同的尺度、不同的特性。显然，在某种意义上，湍流的这个模型展示了异常值，存在界限清楚的大种群和非常罕见的事件，这些非常罕见的事件不时打断动态，其作为小波动的放大版也不能被识别。我们很容易推测，类似地，湍流的异常"尺度"特性可能被正常无害速度波动和极端集中事件共同控制，可能与具体的涡丝或者其他相干结构相关［371］。

因此，小事件的分布可能显示一些曲率或者持续性行为的事实，不影响异常值假说。关键是，请牢记紧盯回撤背后的证据。

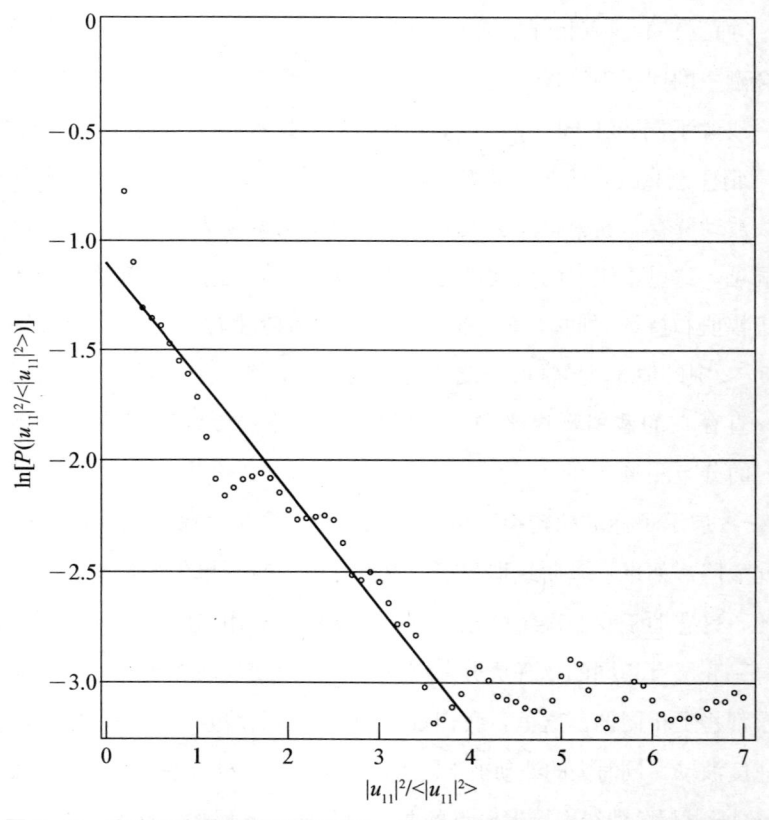

图 3-2 流速平方的概率分布函数，用其时间平均值归一。这是正文介绍的水动力湍流壳模型的第 11 层壳。这里纵轴是对数坐标，这是为了帮助人眼识别指数分布，因为对数坐标下指数分布为一条直线。请注意在拟合直线最右方有些点的速率极大，偏离了拟合直线。根据［252］复制

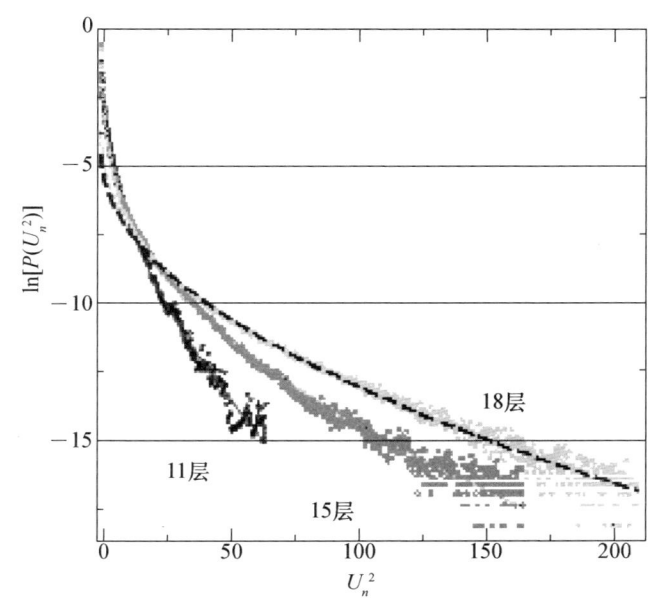

图 3-3 与图 3-2 一样的流速平方的概率分布函数。只是这次时间尺度更大，使得分布尾部的巨大波动被较好地约束了。没有异常值这一假设由三个不同壳层的分布"塌陷"得到验证。然而这是在小波动范围内的成功，大事件分布的尾部非常不同，大波动自成一类，它们是异常值。纵轴还是对数坐标。根据[252]复制

3.3 股指回撤的分布

3.3.1 道琼斯工业平均指数

图 3-4 显示了自 20 世纪以来道琼斯工业平均指数的回撤分布。

如果假设连续的股票波动之间是相互独立的，我们将导出上一节中提到的指数分布。大量证据表明这个假设在大多数交易日都是正确的[68]。然而，如果考虑道琼斯工业平均指数在 20 世纪的 14 个最大回撤（见表 3-2），它们之中仅有三个持续了一两天，却有九个持续时间在四天以上。这里，我们仅分析最大的回撤：它开始于 1987 年 10 月 14 日（对应于数字年份 1987.786）并持续了四天时间。在这期间

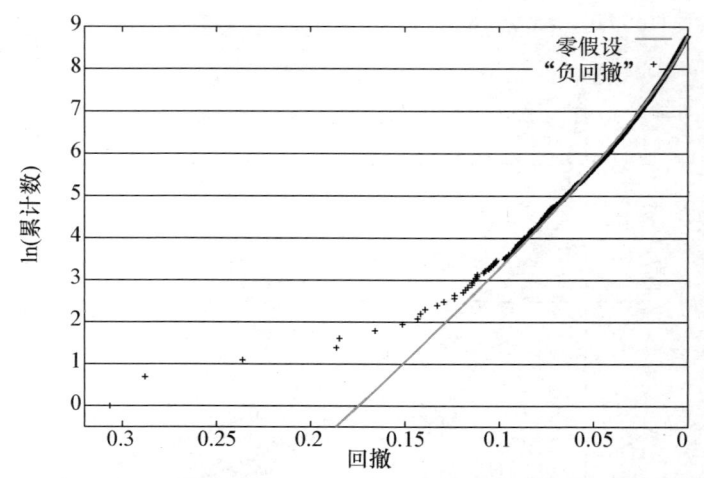

图 3-4 20世纪道琼斯工业平均指数出现的给定回撤幅度的次数。根据 [220] 复制

总的损失为 30.7%。也就是说，这次崩盘是四个连续损失：第一天股指下降 3.8%，第二天总回撤升至 6.1%，第三天总回撤升至 10.4%，第四天总回撤升至 30.7%。换句话说，这连续四天的损失分别为 3.8%、2.4%、4.6% 和 22.6%，其中最后一天就是所谓的发生于 1987 年 10 月的黑色星期一。

表 3-2 道琼斯指数在 20 世纪里最大的 14 次回撤的主要特征。起始时间以小数纪年。本图依据 [220] 复制

排名	起始时间	指数值	持续时间（天）	跌幅（%）
1	87.786	2 508.16	4	−30.7
2	14.579	76.7	2	−28.8
3	29.818	301.22	3	−23.6
4	33.549	108.67	4	−18.6
5	32.249	77.15	8	−18.5
6	29.852	238.19	4	−16.6
7	29.835	273.51	2	−16.6
8	32.630	67.5	1	−14.8
9	31.93	90.14	7	−14.3
10	32.694	76.54	3	−13.9
11	74.719	674.05	11	−13.3
12	30.444	239.69	4	−12.4
13	31.735	109.86	5	−12.9
14	98.649	8 602.65	4	−12.4

这里观测到的大幅度连续下跌是我们之前提出的瞬时相关性的一个例子。对于道琼斯指数，我们可以尝试做如下解释：我们把每天的损失分布用一个简单的函数形式表示，即衰减指数为 1/0.63% 的指数分布（该指数由对图 3-4 中的回撤拟合得出）。由于损失幅度的平均值等于 0.67% 以及它的标准差等于 0.61%，该指数模型的质量得到了确认（在指数分布中，1/衰减指数＝平均值＝标准差）。以此标准计算，回撤大于等于 3.8% 的概率为 $\exp(-3.8/0.63)=2.4\times10^{-3}$（平均每 2 年发生一次）；回撤大于等于 2.4% 的概率为 $\exp(-2.4/0.63)=2.2\times10^{-2}$（平均每 2 个月发生一次）；回撤大于等于 4.6% 的概率为 $\exp(-4.6/0.63)=6.7\times10^{-4}$（平均每 6 年发生一次）；回撤大于等于 22.6% 的概率为 $\exp(-22.6/0.63)=2.6\times10^{-16}$（平均每 10^{14} 年发生一次）。合在一起，如果假设这四天的下跌之间没有相关性，那么该次连续下跌发生的概率为 10^{-23}，也就是说，每 40 万亿亿年才可能发生一次。这个小到完全可忽略的概率 10^{-23} 说明日回报率之间不可能是不相关的：回撤，尤其是比较大的回撤，证明了价格时间序列中间歇性的相关性。

3.3.2 纳斯达克综合指数

图 3-5 所示为纳斯达克综合指数于 1971 年创立至 2000 年 4 月 18 日之间的回撤排序。这种回撤排序图与（反向）累积概率分布基本相同，不同之处仅在于坐标轴的互换以便强调大事件。四个最大的事件与之后的小事件分布之间并不连续：第四大回撤比第五大回撤大 33%。然而第五大回撤和第六大回撤之间仅有不到 1% 的差距。这种不连续性存在于更大的回撤之间。这说明对于回撤小于 12.5% 的事件，它们的损失可看作是连续的，然后在第三大和第四大回撤之间突然出现了 33% 的巨大间隔。这四大事件按下跌幅度排序依次为 2000 年 4 月的崩盘，1987 年 10 月的崩盘，1987 年 10 月大崩盘之后的幅值高达 17% 的 "余震"，以及我们将要在第 7 章中讨论的发生于 1998 年 8 月、下跌幅度达到 16% 的 "慢崩盘"。

下面我们进一步从统计上证明这四大事件是 "异常值"。我们把日回报率序列乱序重排 1000 遍，也就得到了 1000 个人造时间序列。这 1000 个人造序列与真实序列有完全一样的日回报率分布。然而，可能形成大幅下跌的高阶相关性和依赖性在重排中被破坏了。这种所谓的对回撤分布的 "替代" 数据分析的一大优点是 "无参

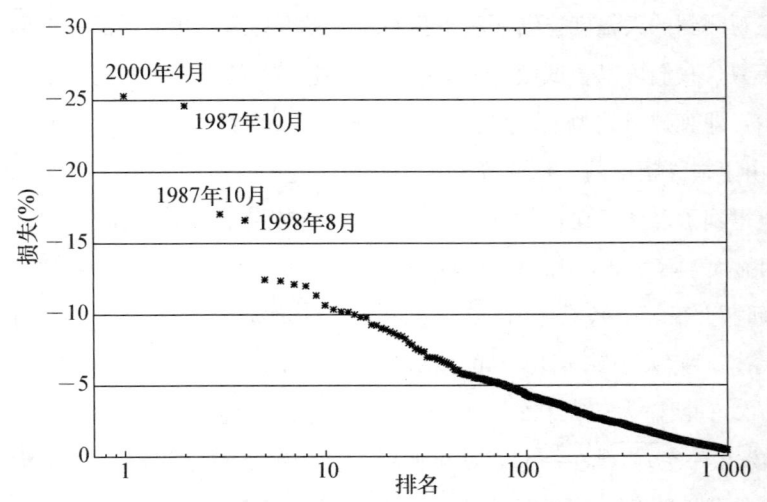

图 3-5 从 1971 年建立之初起到 2000 年 4 月 18 日止，纳斯达克综合指数回撤的排名。排名第一即回撤最大为 2000 年 4 月，排名第二即回撤次大为 1987 年 10 月，依此类推。本图根据 [217] 复制

数化"，即与指数或模型的拟合质量无关。现在，我们来比较真实数据和人造数据所生成的回撤分布。对于人造数据，这一比较可分为互补的两种方法。

图 3-6 所示为纳斯达克综合指数的回撤分布和所有人造回撤的 99% 置信区间。假设回撤之间相互独立，对任意给定的回撤，上（下）置信线即每 1 000 个序列中仅有 5 个人造分布在其之上（下）。因此，在 1 000 个人造时间序列当中，有 990 个序列在这个置信区间之内。我们期待观测到的实际分布也落入这个置信区间之内。

在图 3-6 中，令人惊奇的是，实际数据与 99% 置信区间之间的偏离大约为 15%！这再次证实最大的四个回撤的确是"异常值"。换句话说，概率本身不能复制如此大的回撤。因而，我们需要考虑在特殊时间段内，可能的放大机制以及日回报率之间的相关性在生成这些异常值中的作用。

一个更为复杂的分析是分开考虑每一组人造数据，并计算在已知之前回撤的条件下，发生回撤为某值的条件概率。这种方法可以提供对异常值统计显著性的更为精确的估计，这是因为置信区间忽略了构建累积分布过程中的排序过程的相关性。

为此，我们生成了 10 000 个人造序列。在这些序列当中，存在一个大于 16.5% 的回撤的序列有 776 个，存在两个大于 16.5% 的回撤的序列有 13 个，存在

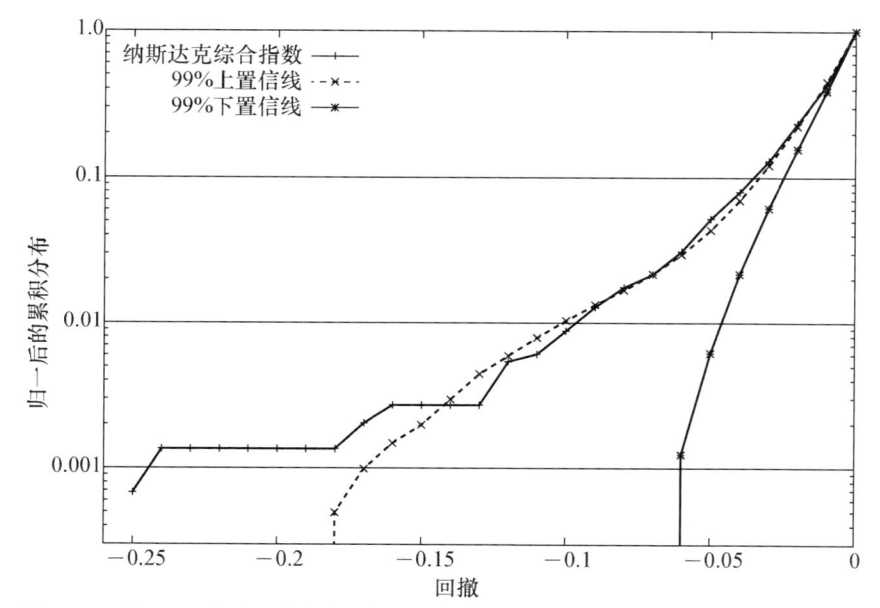

图 3-6 从 1971 年建立之初起到 2000 年 4 月 18 日止，纳斯达克综合指数回撤经归一后的累积分布。99%的置信区间是由文中提到的人造数据测试方法得来的。本图根据 [217] 复制

三个大于 16.5%的回撤的序列有 1 个，没有任何序列像真实序列一样同时存在四个（及以上）大于 16.5%的回撤。这表明，给定日回报率的分布，我们有 8%的概率观测到一次回撤大于 16.5%的事件，有 0.1%的概率观测到两次回撤大于 16.5%的事件。几乎没有任何可能可以同时观测到三次及以上回撤大于 16.5%的事件。因此，我们可以在 99.99%的置信区间内拒绝以下假设：观测到的纳斯达克综合指数的四次大幅下跌是由日回报率之间相互独立的概率本身引起的。也就是说，我们再次证明了市场的大幅下跌伴随着在"正常"情况下的回报间的强相关性。

这一分析证实了，图 3-4 中所示的道琼斯工业平均指数大于 15%的回撤在大概率情况下是异常值。值得注意的是，尽管纳斯达克综合指数的日波动率远大于道琼斯工业平均指数，但是它们的异常值却都是 15%左右。正如我们之前所述，这可能是由于非常大幅的回撤是由过去几天的连续下跌之间的瞬时相关性而不是单日下跌幅度引起的。

对道琼斯工业平均指数和纳斯达克综合指数的统计分析表明，大崩盘非常特

殊。在接下来的几章中，我们将陆续揭示这些"异常值"的其他特殊属性。比如，由有先兆模块修饰的投机泡沫及其破裂后引发的崩盘。

3.3.3 进一步测试

当观察结果离预想的结果（技术上被称为"零假设"）差得太远时，我们应该保持冷静的头脑仔细排查每一种可能的解释。正如弗里曼·戴森（Freeman Dyson）的精彩描述［116］：

> 一个科学家面对新理论的职责就是去证明它是错的。这就是科学的真谛，是对科学保持诚实的方法。任何新的理论为了继续存在下去都必须接受很多批判，有时甚至是苦涩的批判。很多新理论被证明是错误的，批判要做的就是必须把它们清除掉而给以后更好的理论留下空间。极少数生存下来的理论在被批判中得到了加强和完善，从而最终加入了日益发展壮大的科学知识行列。

戴森的这段话所隐含的强有力的调查方法就是所谓的科学方法。简而言之，科学方法包含如下步骤：（1）观测数据。（2）做出尝试性解释，也就是做出同观测到的数据相符的假设。（3）用所做的假设做预测。（4）通过实验或进一步观测来检验预测，并根据新结果调整假设。（5）不断重复步骤3和步骤4，直至理论和实验或观测之间不再有或者几乎不再有矛盾。当矛盾得到调和时，假设变成了理论。用这一理论及其推导出的一些推论将可以对一系列现象进行解释。因此，理论就是可以用于解释所观测到的现象并进行预测的一个框架。另外，科学家赞同并使用"奥卡姆剃须刀"（Occam's razor），其被称为节俭原理或简单原则："如果两套理论能够进行同样的预测，那么应该选择相对简单的那套理论"。这个理论成立归因于简单实用的原因：这让我们的生活变得比较简单，因为在对未来进行预测时，我们仅需要对较少的参数进行控制。

更为重要的一点是：更少的假设和更少的参数会使得对新现象的预测结果更加稳健。让我们思考笛卡儿和牛顿对天体运行规律（比如水星、金星、地球、火星、木星和天王星绕太阳运动）的两种竞争性解释。笛卡儿说可以将天体运行看作是由以太（假想的填充于空间中的物质）涡旋构成的复杂系统。相反地，牛顿提出任何两个有质量的物体之间都有与距离平方成反比的吸引力，也就是著名的万有引力定律。这两种解释都可以用来解释天体运动。不同的是，笛卡儿的学说不能被用来进行天体轨迹的预测，然而，牛顿的万有引力定律却被用来预测本身存在但尚未被发现的天体，比如海王星。模型或理论的力量就在于可以用它来预测某些在它的构建过程中不曾使用到的现象。爱因斯坦说："一套理论的引人之处在于用最简单的前提，说明尽可能多的事物，同时有尽可能广泛的应用。"

接下来，我们于如下一些地方使用科学方法：

(1) 我们发现金融数据看起来是随机的；

(2) 我们假设股票市场价格的时间演化是随机游走；

(3) 我们由这一假设导出回撤应遵循指数分布；

(4) 通过考察道琼斯工业平均指数中回撤的分布，我们发现实际情况同我们做出的指数分布假设不同，尤其是在实际中会有非常大的回撤出现。

在拒绝我们最初的假设并承认股票价格并非完全随机之前，我们必须验证观测值具有"统计显著性"。直白地说就是，观测到的偏离于指数分布的结果是由样本过小或是其他不确定的与数据无关的因素造成的。这种偏离可能是错误、测量误差或者仅是偶然现象。为了去除这些陷阱，我们需要通过测试去说服自己这些观测到的偏离是显著并且可信的。在证据不足以改变我们的想法时，奥卡姆剃须刀原则告诉我们要选择更为简单的随机假设。

为了分清哪一种解释（随机和非随机）相对来说更加精确，我们做了如下所述的关于市场波动的统计分析。首先，我们对道琼斯指数中小于15%的回撤按指数分布进行估计，并得出回撤的特征值在2%左右。这个衰减特征值蕴含的意义是：大于2%的回撤占总比例的37%左右。按照我们所说的零假设（即指数分布是正确的）进行估算，像图3-4所示的20世纪美国股市三次最大的崩盘（1914年、1929年和1987年）在50个世纪中只会发生一次。但事实上，这样的崩盘仅在一个世纪内就发生了三次。这是指数模型对大崩盘不适用的第一个证据。

我们做些别的测试：用在金融界普遍使用的标准统计模型生成10 000个长度为一个世纪的人造时间序列。这些序列的总长度高达100万年[46]。这里的标准统计模型其实是用真实指数以自由度为4的学生 t 分布为噪声拟合的 GARCH

(1,1)模型。这一模型同时包含非平稳的波动（价格变动的幅度）和如图2-7所示的价格回报率的（厚尾）分布性质。我们的分析［209］结果是在大约100万年的时间里，通过GARCH厚尾"交易"，没有任何一个"GARCH世纪"会出现像真实道琼斯工业平均指数那样的三次大崩盘。

另外一种测试是通过对道琼斯工业平均指数拟合过的、以自由度为4的学生 t 分布为噪声的GARCH模型直接构建回撤的分布，并用真实数据进行对照。对于GARCH模型生成的人造价格时间序列，我们用与对真实数据完全一样的处理方法来构造回撤分布。从人造数据中得到的99%的回撤都会位于图3-7中所示的两条虚线之间。也就是，GARCH时间序列的回撤只有1%的概率比上线更大或比下线更小。请注意，这样的GARCH模型生成的回撤大概是指数或略微次指数分布的（直到约10%）。这与真实数据拟合得很好（真实数据用＋号表示）。然而，三个最大的回撤明显比上线大出许多。因此，我们得出结论，GARCH相关不能（完全）表示真实数据中的相关性，尤其是不能表示在很大回撤附近的特殊相关性。这说明了一个可能，即在金融界被应用的最广泛的基准模型也不能很好地诠释真实数据。

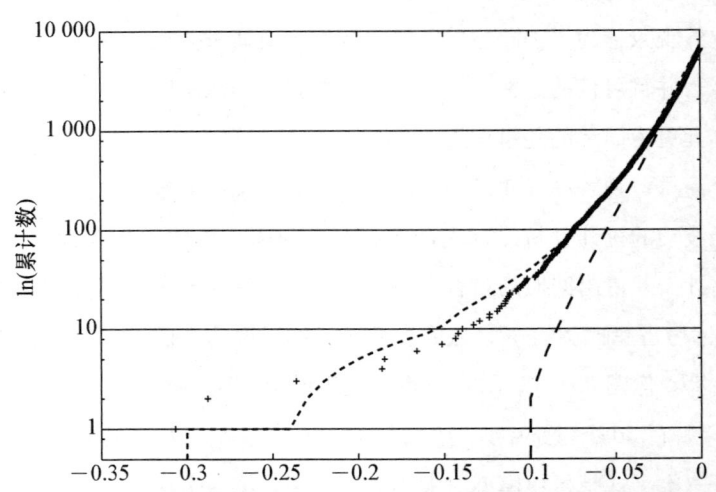

图3-7 两条虚线表示，用以自由度为4的学生分布为噪声的GARCH（1，1）人工数据生成的回撤有99%应该落在这两条虚线之间。"＋"表示道琼斯指数回撤的累积分布。纵轴为对数坐标，横轴表示回撤，比如图中－0.30表示－30%的回撤。本图根据［399］复制

这一经典的证据连同前面对零假设（乱序排列的时间序列与真实时间序列拥有同样的回撤）的否定一起，加强了大的回撤是异常值这一判断。

当然，这些测试没有告诉我们什么才是正确的模型。它们仅表明在金融界和学术界最常用的标准模型（该模型认为随机市场的零假设是合理的）完全不能解释大型金融崩盘。这表明大型崩盘背后蕴含着不一样的机制。这也说明为什么媒体和公众通常都对大型崩盘保有很高的关注。如果大回撤是异常值，我们就必须考虑大崩盘比市场小波动更可预测的可能性。

这就是本书的主题。呈现于我们面前的将是基于大崩盘是非常特殊的事件这一观点上的，对崩盘原因和性质的理解以及对其可预测性的探讨。在进入正题前，我们先来总结一下已观测到的在其他金融市场中存在的异常值。正因为这些异常值无处不在，我们必须为它们专门建立特殊的模型。

3.4 异常值的出现是正常现象

我们将对如下数据进行分析 [220]：

（1）世界主要金融指数：道琼斯指数、标准普尔指数、纳斯达克综合指数、多伦多 300 综合指数（加拿大多伦多）、澳大利亚普通股指数（澳大利亚悉尼证券交易所）、海峡时报指数（新加坡证券交易所）、恒生指数（香港证券交易所）、日经 225 指数（日本东京证券交易所）、伦敦富时 100 指数（英国伦敦交易所）、CAC 40 指数（法国巴黎证券交易所）、DAX 指数（德国法兰克福证券交易所）和意大利综合股价指数（MIBTel）（意大利米兰证券交易所）。

（2）货币：美元兑德国马克、美元兑日元和美元兑瑞士法郎。

（3）黄金。

（4）美国市场上市值最大的 20 家公司和从前五十大公司中随机选取的其他 9 家公司（可口可乐、高通、应用材料、宝洁、捷迪讯光电技术、通用汽车、美国家用产品、美敦力和福特）。

由于资产本身的存在时间不同，这些数据的起始时间也不一样，这对最近的"新技术"公司来说更为明显。被选上的时间序列离穷举还差得很远，但已经足够满足我们的目的了：所有这些标的，除了 CAC 40 指数（"法国例外"？），其他所有都有很明显的异常值。这说明不论标的性质如何，异常值在金融市场中普遍存在。

3.4.1 主要股指、现金和黄金

图 3-8 至图 3-14 测试前一节中提到的现象是美国市场特有的性质还是一般股票市场的普遍性质。为此我们对尚未考虑的其他六个 G7 国家、澳大利亚、中国香港、新加坡的股指，以及美国另外一个非常重要的指数，标准普尔 500 指数，进行测试。图 3-8 至图 3-12 展示了分析结果。非常明显，除法国市场外，在所有其他市场中都可以找到性质相近的异常值。而对日本市场来说，指数拟合线是回撤分布的下限。巴黎是唯一的回撤分布几乎完美遵循指数分布的市场。这可能是因为 CAC 40 指数的历史太短，还没来得及出现很大的回撤。作为比较，米兰证券交易所的 MIBTel 指数除了最大的一个回撤外，几乎也完美地遵循指数分布。这一唯一例外的异常值是这两个市场之间仅存的差别。对于日本市场，我们需要注意在 1990—1999 年年初这段时间里，日本股市一直在下跌，跌幅高达 60%。这段时间的数据占总测试数据的 1/3 还多。这就解释了为何在日本市场中的异常值没有其他市场偏离得明显。

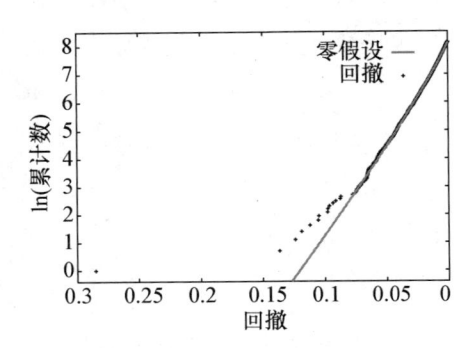

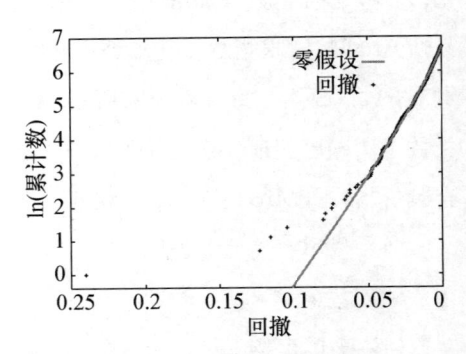

图 3-8 标准普尔指数（左）和多伦多 300 综合指数（右）。请注意，每幅图中最左下角上孤立的十号代表最大回撤，这显然是"异常值"。它的纵坐标值为 0，这是因为这种事件只被观测到 1 次，而 1 的对数等于 0。这类累积分布是从底数到顶。从左至右依从大到小排列。本图根据 [220] 复制

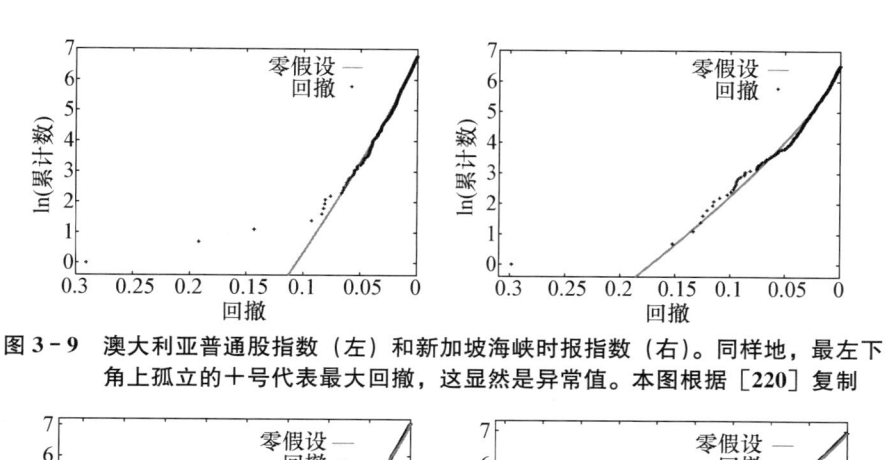

图 3-9 澳大利亚普通股指数（左）和新加坡海峡时报指数（右）。同样地，最左下角上孤立的十号代表最大回撤，这显然是异常值。本图根据［220］复制

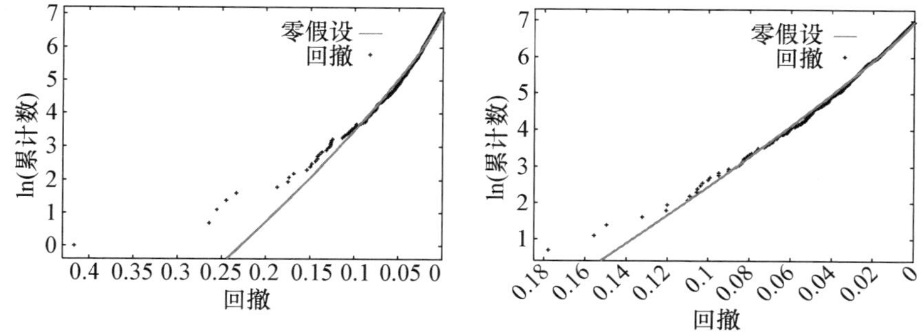

图 3-10 香港恒生指数（左）和日经 225 指数（右）。本图根据［220］复制

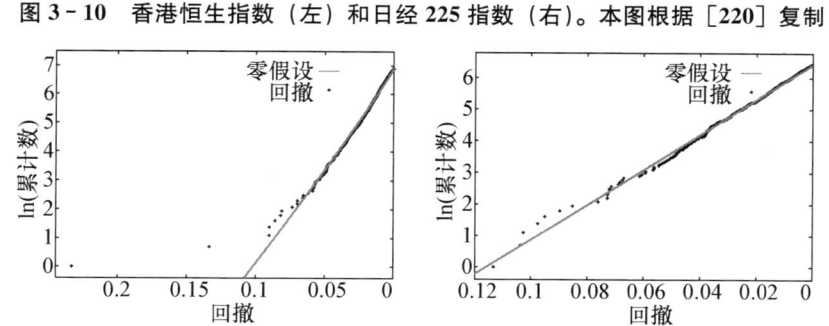

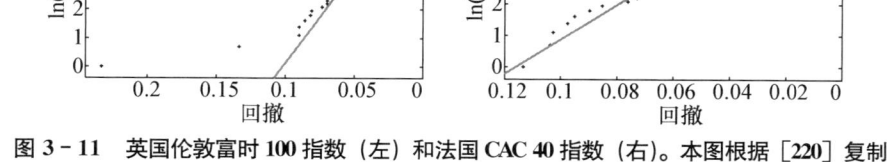

图 3-11 英国伦敦富时 100 指数（左）和法国 CAC 40 指数（右）。本图根据［220］复制

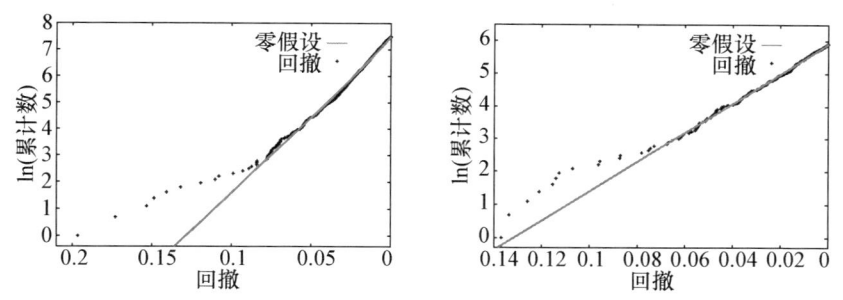

图 3-12 德国 DAX 指数（左）和意大利 MIBTel 指数（右）。本图根据［220］复制

图 3-13　美元兑德国马克（左）和美元兑日元（右）。本图根据 [220] 复制

图 3-14　美元兑瑞士法郎（左）和黄金（右）。本图根据 [220] 复制

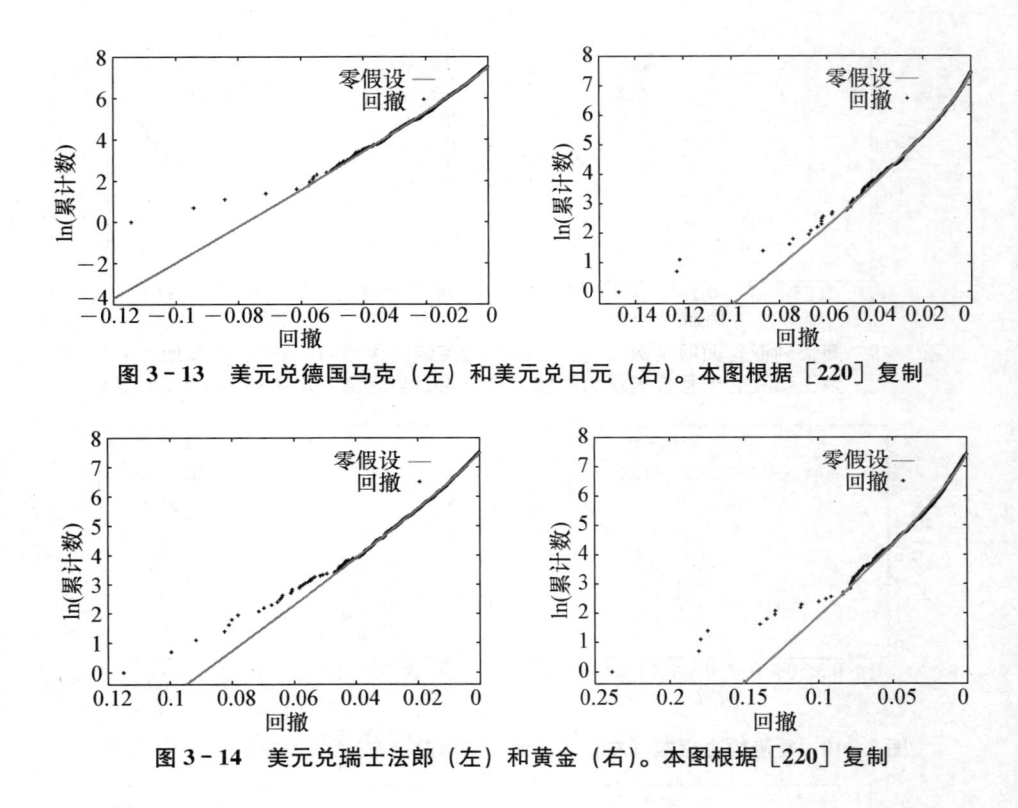

图 3-13 和图 3-14 显示外汇市场和黄金有着相似的性质。综上所述，对不同市场的股指，美元兑其他三种主要货币的汇率以及黄金市场的分析表明，异常值普遍存在于所有的主要金融市场之中 [220]。

3.4.2　美国最大的公司

下面我们把这一分析拓展到美国市值最大的上市公司中 [220]。这里我们以 2000 年年初的《福布斯》排名为依据。我们取排名前 20 的公司以及其他一些随机抽样，它们是排名第 25 的可口可乐、排名第 30 的高通、排名第 35 的应用材料、排名第 39 的捷迪讯光电技术、排名第 46 的美国家用产品和排名第 50 的美敦力。另外，为了有较长时间的数据，并选出汽车产业的公司，我又加入了另外三家公司：排名第 38 的宝洁、排名第 43 的通用汽车和排名第 64 的福特。这个样本没有偏差。在这里因篇幅原因，我们仅显示市值最大的六家公司的回撤分布，完整的分析结果请

参照［220］。

图 3-15 至图 3-17 所示的六大公司（微软、思科、通用电气、英特尔、埃克森美孚和甲骨文）的回撤分布同其他主要金融市场指标一样，都有非常明显的异常值。对于其他没有在这里显示的 23 家公司，除美国在线和捷迪讯光电技术之外，我们不仅能发现非常明显的异常值，还可以发现非常不同的拟合指数。而对美国在

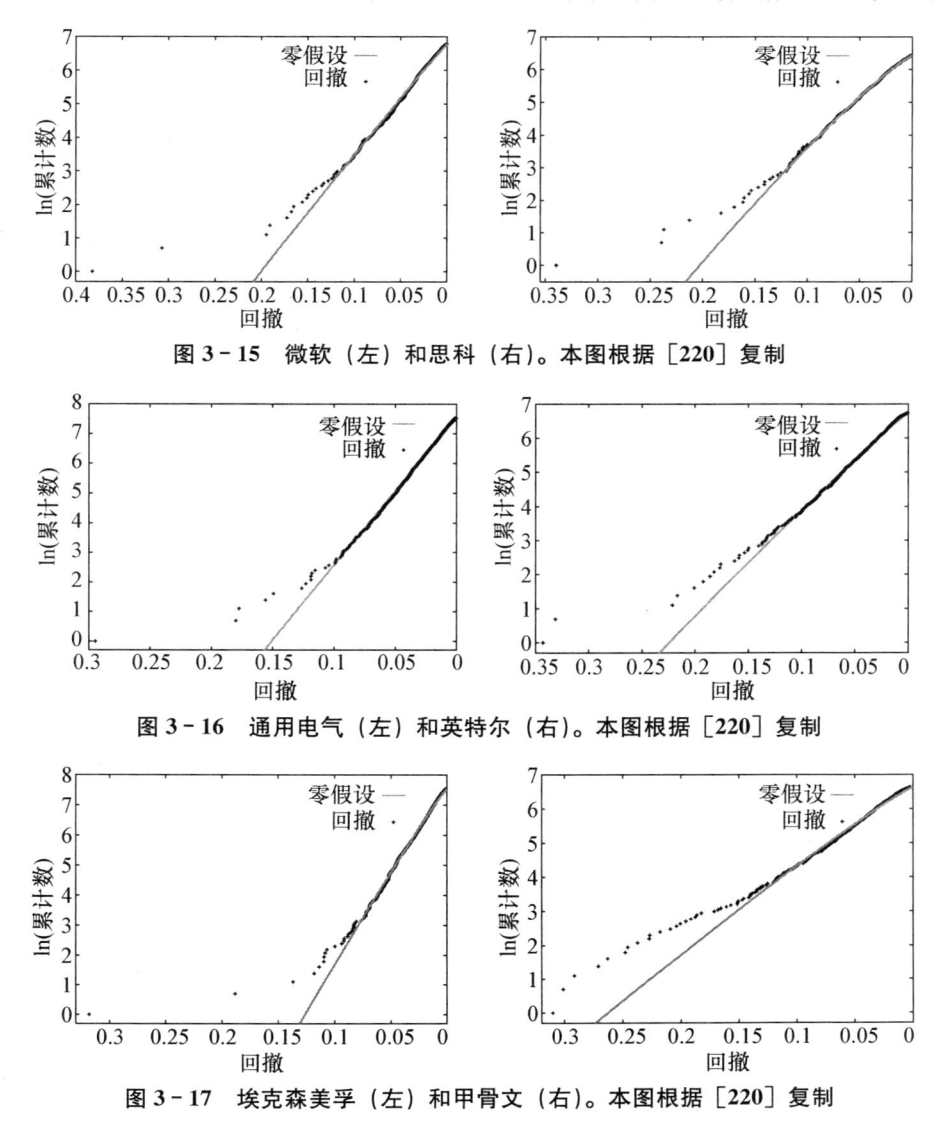

图 3-15 微软（左）和思科（右）。本图根据［220］复制

图 3-16 通用电气（左）和英特尔（右）。本图根据［220］复制

图 3-17 埃克森美孚（左）和甲骨文（右）。本图根据［220］复制

线和捷迪讯光电技术这两家公司，它们同日本股指一样，也经历了长时间大幅度的衰退（每年大约有四次高达15%暴跌）。

拉升可以类似地定义为从某次损失之后开始的连续上涨直到再次出现下跌。拉升的分布也普遍表现出异常值的特性，但偏离指数分布的程度不如跌幅大［220］。

3.4.3　总结

我们发现了如下一些现象［211，217，220］：

（1）1%～2%的最大回撤不能被零假设指数分布或其拓展出的拉伸指数分布所解释［253］。很大的回撤（大至为指数分布所预期的三倍）普遍存在于我们所考察的除CAC 40外的所有时间序列当中。我们称这些异常大的回撤为"异常值"。

（2）我们同时在大概一半所考察的时间序列中发现了拉升的异常值。因此拉升的分布与回撤的分布从统计上讲不同，它们在金融市场中的异常分布问题上不如回撤突出。

（3）对公司来说，拉升大于15%出现的频率约为相对应的回撤大于15%出现的频率的两倍。

（4）绝大多数拉升和回撤（98%）都可以被我们的指数分布零假设（由价格变动之间相互独立导出）或者稍微广泛一点的拉伸指数分布所解释。

这里最重要的结论就是最大的回撤是异常值，尽管最大的单日回撤并不是异常值（除1987年10月19日外）。因此，这种非常奇怪的异常下跌只可能由很罕见和突然的持续几天的下跌来解释。另外，在这些下跌之间存在相关性。搞清楚为什么这些单日下跌之间会有相关性对很多问题都至关重要，比如我们将在下一章中提到的资产组合管理问题和系统风险问题。

系统风险。在系统中，一个公司的问题会造成很多其他公司甚至是市场其他部分的破坏。这类风险被称为系统风险。由于今天的市场有非常强的内部联系，系统风险很可能导致整个市场遭受严重破坏，甚至是瘫痪。

一个非常小的公司的破产都可能给本身安全的系统带来严重威胁。一个活生生的例子就是1998年9月，美国联邦储备银行出手营救了一个很小的名为长期资本管理（Long-Term Capital Management）公司的对冲基金公司。这是因为，这家基金公司虽然仅有 48 亿美元的资产，它的破产却会连带造成整个金融市场高达 2 000 亿美元的损失。

更多关于系统风险的介绍和确保系统安全的对策，请参照 http://riskinstitute.ch/134720.htm。

3.5 崩盘和反弹的不对称性

利洛（Lillo）和麦塔尼亚（Mantegna）在他们最近的论文［267］中再次证实了：从统计性质上讲，崩盘和反弹都与平常的市场波动有着显著的差异。在他们的文章中，测试样本取自 1987 年 1 月到 1998 年 12 月间所有在纽约证券交易所交易的股票。这段时间内股市既经历了大崩盘，也经历了大幅反弹。可交易股票的总数从 1987 年的 1 128 只上升到了 1998 年的 2 788 只。因此他们的测试总数据多达 600 万。

图 3-18 显示了一系列在纽约证券交易所交易的所有股票的日回报率分布。这

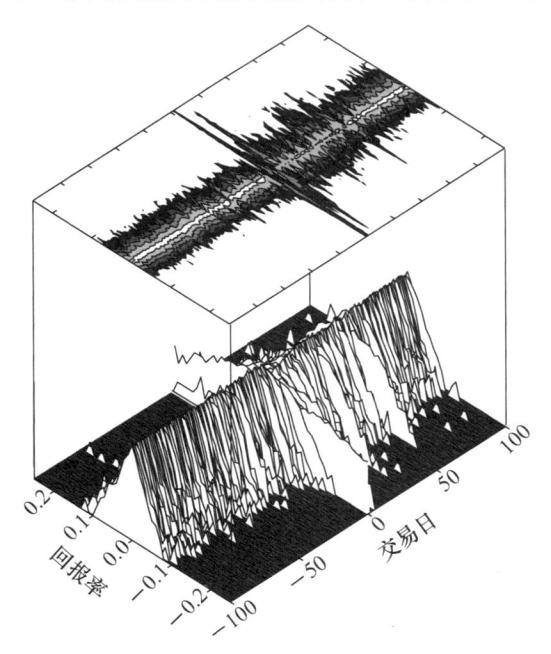

图 3-18 1987 年 10 月 19 日（横坐标为 0）前后共 200 个交易日的日内回报率分布的表面以及轮廓。z 轴的概率密度是对数坐标，直线衰减代表指数分布。顶部的轮廓线对应每一个区间的对数概率密度。越亮的地方代表出现的概率越大。本图根据［267］复制

些分布以 1987 年 10 月 19 日为中心，向两边各延伸 100 天。如果对这其中某一天的回报率进行统计，我们将会得到与图 2-7 类似的结果（除了在图 2-7 中显示的负回报的折回不存在外）。图 3-18 明确显示了 1987 年 10 月 19 日崩盘期间和随后的大幅波动日内的日回报率呈厚尾分布。

利洛和麦塔尼亚 [267] 同时发现了另外一个重要现象，在大崩盘和反弹日当天，不仅是分布尾部，而且分布中心也有非常严重的扭曲。总的分布被这些崩盘和反弹日的分布大幅修正。为了能更清楚地把这一现象显示给读者，我们在表 3-3 和图 3-19、图 3-20 中展示，标准普尔 500 指数在这段时间内的有单日最大跌幅和涨幅的各 9 天的数据及其分布曲线。

表 3-3　在 1987 年 1 月到 1998 年 12 月这段时间里，标准普尔 500 指数单日回报的绝对值最大的 18 天。第三列给出了在图 3-19 和图 3-20 中与总体回报率分布对应的图。本表根据 [267] 复制

日期	标准普尔 500 的回报率	对应图表
1987-10-19	−0.204 1	图 3-19a
1987-10-26	−0.083 0	图 3-19b
1997-10-27	−0.068 6	图 3-19c
1998-08-31	−0.067 9	图 3-19d
1988-01-08	−0.067 4	图 3-19e
1989-10-13	−0.061 1	图 3-19f
1987-10-16	−0.051 3	图 3-19g
1988-04-14	−0.043 5	图 3-19h
1987-11-30	−0.041 6	图 3-19i
1987-10-21	+0.090 8	图 3-20a
1987-10-20	+0.052 4	图 3-20b
1997-10-28	+0.051 1	图 3-20c
1998-09-08	+0.050 9	图 3-20d
1987-10-29	+0.049 3	图 3-20e
1998-10-15	+0.041 8	图 3-20f
1998-09-01	+0.038 3	图 3-20g
1991-01-17	+0.037 3	图 3-20h
1988-01-04	+0.036 0	图 3-20i

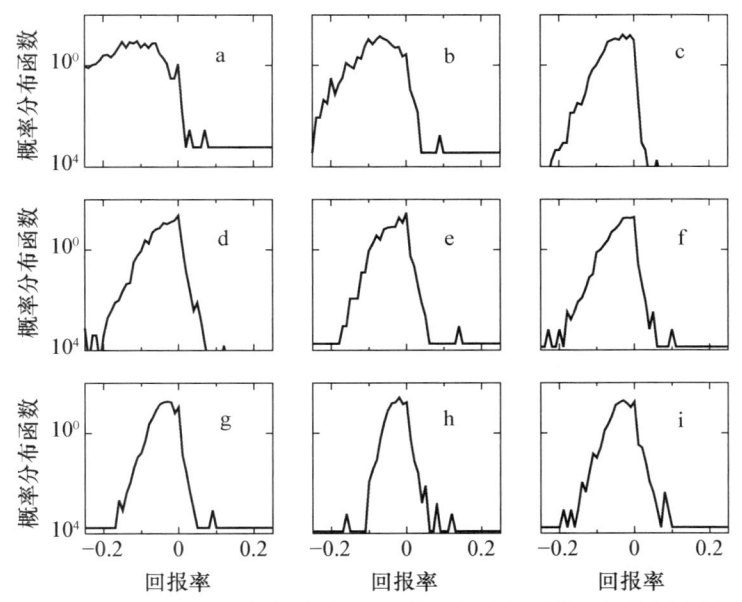

图 3-19 标准普尔 500 指数在表 3-3 第一部分所列的时间段内取得了很大的负回报。图为这段时间内每天的回报率分布。纵轴是对数坐标。本图根据 [267] 复制

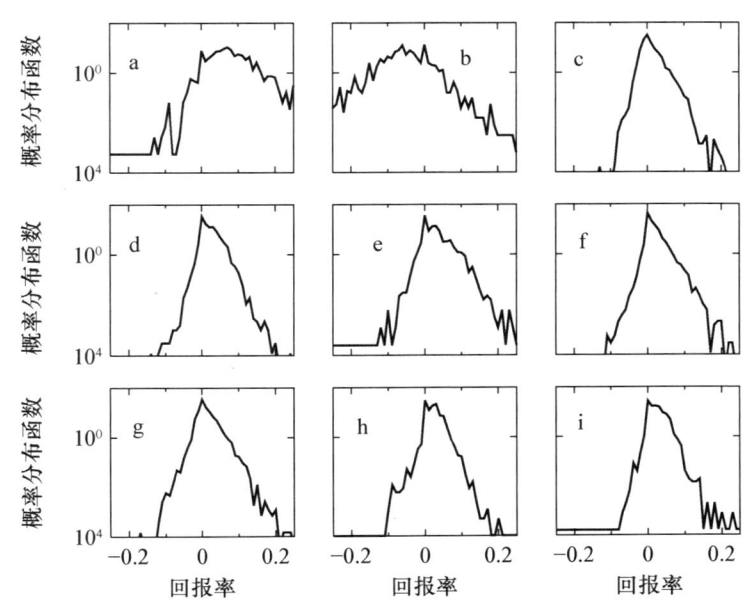

图 3-20 标准普尔 500 指数在表 3-3 第二部分所列的时间段内取得了很大的正回报。图为这段时间内每天的回报率分布。纵轴是对数坐标。本图根据 [267] 复制

图 3-19 表明在崩盘当天，回报率分布有负峰值，分布不对称并且朝负方向偏离。这说明不仅是下跌的股票多，下跌较多的股票跌幅也比下跌较少或上涨的股票离平均值更远。在图 3-20 所示的上涨中也能观测到正好相反的类似结果。因此，这些天（崩盘和反弹）中不仅回报中值改变了，回报分布曲线的对称性和形状都变了。

从这些回报率绝对值很大（崩盘和反弹）的日子中发现的回报率分布变形和不对称现象说明，这些极端日子中的市场行为不能用在"一般"日子中所使用的理论来解释。

3.6　股市安全标准的含义

政府通常会在很大幅度崩盘（尤其是连续多个交易日下跌）之后开始对市场进行管制。1987 年 10 月崩盘之后，为了避免这种历史上单日最大下跌事件再次发生，美国证监会和三个主要股票市场批准成立股市熔断机制。这条政策规定在市场下跌时，将逐个关闭交易，最先是纽约证券交易所的电子交易，然后依次是美国股票、期权和期货交易。这种类似的熔断机制现存于全世界几乎所有股票市场。只是不同市场中的具体规定有所不同。

熔断机制（circuit breaker values）。自 1998 年 4 月 15 日起，美国证监会对道琼斯工业平均指数单日跌幅大于 10%、20% 和 30% 分别启用新的熔断机制：如果在美国东部时间 14：00 前跌幅超过 10%，将停牌一小时。在美国东部时间 14：00—14：30 跌幅超过 10%，将停牌半小时。如果跌幅超过 10% 但时间已过 14：30，将不再停牌。如果跌幅于 13：00 前超过 20%，将停牌两小时。13：00—14：00 跌幅超过 20%，将停牌一小时。超过 14：00 后跌幅超过 20%，将被停牌直至该交易日结束。对于单日跌幅超过 30% 的情况，不论是什么时间，都会在整个交易日内被停牌。而之前的政策是，道指跌 350 点停牌半小时，跌超过 550 点停牌一小时（以前一个交易日收盘为基准）。熔断机制以道指在每个日历季度开始前的一个月的平均收盘价为基础。

这种在价格大幅下跌时的停牌举措给交易员提供了与客户沟通的时间，使得他们能得到更好的指示。这一举措还通过叫"暂停"并确认每个人的偿还能力的方式，限制了系统风险并可以恢复投资者对金融市场的信心。这段交易真空期可以让投资者从恐慌中恢复过来。最后，这一措施还可以打破流动性不足以吸收非常大规模不平衡交易的错觉。这也就强迫社保基金、信托基金等大型投资者考虑"巨型订单"的影响力，进而可能减缓市场大幅波动。

然而，有些人认为停牌会增加人们对交易的渴望程度，因而进一步加剧复牌后的进一步下跌。除此之外，停牌同样造成一些交易员无法通过进行交易去发现合理价位，从而导致价格扭曲［188］。

如［30］所示，在 1987 年 10 月的崩盘期间，恰恰是法国、瑞士、以色列等具有熔断机制的国家遭遇了最大累计跌幅。根据我们之前的发现：大幅下跌由非常短暂且罕见的连续几天相关联的下跌造成，熔断机制不一定就是阻止崩盘的有效手段。

第 4 章
正反馈

人的行为是市场行为的一个主要因素。事实上，有时市场行为迅速、激烈，几乎没有警告……最终，历史告诉我们，将有一些重要维度的修正。我毫不怀疑，人的本性就是它将一次又一次地发生。

——艾伦·格林斯潘（Alan Greenspan）于美国众议院银行和金融服务委员会，1998 年 7 月 24 日

在第 3 章中我们证实了，在几乎所有主要市场中都存在罕见但异常的连续几个交易日的大幅下跌。我们应该怎么解释这些大幅下跌发生的原因呢？

由于股票价格的上下移动是由投资者的买卖行为决定的，所以任何股票价格偏离随机游走的最终原因都要追溯到投资者的行为上面。这里我们特别关心价格的正反馈机制。所谓正反馈，就是在股票近期已上涨（下跌）的前提下，继续上涨（下跌）的概率比转而下跌（上涨）的概率更大。"正反馈"这一概念在经济学中有很长的历史，它与"报酬递增"这一概念密切相关。报酬递增是指物品被生产得越多，它的价格就越低（类似地，传真机一类的产品在被越来越多的人使用的时候变

得越来越重要）。"正反馈"的相反机制是"负反馈"，这一概念则在种群动力学等方面被广泛应用：在一个山谷中，兔子的数量越多，每个兔子得到的平均可食用的草的数量就越少。如果兔子数量变得过多，而草的数量不足，兔子将开始挨饿并暂缓生育。这也就使将来兔子的种群数量下降。这里负反馈就是种群数量增加导致生育率下降，这就自发性地约束了种群的大小，把它限制在平衡状态附近。相反，正反馈是说，最近的股价或股票收益率越高，则将来的股票价格会越高。正反馈在没有得到确认时，会把股价一直推高到偏离基本面很远的地方，直至其他事件突然发生，并由此导致崩盘。尤瑟夫米尔（Youssefmir）、休伯曼（Huberman）和霍格（Hogg）[460]在动态资产定价理论中强调了正反馈对股市泡沫及其随后产生的崩盘的重要作用。是正反馈造成了远高于基本面的投机趋势，同时使得系统对外界的刺激越来越敏感，并最终导致崩盘。

有许多股票市场的运行机制和投资者的行为可能会导致正反馈。图4-1幽默地显示了交易员在操盘过程中可能受到的影响。这其中有些影响会造成正反馈，而有些则会造成负反馈。

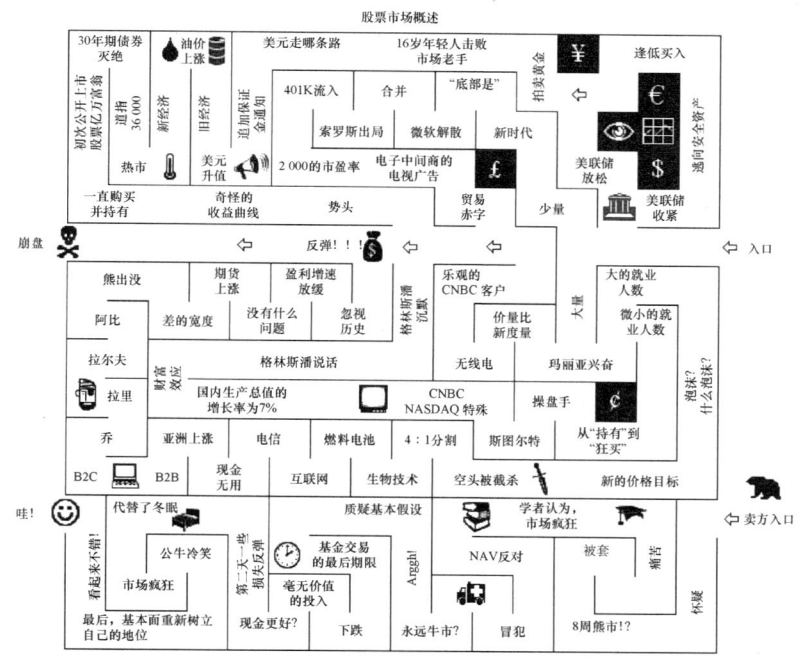

图4-1 影响交易员的诸多因素，包括投资的心理学和社会学本质
资料来源：匿名。

在这一章，首先，我们分析反馈和自组织之间的关系，然后再探讨对衍生品的对冲以及投资策略的应用如何会导致正反馈。其次，我们讨论一般性的正反馈机制，即基于模仿过程的"羊群效应"。最后，我们建立一个简单模型。在这个模型中，投资者可以根据同其他人的互动以及从其他人那里得来的信息，开发最好的投资策略。通过这个模型，我们可以直观地看到，投资者之间互动的重复会累计为非常强的合作效应。这也使得所有投资者可能突然在某一时刻对市场的看法完全一致，从而导致非常大的价格波动。

4.1 经济学中的反馈和自组织

长久以来，经济学思想的根源之一就是去认识复杂的经济系统中重要的反馈现象。事实上，一般均衡理论认为，"经济中的任何事物都会影响到其他任何事物"［244］。这一想法最初在 18 世纪时由亚当·斯密在他的《国富论》中被提及［384］。他说，自私贪婪的人如果被允许不受监控地达成目的，他们一定会通过互动创造出一个更富足的社会。这就好像被一只"看不见的手"所指引一样。然而，亚当·斯密从来没有证明这一"看不见的手"的存在性。并不是所有之后的经济学家都同意他的观点。马尔萨斯认为人类会过分繁殖，导致人口过多。马克思认为资本家太过贪婪，可能会导致整个系统的崩溃。但他们都同意亚当·斯密所说的：人类总是试图最大化他们的物质财富。1954 年，阿罗（Arrow）和德布鲁（Debreu）［16］发表文章从数学上证明了亚当·斯密的"看不见的手"的存在性。从这之后，这个有严格假设的一般均衡证明，变成了所有经济学研究生必做的训练。

这一分析中用到的最重要的工具是博弈论：这一理论像打扑克或下象棋一样去研究人们在猜测对手会怎么做之后所做的决策。博弈论最开始在 20 世纪 40 年代被数学家冯·诺依曼（John von Neumann）（设计计算机结构的那个）和经济学家摩根斯顿（O. Morgenstern）引入经济学中。从那之后，基于个体的经济学或社会学模型就成了这些领域中的一般方法。任何决策，不论具体内容是什么，都可以抽象为一个带外界约束条件的优化问题。这个约束条件既可能是物理环境，也可能是个体之间相互作用的函数。这一中心教义是大学经济学的核心课程。由于其难以掌握，经常有学生为此放弃继续学习。然而，它却非常有利于理论框架的发展和推广。另外，由于大多数人对经济优化推理（economic optimization reasoning）并不精通，所以应用这一工具得到的结果经常完全不能反映真实世界。亚当·斯密认为，这并不代表我们不能有效地从事社会和经济活动，因为人们有自己的直觉——在日常交流中很好地为他们服务的思维模块——并且可以运用这些直觉了解情况进而进行并不深入细致的沟通。这已经被很多经济学家用"实验"的形式加以证明（书里包含1 500个条目）[197]，并形成"实验经济学"这一领域[389]。

这种实验经济学方法起源于20世纪中叶，最初被用来验证市场经济理论中的假设。一个未经验证的理论不过是一个假设，通过对假设的验证，我们的科学体系得以扩张。然而，传统的经济学理论只能被称为"教会理论"（ecclesiastical theory）。这些理论被接受（或者被拒绝）仅源于作者的权威、传统，以及对假设的看法，而不是看其在严格可复制的过程中是否依然管用。大量由经济学系学生或从业人员完成的关于人造市场的实验表明，在规则导向的问题中，为了达到理性，人们需要多次重复地进行交流[390]。在这些试图模拟真实市场的连续双向拍卖的实验（continuous double auction experiments）中，由于参与人员有规定好的支付意愿或接受意愿信息，成交价格总是被限制在双方都有利的区间之内。没有任何人有整个市场的供给需求信息。实验结束后，通过调查，参与人否认他们可以将自己的利益最大化，或交易结果可以被理论预测。尽管有这些条件，人们还是很快就收敛到竞争均衡附近。因此，"对市场问题最普遍的反应就是无组织、不稳定、杂乱，以及令人费解。学生在打开写有正确预测的价格和成交量的密封信封时，都非常惊讶和迷惑"[157]。经济行为人在自己并不知情的情况下，可以达到有效的结果，这正是前面所述的亚当·斯密的原理[384]。确实，"在很多实验市场中，由信息不完整、有错误倾向和不理解市场的个体通过传统规则互动产生出的社会算法，确实可以近似达到传统上所需要的完整信息和理性认知假设的财富最大化的结果"[391]。

在实验经济学中，理性预期模型是检查实验市场中信息有效性的基准[101，226，143]。一般的研究大致分为两类：信息在知情者（"内部人士"）和不知情者之间的传递，以及信息在很多部分知情者中间的积累。前一项实验旨在调查如下事情：市场价格反映了内部信息，因此不知情者可以推断出市场的真实价格。后一项实验试图探索部分知情者不同信息的积累过程，这是一个颇具挑战性的课题，因为没有人拥有完全信息（交易员得到一个确切的市场状态的途径仅是把他自己知道的信息通过交易表现出来）。知情者和不知情者实验［333，334］表明市场的确在经过几轮实验后达到知情者的预期价格，也就说明市场信息的传递是有效的。这也就使得人们可以用理性预期模型来对价格进行估计并对真实世界进行判断［333］。

然而，当如下条件不满足时，上述结论不成立［334，137］：完全相同的偏好，对分红结构的相同认识，完整的附带要求（即存在完整的衍生品体系使得投资者可以挖掘出未来风险的期望）。这些研究证实了真实情况下的信息积累比想象中更为复杂，也就导致了理性预期模型的失败。具体来说就是市场有效性，即完整的信息积累，是与市场的复杂程度相关的。复杂程度可以被市场中的股票数目、市场的交易时段等参数描述［319］。比如人们对不含信息的交易的过分反应可能导致自发产生的信息"幻影"，这也许是对资产价格过度波动的一种解释［67］。另外，从市场实验中我们发现了两类判断错误：对由外生事件对市场的影响产生的错误判断和对由市场活动内生的参数估计（比如，对股票将来的价格估计）的错误判断。即使提供最好的学习条件，人们的错误也不可避免，只是在某些时候我们可以减少错误发生的数量［65］。实验中证实的另外一种人类的行为模式是"趋向性效应"（disposition effect），即人们倾向于卖掉已经赚钱的股票而保留正在亏钱的股票［446］。我们可以这样解释这个现象：人们对赚钱和亏钱有个相对的度量标准，在面临损失时，人们倾向于承担风险；而在面临盈利时，人们倾向于规避风险；另一个心理学上的特性是，大多数人对他们自己的相对能力过分自信，并对未来充满莫名其妙的乐观态度。这些都会对参与竞争游戏和投资股票的经济活动产生影响［66］。

在这里"涌现"（emergence）这个概念非常有趣，"涌现"是讲在微观层面按某种简单规则不断重复某种动作，会导致宏观层面的特定组织结构。这里个体的条件对所形成的"涌现"的性质至关重要。这一问题现在是用自组织机制研究"复杂系统"问题的核心［8］。著名凝聚态物理学家、普林斯顿大学教授、诺贝尔奖获得者菲利普·安德森（Philip W. Anderson）在他1972年的文章《数量多会有不同》（More Is Different）［7］中说，粒子物理以及其他一切还原论方法在解释世界时都会有局限。安德森强调，真实世界有一个分层的结构，不同等级之间相对独立。

"对新的等级，我们必须创立同前一等级一样多的全新的概念、定律和研究方法。"安德森说："心理学不是应用生物学，生物学不是应用化学。"

然而，"涌现"并不代表"市场"总是等价于一台有效的全局优化的机器。事实上，实验经济学告诉我们，由于同真实世界中众多不同要素相关，市场的行为是不完全的、充满问题的和矛盾的。

（1）市场有效性的真实性受机构投资者的交易规则影响很大。不合理的议价方法可能导致价格恢复到均衡状态的时间很长，或者根本就回不去。

（2）提供完整的市场信息，但不改善市场的竞争机制，会让事情变得更糟。事实上，当投资者获得完全信息之后，他们可以发现比竞争均衡更利己的价格，并试图运用惩罚策略去达到这个价格，这就需要更长的时间让市场恢复均衡。

（3）一份公开声明并不能保证一定能让所有投资者达成共识，因为大家仍然不能确定其他投资者将怎么运用这一信息。

（4）卡尼曼（Kahneman）、尼奇（Knetsch）和塞勒（Thaler）的研究结果表明[227]，人们认为公司不是因成本上升而做出的提价或因对环境改变做出的相应的提升利润率的行为是"不公平"的。因此，在暴风雪后提价卖雪铲和在飓风后提价卖胶合板都是"不公平"的。然而此时，经济理论预测短缺导致市场出清价格提升，并最终导致产出量增大。换句话说，价格提升是适应新供需关系的均衡解，但这被人们认为是不公平的。这种认知是如何在真实情况下影响价格变化，公司和买家的行为，以及变化后的市场是更加有效还是更加无效，这些研究课题都尚待解决。

（5）实验市场中的资产价格倾向于先生成泡沫，然后崩盘，直至资产有效期结束时的分红值[335]。允许市场参与者获得将来价格信息的期货市场正是为了减小泡沫而被引进的。

（6）在人造实验市场中，交易员的经验是决定市场泡沫和崩盘的最重要因素。给出将来所有分红流的完整信息后，相应资产的均衡价格的完整信息也就确定了，这些都与由无经验交易员催生出的泡沫无关[335]。重复多次实验后，泡沫的幅度倾向于变小。

（7）本章稍后会提到的"羊群效应"也可以被看作市场失灵的例子，因为它可以导致价格严重偏离"基本面"或"均衡值"。

　　这里的研究可以丰富之前一些用经典研究方法来说明理性行为可能导致未优化的市场的工作。另外一个重要的步骤是引进"信息不对称"这个概念。这个概念是说，交易的各方能够获取的信息量不同。在20世纪70年代，运用不对称信息所描述的人们所得到的信息质量和数量都会有差异这一特性，人们做了大量关于金融市场（确实非常难以获取信息）行为的研究。

　　现实情形是，现代经济学确实走出了确定性这一死胡同，开始越来越多地考虑其他诸如不完全性、有限理性、行为学甚至心理学可能的研究方法。在经济研究中，越来越多的人开始抛弃传统上使用的寻找最优均衡值的一般均衡模型，追求多重均衡模型和非均衡模型。大家开始把自组织系统这个概念引入经济学和对股票市场的研究。

4.2　对冲衍生品、保险组合和理性恐慌

　　考虑某金融机构发行的关于IBM的期权，该期权赋予所有者在将来某个时间以价格x_c（通常被称为"执行"价格）买入IBM股票的权利（但非义务）。很显然，如果IBM的股价大于x_c，那么期权拥有者可以以x_c的价格买入，并立即卖掉，赚到这个价差。如果之前没有储备，为了给期权持有人提供IBM的股票，发行期权的金融机构必须以市场价格买入股票。这说明，该金融机构最大的可能损失与期权持有人的盈利数值相等。但金融机构也并不是束手就擒，它们可以在之前就以比较低的价格买入股票，这就是所谓的"对冲"。这种对冲策略会引发正反馈：如果价格上升，期权发行机构需要买更多的股票去对冲，以便能在期权被执行时给期权持有人足够数量的股票。但这个买的过程本身又使得股票价格进一步上涨，造成正反馈。这仅是金融市场中衍生品造成正反馈的一个例子。

　　另一个相关的现象是最近几年观测到的市场波动的增加（如表4-1所示），造成这种现象的原因之一也是由于最近应用衍生品进行对冲的行为更为普遍。确实可以通过测试［381］看出，最优对冲策略［布莱克-斯科尔斯模型（Black and Scholes model）的改进版］不仅会造成价格的正反馈，同时会使得价格波动变大。米勒

(Miller)[298]指出，如下观点已经被广泛接受，并可以在金融出版物中看到：过去10年股票价格波动上升的主要原因是使用新开发出的股指期货或期权的廉价投机产品。但市场波动的升高也不仅是由于这一原因，还有一些其他原因也可能导致这一结果，我们很难把它们区分开。

表4-1 从1991年到2000年10月间，纳斯达克综指日内高点减低点大于5%的日子。在这12个波动大于5%的样本中没有一个是在1997年之前，却有8个在2000年4月到10月之间！请注意相邻两天间的收盘价价差当日收盘价（t）—前日收盘价（$t-1$）不总能反映日内波动，比如2000年4月4日

日期	最高价—最低价（%）	当日收盘价（t）—前日收盘价（$t-1$）（%）
1997-10-27	8	−8
1997-10-28	12	+6
1998-08-31	12	−11
1998-09-01	6	+8
2000-04-04	15	−1
2000-04-12	9	−8
2000-04-14	12	−11
2000-04-17	12	+9
2000-04-27	8	+5
2000-05-23	9	−7
2000-05-24	9	+5
2000-10-13	8	+8

第二类造成这个反馈的机制是"保险组合"。造成1987年10月大崩盘的原因之一就是后来很流行的从组合保险模型中发展出来的对冲策略。简而言之，这类策略主要包括当股价跌过一定目标价之后就把它卖掉（止损），或在股价上涨的时候就开始买入。非常明显，在股价下跌的时候继续增加卖单会使价格下跌得更厉害，并可能造成级联效应。在1988年布雷迪（Brady）委员会调查的1987年大崩盘的原因中，做出主要贡献的确实是组合保险带来的巨大下行压力。最近的工作，比如巴利维和维罗尼西（Barlevy and Veronesi）[28]，表明不知情投资者在金融崩盘中起到的作用和组合保险的作用相同。这是因为当他们看到股票价格下跌时，他们会认为知情投资者已经获得了负面消息，所以他们也跟着做空，从而导致股票价格的进一步下跌。

4.3 羊群行为和群体效应

4.3.1 行为经济学

社会科学通常被认为有两种不同的研究方法：一种强调客观性，另一种则更注重说明性。

- 第一种方法喜欢把"社会现象"看作是"材料"。它试图去寻找人类组群里像无生命的东西一样的行为，比方说聚集、排队、堵车、竞争、吸引、扰动和市场。
- 相反地，第二种方法竭尽全力希望把人类行为同无生命的东西的行为分开。在这个框架下，人类被看作是有良心、会反应、有目的、有道德的。这种方法禁止应用从物理学、材料学和其他更广泛的自然科学中发展出来的测算方法。

在最近的经济和金融研究中，人们开始结合社会科学的方法来分析市场怎样影响人们的思维、情感和行为。这与之前的经济学中可以导出有效市场和随机游走假设的理想人非常不同。这一观点早就被凯恩斯 [235] 提及：大多数投资者的决策仅是随机产生的动物性行为——自发的行动冲动——而不是通过计算收益的加权平均数乘以数量概率而得到（参见第 1 章的 1.5 节和第 2 章的 2.2.3 节）。一个真正的投资者希望自己能够做到理性，并试图去优化自己的行为。但理性可能被认知偏见、情绪波动和社会影响所破坏。"行为金融学"是一门新兴的学科 [424，372，376，163，104]，它运用心理学、社会学以及其他行为理论去解释投资者和资产管理者的行为。市场的表现可能是众多因素综合作用的结果，这些影响市场的因素包括对待风险的不同态度、对信息的不同解读、认知错误、过度自我控制和控制不足、后悔情绪，以及其他心理学影响。这些关于脆弱的人类理性、恐惧和贪婪等情绪弱点的假设，使得技术分析在最近几十年中得到了长足的发展。

芝加哥大学的塞勒教授是行为经济学的先驱和领军人物 [424]。他创建的一系列理论，使得传统新古典经济学中所讲的有效市场、理性人等概念处于十分尴尬的地位。根据一般经济学理论，人们总是认为选择多比选择少更好。有一天，塞勒发现几个在他家做客的非常理性的同事不由自主地吃他拿出来的腰果，不能停止。而当塞勒把腰果端离客厅时，所有客人都感谢他的帮助使他们停止了不健康进食。另一个例子是，一次塞勒教授的一个朋友跟他说，虽然自己为了省 10 美元修整了自己门前的草坪，但是如果邻居给他 10 美元或更多钱让他帮忙修整邻居的草坪，他是绝对不会答应的。从机会成本的角度讲，修整邻居的草坪获利 10 美元与用 10 美元雇人修整自家草坪是完全一样的。你只能获得较多的空闲或是较多的财务，而不能兼而得之。在 [272] 中，塞勒教授还提供了第三个例子，他和他的朋友因为暴风雪决定不去观看一场在罗切斯特举行的篮球赛。但他的朋友说，如果他们已经买过票了，那很有可能还是会坚持去看。这是一个跟沉没成本相关的问题。类似地，因已经付过钱而坚持去健身房是没有意义的，不论去还是不去，钱都已经花过，也就是沉没了。但是一般来说人们还是要去。简而言之，人们的行为并不像理性经济学所假设的那样。就算是经济学家也不能做到像他们自己在模型中假设的人那样理性。再比如，一瓶价值 50 美元的酒，对一般的家庭晚餐来说，可能太贵了。但如果你在很久之前已经用比较便宜的价格把这瓶酒买下来，你将很有可能在当天的晚餐中把它打开喝掉。对经济学家来说这也是不理性的。但这样做的恰恰是著名的新古典主义经济学家理查德·罗萨特（Richard Rosett）。英国经济学家宾莫尔（Binmore）在一次报告中宣称人们通过从错误中吸取教训而逐渐变得更加理性。塞勒认为人们可能在买日用品的问题上比较明智（因为每周都要做），但需要做决定的大事情，比如结婚、工作、退休，是不会经常出现的。所以宾莫尔的理论仅适用于买牛奶 [272]。塞勒的博士学位论文讨论关于经济在人们生活中的价值问题，其中有个例子是说，通过计算，在有千分之一死亡率的行业，每年的薪水应该比完全安全的行业高 200 美元（1967 年美元）。但当他问及他的朋友时，大部分人的回答都是：如果回报小于 100 万美元，他们将不能容忍千分之一的死亡率。而正是这些朋友曾经跟塞勒说，他们不会因工作已经标明的风险去放弃任何收入。塞勒因此得出结论：人们的认知存在不连续性，他们不能理性地给死亡定价。他们会对新的风险额外加价但同时低估比较熟悉的风险 [272]。为了证实这个想法，塞勒设计了一个实验：对同样的啤酒，如果人们知道这瓶啤酒是从高档酒店而不是从杂货铺采购来的，人们倾向于付更多的钱。他们认为这两种不同进货渠道的啤酒应该有不同的价钱。这与两个完全相同的物品应该拥有同样的价格这一定律相矛盾。这表明人们把被公平对待看得和实际支付价格同等重要 [227，228]。卡尼曼和特韦尔斯基（Tversky）建立了框架原理（framing principle），该原理认为人们运用自己对事物的刻板印象（框架）进行选择，关于这一原理的一个很好的应用是 2000 年的美国总统大选。心理账户（mental accounting）学说是对这一理论的推广 [423，373]，心理账户学说认为人们自己建立框架，然后再用该框架影响自己的选择。比方说，大多数人把自己的钱分为"经常收入"和"储蓄"，然后对不同类别进行不同的消费 [425]。应用于股票市场，塞勒说像"分类"这种行为模式可能会造成套利机会。比如，如果朗讯公司的股票表现良好，那么人们会把它放在自己心中的好股票行列，并在主观上把有关朗讯公司的新闻做比较好的解读。相反，如果人们认为朗讯公司的股票是坏股票，则在读同一条新闻的时候，更容易发现该新闻对朗讯公司的负面评价。另外一种异常现象被称为"双曲贴现"（hyperbolic discounting）理论。该理论是关于偏好反转的 [254，255]，在人们期待得到钱但还没有得到的时候，会对将来怎么花这些钱有一个详细且理性的计划，会计算把多少立即花掉，又把多少存起来。这同经济学中所说的人们在适度激励的条件下会更倾向于存钱这一理论一致。但是，当人们得到钱之后，短期的花钱欲望便占了上风，结果是这些钱通常都被立即花光了。换句话说，当离目标还有一段时间时，人们总是说我想要/计划/试图从下个月开始执行。但当下个月到来时，人们往往仍然不愿开始。这种偏好是被新古典主义经济学家所忽视的。然而，它非常重要，尤其是对投资者的长期存款计划来说。

从任何心理学研究中几乎都可以发现人们总是过度自信这一现象（参照 [104] 和 [104] 的参考文献）。羊群效应的一个重要表现就是人们总是高估自己的能力和知识：一个著名的调查结果显示，在瑞典有 90% 的司机认为他们的开车技术高于平均水平 [417]。但显然根据定义（对称分布），只有 50% 的人高于平均水平！大多数人同样高估自己与其他人相处的能力。这在自以为自己有一项专长的人群中更为常见 [190]。知道这一点有助于我们更好地理解经理做出的有关公司成长或进行收购的决定，以及为什么大多数基金都是主动管理型这一事实 [104]。基金经理都过分自信地认为自己可以比别人做得更好。

4.3.2 羊群效应

有越来越多的实证证据表明羊群效应广泛存在于投机市场。如果读者对此感兴趣，可参看希勒（Shiller）最近的书 [375] 和书中所引用的文献。羊群效应是说由于有些人喜欢模仿别人，经常会有所有人做出同样选择的情况出现。这个名字中包含"羊"字，显然是由于羊群也跟人群一样喜欢模仿，而"群"这个字是指很多自我驱动的组织，比如由会自动迁徙的鸟类、角马、旅鼠和蚂蚁组成的群体 [426]。近些年，物理学家发现，很多动物种群中的羊群效应可以用种群中动物间简单的互动法则来解释。至于人群，对人类种群和有组织的物质的对比研究已经有很长的历史 [64，305]。最近，有研究把人群看作是像在海边的沙堆中的有摩擦力的沙粒，从而对像恐慌这样的极端群体效应建立了量化模型 [191]。

羊群效应存在于很多经济现象中，比如投资推荐 [364，171]、新股价格走势 [450]、时尚和习惯 [39]、盈利预测 [427]、公司传统 [463]，以及授权资产管理 [290]。研究人员通过调查发现，当时的经济条件和"领头羊"的个人魅力是投资分析员决定是否要跟风的主要参照依据。羊群效应虽然从社会的角度来看是比较低效的，但是从经理的角度来看，由于需要考虑他们在市场中的声誉，这种选择却是理性的。这样的行为可能造成信息级联效应 [450，107，39]，也就是所有的投资者都参照周边人们的意见做出同样的选择，而忽略他们自己独立得到的信号。羊群效应的显著程度和私有信息的精度成反比 [171]：你掌握的信息越少，就越倾向于去跟随别人。

对羊群效应的研究可以被分为如下几个非互斥的部分 [107，171]：

(1) **信息级联**。一些个体选择轻视或忽略自己得到的信息，而走入模仿别人的浪潮之中。这时，某个信息被不断积累放大，以至任何其他私人信息都不能对决定产生影响。这时个人决定放弃自己的信息而去模仿人群的行动。如果在某个人身上发现跟风行为（又称"从众行为"），那么极有可能在其他人身上发现同样的行为。这种多米诺骨牌效应通常被称为级联。信息级联得以发展的两个不可或缺的因素是：一是后面的一系列决定都是由观察前人的决定（而不是信息）决定的。二是人们可选择的空间很小。

(2) **由声望引起的跟风**。和级联类似，个体选择忽略自己得到的信息，而走入模仿别人的浪潮之中。然而，由声望引起的跟风模型有额外的模仿层，这个模仿层来自通过成为某个群体的一分子，或者选择某个确定项目来获得的好的声誉性质。已经有证据表明，预报员的年龄与其预言和群均值间的一阶差分绝对值正相关。这些证据被解读为预报员的年龄，评估者对预报员的能力建立了一个更严格的先验信念，预报员几乎没有动机去跟风。另一方面，激励次级行动者无视自己得到的信息，而去模仿市场领头人的是，他们想极力保护他们当前的地位和工资水平［171］。

（3）**研究性羊群效应**。当分析师选择调查部分信息，他认为其他人也会调查。如果其他投资者跟风，并且向第一分析师预期的方向推高资产价格，第一分析师将乐意发现新信息，并且能从投入中获利。否则，第一分析师可能被某只股票套住。

（4）**实证性羊群效应**。是指没有参考具体模型或者解释，由许多"羊群效应"的研究人员观测到的效应。事实上，当有大量投资者参与买卖同一只股票时，在养老金、共同基金和机构投资者中存在羊群效应和集群的证据。这些工作表明，集群可能来自势头跟随，即"正反馈投资"，例如，买入过去盈利的股票或者重复过去盈利的买卖模式。

有很多关于羊群效应的案例。最具戏剧性与清晰性的一个案例是由休伯曼和雷格夫（G. Huberman and T. Regev）［204］观测到的。周日版《纽约时报》（Sunday New York Times）的一篇关于新型抗癌药发展潜力的文章，引起生物技术公司安翠梅德（EntreMed）的股票从 1998 年 5 月 1 日（周五）12 美元的收盘价，涨到了 5 月 4 日（周一）85 美元的开盘价，当天的收盘价接近 52 美元，在接下来的三周中，仍然保持在 39 美元以上。狂热蔓延到了其他生物技术股票。事实证明，在癌症研究方面的可能突破，早在 5 个月前，已经被《自然》（Nature）杂志以及各大报纸［包括《泰晤士报》（Times）］报道过。那时，市场的反应基本上是零。因此，即使没有再发布新信息，狂热的公众注意力也导致股票价格长期上涨。1998 年 5 月 3 日，周日版《纽约时报》非常突出且特别乐观的态度，导致安翠梅德股票和其他生物技术公司的股票迅速上涨，在历史上，类似上涨曾导致泡沫（参见第 1 章）。自然地，关于信息技术、互联网、生物技术这些前沿技术的爆炸性新闻将导致狂热、跟风、羊群效应，以及投机泡沫。

4.3.3　金融分析员跟风的实证证据

韦尔奇（Welch）［451］最近的实证研究让跟风到底是理性的还是"非理性的"这一重要问题得到广泛关注。他研究了股票分析员所做的买或卖的推荐是否受到了之前推荐以及舆论的影响。这是现存极少的以科学方法探究这一微妙问题的著作。他研究了在 1989—1994 年，上百个美国股票分析员所做的超过 50 000 次股票推荐。这些推荐都来自一个叫扎克斯（Zacks）的商用数据库，该数据库里的内容被《华尔街日报》之类的媒体用来分析主要股票代理商的业绩。为了能用严格的统计学语言来描述这个问题，推荐被分为五类：(1)"强烈买入"；(2)"买入"；(3)"中性"；(4)"卖出"；(5)"强烈卖出"。根据如上数字编码，韦尔奇构建了如表4-2所示的转移矩阵，该矩阵中的元素 $N_{i \to j}$ 表示从之前的推荐等级 i 转向推荐等级 j 的数量。比如 $N_{1 \to 4} = 92$ 表示有 92 次推荐从前一期的"强烈买入"等级变为"卖出"等级，而 $N_{4 \to 3} = 1\,826$ 则是说有 1 826 次推荐从前一期的"卖出"等级改为"中性"等级，依此类推。从该表中可以看出，这个转移矩阵非常不规则：不同的推荐等级之间差异很大，从"强烈买入"这一等级开始的转移数为 14 682，而从"强烈卖出"这一等级开始的转移数却只有 1 584。推荐等级对"强烈买入"和"买入"这两个等级有强烈的偏向性，这类推荐总共有 25 784 次，而作为对比，"卖出"和"强烈卖出"这两类推荐总共只有 4 951 次，不到"买入"和"强烈买入"总数的 1/5。

表 4-2 从前一个推荐状态 i 到后一个推荐状态 j 的"转移矩阵"，这里 i, j 取值有五种，分别代表：(1) 强烈买入；(2) 买入；(3) 中性；(4) 卖出；(5) 强烈卖出。构建本表的总的推荐值 $N = 53\,475$。根据 [451] 复制

从↓ (i)	到→ (j)	1	2	3	4	5	total (i)
(1) 强烈买入		8 190	2 234	4 012	92	154	14 682
(2) 买入		2 323	4 539	3 918	262	60	11 102
(3) 中性		3 622	3 510	13 043	1 816	749	22 740
(4) 卖出		115	279	1 826	772	375	3 367
(5) 强烈卖出		115	39	678	345	407	1 584
	total (j)	14 365	10 601	23 477	3 287	1 745	53 475

为了能测试跟风，韦尔奇首先定义了全局舆论指数：$T_0 = \sum_{j=1}^{5} j\, \text{total}(j)/N = [1 \times \text{total}(1) + 2 \times \text{total}(2) + 3 \times \text{total}(3) + 4 \times \text{total}(4) + 5 \times \text{total}(5)]/N$，其中 total ($j$) 是所有推荐等级为 j 的数目，N 是所有推荐总数。依此定义的全局舆论指数约为 2.5，从而证实了推荐向"买入"方向倾斜（如果没有倾斜，该值应该为 3）。第二步是仅考虑在 t 这一天所做的推荐，再重新计算转移矩阵。新转移矩阵中的样本数量变小，但它应该同总转移矩阵成比例。我们关心的是每一天的舆论指数 $T(t)$ 同全局舆论指数 T_0 之间的差别。如果 $T(t) = T_0$，那么对金融分析员来说，这一天很正常。我们更关心 $T(t)$ 严重偏离 T_0 时的情况。是什么原因造成了那些重大偏离呢？我们通过计算这个偏离对不同因素的依赖程度来回答这个问题。这些不同

的因素包括之前的推荐等级和舆论。韦尔奇进一步引入了跟风参数来描述跟风的强弱，当较多新推荐是受之前舆论影响的时候，跟风参数较大。他分别在跟风存在和不存在两种情况下考察给出某种推荐的概率。以"中性"这种推荐为例，当跟风不存在时给出这种推荐的概率为42%，而当跟风存在时，给出该推荐的概率升至47%。虽然这个改变看似很小，但是任何统计上的变化都足以证实跟风的存在，因为分析员在独立分析时很少能给出相同的推荐，不同意别人的观点恰恰是他们的职责。

那跟风的原因又是什么呢？如果所有分析员都在同一时刻接收到同样的信息，并对信息有同样的解读，理性跟风就有可能发生。另外，即使没有重要新闻出现，分析员可能仅是盲目地模仿他的同事，也造成了非理性跟风。为了区分这两种假设，韦尔奇又测量了在跟风被证明是对的情况下，分析员根据舆论而做推荐的倾向。我们预期由理性跟风引发的正面推荐应该多于由非理性模仿引发的正面推荐。事实上，分析员更倾向于跟随之后被证明是错误的舆论。由于跟随舆论并不能带来任何更多的信息，我们得出结论，一般的跟风是非理性的。这同样给出了分析员以有限的信息去跟随舆论的证据。

然而，和其他很难的主题一样，这一现象也存在其他解释。分析员间流传的消息是错误的这一事实，也可以被解释为实际上投资者不遵照分析员的推荐买卖股票！这就同自然系统中的动力学规律与观察者存在与否并不相关一样，分析员的存在与否，并不能影响投资者做出的投资决定。

韦尔奇还提出了另外一个重要结论，即跟风程度在牛市和熊市有所不同。分析员在如下两种情况下更容易跟风：(1) 市场上升时期；(2) 市场下行途中的短暂反弹时期。第一种情况容易使股价偏离基本面，从而造成股市"泡沫"。第二种情况则认为跟风可能引起乐观或悲观情绪的放大，损失可能会进一步增加，造成崩盘。

4.4　模仿的力量

4.4.1　在缺乏信息的情况下，模仿是最佳策略

全世界的交易员组成了巨大的网络。在这个网络的每一个局部之中，亲戚、朋

友、同事、熟人等信息源之间相互影响［48］。在这个全局性的图中，我们把个体安妮（Anne）的邻居称为安妮的直接联系人。其他对安妮的影响包括新闻、网站、电视等媒体。确切地说，如果安妮在网络中有 k 个直接联系人，那么只会有两种力量影响安妮的判断：(1) 她 k 个邻居的意见以及媒体的影响；(2) 她自己的特异性信号，即她独自获得或者创造出的信号（见图 4-2）。根据跟风和模仿的概念，我们假设个体会倾向于模仿他的邻居的决定，而不是反对这些决定。不难看出第一类力量会创造有序，而第二类力量则会创造无序，或者异质性。这里我们主要关心有序和无序之间的竞争。这种竞争会带来什么样的后果？可能会造成系统的不稳定状态甚至是崩盘吗？崩盘可不可以被预测？我们将展示自组织系统（也被称为"复杂系统"）科学在解释这些问题时的重要性：股票市场和投资者网络可以被复杂系统中的临界现象理论很好地解释。关于这一点，我们将在本章后面和第 5 章中进行详细说明。

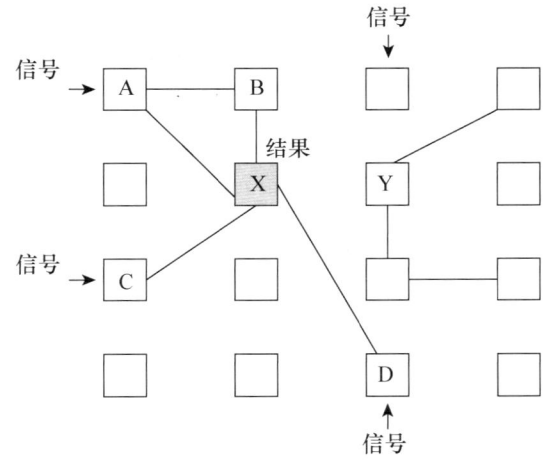

图 4-2 信息在个体间传播的路径。每个个体的私人信号是由他上一时间收到的噪声和个体的状态结合而成的。然后每个个体会向他的邻居发送信号。个体根据自己的私人信息和邻居的信号做出最后决定。根据［383］复制

为了进一步说明，我们把问题模型化。考虑一个投资者网络：在这个网络中，每个投资者被编号为 $i=1,\cdots,I$，同时记个体 i 在网络中的联系人总数为 $N(i)$。如果我们单看一个投资者安妮，则 N（安妮）是所有能直接跟安妮交流并向她施加直

接影响的人的个数。为了简化，我们假设任何像安妮一样的投资者都只能有少数几种状态。最简单的情况是仅含两种状态：$S_{\text{Anne}}=-1$ 或 $S_{\text{Anne}}=+1$。它们的意义可以是买、卖，唱多、唱空，乐观、悲观等。在下面的"对模仿策略的解释"一段里将说明，仅基于 $N(\text{Anne})$ 个邻居在昨天［时刻 $(t-1)$］的 $S_j(t-1)$ 的信息，安妮的最佳策略就是 $S_{\text{Anne}}(t-1)$，从量化的角度说就是她的状态应该是她所有邻居状态之和的符号函数。换句话说，安妮的决定由她的邻居决定，服从她大多数邻居的决定（也就是最有效的市场情绪的代表）将会是最佳策略。当然，她也有相信自己的特殊直觉而不受他人影响的可能。这种特殊的移动可以在这个模型中被一个不依赖于邻居或任何其他个体的决策的随机组件捕获。从直觉上理解，根据供求关系，价格将由大多数人的意见决定，因而从众是最佳策略。在这一章和第5章我们将说明，这种看似平淡无奇的演化规则会产生出很强的自组织模块。

对模仿策略的解释。我们考虑有 N 个投资者的网络，网络中的连接表示投资者交换信息的渠道。图（graph）表示任意两人之间的通道的集合。我们将图中任意一个投资者 i 所含的直接连接数记为 $N(i)$。投资者以价格 $p(t)$ 买入或卖出股票。这里的 t 是离散的，其最小间隔为 Δt。为了简化，我们假设每个投资者在同一时刻只能买或卖一个单位的股票。我们把买的状态标记为 $s_i=+1$，把卖的状态标记为 $s_i=-1$。每个投资者可以根据 $t-1$ 时刻之前（包括 $t-1$）的信息在 $t-1$ 时刻以价格 $p(t-1)$ 进行买卖。价格的变动可简单假设为同所有投资者的动向之和 $\sum_{i=1}^{N} s_i(t-1)$ 成正比：事实上，这个和为 0 时恰好是买家和卖家数目一样多的时候，这时供求关系相等，价格正好不应该变动。如果该和大于 0，则买家多于卖家，此时需求大于供给，价格需要上移以平衡供求关系。当然还有其他一些可能造成价格变动的因素，我们把这些因素考虑成噪声，只需在模型中加入一个价格变动的随机成分即可。这个随机成分本身可以给出几何布朗运动［92］。接下来我们将说明供求关系平衡以及模仿过程会导致系统的某种特殊组织结构。

在时刻 $t-1$，当价格以 $p(t-1)$ 被公布时，投资者 i 就确定了自己的策略 $s_i(t-1)$，他会保持这一策略直至时刻 t，并获得收益（或遭受损失），也就是这一时间段内的价格变动 $[p(t)-p(t-1)]$ 乘以他的仓位 $s_i(t-1)$。为了优化策

略 $s_i(t-1)$，投资者需要计算他的利润的期望 P_E，目标是在已知过去的信息和自己的仓位时，去寻找最佳策略 $s_i(t-1)$ 使得 P_E 最大。由于价格波动是由整体意见 $\sum_{i=1}^{N} s_i(t-1)$ 决定的，最佳策略是在整体意见为正时买入，而在整体意见为负时卖出。但问题是一个投资者不可能获得所有人买或卖的信息，从而不能从供求关系的角度去找到价格变动的方向。一个次优的解决方案是投资者 i 可以根据自己的 Ni 个邻居的意见来推测投资者整体的意见，从而做出预测。投资者还需要知道跟他没关系的所有投资者买或卖的概率 P_+、P_-，然后他就可以自行算出股价变动的期望了。最简单的估计就是假设股票不会变动，$P_+ = P_- = 1/2$。

根据之前说明的规则，价格波动正比于所有投资者的动向之和。一个投资者 i 的最佳策略就是寄希望于他周围的邻居构成整个市场投资者的有效样本，从而进一步假设价格波动正比于他周围所有投资者的动向之和。在实际情况下，投资者确实总是交换信息。他们经常给对方打电话，去试探别人的口风。因此，很明显，一个投资者使自己利益最大化的策略由他的所有邻居意见总和的符号决定，也就是满足如下式子：

$$s_i(t-1) = \text{sign}\left(K \sum_{j \in N_i} s_j + \varepsilon_i\right) \tag{4.1}$$

从而给他带来从昨天到今天的收益，即 $s_i(t-1)$ 乘以 $p(t)-p(t-1)$。在这个式子中，$\text{sign}(x)$ 是符号函数，在 x 大于（或小于）零时取值 $+1$（或 -1），K 是一个取值为正的常数，代表累计买卖订单与价格变动之间的倍数，它与"市场深度"成反比，越大的市场在面临这种买卖不平衡时，价格变动越小。另外，ε_i 是噪声，$N(i)$ 是该投资者的邻居数。关于式（4.1）的直观解释就是，某投资者的最佳策略是跟随他的大多数邻居，而噪声代表由他的大多数邻居的看法可能与整个市场中投资者的平均看法不同而带来的不确定性。

式（4.1）可以被看作凯恩斯的选美论的数学表达。凯恩斯在 [235] 中说不仅公司的基本面影响股票价格，而且投资者的期望和心理学因素对价格的影响也非常大。他认为，相比于去钻研公司的基本面，投资者更倾向于研究将来其他投资者最可能的行为。他认为，这种行为的结果是大多数投资者并不会花时间去研究可能跟他们生命差不多长的长线回报，而是更希望能够抢在大多数人之前预见到股票的短期变动。凯恩斯用他著名的选美论来比喻股票市场。为了竞猜在选美比赛中获胜的选手，了解美的能力不如了解别人认为什么是美的能力重要。依照凯恩斯的观点，最优策略并不是依参与竞猜的人的观点找出最漂亮的选手，而是找出其他竞猜者认为的最漂亮的选手，或是其他竞猜者认为别的竞猜者认为的最漂亮的选手，或更多层次的迭代。式（4.1）精确地表现了这一概念：个体 i 在 t 时刻的决定 s_i 取决于他所有的邻居在 $t-1$ 时刻的决定，而他的邻居在 $t-1$ 时刻的决定又受个体 i 在 $t-2$ 时刻的决定的影响，依此类推。与所有人会在有限的几步反馈后达成已知意见的稳定均衡情形类似，式（4.1）采用完全自洽的原则用无限长反馈去模拟股市演化。

4.4.2 模仿蔓延与瓮模型

奥尔良（Orléan）[323]～[328]发现了把理性和模仿行为结合起来的"模仿理性"（mimetic rationality）悖论。他在不可逆的决策过程的基础上发展了关于股票市场的模仿蔓延模型。这类模型最简单的形式被称为瓮模型（Urn model）。该模型历史悠久，可追溯至波利亚（Polya）[269]。我们假设在某一时刻，在一个瓮里有 M 个白球和 N 个黑球。我们从瓮中随机拿一个出来。这里"随机"是指抽到每一个球的概率都是 $1/(M+N)$。然后我们把拿出来的这个球和另外一个同该球颜色相同的新球一起放入瓮中。也就是说，如果拿出来的是白球，则在下一轮里，瓮中会有 $M+1$ 个白球和 N 个黑球；反之，如果拿出来的是黑球，在下一轮里，瓮中就有 M 个白球和 $N+1$ 个黑球。这个简单的模型描述新来者（新球）模仿之前的投资者（之前球的颜色）。这个累计不可逆过程明显基于模仿，但有很强的随机成分。

假设在时刻 $t=0$，初始状态为 $M=N=1$。在 $t=1$，瓮中有 2 个白球和 1 个黑球，或 2 个黑球和 1 个白球，两种情况各有 1/2 的概率。在下一时刻 $t=2$，瓮中有三种情况，(1) 3 白 1 黑，概率为 $\frac{1}{2} \times \frac{2}{3} = 1/3$；(2) 2 白 2 黑，概率为 $\frac{1}{2} \times \frac{1}{3} + \frac{1}{2} \times \frac{1}{3} = 1/3$，达到这种结果的路径有两种，所以我们把两种可能路径的概率分开来算再相加；(3) 1 白 3 黑，概率为 $\frac{1}{2} \times \frac{2}{3} = 1/3$。这样一步计算很简单，但是随时间增长，计算将变得很烦琐。一个典型的瓮中白黑球所占比例 f_w 和 f_b 可能会是（$t=0$, $f_w=1/2$, $f_b=1/2$）；（$t=1$, $f_w=1/3$, $f_b=2/3$）；（$t=3$, $f_w=1/4$, $f_b=3/4$）；（$t=4$,

$f_w=2/5$,$f_b=3/5$);当这个游戏重复到某个极限时,我们认为,这个结果已经可以代表真实情况了[269]。一个自相矛盾的结果是:一方面,白球所占比例$\frac{M}{M+N}$和黑球所占比例$\frac{N}{M+N}$收敛到确定的数f_w和$f_B=1-f_w$,并且基本不再波动了;另一方面,f_w和$f_B=1-f_w$可以为0到1之间的任何值,并且服从0到1之间的均匀分布。这也就是说,重复这个实验若干次,每一次最终得到的白球和黑球比例会非常不同,而且它们之间不相关!这个不可逆试验表明模仿过程可以导致连续状态,也就是说,很多不同的可能状态同时存在并相互竞争。我们把模仿过程用市场中的语言重新描述一下:个体投资者相继进入市场并随机选择一个之前已经在市场中的投资者开始模仿,随着投资者数量不断增多,牛市或熊市的形成可能是完全随机的。控制长期牛熊比例f_w和$f_B=1-f_w$的是最开始的随机波动。比如,最开始连续出现了3个白球,那么下一次继续出现白球的概率将是4/5,而出现黑球的概率仅为1/5。如果前十次都是白球,则出现白球的概率被进一步加强,变成11/12,而出现黑球的概率下降为1/12。这是一个概率被一步步冻结的过程,而它背后的机制则是两种球的个数比例对系统的反馈过程。随着球数越来越多,根据大数定律,两种球出现的概率变得越来越稳定。

瓮模型可以通过改变加入新球的规则被推广,新规则可以是每次新加入的投资者数目,如何加入这些投资者,他们如何进行模仿。这些推广会导致更为复杂的非线性效应[20,19,325]。

这类模型可能也是其他一些受到广泛关注的经济和历史事件背后的机制。两个常用的例子是Betamax标准在家用录像系统中的普及和高新技术公司向硅谷等地的集中。在这两种情况中,最初的一点点优势(比如在家用录像系统领域比竞争者稍微大一些的销量或电影偏好)被放大,然后像瓮模型中描述的一样被锁定。类似地,如果两个"谷"同时竞争去吸引高新科技公司,其中的一个在初始时比另一个仅多少数几家公司,那么它就有稍微优越的环境去吸引那些新加入的公司。这种初始的微弱优势同样会被放大并最终导致这个"谷"以压倒性优势胜出。瓮模型机制还向我们提供了一个重新分析历史事件的框架。这对分析人类社会的曲折演进尤其有用。相应地,瓮理论对历史演进遵循确定性路径这一命题提出了质疑。在瓮理论框架下,一些重要的历史事件可能是由于在一些随机事件发生后,概率不断被放大和锁定,并最终导致的一边倒现象。

这类模型是式(4.1)中提到的"影响"模型的一个替代品,它更加强调决策过程的不可逆性。而式(4.1)描述的模仿模型则更强调因投资者可以自由改变观点所带来的"均衡"。虽然存在着这些差异,这两类模型都告诉我们市场泡沫是投资者间模仿行为的必然结果。

4.4.3 演化心理学中的模仿

除了之前讨论的理性模仿,在演化心理学当中也对模仿倾向有具体的研究[93]。这类研究认为人们仅用理性是基本不可能做到最好的。具体地讲就是仅利用逻辑、数学、概率等理论所做的理性决定,去解决我们祖先所面临的生存和繁殖问题是远远不够的。由于缓慢的生物学进化和飞速发展的现代社会之间的不匹配,我们现在的能力还是仅限于去解决过去人们面临的打猎和采集的具体问题。由于人们缺乏对其他更一般问题的解决能力,对特殊问题的解决能力比对一般问题的解决能力更符合物竞天择、适者生存的原则。这跟广泛流传的人类思维比理性更好的观念恰好相反!人类在重复计算的任务(如目标识别、语法获取、语音理解)中的表现往往比已经开发了数十年的人造问题解决系统更好。

一般问题解决系统旨在用完全相同的解决问题的方法去解决所有问题,而且在解决问题的过程中不对具体问题做具体假设。而特殊问题解决系统则不受这一约束。从这一角度来说,人类智慧的强大之处在于它有非常强大的"理性本能"。虽然"本能"这个词通常被认为是理性的反义词,但是越来越多的证据表明,人类有很多推理、学习和执行的方法用于解决我们祖先曾经面临过的复杂的具体问题。这些方法并没有经过有意识的努力就被开发出来,并被人们不自觉地使用着。换句话说,这些推理、学习、执行的方法有我们通常所说的"本能"的一切性质。人类做出这些推断就和蜘蛛织网、河狸筑坝一样自然。例如,人类似乎并没有可以同时处理多个逻辑运算的方法。但实验证据表明,人类进化出了可以处理更复杂的特殊任务的方法:在交易中找出欺诈者。人们还有用来理解威胁、辨识出卖、诈骗等行为的特殊方法。这些技能促成了强制同盟(coercive coalitions)、政府和其他一些社会组织甚至是股票市场的出现。在打猎或采集食物中失败的巨大风险,促成了小部落内在打猎和采集食物问题上的合作。他们通过食物共享来规避个人或小家庭内要么大吃大喝要么忍饥挨饿的大幅度食物供给波动。最新的研究表明，在紧张或足够大的风险和不确定性影响下，人类可能会在一些项目上开启共享模式。

事实表明，一次走运可能会导致过分自信［100］。在达克（Darke）和弗里德曼（Freedman）［100］的实验中，有些人被安排经历了某次幸运的事，而另外一些人则没有。然后，让所有这些人去对另外一件不相关的事做决定并下注，以测试他们的自信程度。那些信赖幸运的人（认为幸运是稳定的并可以通过自己的努力来获得）会更加自信，并下更大的注。相反，那些不信赖幸运（认为幸运是随机事件）的人就不会那么自信，并下相对较小的注。这项研究还比较了决定是自己独立做出的还是经过跟别人互动之后做出的这两种不同情况［189］。结果表明，虽然互动既不能给决定带来更多的有用信息，也不能增加决定的准确性，但人们在经过互动之后还是增强了自信心，即使他们并不同意那些同他互动的人的观点［189，361，382，346，347］。一个可能的解释是，人们进行互动的目的仅是希望从中给自己所做的决定找出合理的解释，而不是寄希望于从互动中找出有用的信息。这里同样存在羊群效应。向别人阐述自己决策的理由会大大加强对自己观点和理性的认同，并增强自信［377］。这让我们很自然地联想到抄写会增进理解这一在教学中经常用到的技巧。得到对自信的决定的支持，会显著增强校准和分辨能力［369］。这个效应对男性比对女性明显很多，男性通常在自己错误的时候表现出相对更强的自信［291］。

与本书内容更为相关的心理学实验是，让被测试者根据过去的真实股价去预测将来，并把依据预测的股市表现看作被测试者的总财富［10］。这项测试仅依据股价的历史数据而同基本面消息无关。这个实验的结论表明，人们在股价平稳的时候会追随之前的平均值，如果股票价格上升，他们会卖掉股票。然而，当价格表现出明显的趋势的时候，他们就会自动改用追逐趋势的策略，在股价上涨的时候买入，而在股价下跌的时候卖出。这种趋势追随策略更明显地体现于所谓的"技术分析"里面，即从过去的价格中找出代表趋势形成和趋势反转的技术指标［53］。

4.4.4 谣言

很多在华尔街工作的人认为谣言会影响股价（见图 4-3）。华尔街流传着一句俗语："谣言出现时买入，新闻出现时卖出"。这句话直到现在还经常在媒体和网络上出现。谣言可能会导致强烈的跟风行为。

图 4-3 股市中谣言造成的影响。该漫画是 1997 年 11 月 1—7 日那一期《经济学人》的封面。该图是想描述 1997 年 10 月 27 日道琼斯指数单日跌幅达 7% 后的混乱状态。本图来自 KAL

谣言在特殊事件中最为明显。下面是几个著名的例子。"千年虫"是最近的一个著名谣言。在这个例子中错误的信息被疯狂传播，一个门外汉几乎不能从大量谣言、主张、预测、煽动、夸大、掩饰和否认中分辨出哪些才是真的。另一个完全错误的谣言是在电子邮件中广泛流传的关于美国邮政的故事。邮件中说众议员施内尔（Schnell）向联邦政府提交了"Bill 602P"的建议，该建议说将会对所有的电子邮件收取每封 5 美分的费用。这些钱将被互联网服务器提供者收取并最终转给美国邮政。然而，这项建议实际上并不存在，就连众议员施内尔也不存在。美国邮政也强调自己并没有权利去收取在互联网上发送的电子邮件的费用［430］。

大规模的谣言甚至可以在全国传播［259］，日本老龄政策研究所前所长伊部英男（Hideo Ibe）在 1996 年 2 月 14 日说："邓小平说，由于日本现在小孩太少，我们将送 5 000 万中国人过去。"这个论断似乎很奇怪，因为日本的人口密度为每平方千米 340 人，而中国的人口密度仅为每平方千米 100 人，而且这也与日本一贯的严格移民政策相矛盾。邓小平确实说过这句话，还是这是日本人的主观臆断？要确定此事的真假，我们必须挖掘信息的源头，也就是把这几个月甚至几年之内的中国报纸、广播、电视都搜索一遍。这将是一个艰巨的任务，而且失败的可能性非常之大。这跟说《华盛顿邮报》刊登了阿尔及利亚总统胡阿里·布迈丁（Houari Boumediene）的论断一样靠不住。他说："总有一天，会有上百万人离开他们贫穷的生存环境，去北半球找更适合他们生存的地方。"这段话被法国著名的人口学家引用，被主流媒体广泛宣传，最终导致了巨大的侵略恐慌。然而，这句话从来都没有被《华盛顿邮报》登载过，甚至连相关主题的调查都没有开展过。

对流行病的研究可以用来研究谣言的传播。埃德加·莫林（Edgar Morin）曾调查了在法国奥尔良市流传的"年轻妇女在服装店内失踪"这一谣言的传播情况。莫林研究了社会不同阶层的人是怎样传播谣言的。在前两个例子中，谣言都是由社会精英阶层（科学家或掌控媒体的人）所维持、修正甚至是发起。谣言并不会向各个方向同时传播，而主要是定向地从社会上层传向社会下层。非常复杂的描述和看似严谨的引文似乎保证了谣言的可信性，而它的精英拥护者又把它放大，使得来自社会各个阶层的、有着不同兴趣爱好和心理学偏好的人们都开始相信并传播它。

虽然读者可能会疑惑，但这里还是应该介绍一下加伯（P. M. Garber）的新书，这本书详细新颖地介绍了我们在第 1 章中提到的郁金香狂热和法律与南海泡沫[153]。他认为由跟风和不理性行为造成投机泡沫这一观点是错误的。相反，这些事件可以被基本价格理论所解释。有趣的是，加伯认为郁金香狂热仅是不断被强化的谣言，这使得今天那些为市场监控辩护的人仅需要抬出"郁金香狂热这种现象的存在只能证明市场是疯狂的"这一论断。他进而证明一个充满好奇的现代市场可能会导致疯狂的行为，所以应该加大力度规范市场[153]。虽然加伯的书被许多拥有崇高声望的金融经济学家所称道，但是经济学家金德尔伯格（Kindleberger）指出了这本书的缺陷并做出如下结论[237]："一类人认为金融市场是理性且有效的，并且这是由基本面决定的，而另一类注重历史的人则强调在1550年之后发生过一系列的金融崩盘这一事实。这两类人之间的争论将会持续很久。节俭是用来对抗经济危机的。复杂性使人们可以说市场在一般情况下是可控的，只是偶然会发生一些意外。"

4.4.5 适者生存

人类共享观念和行为的根源可以被追溯到更深层次的原因,那就是理查德·道金斯(Richard Dawkins)所提出的"文化基因"(memes)[102,42]。文化基因是去设想什么样的东西应该被遗传下去,它可以是想法、行为或是技能。像基因一样,它可以通过人与人之间的模仿行为被复制,它可能是一个故事、一种时尚、一个发明、一份处方、一首歌曲、一种耕作方式、一种投球方法或是一种雕刻技巧。由于想法和行为在一种文化内部以及不同文化之间存在着竞争,文化基因也像真的基因一样需要同其他文化基因竞争。文化基因来自我们成长中所接触到的一切可以发出信息的人或事物:父母、兄弟姐妹、朋友、邻居、老师、传教士、老板、同事,以及教科书、小说、漫画、电影、电视剧、报纸、杂志、互联网等。所有人都在持续地向其他人(当然包括他们的子女、学生、员工等)重复自己接收到的文化基因。所有这些声音组合在一起便组成了"母文化"[339]。根据文化基因理论,"正如我们的身体结构可以被理解为自然选择的结果一样,我们的思想结构也可以被理解为文化基因选择的结果"[42]。比如,布莱克莫尔(Blackmore)[42]认为,当我们的先祖学会了模仿之后,第二次自然选择就开始了。互相竞争的想法和行为也要遵守适者生存这一定律。像制造工具和使用语言这样最适于生存的想法存活下来,并在最大限度的复制过程中被发扬光大。这些文化基因能够帮助适应它们的真实基因的生存和繁殖,从而一代一代被流传下来。把这一理论运用到人类生活的多个方面(诸如我们为什么生活在城市中?为什么要喋喋不休?为什么不能停止思考?为什么表现出利他行为?怎么选择室友?)会给我们带来看待问题的新的视角。根据布莱克莫尔的理论,

当我们用文化基因的眼光看待宗教或者其他非科学的信仰(比如说占星术)时,我们会理解它们为什么会那么成功。宗教的文化基因在创立之时并没有可以被成功流传的意向。它们仅是些能够体现在人类漫长历史里对世界的思考的行为、想法和故事。它们得以成功仅是因为它们恰好有易于被人脑、书籍和建筑储存的特点,并可迅速地被传播。它们可以唤起强烈的情感和奇怪的经验。它们可以提供可用来解释真实问题的神话,而这些神话又被其不可测性以及威胁和保证等手段保护得很好。它们创造同时又削减对顺从的恐惧,它们用

真善美、利他主义等技巧协助自己传播 [42, p.192]。

相似地，这一理论可以被用来解释股票市场中存在的一些现象。比如说技术分析（如下网站有大量关于技术分析的材料，http://decisionpoint.com）就是文化基因。虽然技术分析并没有被科学证实，但是人们依然迷信它（参见 [53, 36, 6]）。

4.4.6 赌博心理

在股票市场中投资被很多投资者认为是买彩票或是赌博。至少当这些投资者仅追随主流媒体的消息时，可以说他们正在参与"股票市场赌博"。通常在彩票中心或赌场中出现的赌博心理已成为美国一些州的主要心理状态之一。它也是股票市场里非常重要的心理学因素。赌博不仅是承担风险，它还有其他一些含义。"赌博"（gambling）这个词跟"博弈"（game）这个词相关，它来自古英语中的"胡说"（gammon）。赌博同博弈的想法相关。赌博是博弈的一种。这种博弈不以技巧或推理为基础，而是完全建立在概率的基础之上。赌博完全是靠运气：随机的手气并不需要技巧甚至都不需要有人参与 [277]。准确地说，赌博就是某些人为了取得比较大的回报（通常是金钱），而不惜去冒他们完全不能控制甚至不能理性预期的风险。

彩票已经成为美国的主流非正式货币。估计彩票的总规模很难，但是美国每年合法的彩票就有大概 5 000 亿美元，如果加上地下赌场，这个规模可能会达到 10 000 亿美元。有统计数据表明，美国有大概 1 000 万人赌博上瘾，这个人数甚至超过了酗酒的人数。值得指出的是，赌博在美国早期历史中也占有重要地位。1612年，英国政府发行彩票去资助弗吉尼亚州詹姆斯敦的建设。1776 年，美国第一届大陆会议宣布发行彩票以支持美国革命。华盛顿总统本人购买了第一张建设新首都"联邦城"的彩票，那个城市现在被称为华盛顿特区。开发美洲大陆靠的是彩票，美国革命靠的是彩票，美国建设首都靠的还是彩票。

从 1790 年到 1860 年，36 个州政府中的 24 个发行过政府彩票。很多学校、大学、学院、教堂发行彩票来为它们的新楼融资。虽然美国早期历史上彩票如此繁荣，但是由于发行彩票过程中的大量腐败行为，到 1894 年，在美国竟然再也找不到彩票了。所有政府彩票都因腐败和融资失败而被迫停止。任何等级的公共彩票都销声匿迹了。直到 1964 年新罕布什尔州宣布重新发行政府彩票之前的这段时间，美国都没有任何政府彩票。而又经过几十年的发展，现在发行政府彩票的州有37个，华盛顿特区有38种不同彩票。全美有500多个彩票中心。

新罕布什尔州重新发行彩票后的第10年，即1974年，有调查表明61%的美国人参与赌博，每年的赌资高达474亿美元。而到1989年，该数字上升为71%的人参与赌博，赌资达2 460亿美元。1992年的总赌资为3 300亿美元。到1995年，有95%的美国人参与赌博，有82%的人买彩票，有75%的人玩老虎机，有50%的人赌马或赌狗，有44%的人打得州扑克，有34%的人玩宾果游戏，有26%的人参与体育赌博，有74%的人经常出入赌场，而有89%的人赞同赌博。这种对赌博的热情的上涨很可能是导致最近几十年美国股市散户数目激增和大牛市的原因之一。

每年的赌博花费要比电影、书籍、娱乐和音乐的总花费还多。人们在赌博上花的钱比他们看所有体育项目（棒球、橄榄球和其他）所花的门票钱还多。1993年合法的赌博总花销为4 000亿美元，1994年为4 820亿美元，而1999年超过了5 000亿美元！仅内华达州的老虎机每年的收入就多达50亿美元。9 200万个家庭去赌场玩。每年美国人总收入的10%被扔在了赌场！

很难估计个体投资者在进行投资时的赌博心理。他们如果有这种心理，即使是很微弱，也足以引起我们的注意。因为他们完全不基于信息的交换，并可能导致跟风或模仿。股票价格的大幅波动以及潜在的不稳定性也在一定程度上可以用赌博心理来解释［374］。

4.5 "反模仿"和自组织

4.5.1 为何要做少数派

在一个可行的交易策略当中，仅知道市场的大方向是不够的，交易员还需要控制进入市场（买）或离开市场（卖）的时间。例如，安妮想要抢在跟风之前一点点买入股票，这样她的成本价还没有被看多的舆论推高。对称地，她同样希望赶在趋势反转之前一点点卖出。换句话说，她想做一个叛逆者，就是在大多数人还在买入的时候她卖出，而在大多数人卖出的时候她已经开始买入了。她的观念转换只比她的大多数"邻居"快那么一点点。也就是说，她不想总是跟着大多数人，虽然这种情形只占很短的时间。安妮不能指望从她的"邻居"那里获得的消息，因为她知道他们也有类似的想法，希望能猜到其他人进入或离开市场的时间。更一般地说，安妮就是想在进入市场时是少数派，在持有的过程中是多数派，而在离开市场时又变成少数派。

这是与跟风或模仿完全不同的另一类行为。安妮在这里要利用历史数据去在她认为大多数人还没开始买的时候买入股票，也就是在这时成为少数派。这种试图成为少数派并从中获利的行为可能会导致有趣的悖论。如果所有投资者都用同样的方法，那么他们将会在同一时间做出相同的决定，从而无法让自己变为少数派。与跟风行为会加强大家行为的一致性相反，想成为少数派需要运用与其他人完全不同的规则。因此安妮和其他投资者需要总结过去成功和失败的经验，在金融市场中制定出完全不同于别人的策略。

4.5.2 埃尔法罗酒吧问题

埃尔法罗酒吧问题（El-Farol's Bar Problem）最近被归入"少数者博弈"（minority games）问题的框架之下。少数者博弈是一个有 N 个人参与的重复性博弈。每人每次可以从两种可能性（不妨设为 A 和 B）中选择一种。那些成为少数派的人在博弈中获胜。虽然乍一看这个问题十分简单，其微妙之处正如我们之前所说的：如果所有参与者都用同样的方法分析问题，并给出相同的答案，他们就全都输了。另外，这个游戏设定导致不会出现所有的人在同一次中同时获胜的情况。少数者博弈是从著名的埃尔法罗酒吧问题中提炼出来的 [17]。该问题则是说，有 100 个人相互独立地思考要不要在一周中的特定时间去酒吧取乐。然而酒吧的空间有限，只有在不太拥挤的情况（假设 100 人中只有少于 60% 的人）下去酒吧才有意思。在这之前，不能得到酒吧有多少人的信息，人们只在认为值得去的情况下才去。也就是说，如果一个人认为酒吧只会有不到 60 个人，他就去；如果他认为酒吧会有超过 60 个人，他就待在家里。我们假设选择同过去无关，人们之间没有交流，唯一的信息就是上周去酒吧的人数。那么每周去酒吧的实际人数会怎么变化呢？

为了回答这一问题，阿瑟（Arthur）[17] 假设这 100 个人都可以根据过去 d

周的数据独立地对下一周去酒吧的人数做出预测或假设。这些预测可以同投资者赖以借助的技术分析进行类比。比如，前几周去酒吧的人数可能是：

　　44，78，56，15，23，67，84，34，45，76，40，56，22，35

对下周人数的预测手段可能有 [17]：

- 同上周相同，也就是下周会有 35 个人。
- 同上周镜像对称，65 人。
- 前四周的平均值，49 人。
- 前八周的趋势，29 人。
- 同两周前相同（周期为 2 的周期函数），22 人。
- 同五周前相同（周期为 5 的周期函数），76 人。
- 其他。

阿瑟假设每个人都自己创造 k 个类似预测值，并根据它们做出决定。他们根据近期表现最好的预测方法得到的结果决定去还是不去。一旦做出决定，他们又根据最新产生的结果来修正自己的预测。也就是说，在酒吧问题中决定游戏结果的是那些被认为是最近最好用的假设。但具体哪些假设适用又是由历史数据决定的。这也同股票市场的操作机制惊人地相似：用预测方法去决定参不参加，正和技术分析员运用技术分析指标去预测市场的变化一样。

我们假设人们从很多个指标中随机选出 k 个（比如，6 个、12 个或 23 个），并根据这些指标决定最后去还是不去，依此进行计算机模拟。每个人每一步都会从他的 k 个预测方法中选出前一步表现最好的那个（即使之前并不曾使用过），并根据这个选中的方法决定下一步的动态。以这种确定规则得到的结果被展示在图 4-4 中。结果令人惊奇：这些预测方法自组织成为一个均衡的模块，平均来说表现最好的预测方法给出的结果有 40% 的时间在 60 个人以上，而 60% 的时间在 60 个人以下。虽然组成最佳预测方法的元素一直在变，但是这些最佳预测方法的集合始终给出 60/40 的平均比例。这一结果不随所给的预测方法的改变和所选择的指标数 k 的改变而改变 [17]。图 4-4 的模式让人回想起了在第 2 章中所观察到的典型的股价波动。这也揭示了，股价和回报的波动模式的根源可能是：所有投资者不可能同时赚钱，因此他们为了赢必须选择与他人不同的策略。

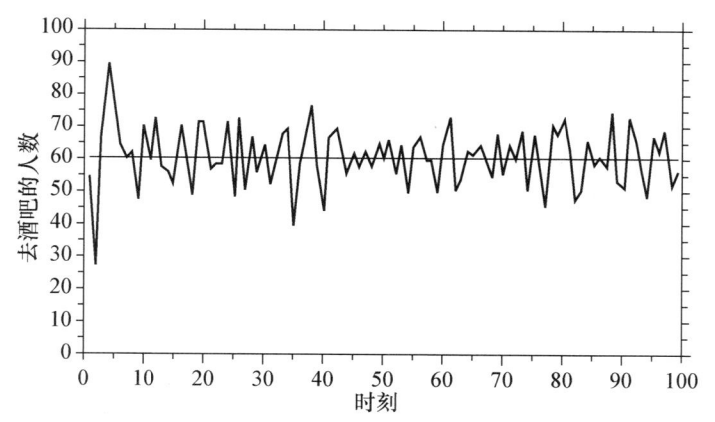

图 4-4 作为"少数者博弈"的范例的埃尔法罗酒吧问题中去酒吧的人数。该问题由阿瑟提出。根据 [17] 复制

4.5.3 少数者博弈

为了描述更为一般的现象并抓住包含个体在有限资源条件下竞争的系统的最重要特点,有几个新参数被引进到少数者博弈模型当中。在新的模型中,个体只有部分信息和有限理性。他们仅能记住过去 M 次的最优选择,并依此做出新的选择(A 或 B)。所有的策略组成一个理论世界。这其中每一个策略都有一个内在价值,我们叫它实际价值,就是它在过去历史中做出的正确决定的总数。博弈开始之时,每个人最多可拥有 S 个不同策略。投资者以归纳法运用这些策略,也就是他们选择实际价值最高的那个策略(如果有两个以上策略同时拥有最高实际价值,则通过掷硬币决定使用哪个)。另外,必须强调的一点是,每个投资者都不知道关于别人的信息,他的所有信息都来自他拥有的策略的实际价值。

少数者博弈的主要特性有:(1)这是一个在投资者和信息间存在互动的模型。(2)个体之间可以合作(但不可以直接交流)。(3)个体希望使可利用信息最小化。(4)不可获得的信息是对称的,而可获得的信息是不对称的,它们之间存在相变。控制参数是一个比例 $\alpha = P/N$,P 是所有基本信息状态的可能数目,而 N 是个体总数。当 $\alpha < \alpha_c$(α_c 是一阶特殊值)时,市场是有效的,没有任何信息可以用来做有效预测。相反,当 $\alpha > \alpha_c$ 时,一个新个体可以从已有的动态预测结构中获利:没有足够的个体去开发或删除所有信息。这里我们用到了第 2 章中提到的那个寓言的洞见。

式（4.1）可以用来直观和量化地理解少数者博弈模型。在该式中，$K>0$ 时代表模仿，$K<0$ 时则代表叛逆行为。与磁性材料的自旋相比，模仿（$K>0$）会导致铁磁现象（吸铁石）或全局相关性（将在接下来的"模仿导致的合作行为"一节中讨论）。叛逆行为（$K<0$）则代表反磁性相互作用。在材料科学物理学中，反磁性因其导致的诡异现象而为人熟知。它通常会因间歇性地不能满足所有相互作用对而产生很复杂的相。这一问题同我们讨论的少数者博弈所具有的自相矛盾的特点相类似。

4.5.4 模仿与叛逆行为

真实的市场是由个体的行为塑造的，而个体的行为同一般还原论的模型和理论不同，它既不是完全模仿的，也不是完全叛逆的。一个对真实市场的解释需要两者的结合。我们需要把"买卖行为"同"持有"这一状态区分开来。

（1）在任意时刻一种产品的价格从根本上都是由供求关系决定的：买的比卖的多会导致价格上涨，反之亦然。如果安妮想买入（或卖出），则她希望能够成为少数者，因为这时价格的变动趋势是下降（或上升），她可以获得瞬时利益。安妮的买入（或卖出）行为在她成为少数派时被优化。

（2）一旦安妮进入市场，她将在同大多数人的想法一致时获利：她买入（卖出）的股票价格必须上涨（下跌），她才可能获利。所以在"持有"期间，她必须是多数派才能获利。

我们假设从下单到交易成功需要耗时 $\Delta t=1$ 分钟（在正常情况下，如果不是很大的单，电子交易时间远小于 1 分钟）。第一步的少数者优化就是在这个时间区域内交易，并使下单价格与实际操作价格的差别最小。安妮在价格为 100 的时候下单，但成交价格为 101，因为在她下单到成交期间有很多人也买入股票，从而推高了股票价格，所以她在买入过程中花了比她想象的更多的钱。这是她想避免的，因此她要成功成为少数派，在大多数人下单之前就已经买入。同买入的短暂时间段相反，在相对较长的持有过程（假设长度为 $n\Delta t$）中，叛逆行为对模仿行为的相对影响的数量级为 $1/n$，即买入所需时间和持有时间的比例。对高频交易者而言，这个比例可能并不小。大量关于少数者博弈的研究 [77, 78, 76, 75] 表明，在这种情况下，不断变换策略可能是有益的。持续获利的先决条件是信息变得更为复杂或者投资者数量减少。相反，买入并持有策略则在信息很简单的时候比较适用，因为这时趋势较强。这时的问题在于要如何赶在趋势反转之前退出市场。

正如所有有过投资经验的人所知，难点在于在任何时间尺度下，市场都存在趋势和趋势反转。图 4-5 向大家展示了一个在不同时间尺度下构建趋势和趋势反转的

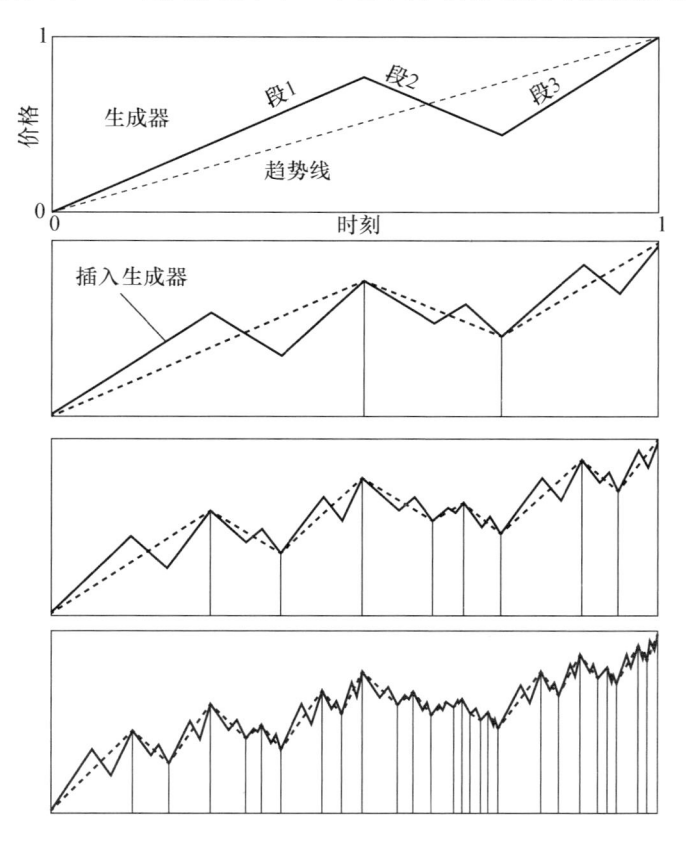

图 4-5 时间 0 到时间 1 内价格变化的逐步细化。本图说明在任何时间尺度下都有趋势可言。时间间隔可任意选取，可以是一分钟、一小时、一天或一年。该过程起始于左下角的 (0, 0) 点，终止于右上角的 (1, 1) 点。然后运用一个折线生成器生成含有三段的上-下-上模块。随后再把这三段分别以按折线生成器成比例缩小的模块取代（对下降线段，我们需要镜像生成器）。像这样一直按生成器（及价格曲线）形状重复复制，但每次要按比例缩小尺度，以保证每一段新折线的横向和纵向边界都与它所取代的那段线一致。本图由劳里·格雷斯（Laurie Grace）制作并授权 [285]

过程。这一比随机游走更一般且更先进的几何构建过程所造出的曲线，很像我们在第 2 章中展示的真实股票价格的变动曲线。这些具有标度不变性的模块从真实观测到的上下变动的趋势而来，并在各个时间尺度上被复制。这种模块来自几何分形[284]，碎片状的几何形状可以被进一步分为更小的部分，而每个更小的部分都跟整体的形状相似，是整体形状的缩小版。分形这一概念由曼德尔布罗特（Mandelbrot）提出，用来描述很多自然现象在所有不同尺度上同时出现的粗糙、破碎和不规则的性质。我们将在第 6 章中重新分析图 4-5 及其应用。

4.6 模仿导致的合作行为

我们在这里借用史蒂文·约翰逊（Steven Johnson）[223]和伊夫林·福克斯·凯勒（Evelyn Fox Keller）[233]的关于黏菌的传说。黏菌（盘基网柄菌）是一类橘红色的细胞，附着于森林潮湿处的朽木上。绝大多数时间黏菌的移动都几乎不能被察觉到，只有在天气变得潮湿且寒冷时，它才会突然开始移动。组成黏菌的是成千上万个相互独立的单细胞个体，在移动时，这些单细胞和它的"同志"会一起行动。如果条件允许，这些大量的单细胞会表现得像一个组织一样，在森林的地面上移动，并以它们路上经过的腐叶为食。

当环境不太好时，黏菌表现得像一个组织；当有充足的食物时，它们又各自为政。它们的表现在一个整体和一窝个体间摆动。这些细胞怎么能够相处得如此融洽呢？它们通过释放一种叫聚集素［环腺苷酸（cyclic AMP）］的物质来保持沟通。多年来，科学家认为这种聚集过程是由一些被称为"带头人"的细胞发起的，它们会在需要聚集的时候释放出化学信号，让所有细胞都聚集起来。

然而，虽然在聚集之前，环腺苷酸确实会在整个黏菌范围内传播，但是所有细胞都可以有效地进行沟通。没有任何一个细胞表现出可以领导其他细胞的特性。20 世纪 60 年代末，凯勒和李·西格尔（Lee Segel）建立了一个数学模型来描述黏菌细胞是怎么在持续释放和交换环腺苷酸的过程中自我组织成一个有机整体的，这个模型现在在趋化作用的研究中被称为凯勒-西格尔模型。该模型仅假设每一个细胞都遵循相同的释放和交换化学物质的简单规则。通过对环境中环腺苷酸含量的感知，可以让每个细胞决定接下来环腺苷酸的释放量。由此每个细胞都可以了解当前信息变化的轨迹，并延续当前变化。一旦分泌出来的环腺苷酸达到一定浓度，细胞便会自发地聚集。新加入的细胞可以根据其他细胞的分泌轨迹分泌出更多的环腺苷酸，由此造成的正反馈又能吸引更多的细胞加入。

　　黏菌聚集的例子现在被认为是对自下而上的行为和自组织过程研究的典型案例，而股票市场也具有自下而上、自我组织的特性。对这种自发组织的模块的研究直到现在还是一个非常诱人的领域，我们甚至可以通过这种研究弄明白斑马或金钱豹的皮肤上的花纹分布情况［409，410］。对完全不同的领域，一般性的概念是类似的：模块和演化中的组织是至少一种无序力量与至少一种有序力量之间竞争的结果。在黏菌的例子里，无序的力量是一些细胞为探测周围环境而偶然发出的信号，有序的力量则是细胞间通过环腺苷酸作为媒介的互动和调节。这两种力量的相对强度将决定黏菌细胞是自组织成一个有机整体还是各自相互独立生活。我们将在第5章中讨论类似的在股票市场中的有序和无序力量之间的对决。合作行为导致的自组织是本书的核心内容，自组织的力量可由图4-6所示的漫画生动地表现出来。

图4-6　本图表达了合作行为是自组织的重要力量这一概念。本图由休伯曼（B. A. Huberman）制作并授权

4.6.1　关于合作行为的伊辛模型

在"在缺乏信息的情况下，模仿是最佳策略"这一小节和式（4.1）中，我们

所讨论的模仿行为是随机动力学模型的一种。这类模型在许多领域，尤其是物理和生物学领域，被用来描述元素、粒子，以及个体间的互动［265，266］。模仿的力量或倾向可以用参数 K 来表示，我们称它为关联强度。个性行为（噪声）的强度可以用噪声项的大小 σ 来表示。因此 K 相对于 σ 的大小描述有序力量和无序力量之间的强弱对比，进而可以进一步决定股价的结构。更为一般地，在保证平均关联强度为正的情况下，我们甚至可以允许一些个体之间的关联强度为负，也就是说，它们之间不是在相互模仿，而是倾向于做出相反的决定。

式（4.1）仅给出在某特定时间下某个个体的状态。但在下一个瞬间，新的信号（ε_i）已经产生，对他人的新影响也会传播开来，个体的决断可能根据图 4-2 做出改变。因此，系统不断地改变、重组，如图 4-7 所示。模型没有假设邻居间可以在一瞬间交换意见。事实也确实如此。在真实的股票市场中，人们一般不会在很短时间内交换意见。交换观点的过程通常在家人、朋友或同事发生互动，或者在人们看报纸、上网和看电视时才会发生，这通常都需要一段时间。某个特定个体的观

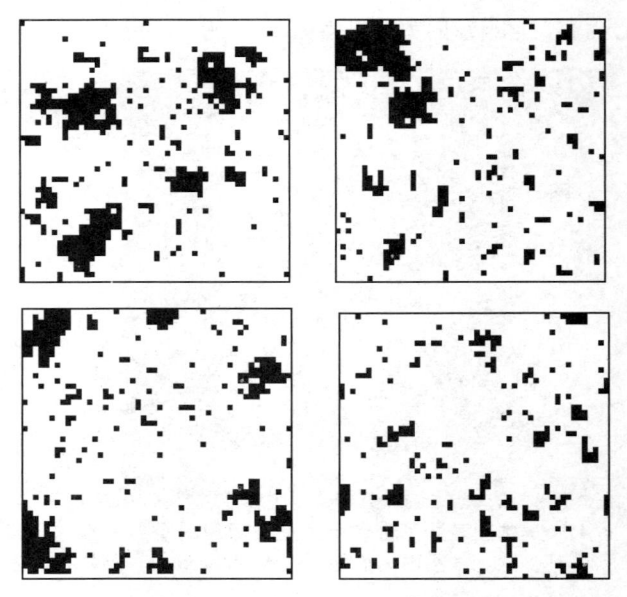

图 4-7　置于常规正方形晶格上的 64×64 的个体平面系统的四个连续时间切片。每个个体都依据式（4.1）在小正方形内与他的四个邻居互动。白（黑）块代表"牛"（"熊"）。这四幅图代表买方占大多数，因为白色占优势

念改变将发生于他周围所有可利用资源的整体观点达到某一水平时。式（4.1）正好抓住了这种对于舆论的阈值的特性。消息来自某个体所有邻居的意见总和，而阈值则来自符号函数。某人意见的形成相对于其他人的意见有滞后性，这正好描述了消息的持续更新和传播过程（比如［265，266］）。

最简单的网络是欧几里得平面上的二维网格。在这个网格上，每个个体有四个邻居：东南西北各一个。模仿倾向 K 被特异倾向 σ 所平衡。这个模型同描述因原子自旋有序排列而产生磁场的二维伊辛模型完全一样。这一问题已被翁萨格（Onsager）解决［321］。我们的模型只是为了强调动态观点，而在组织形式上和一般的教科书有所不同［164］。

伊辛模型由一个临界点 K_c 来决定系统的性质。当 $K<K_c$（如图 4-8 所示）时

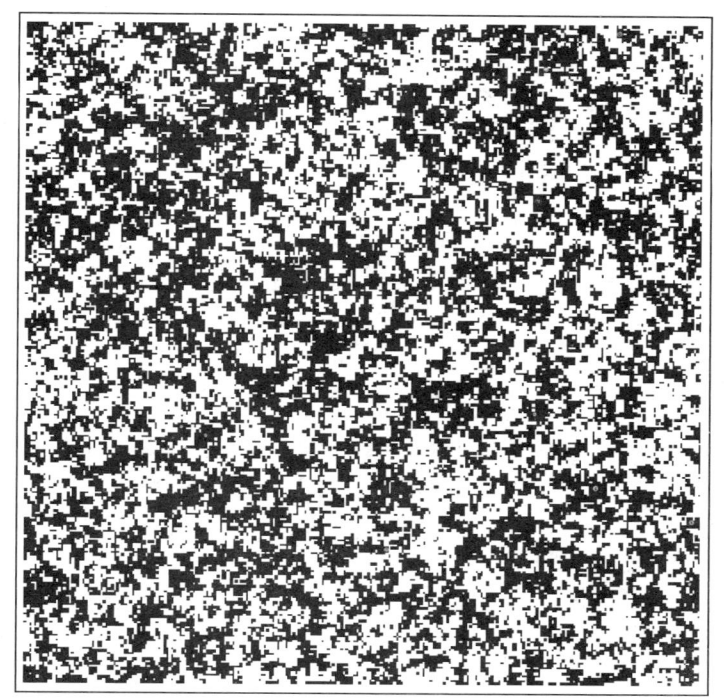

图 4-8 $K<K_c$：仅与周围四个邻居互动的 256×256 的个体二维类曼哈顿平面（Manhattan-like planar）网络上的买（白块）卖（黑块）结构。这时白块和黑块的数量几乎一样多，代表此时市场尚未达成共识。最大局域簇的大小就是关联强度，即邻居间的局域模仿信号在被"噪声"（传播过程中每个个体的特有信号）显著扭曲之前能传播的长度

无序力量占优势：大家对全局性的影响敏感程度很低，个体间因观点一致组成的集合规模很小，模仿行为仅发生于很近的邻居之间。这时系统对来自外界的信息的敏感程度 χ 很小：因为不同小集合间对外界消息的观念不同，所以其影响被抵消了。

当关联强度 K 增至接近于阈值 K_c 时（如图 4-9 所示），有序开始出现：系统对全局性的微扰非常敏感，持相同观点的个体组成很大的集合，模仿行为的传播可以经历很长的距离。在自然科学中，这正是临界现象的特点。这时系统的磁性系数（敏感程度）χ 为无穷大。临界点的标志是幂指数，事实上，磁性系数趋于无穷也是从幂指数中得来的，$\chi \approx A(K_c - K)^{-\gamma}$，这里 A 是正常数，$\gamma > 0$ 是磁化系数的临界指数（在二维伊辛模型中，该值为 7/4）。这样的现象在关于互动的其他模型中也

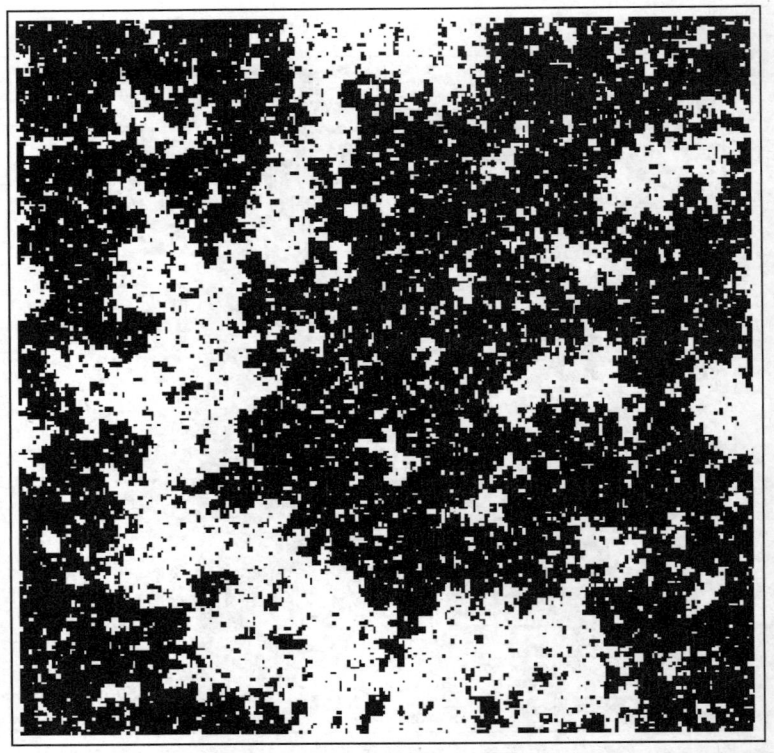

图 4-9 与图 4-8 一样，区别仅在于此时 K 和 K_c 大小类似。白块和黑块的数量依然相近，市场尚未达成共识。然而，最大局域簇的大小增至与整个系统的大小差不多了。另外，此时任意大小的簇都存在。"标度不变"或"分形"的结构是关联强度和敏感性大小为无穷（或简单地以系统尺度为界）时的"临界状态"的显著特征

会出现［265，266］（［310］中还提到了其在金融领域的应用）。较大的磁化系数代表系统很不稳定：一个很小的外部扰动就会造成很大一部分投资者集体改变他们的观点，从而造成短期内供求关系的急剧不平衡，也就诱发了股市崩盘或急剧拉升。在第5章中我们将建立模型说明由这种特殊机制导致的崩盘。

对于更大的关联强度 $K>K_c$，模仿强度太大以至个性行为可以被忽略。系统的状态仅由最一开始的极小偏差和演化过程中的极小波动决定，并最终自组织成一个全体都拥有同样观点的状态（如图4-10所示）。

这些行为可以被应用于其他更为一般的网络拓扑结构中。事实上，股票市场中

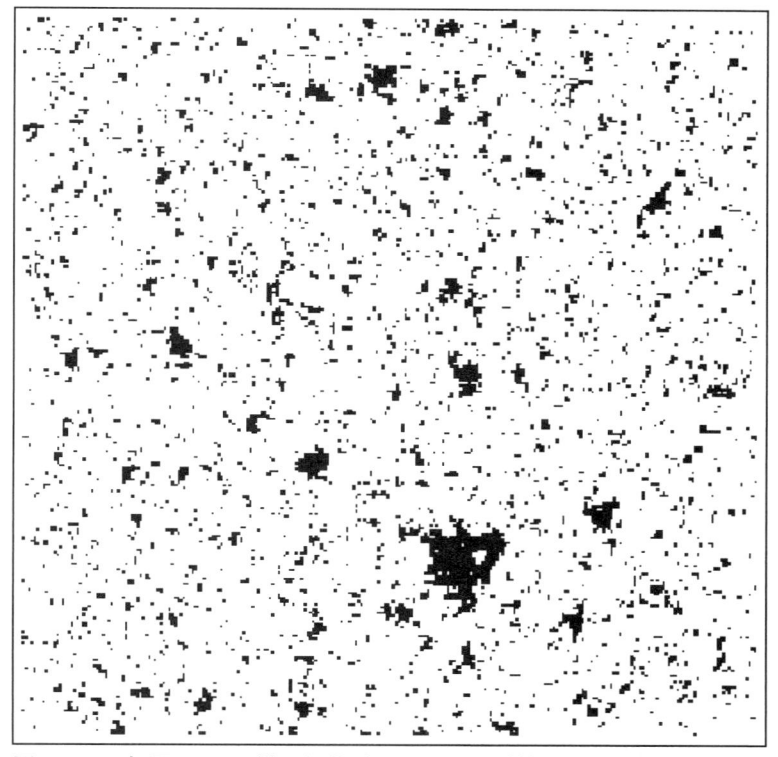

图4-10 与图4-8一样，但此时 $K>K_c$。此时模仿行为过强，导致网络中个体的双向决定平衡被打破，只有一种决定占优势。本图里是"买"占优势。有趣的是，最终系统倒向哪个方向几乎是随机的，因为它仅是由传播过程中最初的细微偏差和波动导致的。在买者的汪洋大海中，仅零星存在着少数看空孤岛。这一状态对应于泡沫：很强的牛市

相互影响的投资者可能是很小的个体投资者，也可能是像社保基金这样的巨大的金融机构，它们之间的大小可能差很多个数量级。另外，更大尺度的结构，比如外汇（美元、德国马克、日元等）甚至是可能想到的最大的结构——世界经济总体，都在目前国际化进程和对市场放松管制的政策下不断变化着。这些现象表明我们在图4-7~图4-10中所展示的投资者在二维网格上相互影响的结构实在太过简单化了。一个更好的对金融市场的描述需要考虑市场的不同等级和投资者的不同层次。虽然任何严格的等级并不真正存在，但是我们仍可以举出很多关于社会等级结构的例子。其实个体间完全平等的组织非常罕见。也就是说，我们之前所用的平面网络太过简化了。

一个等级结构的典型例子是军队。在这个系统中最低的一级是单个士兵。十个士兵组成一个班，三个班组成一个排，三个排组成一个连，三个连组成一个营，三个营组成一个团。每一支军队都可能由很多个团组成，而每个国家都有不止一支军队。在等级结构中，信息传递既可以是自上而下的，也可以是自下而上的（如图4-11所示）。定性的结论是，不管拓扑结构如何变化，在个体间可以相互作用的等级结构中，总存在一个从无序状态向有序状态转变的相变过程。

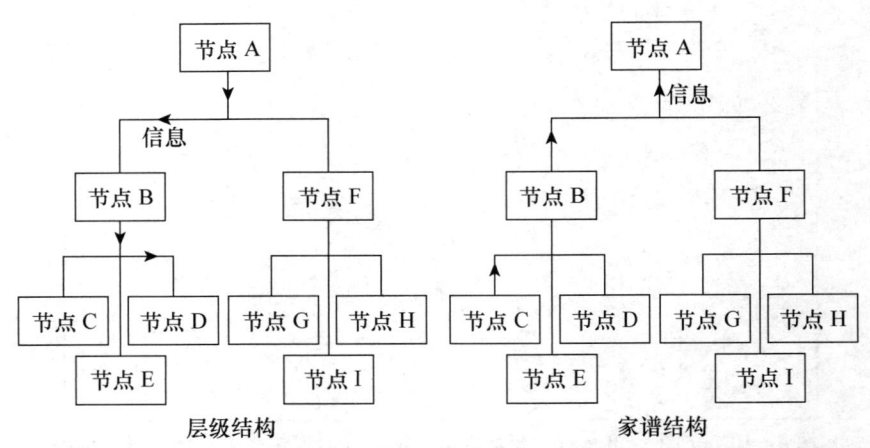

图4-11 在等级结构中，一条信息从上至下移动（左图）。相反，在家谱结构中，信息从下至上移动（右图）。两者的区别在于，在等级结构中，节点需要在传送信息前决定要向哪个子节点传递。然而，家谱结构不需要这样做，因为在信息传递的方向上只有一个节点。本图根据[383]复制

虽然这些模型所做的预测非常具体，但是它们其实都有很好的稳健性。也就是

满足某些特定条件的模型其实都会给出相似的结论。用金融的语言来描述这一结论就是，在买卖行为上的合作会导致股票崩盘。这些特定条件是：

(1) 系统中的投资者受其"邻居"影响。

(2) 局部的模仿会演变成全局的合作。

(3) 投机者之间的全局合作导致了群体行为。

(4) 价格同系统的性质相关。

(5) 系统参数的演化不是特别快。

在接下来的几章里，我们将说明崩盘最容易在存在局域模仿的系统处于临界点时发生。

物理学把临界点看成复杂系统中最重要的几个性质之一。当局部影响可以长距离传播时，系统进入临界点，这时系统的状态变得极为不稳定，它可能会因很小的扰动而改变。也就是说，这时系统的不同组成部分之间高度相关。处于临界状态的系统的另一个特性就是自相似。在图 4-9 中，在临界点时，几个看多的小团伙被看空的投资者组成的海洋包围着。而这些小团伙内部又存在着几个更小的看空的小团伙被这些看多的人包围着。这个过程可以一直延续下去，直到只有一个投资者[458]。直观地讲，是临界自相似的特性使得局部模仿可以蔓延成全局合作。

临界点用数学的话说就是奇点。这一概念被应用于分叉理论和灾变理论之中。灾变理论研究由环境的微小变化导致的系统急剧变化的现象。灾变其实就是两个均衡的分叉（bifurcation），或者动力学系统中的吸引子（attractor）。根据控制参数的个数可以对灾变进行分类。最常见的含有两个参数的灾变被称为尖点突变（"cusp" catastrophe）。这一理论在很多现象中都有应用，比方说，被用来研究航海中轮船的平稳性和颠覆可能，或者被用来研究桥梁的坍塌。它也同样被用来描述完全相似的人，在完全相似的环境中，对同一个问题的看法可能完全不同。对这类模型的应用还体现在对政策突变的模拟的需求上，其中包括政策制定者、个人的观点改变和组群冲突[385，47]。从这一角度来说，本书试图给出金融市场中投资者行为突变或分叉的机制。

4.6.2 复杂演化适应系统和有限理性个体

前面所说的伊辛模型是最简单的可以用来描述因个体间相互作用而造成合作行

为的模型。最近为了更好地描述人的特性和他们间的经济互动,一批新的模型被开发出来。对这些多个体模型的计算机模拟结果显示,第 2 章中所说的股市的特性(回报率分布的厚尾特性、回报间的不相关性、过大的波动以及波动的聚集性)可能仅是由个体间互动这种内生机制产生的。以在新墨西哥州的圣塔菲研究院(Santa Fe Institute)[8,18] 为首的一系列研究机构最近开创了新的研究方向:它们把市场看作是充满有限理性的个体间相互作用的复杂演化适应系统。前面讨论的埃尔法罗酒吧问题和少数者博弈就是这一类模型的代表。我们接下来再讨论一些有代表性的工作以说明这类方法的优势及其存在的不足。多主体模型的流传离不开赫伯特·西蒙(Herbert Simon)[379]基于经济学、心理学和计算机科学而提出的"有限理性"这一概念。这一概念其实也是行为经济学的基石。运用这类经济学模型的最重要的目的[2],是去理解和解释为什么在没有自上至下的计划与控制的时候,我们在分散市场经济中仍然能够找到始终存在的全局性结构和规律。这些全局性结构和规律包括:交易网络、被社会认同的钞票、市场协议、经济周期和技术进步。我们面临的挑战是去找出全局规则是如何自下而上地由个体间的不断互动而产生的。这类研究的第二个目的是使用这些构建起来的框架去研究不同的社会经济学结构及其对个体行为和社会福利的影响问题。

作为圣塔菲学派的代表,帕尔默(Palmer)等人 [329,21,258] 发明了"基因算法"。这一算法旨在用计算机模拟在演化的生物学系统中,基因的生存与繁殖。这一算法可以被用来预测将来,我们可以进一步根据它对未来回报率和风险的期望估计来买卖股票。在某些特性的基础上,这些计算机模拟的个体可以互相学习并找出一个单一的理性预期均衡,也就是理论经济学家所期待的动态经济均衡。在这个竞争很强的人造世界中,一个交易员在经过短暂的休息之后会失去他的所有,因为短暂的缺席已经足以让他对市场新发展出来的结构一窍不通了!法默(Farmer)[123]通过把金融市场和生态学策略进行类比简化了这一过程。在多种情况下,他都发现,为了取代无效的旧策略,有很多完全不同的新策略自发地涌现出来。

麻省理工学院金融工程实验室也在这方面的研究中做出了突出的贡献[251,341]。最近它通过运用新开发的大规模模拟、近似动态程序和机器学习等技术来研究在人造市场中,处于随机市场的真人与人造人之间互相学习产生的动力学机制。

这一研究需要同时对数学、统计、物理、心理以及计算机都有很深刻的了解。在它们的不懈努力下，最近一个人造市场被建立起来。研究人员可以在该市场中用可以进行复杂互动和拥有不同学习能力的人工智能个体来代替真人进行市场实验［79］。实验结果表明，在向所有投资者都运用基本面分析的市场中（该市场最初设有简单的启发式交易规则）掺入趋势跟随者后，市场的整体表现会变差，而且趋势跟随者的表现总体上讲很糟糕。然而，随着市场变得更加有效，这一现象会随着时间的推移而消失。量化实验表明，能够找到过去市场变化的特征并以此进行交易的投机者，在长期和短期尺度上的表现都比基本面交易者好。

布罗克（Brock）和霍姆斯（Hommes）以及他们的合作者［54，58，55，56，57，200，257］发展了由拥有相互竞争策略的有限理性个体组成的有"适应性信念"的金融市场模型。"理性"和"适应"是说个体倾向于使用之前有较好表现的策略，因为这些策略在不久前给投资者带来了比较好的收益。"有限"则是说个体只能在很多简单策略中选择一个运用。价格变化是经济基本面和"市场心理"的综合作用，也就是几个共存的异构市场策略之间相互作用的结果。在布罗克和霍姆斯以及他们的合作者的模型中，他们利用在混沌和稳态局部分叉中很重要的概念——低维吸引子，去描述少数几个相互竞争的策略导致的价格变化。这一理论解释了为什么有些简单的技术交易规则可以在充满价格和信念变动的真实世界中长期具有竞争力。从这些模型中可以演化出像第 2 章所讲的厚尾和波动聚集等真实市场的特性。

另外有些工作从适应性个体的角度模拟了意见的蔓延和金融市场的投机泡沫［238，273，274，275，276］。泡沫的主要机制是由乐观情绪导致的高出一般的回报率使得更多的人对市场产生了乐观的态度。个体的适应性体现于个体可以从几种不同策略（比如以基本面价值为准或利用对过去价格走势的技术分析）中做出选择。另外一些研究则强调决策制定过程中的异质性和阈值性，这类研究通常得出市场不规则周期性变动的结论［421，460，262，360，263，154］。

这些研究都同有效市场假说相矛盾。有效市场假说假设任何价格变动都是即时无偏差的对将来预期和新到消息的反应。在该假说中，实际中观测到的偏离随机游走的市场变化仅是流传在市场中的外部信号的反应。计算机模拟让我们可以在人造市场中测试有效市场假说。尽管信息到来的过程被设置为随机游走过程，我们仍然能通过非线性模仿机制得到跟随机游走不同的价格变动曲线。这表明人们不需要为了得到复杂的价格结构去假设复杂的信息流，市场的自组织特性已经足以自发产生复杂的价格走势了。

  作为结论，我们可以看到人们已经发展出了很多模型来解释股票市场的主要特性（诸如回报率分布的厚尾特性、回报间的不相关性、连续回报大小的长期相关性和波动聚集性）。但是，这些模型并不能像本书所介绍的那样被用于预测泡沫的结构（见第6～10章）。在下一章中，我们将针对这一特殊模块进行建模。

第 5 章
金融泡沫和市场崩盘的建模

模型主要用来凸显问题而非去拟合数据。
——塞缪尔·卡林（Samuel Karlin），第 11 届纪念费雪（R. A. Fisher）演讲，1983 年 4 月 20 日于英国皇家学会

5.1 模型是什么

模型乃是一种整编知识的方式。模型通过集成一系列的规则、图像和算法，为我们提供了一些认知世界运作模式的有用表示方法。诸多哲学家和科学家都认为，人类无法获知世界的"本质"，只能观察到它的"表象"。表象中的规律被提炼成规则，那些适用性很强的规则就是所谓的"自然法则"（laws of nature）。这些法则被不断地检验，在科学进程中逐渐发展、转变和演化，不断拓展着知识的前沿。

如果模型看起来和我们对于现实的经验相符，模型就有了说服力，这和在小说中刻画人物是一样的道理。然而，就像小说可以问有几分虚几分实，我们也可以这样来问一个模型：它有几分出自对现象的观察和测量，有几分源于臆测，有多大程度的说服力？对千千万万描述自然系统的模型都进行检验和论证是不可能的。只有一部分模型可以被检验，得出真伪，即那些纯粹用数学和逻辑构建的、用于描述封闭系统的模型。自然系统却往往是开放的，人类对它们的认知永远只能停留于近似和片面的水平[322]。

模型通常用数学来表达，数学也只不过是一种有着语法和句法的语言，但毋庸置疑，它是所有语言中最简单、最明晰，也是最简洁的。利用它，人们能够有效地表述命题并组织起思路，从假设的前提出发借助逻辑推理一步步得到有说服力的结论。学习和运用数学就像是努力修炼中国功夫一般，不仅得掌握技术，还得注重能力和意念提升的修行方式。与中国功夫类似，对很多人而言数学都令人望而生畏、难以理解。但就如同任何一门外语或战斗技能，必须勤学苦练，才能对数学熟练掌握、运用自如。在随后的章节中给出的两个模型都将基于数学。客观来说，若要真正运用这些模型，还得进行严谨的讨论。不过，我们在此仅用示意和图像来阐述其中涉及的主要概念，省略了很多不必要的技术细节。

5.2　金融模型的构建策略

5.2.1　基本原则

构建针对金融市场的自洽性模型历来挑战重重。人们一直在寻求一个既能够抓住本质又简单可行的市场建模数学方法。现有的建模方法种类多样，相关文献也汗牛充栋。就理解金融市场而言，最为令人瞩目的进展包括马科维茨（Markowitz）的均值-方差投资组合理论[288]，夏普（Sharpe）的资本资产定价模型[370]以及林特纳（Lintner）和默顿（Merton）的[293]、布莱克（Black）和斯科尔斯（Scholes）的期权定价与对冲理论[41]对其进行的更为精细的诠释，罗斯（Ross）的套利定价理论[353]，以及考克斯（Cox）、英格索尔（Ingersoll）和罗斯的利率理论[95]，等等。

经济学模型不同于物理模型的一大特征是经济主体带有对未来的预期。每个行为人的决策都取决于其他行为人的决策［策略相依性（strategic interdependence）］以及对未来的预判。我们用一个类比来形象地说明其中的差别［113］：设想在哥白尼（Copernicus）和伽利略（Galileo）之前的中世纪，地球确实是静止于宇宙中央的，后来才开始移动；又或设想在19世纪，当所有人都相信经典物理学是真理的时候，它也确实成了真理，量子现象也随之消失。以上这些可不是什么哲学空想，而是为了描绘如果物理世界也同金融世界一样，物理学将会面对什么情形！在金融世界中，每一分对市场的见解都被用来获取利润，可是随着见解在交易者之间的传播，"世界"也随之变化。索罗斯（G. Soros）就曾说，金融市场中的玩家就是"能够看到自己表演的演员"。曾任高盛（Goldman Sachs）量化策略小组领导人的伊曼纽尔·德曼（E. Derman）也说，在物理学中你是和上帝玩游戏，在金融界里你是和上帝的造物在玩游戏。上帝的造物情感脆弱，决策易受各种新闻的左右。很明显，资产价值的多寡直接源于人类的认同，而质量、电荷、电磁等却不是。因此，一个不失为研究金融和经济的好建议就是，从生物学和遗传学中汲取灵感建立以进化型模型为主的研究框架。这一想法在第4章已略有提及。

可以说，物理学最深刻的思想莫过于所有定律都可从"守恒定律"（conservation laws）和"对称性原理"（symmetry principles）出发得到，比如牛顿第二定律：质量为 m 的物体的加速度正比于其所受外力之和与 m 之比，而这是动量守恒定律的直接推论［也是伽利略不变性（Galilean invariance）下的惯性定律①］。另一个例子是所谓弦（strings）的基本方程，它们被用于刻画如夸克和电子之类基本粒子的运动规律。这些方程也是从某种全局对称性原则和长短程尺度描述的对偶性（dualities）原理导出的。对于更为现实的金融市场，为建立其运动方程，是否也有类似的原理可供利用呢？

5.2.2 无套利原理

第一个核心原理（organizing principle）是无套利机会原理，这在第2章已经提

---

① 所谓伽利略不变性对应的是一套对称性原理——变换下的不变性，这里特指物理定律在空间平移变换下保持不变。——译者注

115

及。无套利，也被称为一价定律（Law of One Price），说的是如果两项具备等同性质的金融资产应当有相同的价格，在不同的金融市场中交易的相同资产也应有相同的价格。如果价格有差异，就可以通过卖出高估资产买入低估资产来套利。如果有套利机会，它们不可能长期存在，因为交易者利用套利机会恰好会消除套利价差。无套利条件是市场自治性动态特征的理想化表述，源自交易者（套利者）不断交易。它不是一种近似的均衡，均衡的提法已经过时了。相反，它反映了市场微妙的合作机制。我们把这一条件作为模型对现实近似的一阶（first-order）条件，之后将看到，它将如何限制模型的结构并允许人们获得很多有意思甚至让人惊讶的预测效果。无套利其实也是大多数金融学术界模型的首要且必备的条件。比如，莫迪利亚尼（Modigliani）和米勒（Miller）[302，299] 曾大力强调过"套利"在资产价格决定方面所起的关键作用。

有必要强调一下，理性预期下的无套利并不能算作市场的机理，因为它解释不了自身的来源。无套利作为对市场参与者在大尺度组织上所涌现出的行为的描述，没有告诉我们其幕后具体的生成机制是什么。预设理性预期下存在无套利是在假定有一部分投资者深信价格已经反映了市场可利用信息，并在风险已经被充分和恰当衡量的前提下入场交易。理解无套利产生的原因需要一些当前正在发展的建模方法，这一部分研究领域的积极研究成果在第4章中做过一些简要介绍。

正如在第2章中所指出的，交易成本的存在和其他一些市场瑕疵不应该作为放弃无套利原理的借口，而应该作为模型修正的依据。换言之，这些市场瑕疵可作为模型对现实近似的二阶（second order）条件。

5.2.3 理性主体的存在性

主流金融学或经济学在建模时常常借助第二个核心原理，即投资者或经济主体是理性的。与报纸和流行刊物所宣扬的股票市场由非理性的人群构成的观点对立（见第4章），这里认为将有显著比例的交易者花了大部分时间来利用所获得的信息来优化自己的策略，表现出行为理性。也可以把这种理性称为"有限理性"（bounded rationality），因为不仅获得的信息是不完备的，股票市场中的交易者的信息分析能力也是有限的。再者，对交易者而言，市场其他交易者的特点和偏好也是不得而知的。这就意味着，交易者的决策过程本质上是"噪声过程"（noisy process），因此，由于不确定性的存在，股票市场建模不可避免地要用到概率的方法。很明显，一个由有无限分析能力且可获得所有信息的理性交易者构成的无噪声市场将几乎不发生任何交易。

目前，假设交易者具备完美理性，能优化自身行为的模型更受青睐，原因不是由于它们能反映现实，而是因为它们有用。它让经济学家能够轻易地用数学模型刻画人类行为，并能为这门学科注入严谨、科学的风格。这一做法始于19世纪中期，一直到19世纪末发展成为今天我们所熟知的新古典经济学（neoclassical economics）。进入20世纪，新古典经济学招致了诸多批评，如芝加哥大学的凡勃伦（T. Veblen）和哈佛大学的加尔布雷思（J. K. Galbraith）就认为，人类行为动机中还有利他性、嫉妒性、恐慌性等其他一些情绪因素，但他们都没能够用经济学家习惯的方式将这些情绪因素在建模时体现出来，所以直到最近才产生了一些对研究范式的冲击。正如我们在第4章所展现的，基于人类行为学、心理学、社会关系学的一些新颖研究成果对模型进行修正和扩展的研究逐渐丰富起来。

不要被人类在各种场合下展现出的丰富多样的非理性和非正常行为搅糊涂了：为了理解金融市场，我们的相应任务不是去逐一关注这些非理性行为，而应该去研究它们在复杂、持续、不断重复和精巧的市场环境中是怎样进行融汇的。这种观点允许我们抛开对个体行为的描述，而致力于对涌现的集体行为（emerging collective behaviors）的研究。市场可能有许多专门的特性来避免个体的非理性被融汇到价格中。但有一些情形，非理性的烙印却挥之不去，比如"投机泡沫"。

市场理性（market rationality）应当从这个意义上来理解：价格仿佛是由交易者全为理性时决定的［354］。很明显，即使不是所有人都是理性的，市场也可以是理性的。这在第4章中详细讨论过。尤其是第4章中的"少数者博弈"告诉我们，当存在足够多的异质性交易者利用有限的信息交易时，市场就变成理性的。这与加州大学伯克利分校的鲁宾斯坦（M. Rubinstein）观点一致。他认为，投资者非理性的最重要特征，最起码在对价格的影响上，在很大程度上显露出的将是过度自信，而这一特点却很可能反过来让市场变得超理性（hyperrational）［354］。事实上，过度自信让交易者坚信能够战胜市场，激励他们花费大量的时间去研究，并且使很多交易者不顾保本与否就抢先基于新获得的信息快速交易。从而，过度自信最终导致稀缺可用信息的大量分析并被融进价格信号之中，这与"少数者博弈"的结论一致。

因此，市场理性的背后机制就是每一个为自身利益服务的投资者不自觉地让价格反映出投资者的信息和对信息的解析。市场就好像一个超大且成本相对低廉的连续投票器，能够记录下成千上万的投资者对持续变化的当前资产价格的不断更新的投票结果。从这种角度来看，任何一个单一投资者（没有内幕信息）如果认定价格会有明显错误，都将是十分愚蠢的 [354]。正如鲁宾斯坦所说：

> 记得有一个教授和学生的故事。说在他们一起散步时，学生看见了远远的地上有一张百元大钞。教授告诉学生那张钞票绝不可能在地上，因为如果它在地上，早就已经被捡走了。针对这种讽刺相信市场理性的愚蠢观点，我的同事乔纳森·伯克（Jonathan Berk）就问：有多少次你发现了地上的百元大钞？他在暗示，教授在更深的意义上确实是对的：根本不值得为获得这样的钞票而出去寻找，因为希望实在太渺茫了。

5.2.4 "理性泡沫"与价格"宇称对称性破缺"的戈德斯通模式

布兰查德（Blanchard）[43] 以及布兰查德和沃森（Watson）[45] 最早提出了理性预期泡沫模型。这一模型被用于考虑经常被实证文献所提及的一类现象，即实际观察到的价格在相当长的时间段内可能严重地偏离基本面价值。在允许偏离基础价值的同时，理性泡沫经济建模还是保持了经济建模的基准方法，即泡沫必须遵循理性预期和无套利机会条件。其实，对流动性资产而言，很少出现能好于"购买并持有"（buy-and-hold）的动态投资策略 [282]。换句话说，由于精明的投资者不断搜索可能的回报，套利机会已几乎不存在，市场并未远离有效状态。理性预期与无套利条件对市场而言是有用的近似。理性预期和理性的行为并不意味着资产价格必须等于其基本面价值。换言之，存在着市场理性决定的价格对价值的偏离，即"理性泡沫"（rational bubbles）。当实际的市场价格正向依赖于其预期变化率时——这种现象有时会在资产市场中出现——理性泡沫就会形成，这就是 [43] 和 [45] 中的模型的潜在机理。

价格的宇称对称性

在理性预期理论下的资产定价基于如下两个基本假设：交易者的理性和"天下没有免费的午餐"（无套利条件）。另外，基于公司金融的理论宣称股票具有内在价值，它由对公司当前运营状况和未来前景进行详细分析来决定。这种理论主要基于对未来股利收入贴现的想法。贴现这一概念由埃利奥特·吉尔德（S. Eliot Guild）[183]和约翰·威廉斯（John B. Williams）[457]提出。按照伯顿·马尔基尔（Burton G. Malkiel）的说法[282]，贴现指的是下面描述的这种思维：

> 不要看明年你会有多少钱（比如你今年存了1美元在银行里，而利率是5%，明年你将有1.05美元），而要看预期未来有的钱在当前值多少（因此，明年的1美元在今天只值95美分；将这些钱存入利率为5%的银行，明年可取出1美元）。

贴现过程紧扣着"未来不如现在值钱"这样一种观念：明天既定的财富比当前给定的相同数额的财富更不值钱。从实践的角度看，基于贴现的内在价值方法是非常合理的，然而，这种方法面临着估计困境：投资者必须估计所有未来的股利，这些股利的长期增长率，以及增长得以维持的时间段。尽管如此，这种由欧文·费雪（Irving Fisher）[134]、格雷厄姆（Graham）和多德（Dodd）[170]提出的内在价值方法还是被一代又一代的华尔街证券分析师采用，作为挑选股票的依据。

在理性预期条件下，在t期对$t+1$期资产价格p_{t+1}的最优估计由累积到t期的所有可用信息下p_{t+1}的期望①来决定。而"天下没有免费的午餐"要求所有资产的期望收益都等于无风险资产的收益率r②，比如银行存单的利率。按照此条件，今天的基础价格就等于明天的价格贴现到今天的值与今天所获股利的和。把股利考虑进去是为了强调明天的期望价格必须减去今天股利的大小，因为在未分红之前，这个值已经被计入当前价格。因此t期标准的"前瞻"（forward）或"基本面"（fundamental）价格p_t^f就是未来所有股利贴现到当前t期后加总的值。按照这样的法

---

① 此处期望指的是条件期望。——译者注
② 严格来说，这里和之后所指的期望应当是风险中性概率测度下的期望。它不是按照实际概率来计算数学期望，而是用调整了市场本身对各种可能性偏好差异后的可比概率来计算期望。——译者注

则，如果利率是 4%，承诺的股利是每年 4 美元，则股票价值为 100 美元。如果股利今年是 4 美元，明年是 4.12 美元，后年是 4.24 美元（即按照 3% 的增长率增长），则股票的价值将是 400 美元，为当期股利的 100 倍。

其实，估值模型并非只能解得基本面价值。模型的通解可被表述为基本面解再加上任意一个"泡沫"成分 X_t，当然泡沫成分必须满足"天下没有免费的午餐"条件，即泡沫成分的当前价值为下一期的期望泡沫价值的贴现。注意，在泡沫成分中已经不包含股利！更为重要的是要看到，投机性泡沫其实是股市基本面估值公式的自然结论，也就是交易者的理性和"天下没有免费的午餐"这两个条件下的推论。因此，泡沫并非对理论的扩展，而是已经内含在该理论当中。

通过与粒子固体物理学中的一项重要的结果类比，能够加深我们对以上结论的理解。其中很有意思也很新颖的观点［403］就是，资产价格中任意的泡沫成分 X_t 所扮演的角色相当于核物理、粒子物理、固体物理中的戈德斯通模式（Goldstone mode）［59, 62］。戈德斯通模式是在零场能下试图将破缺后的对称性恢复的那些具有无限波长涨落的模式。

比方说，在磁铁的边界两端加上方向相反的磁场，将使磁铁内部形成由所谓布洛赫壁（Bloch wall）分隔开的两块磁化方向相反的磁畴，此时对称性破缺了——完全的对称性应当是两个磁畴都有一致的磁化方向或者有相同的磁化概率的情形。

其实，在非零温度下，热力学涨落会激发出沿着磁畴壁扩散的"表面张力波"（capillary waves），具有极限波长的张力波对应着布洛赫壁可以任意平移，从而恢复了由于布洛赫壁的存在造成的对称性破缺——这就是戈德斯通模式（Goldstone modes）。

资产定价中的对称性破缺体现在哪里呢？答案可能令人惊讶。这要从所谓的正负价格间的"宇称对称性"出发来谈起［395］。

$$p \longrightarrow -p \text{ 宇称对称性} \tag{5.1}$$

正负价格量化了人们对商品的喜好和厌恶程度。其实，考虑"负"价格是说得通的。人们准备为自己需要或喜好的商品付一正的价格，但人们却不会为垃圾、废料、破损报废的汽车或化工危险品等本来厌恶或者产生不安的物品支付正的价格。考虑一大堆废料，可以说人们会用负的价格来买它们，即一方面接受这些不需要商品的同时要求得到现金。废料交易的收益是废料管理的基础。一些国家，比如日本的核废料会运到法国诺曼底的拉阿格（La Hague）再加工基地，法国因储存这些废料而赚钱。日本在为摆脱这些废料而付款的同时，拉阿格相当于支付了负的价格来获取这些核废料！实际上，废料交易只是当前和未来价值以千亿美元计的工业核废料管理业的开始。另一个不太明显的例子来自加利福尼亚州的电力公司，它们在非常情形下会将富余电力以负的价格卖出，因为关闭电厂或重新开建的成本非常高［452］。我的一个德国同行、斯托弗（D. Stauffer）教授幽默地说过，一些作者为摆脱自己的手稿而给出版商支付的版面费是负价格的例子。其实，这样说并不正确，因为这个例子有一微妙之处：作者为出版付款，并非为了摆脱他们的论文，而是为了赢得声誉，即银子花出去，声誉赚进来（但愿如此），所以在这种场合下价格仍然是正的。总之，人们为喜好的东西支付正的价格，而为自己要避开的东西支付负的价格——支付正的价格来摆脱它们或接受这些不需要的商品而获得了补偿（如图5-1所示）。

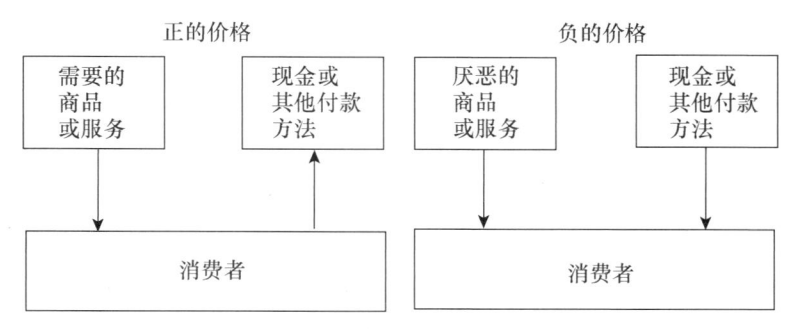

图 5-1 本图展现了由现金或付款流与商品或服务流方向对比来定义的价格正负号。当现金或付款流与商品或服务流方向相反时，价格取正号；当现金或付款流与商品或服务流方向相同时，价格取负号。本图根据［395］复制

在经济活动中，是什么导致了对公司股票的需求？答案是股利带来的收益和资产潜在增值带来的资本利得。于是，当没有分红和投机时，股票的价格就是0。股利 d 产生的收益相当于导致对称破缺的外磁场，因为按照公司金融的资产定价理论，d 的存在让投资者对股票有需求，从而导致正的股票价格。反过来，负的股利，即未来要承担的溢价，导致负的股票价格，也就是使投资者希望赶快抛出现有

股票。一个既不产生效用也不显得多余的股票没有任何内在价值。因此，当不存在股利 d 时，价格 $p=0$。这时认为股票价格既有可能取正，也有可能取负，暂时没有外力来打破这种由式（5.1）描述的宇称对称性。

应该注意到，价格宇称对称性不同于在 19 世纪中期出现有限责任公司以前的盈亏对称性（gain/loss symmetry）。对现代有限责任公司而言，持有它们的股票相当于持有一份期权：在公司盈余时股票收益为股利和资本利得，但在公司亏损时股票却能在买价处止损。这种盈亏之间的不对称现象推动着资本主义制度的发展，但从概念上来说，它完全不同于由正的股利造成的价格宇称对称性破缺。

很明显，除了"天下没有免费的午餐"的限制，再没有其他条件来对附加在基本面价格 p_t^f 之上的泡沫成分 X_t 进行限制。泡沫类似于戈德斯通模式，起到恢复破缺的价格宇称对称性的作用：泡沫价格可以向上或向下变化，当其变得足够大以致基本面价格相比之下都可以忽略不计时，过去依赖股利的价格取向方式就不再适用了。此外，在固体物理中，戈德斯通模式的出现是可以不需要能量的，解释价格动态也有类似的观点［27］。

自发对称破缺与投机

当股利不是常数且随时间推移而增长时，估计出的基本面价格将会更大，因为此时意味着有更多的未来期望现金流。对公司收益的增长的期望会提高股利的增长率预期，而因通胀率增大缘故造成贴现率增大却会降低贴现后的股利。这两种效应彼此竞争。股利的增长使基本面价格增大，但贴现股利的下降又会让基本面价格减小。比方说利率是 4%，股利增长率是 3%，如果没有风险，那么股票价值将是当期股利现金的 100 倍。然而，股票不可能是无风险的，未来的股利现金流仅是愿望，不是承诺。因此，投资者要求一个风险溢价来补偿这种风险，风险溢价等于有风险的股利增长率与进行风险调整后的确定增长率水平 r_d' 之差。

当风险调整后的股利增长率 r_d' 变得大于或等于贴现率水平 r 时，基本面的估值公式变得毫无意义，因为公式算出的结果是无限大：未来股利的增长完全被贴现效应抵消，此时价格成为无限个（无限期）股利调整值的总和，结果发散。这种现象在经济学文献中被冠以"增长率股票悖论"（growth stock paradox）［44］。这个估值悖论始于 1938 年冯·诺依曼的一篇文章［442］。他曾说在增长平稳的经济中，

增长率始终等于利率，因而也应等于贴现率。可扎登韦伯（Zajdenweber）[461]随后指出，如果如冯·诺依曼所言，股票价格就始终应该是无限大的，因为它基于的是无限个不递减的未来股利价值之和（这里不考虑由生命有限性带来的投资者资产效用有限性）。直觉上说，当 r'_d 等于（大于更真实的）r，经济不可能是稳定的：因为这时借钱买股票绝对划算，每个投资者的有效收益一定为正。这种情形在美国确实发生过，就是 1929 年 10 月崩盘前的暴涨 [152]。这里要注意，$r-r'_d$ 取负值类似于不存在增长率和风险下的负利率，因为这意味着在这一过程中，你最初借 1 美元，最后必须给出 1 美元 $\times(1-|r|)$ 美元，可净赚 100|r| 美分。

结合价格存在宇称对称性，并注意到风险调整的增长率 r'_d 大于或等于贴现率 r 下的基本面定价公式的失效，我们能够给出一个市场投机机制和泡沫形成的新颖解释——价格会突破零值，并生成一个与股利收益流无关的重要价格成分——它全依赖于一种被称为"自发对称性破缺"（spontaneous symmetry breaking）的机制。

自发对称性破缺是当代科学中最重要的概念之一，因为它加深了我们对宇宙中物质间相互作用的理解——而且它不可或缺！其基本原理可用一个简单的动力系统来说明，其中的稳态解由包含控制参数 $\mu=-(r-r'_d)$ 的方程来表示，见图 5-2。这个动力系统原先保持着宇称对称性 [式（5.1）]，因为 p 和 $-p$ 都是这个动力系统的解。与该对称性相关的解服从对称性条件 $p=-p$，它的唯一解 $p=0$ 被称为对称守恒解（symmetry conserving solution）。此动力系统中存在一个临界值 μ_c，当 $\mu<\mu_c$ 时，始终解得 $p=0$，且极限渐进解 $p(t\to+\infty)$ 也是 $p=0$，此时系统解始终遵守宇称对称性。然而，动力学演化的解可能并不总是遵从方程的宇称对称性。当 $\mu>\mu_c$ 时，动力系统的方程会产生两个截然不同的解，每个解都可通过另一个解进行宇称对称变换 $p\to-p$ 来得到，也就是说，系统的解作为一个整体仍然满足宇称对称性，但是单个解却并不满足对称性。这种现象就被称为"自发对称性破缺"。更一般地说，自发对称性破缺说的就是系统的动力解对称性低于系统方程对称性的情形。图 5-2 显示了在临界点 $\mu=\mu_c$ 附近，对称解 $p=0$ 向自发对称性破缺解转变的所谓超临界分岔（supercritical bifurcation）现象。虽然从图中能看到两个分支，但是动力系统只会选择其中的一个分支来演化，系统的对称性下降了，因此发生了自发对称性破缺。

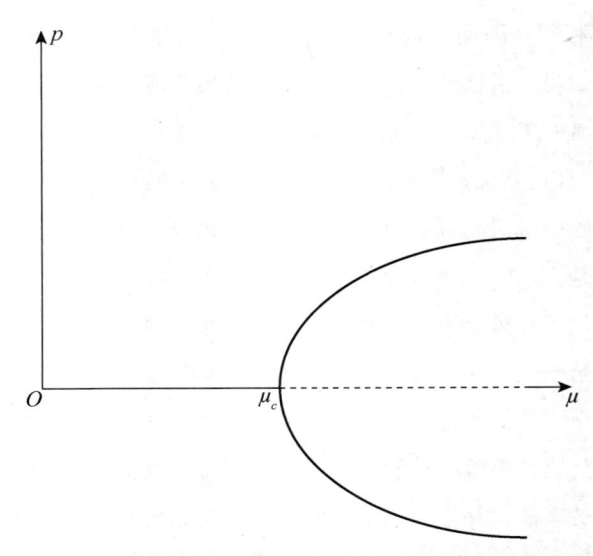

图 5-2　在阈值 μ_c 附近的超临界分岔图。当控制参量 μ 从左向右穿过临界值 μ_c 时，作为"序参量"（order parameter）的价格 p 从对称状态的零值开始分岔为上下两支的非零值 $\pm p_s(\mu)$。图中实线表示宇称对称性得以保持的状态（$p=0$），在 $\mu>\mu_c$ 后，对称性消失。本图复制自 [395]

当存在微小外部扰动或者外场 H 时，自发对称性破缺的概念就有意义了。在自发对称性破缺的机制 $\mu>\mu_c$ 中，当外部扰动 H 从正的变为负的时，价格 p 就会从分岔一支跳到另外一支。如图 5-3 所示，附加任意微小的外场就可以使价格从对称性破缺的一支突转到另一支。自发对称性破缺这一概念实在是重要到难以形容，比如相互作用力就是通过这一概念统一起来的：此时弱力、强力、电磁力就被看作更为基本的一种相互作用力产生自发对称性破缺的表现 [448]。另外，宇宙中的粒子和物质也可被看作真空状态自发对称性破缺的产物 [448]。类似地，非零价格可以被看作在对称守恒的"真空"（此时 $p=0$）中，当 $\mu>\mu_c$ 时由于自发对称性破缺而涌现出的产物。临界相变也被看作自发对称性破缺现象 [164]。

现在回到资产估值的问题上来，我们在 [395] 中提出，当风险调整的股利增长率 r'_d 等于或超过贴现率 r 时，资产会在自发对称性破缺机制下自动产生价值。来看看为什么？当 $r-r'_d$ 变为负时，货币已经不再是有需求价值的商品，持有货币就会

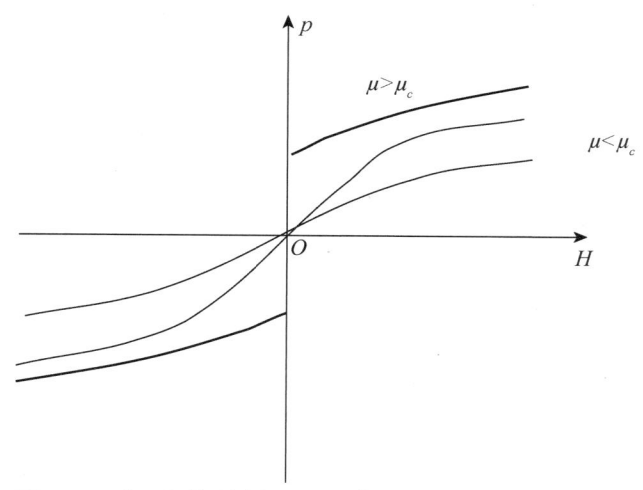

图 5-3 在不同控制参量（μ）情形下"序参量"或曰价格 p 关于外场 H 的函数图。两条细线表示 $\mu<\mu_c$ 的情形，粗线表示在 $\mu>\mu_c$ 时出现自发对称性破缺相的情形。本图复制自 [395]

亏钱。相比货币，其他的商品倒是有了价值，因此即使在没有现金股利时股票也自发地存在价值。于是我们认为，在 $r-r'_d<0$ 时，价格自发地变为正值（当然也可能自发地变为负值，这取决于初始条件或外部约束）。这种自动的价值生成其实就是投机机制或曰泡沫——此时投资者根本不关心股利是多少，价格的增长是一种自我实现现象。

按照这种理论，价格在 $r<r'_d$ 时变得跟公司盈利和股利脱离关系，进入一种自我维持的增长机制，其在自发对称性破缺下独自地增长，公司即使没有一点经营收益，股票也会自动产生价值。这种情形就类似于铁在极低温度下，在没有外磁场下的自发磁化。这种机制可帮助理解所谓新经济下出现的泡沫，此时股票市盈率变得很高，人们对合理的水平莫衷一是。

这种在 $r<r'_d$ 下的自我维持增长机制可解释很多投机泡沫中的典型行为：

- 大部分投资者对增长的持续能力心里没底。
- 市盈率大幅增长。
- 存在所谓的增长型企业，投机资金投向这些企业。例如 1857 年的铁路公司，1929 年的公用事业公司（发电行业），20 世纪 60 年代的办公设备公司（如 IBM）

和橡胶公司（汽车厂商），当今的互联网及软件公司、银行、投资公司。这些企业拥有超高的盈利增长率（通常每年30％以上），于是投资者也对这些企业报以很高的股利预期增长率 r_d。

- 投机过程往往被一连串的贴现率提高所终结。如 1929 年和 1969 年，贴现率从 3.25％提至 6％，日本在 1990 年将贴现率从 2.5％提至 6％。
- 在临界点 $r-r_d'=0$ 附近，价格变得高度敏感。此时易发生崩盘和井喷现象，且都能被解释为对期望的风险调整收益率及其增长率的重新评估。

这些典型行为引发了一些思考：我们似乎应该对互联网、无线电通信、风力发电等新技术与汽车、运输和采矿等传统技术做一下比较。我们期待新技术行业拥有高股价和低收益，因此具有较高的市盈率，而传统技术行业拥有低股价和高收益，因而有较低的市盈率，而实际观察也的确如此。回过头来看，现在的传统技术也是当时的所谓新技术，因此在当时应有较高的市盈率，1929 年泡沫和 1962 年泡沫的例子确实证明如此。

5.2.5　两类模型的基本成分

我们接下来描述两类模型，它们体现了两种看待包括崩盘在内的风险与收益之间关系的观点。这些模型通过无套利条件，将泡沫过程的收益水平和潜在的崩盘风险联系起来，用有限理性来简化对价格动态的设定。这两类模型从本质上来说都承认市场共同存在两类截然不同的相互影响的投资者，一类是噪声交易者（noise traders），另一类则是理性交易者。

在第一类模型即风险驱动（risk-driven）模型中，极度活跃的噪声交易者通过模仿和合作可能在某个时间段内让市场变得越来越不稳定，因为他们随时可能大范围地突然改变想法。在崩盘的迹象日益明显之际，理性投资者仍旧继续跟进推高价格，因为收益的高速增长已经足以补偿不断增加的风险。这类模型的要点是，崩盘并不一定发生，结局有可能是泡沫终结后市场软着陆，因此投资者继续留在场内投资获取风险收益也是理性行为。

第二类模型即价格驱动（price-driven）模型也基于以上两类非常不同但行为互补的交易者的相互影响。噪声交易者的集体行为让价格的波动率以螺旋的形式（带有随机性）不断上涨，形成价格泡沫。理性交易者认为此泡沫不可持续，且识别出将来会发生价格向基本面价值急速回调的可能性和崩盘的风险。在无套利条件下，价格异常冲高意味着崩盘风险率（crash hazard rate）的不断升高。其中崩盘风险率定义为在当前没有发生崩盘的情况下，随机发生崩盘的概率。崩盘风险的不断增加是市场收益增加下不可避免要出现的隐患。崩盘是由崩盘风险率决定的随机事件，风险率随着市场价格的暴增而发散（趋于无穷）。在此模型中，长期来说市场的平稳性由一连串的正态随机游走阶段构成，但其中穿插着由于崩盘将价格拉回到接近基本面价值的泡沫阶段。整个过程有点类似于被主人牵着的陪主人一起散步的狗，当它离开主人足够远就会被拉回来。这一模型的显著特点是：价格始终合理则崩盘不会发生。因为崩盘风险率本身就是价格水平的非线性放大函数，所以崩盘的概率在价格适度偏离基本面价值时非常低，但它会随着价格的增高而增大。纵使价格被推高，价格仍然有可能最终只会缓慢回调而非崩盘，不过这种可能性随着价格的增高变得越来越小罢了。

5.3 风险驱动模型

5.3.1 模型的主要特征

此处要介绍的理性预期泡沫崩盘模型是对布兰查德模型[43]、布兰查德和沃森模型[45]的推广[221，209，212]。这个模型的合理性由描述投资者行为的微观模型来保证，这些微观模型刻画了投机市场的羊群效应和模仿蔓延效应[273]。在这一类模型中，泡沫被解释为交易者相互蔓延的自组织过程（self-organizing process），整个过程导致了均衡价格偏离基本面价值。设想准备追随大众的投机者可能基于某个经济变量，比如实际收益率，那么当他看到了反映市场更加乐观态度的超平均水平收益率时，自然会产生追随他人牛市信念的心理倾向，反之亦然。这种影响使得泡沫变为在基本面价值附近来回振荡的暂态现象。

此处，还得强调一下模型的一些突出特点，这在第7～10章分析时会有用。我们的模型有两个主要组成部分。

- 模型的关键假设在于崩盘可能是由交易者间局部的自我强化模仿（local self-reinforcing imitation）造成的。这种自我强化模仿效应导致泡沫被吹大。当交易者对其他交易者的模仿倾向增大到所谓的临界点水平时，大量交易者可能会在相同时间点上扎堆地抛售，引发崩盘。逐渐增强的模仿效应和普遍存在的交易噪声之间相互影响，使我们可以从随机的视角来看待崩盘问题——崩盘与否虽然不确定，但是可用风险率 $h(t)$ 来衡量，即在当前还未崩盘的情况下，下一单位时间内会发生崩盘的概率。

- 因为崩盘并不是泡沫的必然结果，市场仍然有"平稳着陆"即泡沫终结而没有崩盘的可能，所以对交易者来说，当泡沫价格高增长已能补偿所需承担的崩盘风险时，继续留在场内进行交易就是理性的行为。这保证了在模型中，有能力预测临界时点与理性交易者的行为是相容的，即使他们都知道这具体是哪一天，崩盘仍旧会发生，他们仍然无法利用这一信息来获取风险调整后的异常收益。

在模型中，泡沫的终结和崩盘的发生并不指同一个时间。理性预期的设定意味着，崩盘的时间存在着一定程度的随机性。泡沫的理论终结点与崩盘时点不是一码事，因为崩盘可以发生在泡沫终结之前的任何一个时点上，只是有时可能性会有不同。泡沫终结点是最有可能的崩盘时点。

模型并没有对市场崩盘的暴跌幅度施加任何约束。如果假设暴跌幅度正比于之前的价格水平，则泡沫可以用对数价格来建模。相反地，如果假设暴跌幅度是泡沫的有限比例，则可以直接用价格来建模［212］。标准的经济学模型一般考虑用对数价格来建模，因为相对变动才有意义，但这不排除直接用价格来建模的可能性。

对建模而言，为抓住和简化反映现实的本质，有必要忘掉那些对建模来说没有实质性影响的具体细节。因此我们在模型中忽略股利和无风险利率，并假设投资者都是风险中性的且没有信息不对称性（当然，这些被忽略的因素都可以通过对原模型中自变量做稍许修改而体现出来）。在这样的设定下，无套利条件联合理性预期假设可被简化为如下命题：基于当前所有知识或可利用信息的未来价格平均水平不偏不倚恒等于当前价格。换句话说，价格的平均变化为零。通常我们所说的对明天天气的最好估计就取今天的天气，用的就是同样的道理。这一原理反映了完全的随机性，或等价来说是对将来知识的完全未知性。图5-4从几何上展示了这一原理，未来所有可能场景的平均值用实心圈来表示，它与代表当前价格的空心圈处于同一个价格水平。

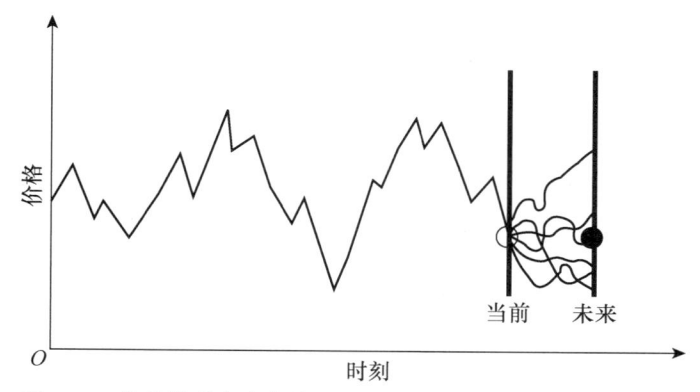

图 5-4 价格轨道在当前终止于空心圈处，之后的六条从当前值出发的轨道代表了将来的六种可能场景。基于当前价格的未来场景的平均水平用实心圈来表示

5.3.2 崩盘风险率对市场价格的推动

在每一期，比如某天，模型假设有两个而且只有两个因素来决定从当天到下一天的价格增量：一个是市场收益率的每日变动或每日波动情况，另一个是崩盘发生的可能性。

在这样的框架下，无套利条件和理性预期告诉我们市场价格变化产生的收益应当能够完全补偿由崩盘的可能性造成的平均损失。平均损失考虑所有可能的未来情景产生的损失，绝大部分的情景中不包含崩盘，因此没有损失发生，只有存在崩盘的情景才发生损失。我们可以数一数所有包含崩盘的情景的数量，它们占所有可能情景数量的比例就是之前定义的风险率，即当前没有崩盘而未来市场会崩盘的条件概率。于是，平均的损失可通过市场由于崩盘的下跌额乘以崩盘发生的概率简单地计算出来，因为不发生崩盘的情景都不产生损失。比如，假设某天有 0.01 的可能性市场崩盘下跌 30%，有 0.99 的可能性市场不会崩盘，那么对所有情景而言平均的损失就是 30%×0.01＝0.3%。如果市场满足无套利且存在理性预期，则市场必然会给予投资者 0.3% 的超额报酬。当然，在以上的讨论中，我们简单地假定了在所有的崩盘情景中市场下跌的幅度均相同。不过，即使我们允许不同情景中崩盘规模不同也不会影响我们的结论，只是此时必须针对不同的下跌幅度来计算平均损失。

以上推理有一个重要的结论：市场收益率正比于崩盘风险率。正如之前说过的，我们得出较高的崩盘风险导致较高的价格收益。的确，投资者必须要求较高的收益率来补偿他们持有可能在崩盘时产生大幅损失的资产的风险。这是我们在这一类模型中唯一需要刻画的效应。这一效应早在布兰查德基于理性预期构建的泡沫崩盘模型中就已经被提了出来 [43]。初看起来，它可能与我们的直觉相背，即价格似乎应当反向而不是正向地通过崩盘概率来决定，但其实只有这样才能符合理性预期。

以上推理还让我们发现了一个有趣而微妙的结论，那就是在无套利条件和理性预期下，任意时点上的总平均收益率恒为零。零平均收益率体现了迫在眉睫的崩盘下有未实现的风险。零平均收益率水平不是某一投资者能够经历的，而是历史上无数投资者的总投资组合经历了历史上数次崩盘的洗礼后所获得的平均所得。相反，在崩盘尚未发生时，收益率并不是零，而且也许展现了价格飙涨的投机泡沫的所有特征。以上两种描述市场收益率的方式并没有任何冲突，不用过分强调。可能有人会怀疑对所有情景进行平均的有效性，其实要点在于，当无法提前知道将来时，对其最好的预测就是所有可能情景的平均值。此时市场价格反映了希望泡沫继续膨胀的贪婪买家和对崩盘忧心忡忡的谨慎卖家之间的博弈均衡。泡沫就是本该崩盘但是还没崩盘时的价格上涨现象。

我们用下面的模拟例子来诠释以上论述。设想你自己进赌场去玩一种猜数的转盘赌博，转盘上有 100 个数。如果指针最终指向 1，则你要损失 30 美元，指到其他数时你却可以获得 x 美元。现在问：x 最小应当是多少才能保证这种赌博是公平的，或者最小应当是多少才能吸引你去投注？简单的想法就是要求玩了许多次这样的轮盘赌博之后，平均来说应该至少获得一个非负的收益。这样，平均值应该是 x 美元 $\times 99 - 30$ 美元 $\times 1$ 再除以转盘上总的数字数 100。于是，保证平均收益为正的 x 的最小值是 30/99 美元，约 0.3 美元。在你看来，最终指针指在 2～100 间的任意一个数时至少获得 0.3 美元（如果 x 更大，则平均来说有利可图）的赌博才是公平的。只要指针指向的不是数字 1，每赌一次就可获得 0.3 美元，给你一种总能尝到甜头的印象。的确，100 次机会中仅有一次机会指针最终指向 1。这种赌法确实很吸引人。如果你赌 n（$n<100$）次，总利润就是 n 乘以 0.3 美元。就像在股票市场

中一样，赌徒得决策何时停下（离场）以保住已获得的收益。否则，当最终不幸转到数字 1 时，即使之前 100 次赌赢也会突然间全赔光。这个例子说明了在未崩盘的前提下，收益率可以何等的大，这个收益率实际上补偿了任意一次转到数字 1 时的风险。

现在假设你提前知道下一次还不会转到数字 1，那么即使 x 美元小于 0.3 美元，但只要为正，你也会继续下一轮赌博。正是对未来的未知才要求有一定的报酬作为承担风险的补偿。如果确切地知道未来的情形，风险就不存在了（这并不意味着将来不会是坏消息）。

出于完整性考虑得指出，大多数人可能并不会接受 x 仅为 0.3 美元的这种赌博，因为一般人都是风险厌恶的（risk averse）——他们不愿意参加零平均收益的赌博。大多数人都会要求收益超过 0.3 美元。风险厌恶及其影响是经济学建模的重要主题，自从冯·诺依曼和摩根斯顿（Morgenstein）[443]引入效用函数这一概念以来[1]，已有大批针对这一主题的学术研究。风险厌恶是经济学理论的中心特征，一般认为人们的风险厌恶水平在合理的区间内是稳定的，随着教育程度、社会结构和技术变化产生缓慢的改变。考虑风险厌恶之后，市场的收益率应当大于由无套利加上理性预期假设得到的值，这个值是最保守的估计。这里重要的是确确实实存在一个最保守的估计值。其实很容易在我们的模型中考虑进风险厌恶因素，只要在交易者感知的崩盘概率中引入一个因子 F，使算出的值大于客观崩盘概率即可。这相当于用 F 去乘以崩盘风险率。只要 F 在 0 和正无穷之间（这确实是一个非常弱的约束条件），我们之前的结论就不会发生显著的改变。

5.3.3 相互模仿和羊群效应对崩盘风险率的影响

大批交易者同时抛售资产会造成指令簿极大的失衡，如果大到做市商那边无法完全吸收这些卖单，大幅的跌价就不可避免。崩盘风险率量化了出现这种现象的概率。在大多数时候，市场中的交易者彼此信念不一致，因此市场中存在各种规模的不同卖单和买单（在崩盘没有发生的任意时刻）。关键的问题是，什么导致了交易

---

[1] 这里指的是期望效用函数。——译者注

者突然同步地卖出？

我们在第4章的最后一节"模仿导致的合作行为"已经讨论过，所有的交易者都可被看作社会网络里（如家庭、朋友、同事）的一员，在局部上（locally）会受到网络中其他交易者的影响。比如，一个积极的交易者总在通过电话与一些同事不断交换信息和意见。另外，还有一些间接的渠道，如媒体和互联网。我们的主要假设是，依照第4章中详细讨论过的机制，交易者倾向于模仿网络中与之有关联的交易者的意图。关联交易者的交互影响使市场变得有序，但每个交易者的特殊性又带来了市场的无序性。无序性是与统一性相对立的异质性或多样性。

市场主要就是有序性和无序性的较量。就资产价格来说，市场平时都是无序性占主导（多方和空方意见相左，并大体上达到相互平衡），可当有序性占上风时，崩盘就可能发生（大部分交易者持有相同的看法：做空！）。这种机制不需要一个额外总体的协调，因为一方面，微观个体的相互模仿可导致宏观上的协同性，另一方面，它依赖于交易者交换和形成意图的具体模型。

关于交易者间的模仿和交互影响有很多模型，我们已经在第4章讨论过一些。这其中的精义就是，有序和无序之间的较量通常会导致最终有序占得上风。当这种情况出现时，泡沫过程就结束了。这些包含模仿机制的模型刻画了无序向有序相变的"临界"行为——在接近相变点时，市场受外界干扰或新闻影响的敏感程度呈加速增加趋势。第4章的一组图图4-8~图4-10给出了处于类曼哈顿网格中的多方和空方交互影响相变产生时的情况。当模仿强度 K 达到某一个特殊的临界值 K_c 时（这个值取决于模型设定的具体细节，在此处并不重要），大批集结在一起的交易者会持有相同的买卖意图，以协同的方式来行动。这导致了显著且十分特别的"幂律"（power law）前兆特征。我们接下来进行解释。

我们假设模仿强度 K 随着交易者信心水平、经济预期等因素的变换而随时间缓慢变化，如图5-7所示。最简单的情形就是假设 K 正比于时间，这不会影响我们的分析。开始时，K 值很小，所以投资者自组织构成的集群都很小，如图4-8所示。当 K 开始增加时，集群的典型尺寸就开始变大，如图4-9所示。展现合作行为的系统由集群规模 s（比如黑色"岛屿"的大小）到其最大值 s^* 的分布水平来刻画。如图5-5所示，集群的最大值 s^* 随着系统逼近临界值 K_c 而加速增大。我们在第 4 章已经解释过，当 $K=K_c$ 时，从最小层次（个体交易者）到最大层次（整个系统）的连续变化上，集群大小分布都在几何上展现出自相似性。从这种唯象的角度出发，崩盘发生的概率用如下的方法来构建。

首先，崩盘对应着大量交易者同步抛售。在我们的模型中，只要相互关联交易者的一个集群做出抛售的决定，且该集群足够大，能打破市场平衡，这种情形就会发生。记得"集群簇"（clusters）用所有在这一类集群中的交易者会最终做出协调一致的行动来定义，所以当一个特别大的卖者集群突然打破市场买卖平衡造成价格下跌时，崩盘随即发生。具体来说，我们假设当一个集群的规模 s（用其中交易者的数量来表示）大于某最低值 s_m 时会发生崩盘。s_m 的具体数值并不重要，重要的是 s_m 远远超过 1，使足够多的能动摇市场的交易者产生合作行为来制造崩盘效果。目前，我们并不设定崩盘的具体幅度，仅考虑市场不稳定引发了崩盘。总的来说，交易者同时改变意图转而抛售是非常罕见的。因此，我们认为一般只有一个或少数几个大的集群能引发崩盘。

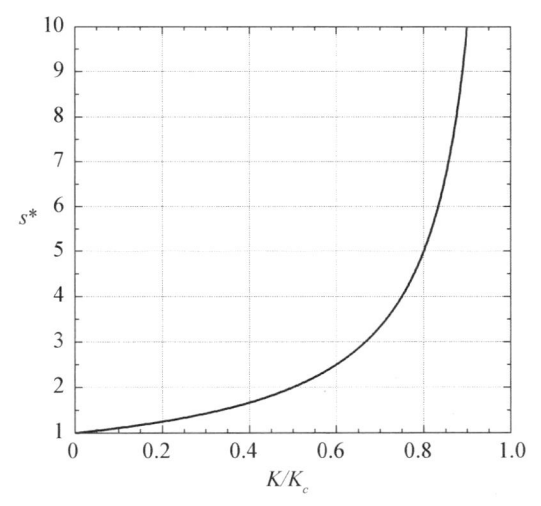

图 5-5 作为模仿强度 K 的函数，典型的最大集群规模 s^*（任意单位）展现出的幂律加速行为。当 K 接近 K_c 时，s^* 发散。发散体现了在临界点 K_c 处会形成无限大的集群。实际上，s^* 受限于系统的规模

为使崩盘发生，需要找到至少一个大于 s_m 的集群并且确定它的确为抛售集群。

由于这两件事是相互独立的,所以崩盘的概率就是找到一个大于阈值 s_m 的集群的概率乘以这个集群开始同步抛售的概率。找到一个规模为 s 的集群的概率 n_s 是临界现象中的著名问题［164, 414］;它满足在最大值 s^* 截尾的幂律分布,并且 s^* 在模仿强度 K 接近其临界值 K_c 时发散(不考虑系统的总体规模)。就如我们在图 5-5 中所见。

如果在给定规模为 s 的集群中一个交易者做出抛售的决策独立于同一个集群中的其他交易者,那么单位时间内这一集群变为抛售集群的概率应该简单地正比于该集群中的交易者数量。然而,根据集群的定义,投资者在该集群中受到相互影响,因此交易者的抛售决策可能会强烈地受制于同一集群中的其他交易者的决策。此时,单位时间内这一集群变为抛售集群的概率变为交易者数量 s 和集群中的交易者间所有关联数的函数。很明显,集群中关联数的最大值为 $s\times(s-1)/2$,也就是说,当 s 很大时,它正比于该集群中交易者数量的平方。当 s 个交易者都与其在集群中的 $s-1$ 个交易者存在沟通时,关联数就达到最大值。出现因子 1/2 是因为如果交易者安妮与保罗进行着沟通,那么保罗也在与安妮保持着联络,这条关联路径只能算一次。当然,我们也可以设想更为复杂的情形,即保罗给安妮发去信息,但安妮没有反馈,这并不影响我们的结论。尽管有这些复杂性,但是仍然可以看到,单位时间 Δt 内一个特定规模为 s 的集群变为抛售集群的概率 $h(t)\Delta t$,必然是一个集群规模增长快于 s 增长但又慢于最大关联数(正比于 s^2)的函数。因此,$h(t)\Delta t \propto s^\alpha$,$\alpha$ 小于 2 但大于 1。指数 α 刻画了在规模为 s 的集群中交易者间多重关联的组织合作性,它与分形维度的概念有深刻的关联,我们在第 6 章会进行解释。

崩盘发生的概率等于至少找到一个规模大于使市场动摇的最小规模 s_m 的抛售集群的概率,也等于在所有 s 大于 s_m 的情形下将规模为 s 的集群出现的概率 n_s 和单位时间内其成为抛售集群概率(已经讨论过,它正比于 s^α)的乘积进行加总。通过简单的技术处理,可得出崩盘风险率按照幂律方式加速增长,如图 5-6 所示。从直觉上讲,这来自在表征交互影响的因子 K 向其临界值 K_c 逼近的过程中已有大集群与大集群间的相互作用,且在此期间随着 K 逼近 K_c,典型规模 s^* 也在增加,单位时间内该集群变为抛售集群的概率也在非线性地加速增加。总的来说,当交易者之间的相互影响变强到使他们之间的关联网络自组织生成了内部包含许多由集体行为自发形成的几个大组群的层级结构时,在已知崩盘未发生的情况下单位时间内发生崩盘的风险会急剧增长。

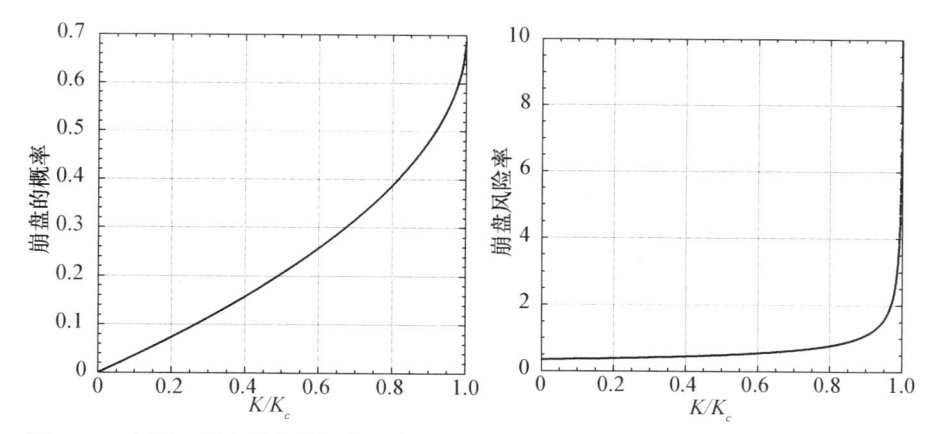

图 5-6 左图：崩盘发生的概率。在此例中，概率在临界点 $K=K_c$ 处达到最大值 0.7，此时斜率变成无穷大。右图：崩盘风险率。崩盘风险率正比于左图中的概率的斜率，在 $K=K_c$ 处发散。同样地，右图崩盘风险率曲线下的面积与左图中在相同 K/K_c 处的概率成正比

如果风险率具有这样的行为特征，那么根据我们在上一节的讨论，无套利结合理性预期告诉我们，资产的收益率也必定展现出同样的行为特征。这样，在此特定的方法下我们获得了崩盘临近时的一个预测特征：收益率随时间加速，越增越快。又因为价格就是收益率的加总，所以价格随时间变化的轨迹函数图像在接近临界点时同样地类似于如图 5-6 左图所示的崩盘的概率增长的图像。

必须强调，K_c 并不是崩盘发生时的模仿强度值，因为崩盘可能发生在到达 K_c 以前的任何强度水平。K_c 只是崩盘发生时最有可能的取值。从时间函数的角度来看，很自然地假定模仿强度 K 随着影响交易者从众倾向的因素变化而缓慢地改变。图 5-7 给出了一个随时间 t 变化的 $K(t)$ 的典型轨迹函数图像。临界时间 t_c 被定义为第一次抵达临界模仿强度 K_c 的时点。t_c 不是崩盘的时点，而是泡沫终结时点。在 t_c 处崩盘风险率达到最大值，因此它也是崩盘最有可能发生的时点。由于随机性，崩盘可能发生在任何时间，只是其可能性随着风险率的改变而随时间变化。作为一个例子，K 随时间的演化轨道如图 5-7 所示。每一个 K 值对应的风险率水平可从图 5-6 的右图中找到。K 值可高可低，崩盘风险率也一样。

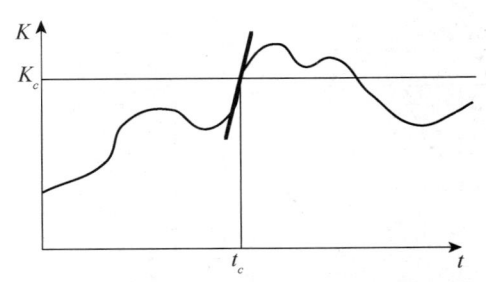

图 5-7 随时间 t 平稳而缓慢变化的模仿强度 $K(t)$ 的演化图像。随着时间的推移，K 能够在 t_c 处到达甚至穿过它的临界值 K_c，此时自发产生了非常大的投资者集群，可能引发崩盘。在 t_c 值附近，$K(t)$ 近似为线性，如图中曲线上的粗切线所示

正如图 5-6 左图所示，当到达临界点 t_c 时，仍然有一定的概率（例子中是 0.3）不发生崩盘。这个概率对模型的一致性至关重要，否则模型就不能自圆其说了，因为此时崩盘对理性交易者来说变成必然事件了。

在 t_c 处产生有限时间奇点（finite-time singularity）**的直观解释**。收益率和崩盘风险率的增长本身使得它们的增长率也在增长，因此它们的增长速度将比指数增长更快。以下推理将帮助我们从直觉上来理解在有限时间 t_c 处奇点的原因——在有限时间 t_c 处斜率或本身数值变为无限。

比如假设当风险率翻倍时，风险率的增长率也翻倍。为简单起见，我们在离散的时间段上考虑这一问题。从单位时间的风险率为 1 开始，我们假设它按照每天 1% 的速率增长直到翻倍。容易计算，翻倍所经历的时间正比于增长率的倒数，即差不多 $1/1\% = 1/0.01 = 100$ 天。另外还有一个调整乘子为 $\ln 2 = 0.69$，所以正确的翻倍经历天数应当为 $\ln 2/1\% = 69$ 天。为了叙述方便，我们忽略正比例的乘子 $\ln 2 = 0.69$。将以下讨论的所有时间段常数都乘以 0.69 并不会影响结论。

当风险率变为 2 时，我们假设每天增长率变为 2% 直到风险率翻倍变为 4。这次，翻倍所经历的时间只有大约 $1/0.02 = 50$ 天。当风险率变为 4 时，增长率也相应地变为 4%，翻倍经历的天数缩短为 25 天。这样的过程不断地重复下去，

只要风险率翻倍，风险率的增长率就翻倍。因为每一轮翻倍经历的时间都是上一轮的一半，我们可以得到下面的序列：（时刻＝0，风险率＝1，增长率＝1％），（时刻＝100，风险率＝2，增长率＝2％），（时刻＝150，风险率＝4，增长率＝4％），（时刻＝175，风险率＝8，增长率＝8％），…。我们看到每次风险率翻倍的时间区间都按照因子 2 在递缩。

$$\frac{1}{2}+\frac{1}{4}+\frac{1}{8}+\frac{1}{16}+\cdots=1 \tag{5.2}$$

这与著名的古希腊芝诺悖论（Zeno's paradox）如出一辙。即最终翻倍序列的总时间趋近于一个有限值。当崩盘风险率趋于无穷时，有限的临界时间大约等于 100＋50＋25＋…＝200（严格的数学处理要由连续时间公式来完成，但不改变这个例子的定性结论）。增长率增加铸就了自发的奇异性！这一过程可以任意推广，只要增长率和崩盘风险率都用同一个大于 1 的因子去乘就可得到相同的结论。我们将在第 10 章对这个例子进行修改，以分析几个世纪以来的世界人口、金融指数和世界经济总产出趋势，并预测未来的走向。

总之，我们建立了股票市场价格受崩盘风险驱动的模型，其中崩盘风险用风险率来刻画。反过来，模仿和羊群效应决定了崩盘风险率。当模仿强度接近临界值时，崩盘风险率以幂律增长的方式趋于发散，导致市场价格同样以特定的幂律方式加速增长。这给了我们第一个预期崩盘的前兆预测特征。导致崩盘风险率加速增长的交易者间的模仿水平，可能源于交易者对市场流动性信念的逐渐变化，不涉及信息不对称，且与价格行为和价格偏离基本面水平无关 [132]。

5.4 价格驱动模型

把之前讨论风险驱动模型所采用的逻辑倒过来考虑就得到价格驱动模型。在此，同样是由于理性交易者的作用，但价格推动着风险率水平而不是相反。价格自身却是被噪声交易者的相互模仿和从众行为推高的。

和以前一样，为了刻画由交易者间交互关联影响产生的渐强模仿性和无处不在的个体异质性行为之间的相互作用，以及诸多模型无法详细设定的因素的影响，我们需要采用随机的表述方式。因此，价格动态是随机的，崩盘是否发生并不确定但可由崩盘风险率 $h(t)$ 来衡量。崩盘风险率同样定义为在当前还未崩盘的情况下，下一单位时间内会发生崩盘的概率。

5.4.1 相互模仿和羊群效应对市场价格的推动

戴维·谢（David Hsieh）研究指出，线性模型不能解释第 2 章中叙述过的不相关的价格变动与强持续性波动（价格幅度的变化）同时出现 [201，202]。线性模型描述的是结果与原因成正比的情形，而非线性（nonlinearity）作为线性的极大推广，能够容纳原因到结果之间更为复杂的影响方式的情形。非线性是混沌（chaos）理论的主要因素，这个复杂系统理论在过去的几十年间被广泛地研究以解释复杂性的起源。现在，混沌理论已经非常流行，某些学者甚至主张用它来描述股票市场。然而，这种想法过于天真，因为混沌理论基于的假设是很少的非线性交互变量造成十分复杂的轨道特征。而事实上，股票市场需要大量的变量来获得适当精确的描述。用技术术语来说，股票市场有很多的自由度，而混沌理论只要求很少的自由度。存在许多自由度是集体行为模型中出现第 4 章和本章前几节中表述过的临界点的要素之一。我们认为世界和股票市场都是非线性系统，其中观察到的效应都不和其原因成比例。

在这一领域，科学家之间广泛流传着一个笑话，即拿非象性（non-elephant）来比喻非线性：所有的生物，除了大象外，都具有非象性；类似地，除了很小的一部分子系统是线性的外，其余的系统也都是非线性的。学校都在教授我们基于线性框架的思考方法，这让我们在真正面对本质是非线性的世界时束手无策，而物理系统、生物系统、心理系统和社会系统恰恰都是非线性的。在非线性问题中首先遇到的最大困难就是分解所观察到的现象背后的原因。因为结果并不总与原因成比例，所以两个因素同时作用造成的结果并不是每个因素分别作用的结果之和。

金融市场的建模者习惯于将价格随时间的变化分解为两个部分，一个是确定的瞬时收益，另一个是随机的收益率。前者体现了对估计风险的补偿和从众模仿行为产生的结果。后者是价格动态中的噪声成分，其振幅被称为波动率。波动率同样也表示由相互模仿和其他因素决定的系统性成分。如果不存在第一个变动部分且波动率为常数，则第二个变动部分将生成随机游走的价格轨迹。随机游走在第 2 章中描述过。如果考虑波动率及瞬时收益率与过去波动率及过去收益率的一些普适的非线性相关性，还可得到更为丰富多样的价格轨迹。这里，我们主要对那些在价格之间造成非线性正反馈效应的机制感兴趣。比如，不完美信息以及在投资者和银行间的风险分担转移，可能让投资者将价格抬高到超过他们在面对所有潜在损失时本愿意支付的水平 [3]。在第 7 章和第 8 章，我们会再回来从直观上讨论其他的机制。

5.4.2 价格收益率对崩盘风险率的推动

在本章的开始，我们曾指出无套利结合理性预期条件要求每天价格的变化要确实能够补偿由可能的崩盘造成的平均损失。现在反过来看这个问题：噪声交易者看到价格在上涨，他们辗转相告造成羊群效应，于是越来越多的买单出现，价格被继续推高。在价格变动加速过程中，由于无套利的要求和理性预期的存在，所以价格动态一定存在未被揭示的风险，否则在市场就能享受"免费的午餐"了。这里最基本的逻辑就是，无套利结合理性预期条件说明由疯狂投机和泡沫造成的价格飙升同时意味着急剧增长的风险正在迫近。这是理性交易者必然得出的结论。不断加速增长的牛市可以用一句谚语来形容："说得太好必不可信！"（It's too good to be true.）

为了刻画投机性泡沫这种现象，我们主要考虑带有正反馈的一类模型（正如在第 4 章所讨论过的），当前即指过去的价格（收益率）或波动率变大，继而瞬时收益率或波动率越变越大的模型。在之前有关"在 t_c 处产生有限时间奇点的直观解释"的技术性章节中已经解释过，在增长率上的正反馈会导致有限时间内的奇点。在此应用意味着价格会无止境地膨胀。不过，还存在着两个因素来阻止价格的最终发散。第一个是影响价格变动的随机因素，它使价格变得飘忽不定，所以临界时点的到达成为一个随机不确定事件。图 5-8 直观地说明了这种现象。它用一个例子展现了在抵达 $B(t)$ 的奇点前价格轨迹的变动情况。

图 5-8 给出的价格泡沫成分的轨迹是用 [396] 中的非线性正反馈模型生成的，它从某个初始价格开始直到泡沫开始膨胀。在这个模型的简化版中，价格中的泡沫成分 $B(t)$ 实质上就是随机游走 $W(t)$ 倒数的某次方。从 $B(0)=W(0)=0$ 开始，当随机游走接近某个值 W_c（此处设定为 1）时，泡沫开始膨胀。特别地，当 $W(t)$ 接近 1 时，$B(t)$ 继续膨胀，当随机游走穿过 1 时，$B(t)$ 在 t_c 处抵达奇点。

这一过程实际上将之前讨论过的有限时间奇点推广到了随机的范畴中，时间段的累积单调递增得到的临界时点 t_c 被不断上下徘徊并最终到达临界水平的随机游走时间值所代替。因此，这种非线性正反馈泡沫过程 $B(t)$ 可被称为"奇异逆随机游走"（singular inverse random walk）。如果不发生崩盘，泡沫过程 $B(t)$ 只能在有限时间内存在，以概率1（即确定地），但我们知道 $W(t)$ 可以达到任何值，在我们的例子中当达到 $W_c=1$ 时，$B(t)$ 就发散了。

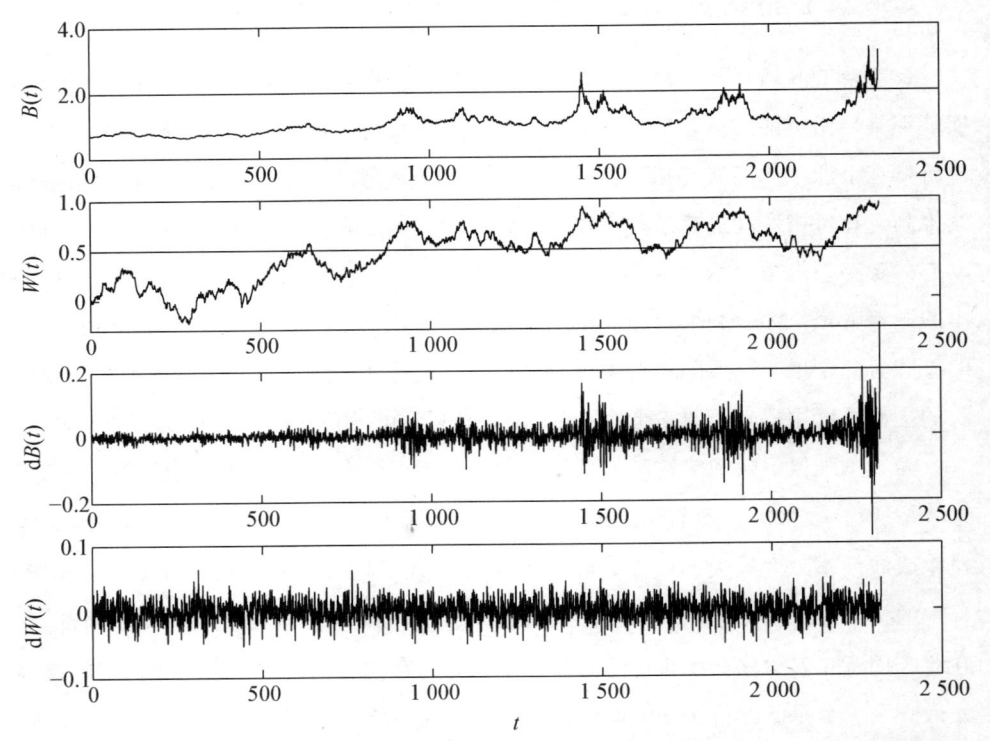

图5-8　第一幅图：泡沫价格 $B(t)$ 作为时间函数的一次实现（其中时间满足"奇异逆随机游走"性质）。它对应于在第二幅图中用来生成随机游走 $W(t)$ 的具体随机数。第一幅图通过对常数 W_c（此处取1）与第二幅图中的随机游走值的差取倒数后再取某次方来得到。在此例中，当随机游走接近1时，泡沫发散。注意到只要随机游走 $W(t)$ 离 $W_c=1$ 足够远，第一幅图的 $B(t)$ 轨迹与第二幅图的 $W(t)$ 轨迹就很像。当上下徘徊的 $W(t)$ 接近1时，泡沫价格 $B(t)$ 变得非常敏感，并最终在 $W(t)$ 到达1时变为无穷。在此之前，$B(t)$ 有许多局部的尖峰，是一些局部的泡沫，它们会平缓地消减。这对应于随机游走开始接近 W_c，但是又自发地远离的情形。第三幅图（对应地，第四幅图）显示了泡沫增量 $\mathrm{d}B(t)=B(t)-B(t-1)$ 的时间序列[对应地，随机游走 $\mathrm{d}W(t)=W(t)-W(t-1)$]。要留意的是，随机游走在正常范围内波动，泡沫的波动率却出现间歇性的爆发性增大。本图来自[396]

第二个阻止可能的泡沫价格发散的因素就是价格对崩盘风险率的影响。在泡沫这种价格被过度抬高的场合中，价格绝对是最重要的参考因素。价格在相互模仿、羊群效应、投机和其他随机影响的驱动下被拉高，崩盘风险率的增长也随着增快。于是最终会发生崩盘，并将价格拉回到接近基本面价值的水平。随机引发的崩盘取决于崩盘风险率的大小，而后者是泡沫价格的增函数。所以，较高的泡沫价格带来较高的崩盘概率。在这个模型中，崩盘类似于为病人通便。

崩盘风险率的决定。具体来说，仿真程序如下：首先，选择离散化的时间步长 δt。接着，在已知前一时刻 $t-\delta t$ 处随机游走 $W(t-\delta t)$ 和价格 $B(t-\delta t)$ 值的情况下，再加上一个由均值为 0、方差为 δt 的高斯分布产生的随机增量得到 $W(t)$。然后，对 $(W_c-W(t))^\alpha$ 取倒数就得到价格 $B(t)$，其中 α 是在模型中定义的一个正指数。根据无套利和理性预期条件，$h(t)\delta t$ 就是下一时步崩盘发生的概率，$h(t)$ 是崩盘风险率。我们将这个概率与一个均匀分布随机变量取得的值 ran 做比较，均匀分布定义在 $[0,1]$ 上。一旦 $\text{ran}\leqslant h(t)\delta t$ 就让崩盘发生。崩盘后，价格从 $B(t)$ 变为 $B(t)(1-\kappa)$，κ 利用一个事先选定好的随机分布来生成。比如，可以让崩盘跌价 κ 取恒定的 20%，当然，可以选任意形式的分布来生成跳跃值。在崩盘之后，价格动态还是按照之前的方式变化，但 $W(t)$ 值要经过调整使得其能够对应于新的价格。当 $\text{ran}>h(t)\delta t$ 时，不发生崩盘，价格继续按之前的方式迭代生成。

这个模型提供了两种泡沫终结的情形，一种是自发的跌值，另一种就是崩盘。这两种机制都是模型自带的特征，没有模型外的人为干预。这两种情形在现实的金融市场中都能被观察到，这留待第 7～9 章再叙述。

这个模型还有一些关于崩盘复现规律的结论，有趣又深远。实际上，我们看到，在每一次随机游走接近常数 W_c 时，泡沫价格膨胀增大，按照无套利结合理性预期条件，这意味着市场进入了崩盘已节节逼近的"危险水域"（dangerous waters），随机游走模型能够预测随机游走下一次再接近同一临界值 W_c 的等待时间间隔。可以证明，这些等待时间分布是幂律分布 [394]，它们跨幅很宽以至平均的等待时间在数学上看是无穷大。事实上，这导致了两个相关联的现象，即集聚性（一个个泡沫在短时间内接连产生）和长期记忆性（前一泡沫已经消减了充分长的时间却迟迟不见新的泡沫生成）。特别地，这似乎产生了一个悖论：前一次泡沫结束的时间越长，等待新的泡沫就应该越长才对［402］。巧合的是，随机游走的这一性质还能解释为什么被堵在高速路上的司机总是无比绝望地发现其他的车道比自己的车道走得快，而之前自己却没想到去超旁边车道的车。如果他们能用随机游走来对整个交通流中车道流量的差分建模，那么这种绝望印象的产生实际上是随机游走回复时间的期望值为无穷这一性质的直接结果。总的来说，"奇异逆随机游走"泡沫模型预测了投机泡沫的回复时间具有很大的间歇性波动。

这一模型可以很容易通过附加上其他结构来细化。事实上，自［184］引入所谓的马尔科夫区制转换技术（Markov switching techniques）分析收益率以来，许多学术文献开始研究金融数据的区制转换实证特征［432，175，63，431，363，24，80，110］。比如，沙勒（Schaller）和范诺登（Van Norden）曾提出一个投机行为的马尔科夫区制转换模型［363］，其基本特征与我们的模型很相似，即价格超过基本面价值过高增加了股票市场的崩盘概率和崩盘规模。

这些发现，结合泡沫并非在所有时间的价格动态中都存在这一事实，我们可以对模型进行如下自然拓展。一个最简单也是最简洁的拓展是假设只有两个区制，一个是泡沫期，另一个是寻常期。泡沫期符合我们之前建立的模型，它结束于由价格带来的风险率提高造成的崩盘。在寻常期内，用一个具有小的常数漂移项和波动率的标准随机游走模型来刻画。假设区制转换是完全随机的。这个非常简单的动态模型本质上可以复制出所有对价格实证的典型化特征（stylized facts），如收益率不相关；波动率长程相关；厚尾的收益分布；明显的分形性和多重分形性；尖峰平谷的价格特征。另外，这个模型还预测了我们通过实证所确认的事实：泡沫的次数与非平稳增长的波动率相关性有关。我们会在第 7～10 章进一步阐述实证结果。明显的波动率的长程相关被认为来自寻常和泡沫区制间的随机转换。另外，也许最为重要的是，模型产生的价格轨迹看起来与实际的价格轨迹非常相像，如图5-9所示。总的来说，价格驱动的"奇异逆随机游走"泡沫模型非常简单，却能够令人信服地复制出包括泡沫、崩盘、真实的价格轨迹和许多其他显著的特征。

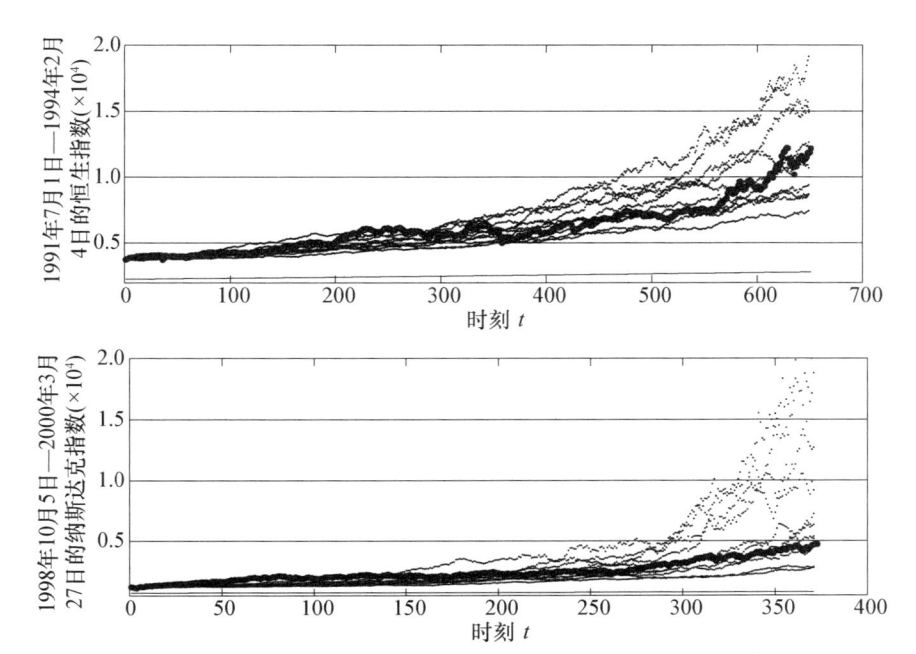

图 5-9 顶图：从 1991 年 7 月 1 日到 1994 年 2 月 4 日的恒生指数（粗线）（在图 7-8 中标记为"泡沫 II"，在图 7-10 中做了分析）加上 10 次通过非线性正反馈模型仿真获得的"奇异逆随机游走"泡沫模型轨迹 [396]。每一次仿真对应一个具体的随机游走实现，其漂移项和方差调节为对恒生指数收益率分布的最优拟合值。底图：从 1998 年 10 月 5 日到 2000 年 3 月 27 日的纳斯达克指数（粗线）加上 10 次通过非线性正反馈模型仿真获得的"奇异逆随机游走"泡沫模型轨迹 [396]。每一次仿真对应一个具体的随机游走实现，其漂移项和方差调节为对纳斯达克指数收益率分布的最优拟合值。本图来自 [396]

5.5 风险驱动与价格驱动模型的比较

合起来说，本章提出的风险驱动模型和价格驱动模型都是由两类交易者构成的系统，分别是"理性"和"噪声"交易者。一方面，噪声交易者间不时的模仿和从众行为造成了交易者间的全局同步性，从而造成了崩盘。另一方面，理性交易者将崩盘风险和泡沫价格动态联系起来。

在风险驱动模型中，由源自从众行为的崩盘风险率水平决定泡沫价格的变动。在价格驱动模型中，相互模仿和从众行为带来了对价格的正反馈效应，是后者造就了节节逼近且不断增高的金融崩盘风险。

我们认为，这两个模型都只能部分地揭露市场的真实面目。独立研究它们实际上采用了认识世界复杂性的实用策略，"逐个击破"。价格驱动模型似乎显得更为自然和直接，因为它抓住了人们对于不稳定的飙升价格会带来内生的显著价格回调或崩盘的这样一个直觉。风险驱动模型捕捉到了股票市场中很微妙的自组织性和风险收益的普适平衡性。两个模型都体现了这样一种观点：市场正在用一种很精妙的自组织合作模式来预期崩盘发生，因此会在观察到的价格上释放出崩盘的前兆"指纹"特征。换句话说，这意味着市场价格包含了即将发生的崩盘的信息。第 6 章将探索这些前兆特征的起源和特性，这将为我们完整地分析真实市场的崩盘和其前兆特征奠定基础。

第 6 章通过融入趋势跟随者（trend-followers：作为噪声交易者的替代）和价值投资者（value-investors：作为理性交易者的替代）的相互作用来描述价格动态行为。他们的非线性行为（接近阈值）造成了与目前的讨论类似但更为丰富的市场表现。从文献的角度看，这种方法处于对完全理性和完全非理性的折中［239］。交易过程自身所产生的信息披露会导致价格的理性变动。由于市场条件不允许在理性预期均衡下完全地揭示所有的个人信息，价格可能会产生对基本面价值的严重偏离。模型显示，缺乏对交易者偏好或信念的共同知识导致了崩盘的发生（见文献［239］和其中提及的文献）。这其中的机理是，外部的新闻冲击可能通过交易过程触发了（交易者间）内部信息的披露。

第6章
等级、复分形维度和对数周期性

在第 5 章中我们阐述了在股市崩盘背后蕴含的时域中的临界点（有限时间奇点）的概念。崩盘并不处于临界点或奇点本身，但触发崩盘的概率和接近临界点有很强的相关性：离临界点越近，发生崩盘的概率就越高。我们已经看到临界现象的标志是随着接近临界点 t_c，股票价格或波动率或崩盘风险率会依幂指数增加。在这一章中，我们将进一步展开分析，去找出崩盘中蕴含的比幂指数增长更为精确细致的模块。我们寻找更为精确的模块的动机是：由于股票价格的严重不规则性和其中蕴含的非常大的噪声，简单的幂指数并不足以用来在实际中探测崩盘。

正如我们已经强调过的一样，参与股票市场交易的个体之间非常不同，他们可能是散户，也可能是像养老基金一样的巨型金融机构，这些个体之间的差别可能有很多个数量级。高层级的结构，如货币流通范围（美元、欧元、日元），甚至是我们可能想到的最大的结构——由全球化进程和宽松的监管形成的世界经济统一体——也正在形成过程中。这说明金融市场在市场的各个层级上都有分等级结构的组成个体。当然，这并不表明股票市场中存在严格的等级结构。然而由模仿行为造成的临界现象在这种等级结构中的应用却会导致一些违背直觉的现象。我们称这种现象为"对数周期现象",即发生灾变的概率并不像图 5-6 中所示的单调递增,而是在随临界点临近而增加,在这一过程中伴随着频率越来越高的振荡。在这一章我们将列举一些关于这些的经典现象并给出可能的解释。这种振荡结构对原有幂指数结构进行了补充,从而使其受噪声的干扰变小了。这些模块将为我们在第 7~10 章中进一步分析原来发生过的崩盘和预测崩盘提供基础。

在这一章里,我们首先说明在有等级结构的系统中,源于个体间模仿的合作行为模型如何展示含有对数周期性的临界现象。对数周期性是相似性标度因子(离散标度不变性)的直接且一般的结果。而离散标度不变性可以被理解为不同等级之间的放大倍数。把这个想法稍加整理,我们将看到"重正化群"这一概念在利用临界现象中的多标度自相似性去解释这些模块的基础时的强大威力。我们将给出几个带图的例子,其中包括连续但在任何尺度上都不平滑的股票价格轨迹的分形模型。这个分形模型,我们称为广义魏尔斯特拉斯(Weierstrass)方程。

更加令人好奇和吃惊的是,临界现象中的对数周期性和离散标度不变性竟能自发地从动力学根源上导出,完全不需要依赖等级结构。关于这一点,我们将讨论一个由趋势跟随策略造成正反馈的有限时间奇点模型。如果不引入新的参数,这个模型与第 5 章中讨论的模型就没有差别。但如果考虑基本面分析者试图把股价推回到其基本价值的因素,该模型就完全不同了。我们假设这一力度是泡沫价格和基本价值之间差距的非线性函数,价格的演化将会呈现为第 5 章所述的含有有限时间奇点幂指数增长和越来越快的周期性振荡之间的竞争。两者之间的互动很稳定,可以用一个方程来描述。从直观上讲,这种策略基于基本面分析引入了一个价格修复力,因为股票价格总是高于基本价值。由于存在正反馈的趋势跟随策略,股票价格偏离基本价值的速度越来越快,且跟随股票价格加速,从而造成股价的振荡频率越来越高。

6.1 由等级网络中的模仿造成的临界现象

6.1.1 社会网络中蕴含的等级结构

投资者组成了社会/职业网络。这种网络是由一群人组成的,它的每一个个体都同网络中的一部分个体存在联系。由于社会网络中包含人类互动的模式以及对信息（或疾病）传播的控制结构（见第 4 章、第 5 章），最近得到研究者广泛深入的关注。

斯坦利·米尔格拉姆（Stanley Milgram）[297] 是进行社会网络结构实证研究的先驱之一。他让被测试人（从内布拉斯加州的电话簿中随机选取）寄信给一个他在波士顿的股票经纪人朋友，而这封信必须在互相知道名字的人之间传递。因为绝大部分最初参与测试的被测试人都不直接认识那位股票经纪人，他们的最佳策略是把这封信传递给跟股票经纪人比较"相近"的人手中，这种"相近"既可能是社会层面上的，也可能是地理层面上的，比如传给在金融界工作或是住在马萨诸塞州的朋友。

最终很多米尔格拉姆信件被成功传递，而中间经手人数的平均值仅为 6。这一结果在民间广泛流传，并最终被约翰·瓜尔（John Guare）于 1990 年写成了名为《六度分离》的剧本 [182]。米尔格拉姆的结果通常被用来当作"小世界假设"的证据 [445]，即即使在数目很大的人群当中，任何两个人之间通常也可以通过很短的熟人链就能相连。这一结论几乎在所有被调查的社会网络中都适用，即使组成网络的个体是俱乐部、球队或组织，该理论也同样适用。这些例子包括女人和她们参加的社交活动，公司首席执行官和他们经常出现的俱乐部，公司董事和他们所在的公司的董事名单，电影演员和他们曾出演的电影。最近纽曼（M. E. J. Newman）研究了科学家之间的网络，他以两个科学家之间有大于等于一篇合作论文为依据构建该网络里的链接 [313，314]。这个网络可能可以用来较好地描述与投资者网络类似的职业网络，因为如果两个人合写过一篇文章，那么这两个人互相认识的概率很大。

关于合作者网络的想法并不是纽曼首创。很多数学家对埃尔德什（Erdös）数都很了解 [178]。保罗·埃尔德什（1913—1996）是经常旅行且十分多产的匈牙利数学家，他在众多领域同他人合写了 1 400 多篇论文。根据定义，埃尔德什本人的埃尔德什数为 0，而同他合作过的人的埃尔德什数为 1，这样的人共有 507 个。同埃尔德什的合作者合作过但没有同埃尔德什本人合作过的人的埃尔德什数为 2，现在这样的人共有 5 897 个，依此类推。如果某人不能通过合作关系与埃尔德什发生联系，则此人的埃尔德什数为正无穷。我本人的埃尔德什数为 3，因为我曾同某个人联合发表过一篇论文，而这个人的某个合作者同埃尔德什本人合作过。以埃尔德什为顶点，依合作关系建立的图包含了几乎所有今天仍然在做科研的数学家。另外，他们都离埃尔德什不远：现存的最大埃尔德什数为 15，而埃尔德什数的平均值为 4.7［179，33］。

关于小世界效应的解释见图 6-1。在这幅图里，作者给出了他们的所有合作者和合作者的合作者，也就是他们在科学家网络中的一阶和二阶邻居［313，314］。从图中可以看到，纽曼有 26 个一阶邻居和 623 个二阶邻居。随着距离的增大，邻居数目的增长速度非常之快，所以仅需要几步便使得邻居总数同所有科学家的总数相当了。这被称为小世界效应。

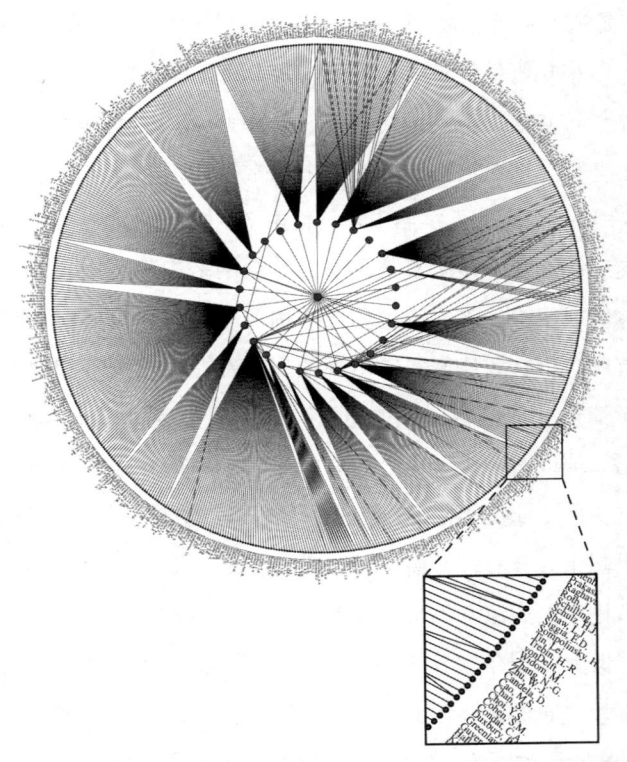

图 6-1 本图研究科学家网络。图中中心点代表［313，314］的作者，第一个环代表他的合作者，第二个环代表合作者的合作者。在同一环上有合作的两个人间的连线被去掉了，这么做是为了使该图更加清晰。本图版权由纽曼［313，314］授予。大多数科学家的网络都有类似的构造，包括本书的作者。但由于本书的作者比［313，314］的作者年长，所以以本书作者有更多的合作者，仅计算 1996—2000 年，他就有 55 个（多于 26 个）合作者在第一个环上，还有更多的间接合作者在第二个环上。相对应的图远不如现在这幅图好看，因为显得过于拥挤了

事实上，在大多数网络中，任意两节点（在下面的例子中指科学家或投资者）之间的平均距离与总节点数的对数成正比。考虑到一个数的对数其实就是用指数形式表达该数时的指数值，我们可以近似地把对数计为这个数的位数减一（以 10 为底，1 000 的对数为 3，因为 $1\,000=10^3$）。由于一个数增长十倍，它的对数才增长 1，所以对数函数的增长十分缓慢。等级网络正好简明地表现了这一点。我们来考虑一种简单的等级网络，即菱形网络，它的拓扑结构见图 6-2。我们从两个相连的节点开始（$p=0$），把这个链接（线）替换成一个菱形，这个菱形有四条边，初始的两个点占据菱形的两个顶点，而另有两个新加入的点占据菱形的另外两个顶点（$p=1$）。然后我们再进一步把这个菱形的四条边分别替换为四个菱形（$p=2$）。重复这一步骤很多次后，我们得到一个具有等级的菱形晶格。在第 p 步之后，该网络的总节点数为 $N=\dfrac{2}{3}(2+4^p)$，边数为 $L=4^p$。当 p 足够大时，我们可以近似地认为总节点数（N）和总边数（L）都正比于 4^p，因此重复次数 p 正比于总节点数或总边数的对数。所以总节点数 N 的对数只是正比于代表 N 的特定参数的指数值，这里特定参数为 4。

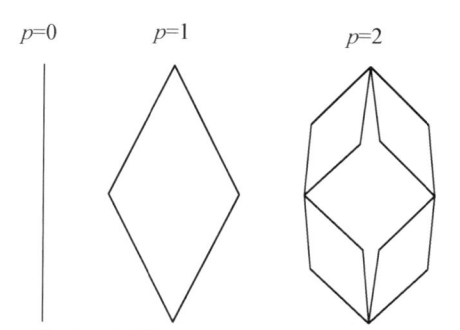

图 6-2 构建层级钻石晶格的前三步。p 代表步数

大部分节点只有两个邻居，另外少数的节点有 2^p 个邻居，其他节点的邻居数在这两类节点之间。注意，最新加入的节点的邻居数仅是邻居最多的节点的邻居数的 $1/(2^{p-1})$，而那些邻居最多的节点拥有的邻居数仅比整个网络中所有节点邻居数的总和少 2^p。把所有节点进行平均，我们得到任意两个节点之间的距离的平均值正比于重复次数 p，也就是正比于总节点数的对数。

这样的等级结构要比第 4 章和第 5 章所用的欧几里得平面节点网络（图 4-7~

图4-10）更能代表真实的金融网络。

6.1.2 等级网络中的临界行为

考虑一个如图6-2所示的等级网络，其中每个菱形的节点代表一个个体。个体间像式（4.1）一样，通过邻居间带噪声的模仿行为进行互动。我们重申式（4.1）体现了模仿造成的有序性和个性化信息造成的无序性之间的竞争。这一网络和它的更一般形式都是可解的［106，9］。这里的更一般形式（如图6-2所示）是指，在任何一步中用由q个新节点以及r条边组成的结构替代原有的两节点一条边结构。图6-2中显示的是$q=r=2$的情况。

这些网络的基本性质同第5章中用图4-7～图4-10所示的欧几里得二维平面网格构建的风险驱动模型类似。存在一个模仿强度的临界点K_c。如图6-3左图所示，崩盘概率$P(K)$在K到达K_c时变为一个常数$P(K_c)$，这里为0.7，但是这时接近$P(K_c)$的速度无穷大。这种现象背后蕴含的机制是当K接近K_c时，各个互相模仿的团体变得越来越大。那个大小占绝对优势的团体内的个体有着同样的行为，一旦最大团体内的某人开始卖，所有人都会跟风，就导致了崩盘。图6-3左图同图5-6的区别在于，崩盘概率不仅简单加速增大，在其增大过程中还伴随着振荡。随着逼近K_c，崩盘概率穿过指数增长曲线（虚线所示）的频率也越来越高。为了更好地表现该振荡的特性，我们在图6-4左图中显示了崩盘概率增加的部分$P(K_c)-P(K)$与随着向临界点K_c迈进减小的距离$(K_c-K)/K_c$之间的关系。这幅图的横纵坐标都用了对数标度，这使幂指数增长可以在图中表示为一条直线（如图中虚线所示）。修饰这条直线的振荡在图中清晰可见。由于这些振荡在横坐标为对数时是周期性的，我们把它们称为对数周期性振荡。这些对数周期性振荡的强弱取决于在等级结构中投资者之间的互动情况以及我们所选择的观测指标。当我们把这一模型应用于其他地方（比如磁性材料）时，节点从投资者变成了极小的磁铁。而这时在物理学里，我们经常选用能量或磁化强度为观测指标。观测指标通常显现出极小幅度的对数振荡。在物理学问题中，我们出于教学目的，人为地放大了振荡幅度，好让大家更清楚地看见它们。然而，在金融学概念中，这种放大却不是人为的。这一点可以用在金融崩盘中我们所选取的观测对象同在物理学中不同这一理由来解释。正如第 1 章所述，股市崩盘可以被看作"断裂"，它对内部有模仿行为的投资者群体分布的极度波动非常敏感。投资者群体分布的波动可能带来非常大的对数周期性振荡。这一点可从图 6-5 所示的混沌和湍流的动力学模型中看出［462］。随着代表强调最大波动的参数 m 的增加（$m=3$ 到 $m=4$），对数周期性更明显了。这说明，对数周期性在同一个系统中可能非常明显，也可能观测不到。

图 6-3 还显示了崩盘概率不收敛的加速过程。崩盘风险率就是崩盘概率随时间的变化速度，它在 K 趋近于 K_c 时没有上限。这里我们新发现了随着距离临界点越来越近，不断加速的对数振荡，这些振荡的弧度在双对数坐标下是等距的（如图 6-4 右图所示）。振荡在崩盘风险率中表现得更为明显［与（累积的）崩盘概率相比］，这是因为速率（导数）可以将局部性质放大。这说明在相同的时间长度内，已知崩盘还没有发生的前提下，崩盘的概率随投资者之间互动强度的增加而显著增大。而这种加速也被夹杂在中间的静态相（对数周期性振荡的下降部分）所干扰，崩盘风险下降。

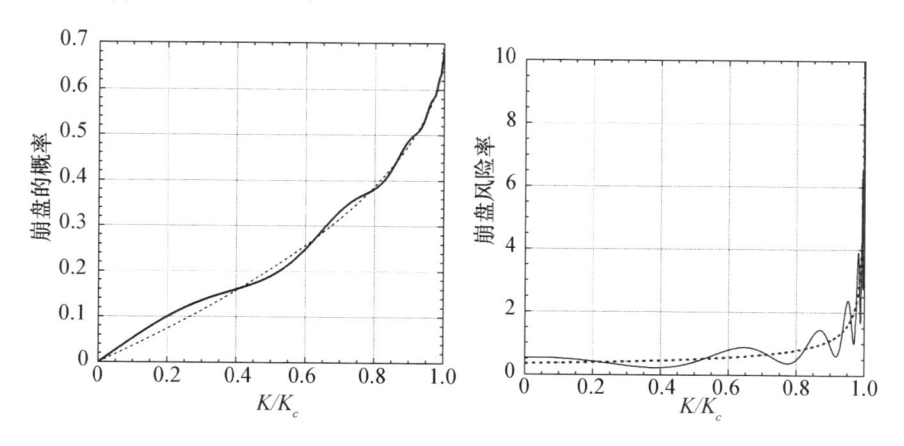

图 6-3 左图：在等级钻石网络中发生崩盘的概率。在这个例子里，概率在临界点 $K=K_c$ 处达到最大值 0.7。概率服从对数周期性振荡，在到达临界点时斜率变为无穷。虚线与图 5-6 左图一样，是在欧几里得晶格上的结果。右图：等级钻石网络的崩盘风险率。虚线与图 5-6 右图一样，是在欧几里得晶格上的结果。崩盘风险率与左图所示的概率的斜率成正比

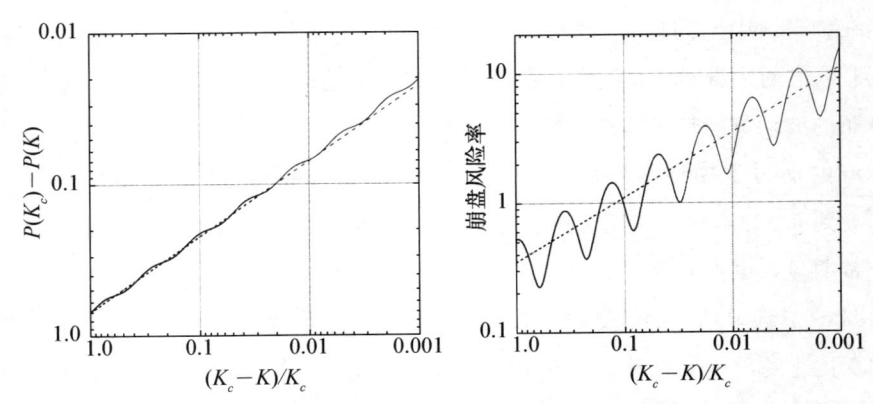

图 6-4　左图：对数坐标下的图 6-3 左图所示的概率的加速部分 $P(K_c)-P(K)$ 作为简化距离 $(K_c-K)/K_c$ 的函数。坐标轴的方向故意画反了，这是为了让我们有更好的视觉直观：越接近 K_c，概率越大。右图：对数坐标下的图 6-3 右图所示的崩盘风险率作为简化距离 $(K_c-K)/K_c$ 的函数。虚线代表在欧几里得晶格上的纯幂律加速（如图 5-6 右图所示）。坐标轴的方向故意画反了，这是为了让我们有更好的视觉直观：越接近 K_c，崩盘风险率越大

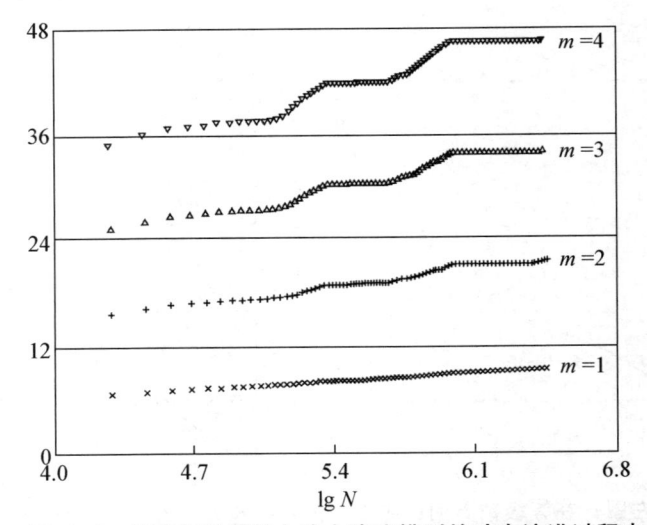

图 6-5　纵坐标是简单水动力湍流模型的动态演进过程中的平均波动幅度。随着 m 的增加，分配给大幅度的权重越来越大。横坐标代表测量计算的时间窗口。如图所示，在 $m=1$ 时，不能探测到对数周期性。而在 $m=3$ 和 $m=4$ 时，对数周期性十分显著。本图根据 [462] 复制

如果崩盘风险率有这种性质，从第 5 章的分析中我们可以得出，在满足无套利

条件和理性预期假设的条件下，回报也一定会有类似的性质。由此我们得到了临近崩盘的特殊模块的第二个预测：回报率会间歇性地越涨越快，也就是在加速和减速之间不断变换，最终收敛于临界点。由于价格是回报率的累积，一个典型的价格变化曲线也会走向一个临界点。它与图6-3左图所示的崩盘概率随时间的变化相似。

6.1.3 金融泡沫的等级模型

我们需要更进一步探讨投资者之间模仿行为的等级结构对我们观测到的股市宏观特征造成的影响。因此，我们像图6-6所示那样构建了等级组织结构。在这个组织中，一个投资者只能影响与他平级或比他低级的有限个投资者。由于存在级联效应，低层的决定又会反作用于高层。比如，一方面，某一国家中银行的头寸整体上来说都对该国的外汇储备非常敏感，它们可以从外汇储备量中提取出关键的信息。另一方面，一个国家的外汇储备量又是所有该国银行外汇储备量的总和。

在我们这里的等级模型中，每一个个体投资者都被标记为零阶投资者。由于有等级组织，这些投资者组成了一些组，而在每个组当中有 m 个投资者，我们把这些含有 m 个投资者的组称为一阶投资者。同样 m 个一阶投资者又组成了二阶投资者，依此类推。在这样的等级组织里，一个 n 阶投资者其实是 m^n 个个体投资者的集合。这里为了简便且不失一般性，我们假设 $m=2$。对 m 为其他值的分析是类似的，只是在具体数值上有些差异。

从 0 时刻起，零阶投资者开始收集和处理信息并依此决定要不要进入市场，什么时候进入。这时每个投资者都是不同的，因为他们每个人分析目前市场情况的时间不同，也就是每个投资者从做决定到最后进入市场有一个特征时间。他们做出行动的时间不同也就决定了他们的行为也不同［437］。我们假设投资者 i 决定在 t_i 时刻买入股票（假设该模型中市场有且只有一种股票），t_i 遵循某种分布，比如泊松分布（指数分布）。应当注意，投资者 i 从开始到买入时刻 t_i 间的时间间隔跟他做出决定之后到最终执行这个时间间隔并不相同。后者通常非常小，因为尽快执行投资者下的单对投资者有好处。相反，买入的时间 t_i 反映了投资者收集数据、做出分析并最后决定进入市场的时间长度。这段时间在某种程度上是他自己说服自己进入市场是正确的决定所需的时间。建立这种自信可能是很长的学习过程，它跟投资者的心理习惯和过去的经历相关。不同人的特征时间 t_i 可能从几分钟（或更少）到几年不等，它反映了对新信息收集和整理的速度。

一个投资者的变动可能会被其他投资者看作是帮助他处理他所面临的不确定性的相关额外信息。具体来说，我们看图 6-6 所示的 $m=2$ 的等级结构。假设在零级结构中，两个投资者之一经过很长时间的分析，到达了他决定进入市场的时间。这个模型的规则是，有且只有跟他处在同一个零级单位中的另外一个投资者可以跟他交换信息。从原理上讲，一个投资者可能会在他对其他投资者行为的调查过程中获得好处。然而，去收集更高层次的信息可能很难甚至完全不可能，而且这样付出的成本可能过大以至不能被执行。因此，我们这里的假设同在成本有效的前提下获取最大信息量的策略是一致的。当受到第一个人买入这一信息刺激之后，第二个投资者通常来说都比原来更倾向于进入市场。模型假设距离他进入市场的时间被缩短了 β，这里 β 小于 1。这个模仿规则旨在模拟具有正反馈和负反馈模块的（在第 4 章讨论过）、具有极强非线性的投资者行为。如果 β 接近于 1，则互动很弱，投资者在知道他的邻居的决定后并没有对自己的策略做出重大修正。相反，在 β 趋近于零时，第二个投资者由于受到了第一个人的影响而马上进入股市。在这种情况下，在一个组内，一些人的决定会极大地影响其他人的决定，并使整个组内对市场的动作加大。这时系统进入了"羊群效应"阶段。

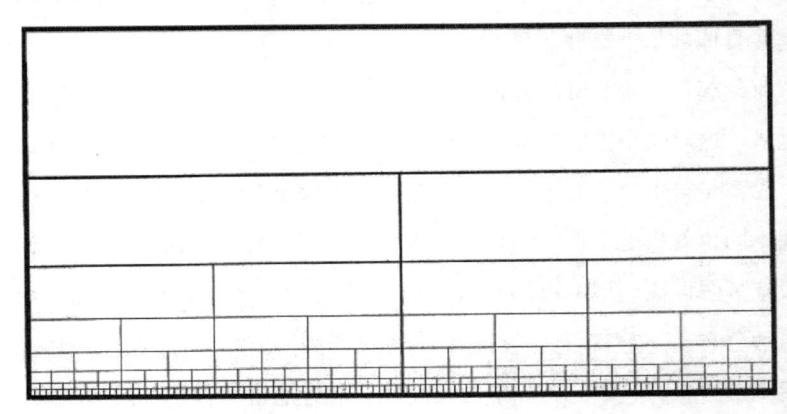

图 6-6　交易员间互相影响的简单二叉树等级结构的图示。本图根据[398]复制

模型假设模仿过程适用于所有等级。当两个处在同一组的 m 阶投资者最终决

定买入，这一信息会被传递到更高的等级中。由于 m 阶中的两个投资者都买了，所以代表他们两个集合的那个 $m+1$ 阶投资者也打算在此刻买入。而这一信息会在其他 $m+1$ 阶投资者之间传递，从而改变这些 $m+1$ 阶投资者的买入时间。具体地说就是该 $m+1$ 阶投资者的邻居决定进入市场的时间被缩短了，变为原来的 β。这一过程可能会持续向更高等级发展，最终使发生于最低等级的变化经过持续向比较高的等级施加影响，导致较高等级的投资者间产生联系，并发生复杂的变化。这种信息级联过程在图 6-7 中以几何的形式表现出来。

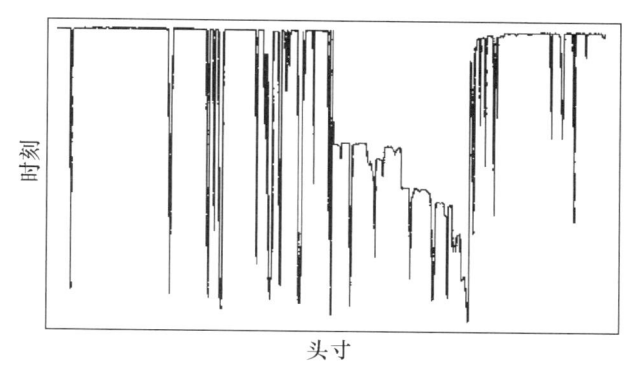

图 6-7 系统的时空演化。横轴表示图 6-6 中所示的分等级联系的 512 个交易员。纵轴是时刻，从底流向顶。进入市场的买家用井（wells）表示。井变宽表示一个个体的买单逐渐"侵入"相邻个体。翻倍级联（cascade of doubling）可以从不同尺度、不同分支观察到。来自不同时间、不同交易员的级联间存在竞争。由此产生的噪声结构如图 6-8 所示。本图根据 [398] 复制

　　股票价格受投资者行为影响，这一影响程度强烈、方式特别。这一非常简单的描述并不能提供特殊的股票价格计算公式。在模型中，我们假设了价格是非减的，它由到 t 时刻为止总的买家头寸数决定。也就是说，需求曲线为正。这是因为需求对价格有直接的影响，需求增加会抬高价格。在本模型中另一个重要的简化是所有投资者都只对买有兴趣，然而实际上买卖之间是需要平衡的：如果你想买，那一定要有人愿意卖！模型中假设的其实是：在整个买家合作规模不断发展壮大的过程中，所有卖家都完全一样，他们在整段时间中都保持中性。这一问题因此被简化为去量化所有时刻买家的总头寸。

　　我们的模型还需要一个对崩盘的严格定义。由于受到无穷多个投资者（有无穷

多个等级)的限制,崩盘发生于某个时刻 t_c。在 t_c 之前很久,买家数量维持在很小的值,他们之间的相互影响也很小。而买家数量开始不断慢慢变多,直到 t_c 时刻,已经有很大一部分投资者已经买入股票了,这时市场趋于饱和,不会再出现新的买家。本模型描述的是准备过程,即泡沫的形成过程。对于造成的结果,即崩盘,模型本身并没有给出说明。

图 6-8 给出了下买单的交易员的数量相对于时间的函数。左图代表从某个特殊的初始买家数开始形成的零阶买家数随时间的变化规律。右图则同时显示了五种不同初始状态形成的买家数增长轨迹。不同之处在于右图里采用了双对数坐标,这样就和图 6-3 及图 6-4 中展示的一样,幂指数增长可以用一条直线来表示。我们从图中确实观察到了幂指数增长,并且看到了在增长过程中伴随的对数周期性结构。这一模型的解析解已经在 [398] 中给出,该文严格导出了有对数周期性振荡的幂指数增长的结构。对数周期性振荡的频率是由相互影响强度因子 β 决定的,该因子决定投资者看到他的邻居买入后自己决定买入的时间被加速的倍数,从而也就决定了更高阶投资者买入时间被加速的倍数。

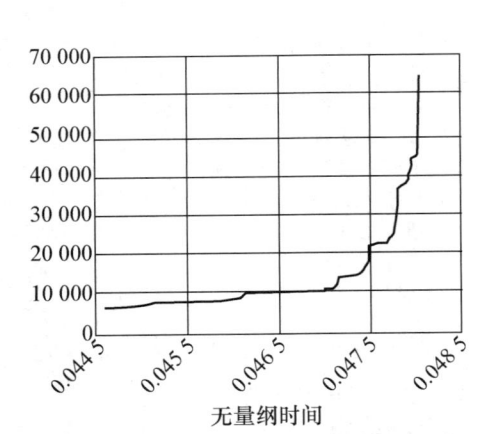

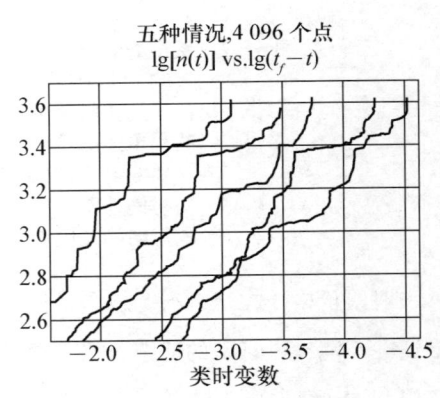

图 6-8 左图:下买单的交易员的数量相对于时间的函数。请注意幂律加速以及修饰它的阶梯状跳跃的对数周期性结构。右图:与左图一样,在双对数坐标下,进入市场的交易员的数量与到临界时间距离之间的关系。右图显示了五条路径,它们反映着在真实世界里从统计上来说初始条件相同但实际不同的五种情况。如文中所述,被巨大而复杂的对数周期性结构修饰的类似于直线的线代表幂律。本图根据 [398] 复制

这里对图 6-8 中所示的对数周期性振荡的强度做些说明。这可以被追溯到投资者间相互影响的级联本身具有的阈值特性。正如图 6-5 所示,如果我们选取比

较强调极端和突然行为的观测体,对数周期性振荡就会比较明显。为了更清楚地说明问题,我们告诉读者这个模型完全可以应用于材料科学中去解释由突然断裂级联造成的材料整体损坏。有兴趣的读者可参看[355]。

这种买者人数的加速过程可以很好地反映常在金融泡沫产生过程中提到的"博傻理论"。该理论是说在金融周期里,有些人完全不看股利或者任何股票基本面而买入股票,去期待在不久之后可以以更高的价格卖给别人。关于这一点有一个有趣的例子[142]。1929 年的一天,当亨利·福特(Henry Ford)先生坐电梯去他的顶层公寓的时候,电梯员对他说:"福特先生,我的一个朋友向我推荐股票 X、Y 和 Z,您这么有钱,应该抓住这个投资机会。"福特感谢了他,然后一到他的公寓便给他的经纪人打电话,要求卖掉他所持有的所有股票。他之后这样解释:"如果一个电梯员都开始向你推荐股票了,那你在这之前很久就应该卖掉了。"更为一般地,这个故事告诉了我们如下所述的级联过程[309]:新的人口、技术和经济进步会促进金融市场的自主创新,第一批投资者和创新者将抓住这一浪潮使自己变富。随后越来越多的模仿者会过分高估这些进步,并持续推高股价。当危机到来时,最后加入的人损失得最多。

6.2　等级系统中对数周期性的根源

6.2.1　离散标度不变性

在前一节中提到了伴随崩盘概率、崩盘风险率、回报率和价格曲线的加速上升,我们发现了对数周期性振荡这一新性质。那么什么才是周期性振荡的根源呢?

答案十分简单:等级网络(包括图 6-2 所示的钻石晶格和图 6-6 所示的树状格点)的对称性,也叫离散标度不变性。对称是一个几何性质,即某系统或某标的在一些特殊变换下保持不变。这些变换包括平移、旋转、反转和放大。比如,规则的瓷砖地面具有离散平移对称性,因为每块同样的瓷砖周期性重复,所以把整个地面平移瓷砖长度的整数倍会得到同原来完全一样的地面。地砖、地毯、家具、钻石和古老教堂等的对称性都给我们带来极大的审美愉悦。大自然是构建在一系列基本对称的基础上的,这些对称不仅包含平移或旋转对称,还包括以不同速度匀速运动的两个坐标系之间的变换（伽利略不变性）对称性或更为复杂的规范场论中的对称性（与基本粒子的内部变量相关）。宇宙中所有的现象、物质和能量几乎都是从这些基本对称性中产生的（存在少许背离，来自对称性破缺）［448］。因此，在帮助我们理解世界的组织和复杂性的过程中，怎么强调对称性的重要性都不为过。

图 6-2 和图 6-6 中的菱形和树形晶格同样也有对称性，这种对称性叫作"标度不变性"：菱形结构可以重复无穷次，不论把原来的菱形结构缩成一条线，还是把一条线扩展成菱形结构，总的网络都没有变化。同样地，在图 6-6 所示的树形结构中，不论把一条枝干变成两条枝干还是把两条枝干变成一条枝干，树形晶格也都没有变化。换句话说，像菱形或树形这样的等级结构可以在不同尺度上进行自我复制。这种性质被曼德尔布罗特（Mandelbrot）［284］称为"分形"，在他之前理查森（Richardson）［343］也做了先驱性的工作，"分形"被用来解释众多在自然和社会现象中存在或近似存在的标度不变性对称。可能很多人都是通过计算机画出的非常美丽、优雅、复杂的图片了解到分形的。流行的好莱坞电影中的地形、高山、云彩，以及其他美丽的场景也是通过运用分形几何的软件设计出来的。很多研究表明，世界上的众多自然结构都是近似分形的［29，126，88，31，292，394］。我们的审美在分形结构中得到了共鸣。

在最简单的分形构造和教科书的例子当中，标度不变性不能对任意尺度都适用。这同样也适用于图 6-2 和图 6-6 中所说的等级结构。在钻石晶格中，只有放大倍数为 4 或 4 的幂，网络才具有不变性。在树形晶格中，只有放大倍数为 2 或 2 的幂，网络才具有不变性。这种特殊的尺度 4 和 2 是等级网络构建方式的直接结果。像这样自相似仅存在于某些尺度 4^n 或 2^n 或更一般的任何 λ^n ［$n=\cdots-3,-2,-1,0,1,2,3,\cdots$（整数）］的系统被称为具有离散标度不变性［392］。离散标度不变性比一般的标度不变性弱对称：它是一般不变性被约束于一些离散的尺度因子上，比方说前面提到的 4 或 2。

6.2.2 分形维度

早在公元前 3 世纪，欧几里得和他的学生就提出了"维度"这个概念。维度是一个指数，它可以为任意正整数，被用来描述相互独立的方向的个数。以 d 维为例，它是联系体积 V 和长度 L 之间的指数：$V=L^d$，这里 V 是由边长 L 组成的广义立方体的广义体积。对真正的三维空间中的立方体，其体积为 $L^3=L\times L\times L$。对平面，正方形的面积为 $L^2=L\times L$。对一条线段，它的长度为 $L^1=L$。因此直线维度为 1，平面维度为 2，体量维度为 3。球体的表面维度也为 2，这是因为其上的任何一点都可以用两个坐标（经度和纬度）来定位。另外一种理解球面是二维的途径是，它的表面积同球体半径的平方成正比。

在 19 世纪后半叶和 20 世纪前半叶，数学家认识到几何图形的维度可以是实数，比如 $d=1.56$，$d=2.5$，或其他实数。这一把维度从整数拓宽到实数的惊人发现其实是把平移不变性拓宽到了连续尺度上的不变性。平移不变性是说从不同观测点看时一条线或一个平面没有变化。而具有分数维度的东西有标度不变性的特点。为了抓住这一特点，"分形"这个词的发明者曼德尔布罗特［284］其实是用了一个用来表明粗糙、破碎和不规则的拉丁词根 fractus，描述近似的标度不变性的特点。与欧几里得的空间形式不同，这种粗糙的性质可以从任何尺度上得到。曼德尔布罗特花费了大量时间去证实这一概念不仅是数学家的空想，它与很多真实世界中的事情都密切相关。这一从整数到实数的推广有很强的直观解释，也就是非整数维度可以描述那些部分和整体相似的不规则结构。

在大自然中存在着很多（近似）分形的例子，比如大尺度下星云的分布、山脉排列、断层网络、地震位置、岩石、闪电、雪花、河流网络、海岸线、气候变化的模块、云层、蕨类、树和哺乳动物的血管。

在曼德尔布罗特先驱性的论文［283］中，他把理查森在［343］中对国境线长度和标度尺寸之间的关系问题的研究做了极大的推广。他把这一问题总结成发问的形式，如"英国的海岸线有多长？"，并用它作为文章的题目［283］。这一问题是引入分形几何的核心问题。图 6-9 画了一段能让人联想起法国布列塔尼半岛海岸线的波浪状结构的海岸线。

这样的海岸线是不规则的，因此用图 6-10 中所画的直尺量只能给出其长度的近似值。估计的长度 $L(\varepsilon)$ 是尺子的长度 ε 乘以用该尺子量完这段线所需要的总次数 $N(\varepsilon)$。在图 6-10 中，我们用两种不同的尺子测量海岸线的长度。两种尺子分别

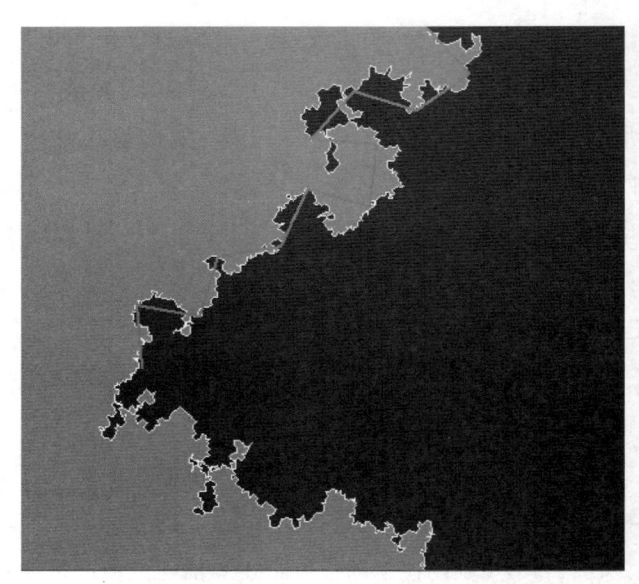

图 6-9　人造的分形海岸线。本图由特伦菲奥（P. Trunfio）授权

长 ε_1 和 ε_2，并且有 $\varepsilon_2 = \varepsilon_1/2$。用较短的尺子 ε_2 估计出的海岸线长度 $L(\varepsilon_2)$ 明显大于用较长的尺子 ε_1 估计出的长度 $L(\varepsilon_1)$。对在任何尺度上都很粗糙的波浪状海岸线来说，随着尺子长度的减小，海岸线的长度会不断增加，且没有上限。因此（固有）长度这个概念就没有意义了，我们需要用在不同解析度下的（相对）长度来代替它。对于"英国的海岸线有多长？"这个问题，一个比较合适的回答是海岸线的长度是尺子长度的函数，或者海岸线无穷长（这是用可用来探测不管多小不规则海岸线的无限短尺子的测量结果）。

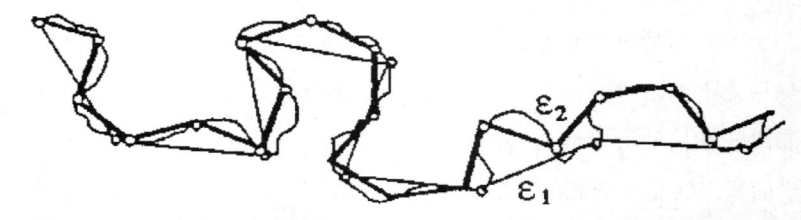

图 6-10　用确定尺度测量粗糙曲线的尺子方法。尺子长度变短使得更细微的细节可以被探测到，因而总长度会变长。本图由欧伊伦（G. Ouillon）授权

分形维度 d 正是用来描述相对长度 $L(\varepsilon)$ 关于尺子长度 ε（也被称为分辨率，

因为尺度小于 ε 的细节不可分辨）的变化规律的。$L(\varepsilon)$ 正比于 ε 的（1−d）次方：$L(\varepsilon) \sim \varepsilon^{(1-d)}$。这个式子中的指数是（1−d）而不是 d 的原因是分形维度的定义。在分辨率 ε 下，一般可以观测到 $M(\varepsilon) = L(\varepsilon)/\varepsilon$ 个元素。能被尺子 ε 测量出来的元素个数反比于尺子长度 ε 的 d 次方。对英国的海岸线来说，$d = 1.24$，它不是整数。相反，在南非附近的海岸线非常平滑，很像是圆中的一段弧，因此 $d = 1$。一般来说，越粗糙的线会有越大的维度，因为这时这段线更充分地填充了平面（维度为 2）。当 $d = 1$ 时，$\varepsilon^0 = 1$，海岸线长度 L 不随尺子长度 ε 的改变而改变。只有在分形维度和拓扑维度一样时，测量结果才与尺子的长度无关。这是我们在学校课堂里早已熟悉的欧氏几何的情况。然而从我们的讨论中可知，这仅是极端特殊的情况。一般的情形是，对任何主体的测量结果都同测量的尺度相关。

让我们把分形维度这个定义运用到图 6-2 和图 6-6 的等级结构中去。对图 6-2 的菱形结构，假设用于替代原来一条边的四条边都是原来那条边的 r 倍长，这里假设 $r = 2/3$。因此每一步分辨率都增大了 $1/r = 3/2$ 倍，我们通过增大分辨率看到的边数变为原来的 4 倍。根据分形维度的定义，分辨率放大 3/2 倍的 d 次方应改为 4。所以，这里的维度为 $d = \ln 4/\ln(3/2) = 3.42$。因此这个维度大于我们平常所熟知的维度。高维的物体可以在二维平面上显示，这仅说明等级结构会不断在一点重复出现很多次。现在的维度小于 4，因此我们只需要把这个等级结构展开到 4 维空间中就能消除所有的重叠。请注意分形维度会随新边长度和母边长度比值 r 的增大而增加。这体现了新边长度越大，描述整个网络就需要越多的空间。

在图 6-6 所示的树状晶格中应用同样的计算。假设测量基准的长度同样缩短为原来的 2/3。现在精度增大为原来的 3/2，能看到为原来两倍多的分支。根据分形维度的定义，3/2 的 d 次方应该等于 2，所以维度 $d = \ln 2/\ln(3/2) = 1.71$。因此该等级网络的维度介于线和面之间。重申一遍，在新观测到的边的长度相对于原来的边的长度较大（r 较大）时，分形维度较大。

标度不变和标度律。标度不变这个概念是说在不同时间与空间尺度上复制自己。更为准确地说，一个可观测量 $\mathfrak{O}$ 关于控制变量 x 有标度不变性是指对任意变换 $x \to \lambda x$，存在数 $\mu(\lambda)$，使得变换

$$\mathfrak{O}(x) = \mu \mathfrak{O}(\lambda x) \tag{6.1}$$

成立。式（6.1）是齐次方程，它应用于气液相变、铁磁相变和湍流等很多领域［112］。这个方程的解为 $\mathfrak{O}(x)=x^{\alpha}$，其中指数 α（同前面讨论的分形维度扮演的角色类似）为

$$\alpha=-\frac{\ln\mu}{\ln\lambda} \qquad (6.2)$$

验证这个结论只需把它代入式（6.1）即可。幂律是标度不变性的重要特征，这是因为比例 $\frac{\mathfrak{O}(\lambda x)}{\mathfrak{O}(x)}=\lambda^{\alpha}$ 不受 x 影响，即被观测体在不同尺度下的相对值应取决于两个尺度的比例。这是标度不变、自相似和临界同幂律相关的根源。

6.2.3 依据不同尺度的组织：重正化群

重正化群的原理和例证

式（6.1）表示系统恰好处在精确的标度不变对称性的临界点上。为了能够更为具体地应用，这里我们详细介绍系统处于临界点周围而不仅是临界点本身时的性质。我们了解这个内容的动机是在临界点出现之前，往往已经可以观测到某些征兆。我们的问题是去找到在临界点附近式（6.1）的哪些部分还适用，而哪些部分又必须得到修正。即不在精确的临界点时，标度不变对称性还有多准确。

一种叫重正化群的计算技术可以被用来解决这个问题。它的主要发明人威尔逊（Wilson）因此获得了 1982 年诺贝尔物理学奖，然而这一方法是建立在维顿（Widom）、格尔曼（Gellman）、卡丹诺夫（Kadanoff）、米格德尔（Migdal）和费希尔（Fisher）等前人研究成果的基础上的。重正化群方法已经被用来解决不同尺度结构下的行为特征［458］以及测量量和控制参数之间的幂律关系等临界现象问题。这是一个非常常见的数学工具。运用它，我们可以把从大量相互作用的部分里提炼出的宏观尺度行为问题分解为一系列相对简单的问题。在这些简单问题里，相互作用的部分个数较少，它们的有效特征随观测尺度的改变而改变。因此重正化群方法就是"各个击破"的方法，它从不同尺度上描述待测系统。这一方法在处理临界现象和处于标度不变附近的系统时尤其好用。用数学语言来说，重正化群就是系统整体的行为是其所有子系统行为的累加，而这些子系统的行为又可以用它的子系统行为的累加来描述。

重正化群方法有三个步骤。我们假设有一群个体，每个个体都有一个二选一的选择（看空或看多，肯定或否定，投票给 A 或投票给 B 等）。重正化群方法可以被分解为如下步骤：

（1）第一步是把相邻的个体组合成小组。比如在二维晶格中，我们可以用 3×3 的方块把个体组成有 9 个成员的小组。

（2）第二步是把每个小组内的不同意见统一起来，即代表小组意见的是这个小组中占主流的个体意见。这一缩减过程显然降低了问题的复杂度，因为我们现在需要考虑的意见总数只有原来的 1/9 了。

（3）第三步是把那些 3×3 的方块变成新晶格中的格点。这样原来的每一个小组变成了新尺度下的个体。这个新个体的意见反映了原来 9 个个体的平均意见。

循环一遍上述三个步骤，我们将把原有系统变换成一个同原来相似的新系统，但有一点显著不同，那就是意见的分布和空间组织结构被修改了（如图 6-11～图 6-13 所示）。

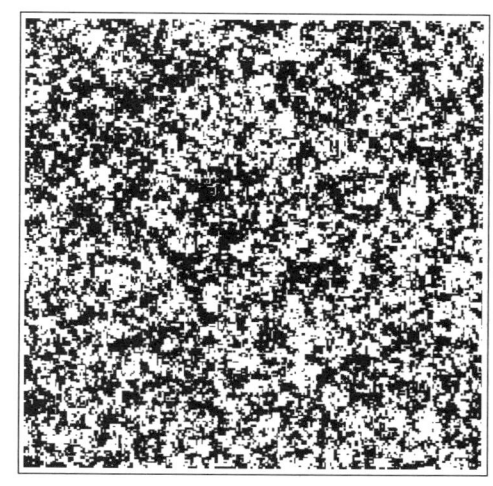

图 6-11　式（4.1）中的伊辛模型在无序（$K<K_c$）时的重正化效应。两种不同观点分别用白色和黑色表示。左图是在正方晶格上给出的观点结构。右边两幅图是左图经过连续两次重正化群变换后的结果。重复使用重正化群使晶格结构变得越来越无序了。所有短程相关性（白块和黑块的特征尺度）都被重正化过程逐渐去掉了，系统变得越来越无序，相当于模仿强度 K 变得越来越小。最终，经过很多次重正化后，黑白方格的分布变得完全随机。系统被重正化带得远离临界点。重正化判定这一状态在标度变换的条件下是无序的

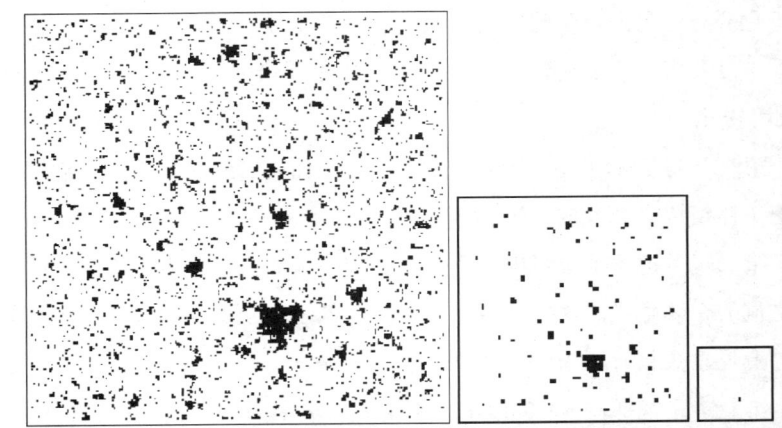

图 6-12 式（4.1）中的伊辛模型在有序（$K>K_c$）时的重正化效应。两种不同观点分别用白色和黑色表示，此时白色占优势。左图是在正方晶格上给出的观点结构。右边两幅图是左图经过连续两次重正化群变换后的结果。重复使用重正化群使晶格结构变得越来越有序（白色代表的观点越来越多）了。所有短程相关性（白块和黑块的特征尺度）都被重正化过程逐渐去掉了，系统变得越来越有序，相当于模仿强度 K 变得越来越大。系统被重正化带得远离临界点。重正化判定这一状态在标度变换的条件下是有序的

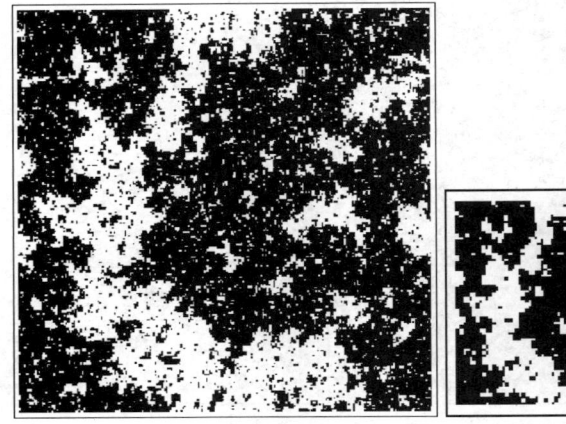

图 6-13 式（4.1）中的伊辛模型在临界点（$K=K_c$）时的重正化效应。两种不同观点分别用白色和黑色表示。运用重正化后晶格的结构并没有在统计意义上改变。所有短程相关性（白块和黑块的特征尺度）都被重正化过程逐渐去掉了，然而系统依旧在有序和无序之间保持平衡。有效模仿强度 K 保持不变，它等于临界值 K_c。经过很多次重正化后，系统始终保持临界状态，此时标度是不变的。换句话说，此时观点簇组成的系统是分形的

图 6-11～图 6-13 分别代表可能发生的三种不同情况。我们在第 4 章中描述的模仿模型和式 (4.1) 的框架下讨论它们。在这个模型中，个体倾向于去模仿他的邻居，而模仿强度 K 取决于模仿倾向和个性化倾向之间的相对强度。较大的 K 值会形成在其内部都具有同样观点的较大组织。较小的 K 值表示大家的观点分歧较为严重，个体不易于组成大规模组织。在这之间，我们于第 4 章中已经说明，存在一个临界点 K_c 把这两种系统状态分开。当系统位于 K_c 时，具有标度不变性。重正化群的方法可以精确证实这一表述（如图 6-11～图 6-13 所示）。

除了在临界点 K_c 外，重正化群方法都把系统拽向远离临界点的状态。我们可以用这些系统的空间"流"来计算临界指数，临界指数描述观测值在接近临界点时的发散程度。临界指数对这些流起控制作用，即它描述系统离开临界点的速度。

分形魏尔斯特拉斯方程：重正化群依赖时间的奇异解

在临界点时有精确的标度不变性。这时标度不变性仅在最小尺度（如果存在最小尺度）和最大尺度（系统大小有限）的情况下不成立。在这之间的所有尺度上系统都是分形的。

当系统并不精确地落在临界点上时，标度不变性仍然存在。但如果尺度大于我们所说的关联强度，就没有标度不变性了。这个关联强度跟前面所说的系统的有限尺寸扮演的角色类似。图 4-8 认为关联强度是最大局域簇的大小，即邻居间的局域模仿信号在被"噪声"（传播过程中每个个体的特有信号）显著扭曲之前能传播的长度。这说明式 (6.1) 所说的标度不变性是不精确的，需要进行修正。重正化群方法告诉我们修正的方法是向式 (6.1) 的等式右边再加一项。这一新项描述了在运用重正化群方法的过程中，从一个尺度到另一个较大尺度进行网格粗化时残留的自由度。

假设这个新项是简单的余弦函数 $\cos x$（对应有规律的振荡），重正化方程的解变为一类有名的方程——魏尔斯特拉斯方程 [447]（英语翻译见 [117]）。这一方程画在图 6-14 中。它有非常特殊的性质，即处处连续但处处不可导。从直观上说，连续说明没有断点，不可导说明没有斜率。这也就是说该曲线在任何尺度上都非常粗糙。在图 6-15 中，魏尔斯特拉斯曲线在 $t_c=1$ 时达到临界状态，这时它的等级之间是自相似的，并且每个等级都有对数周期性结构。

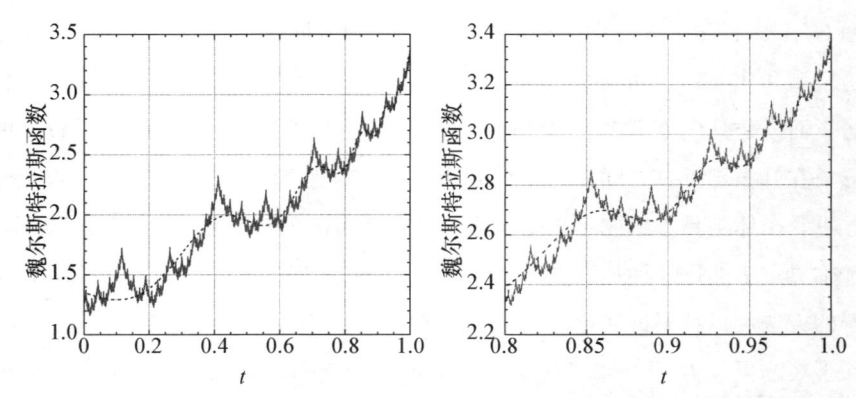

图 6-14 魏尔斯特拉斯函数是重正化群方程的解〔由可以描述自相似临界的式（6.1）得到〕加上简单余弦函数。其中的余弦函数项象征着小尺度自由度在下一个大尺度上体现出的效应。右图是左图的局部放大，通过比较这两幅图，我们发现魏尔斯特拉斯方程有自相似特性。当接近临界点 $t_c=1$ 时，有无穷多个分叉结构。这一自相似性由分形维度等于 **1.5** 得来。在 $t_c=1$ 时，幂律奇异性用幂指数 $\alpha=1/2$ 来描述。用于捕获大尺度魏尔斯特拉斯方程结构的缓慢振荡的虚线是由幂指数为 $1/2$ 的简单幂律 $3.4-(t_c-t)^{1/2}$ 加上对数周期性振荡 $\cos(2\pi\ln(t_c-t)/\ln 2)$ 构成的。因此这个例子中占主导地位的离散尺度因子为 $\lambda=2$。在当前的例子中，尖锐的结构以规则几何对数周期的形式重复出现（主对数周期由 $\lambda=2$ 给出）。一种数学变换〔梅林变换（Mellin transform）〕可进一步说明这个函数在任何尺度上都有优美的波纹结构，这可以用 $\lambda=2$ 的所有整数次幂的无穷个主对数周期性的谐函数来表示

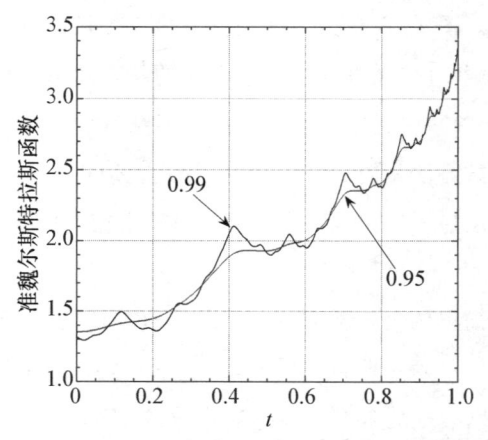

图 6-15 与图 6-14 一样，只是这里余弦项被指数衰减的余弦项取代。这里的衰减率为 1 减去图中箭头标出的值。这里的"准魏尔斯特拉斯函数"已经不是严格分形的了。它在小尺度下较为平滑。对数周期性在大尺度下得以保全而在小尺度下遭到了破坏

6.2.4 复分形维度和对数周期性

我们现在来说说之前讨论的离散标度不变性的直观意思。正如前述，离散标度不变性仅是标度不变性的弱化形式，它是指系统或观测值在解析度放大 λ 倍时保持不变，这里的 λ_1，λ_2，$\cdots$ 是一列可数的趋于正无穷的数，可以被表示为 $\lambda_n = \lambda^n$，λ 被称为基本放大倍数。

图 6-2 和图 6-6 所给出的等级网络遵循离散标度不变性，但不遵循连续标度不变性。这其实是从构造结构上来的，菱形晶格只有在一系列具有特定大小的四条边取代原来一条边的时候才能保持跟原来一样的结构。同样地，二叉树结构只有在能使分支数都变为原来的两倍的一系列离散倍数下才具有标度不变性。事实上，任何规则的分形构造都具有离散标度不变性。其他著名的例子还有康托集（Cantor set）、谢尔宾斯基三角（Sierpinsky gasket）、科克雪花（Koch snowflake）等 [284]。

标度不变的标志是存在没有偏好标度的幂律分布。这些幂律的指数就是分形维度。离散标度不变性的存在表明我们可以看到带有幂律的对数周期性振荡。正如我们即将看到的，这些对数周期性结构，从数学上来说，是由于指数 α 或维度 d 不再仅是非整数了，它变为一个复数。

连续标度不变性给出了非整数（实数）分形维度。我们要进一步说明，离散标度不变性会给出复分形维度。在这之前，我们先举些例子说明数学可用来完美地解释一些自然现象：寻找数学上可以给人以审美上的愉悦广泛性及持续性，就是去挖掘一个深刻的概念。因研究核物理和量子力学的对称性而获得诺贝尔物理学奖的威格纳（E. P. Wigner）这样说 [456]：数学在自然科学里的广泛应用是我们通向玄妙的大门。数学语言在构建物理定律时是如此合适，这简直是一个奇迹，是上天赐予我们的礼物。我们既不能理解它，也不值得拥有它。

复数是有加减乘除运算的最为一般的数。它包含整数 0，1，2，3，$\cdots$ 和实数（包含整数和小数，比如 876.348 782 78）。有理数是两个整数的商，比如 13/8，是实数的一部分，因为它要么是有限小数（13/8＝1.625），要么是无限循环小数（如 13/11＝1.181 818 181 818$\cdots$）。另外，工程师计算长度、重量、力和电阻等东西时还经常用到无限不循环小数，它们被称为无理数。有理数和无理数组成实数。实数

——对应于数轴上连续的点（如图6-16和图6-17所示）。

复数是一对实数。这对实数中的第一个被称为复数的实部，第二个被称为复数的虚部。如果虚部为零，则复数退化为一般的实数。由于实数——对应于一条直线，所以复数——对应于一个平面上的点，它的实部和虚部分别代表它在两个坐标轴上的坐标，如图6-16所示。任何虚数都是虚数单位i的倍数，而i是-1的平方根。对不了解的人来说，这个概念可能有点不自然，但数学家喜欢给出最具一般性的定义，并且能和之前定义的加减乘除等运算法则相一致。当解释为平面上的操作，而不是仅沿着实轴时，$i^2=-1$就自然了。对某数乘实数对应于沿实轴方向伸长或缩短相应的倍数，对某数乘i则代表在复平面上旋转一个直角（90°或$\pi/2$）。因此对一个一般复数作乘法其实就是两个变换的综合过程，一是伸长或缩短，另一个是旋转（不一定非要为90°）。

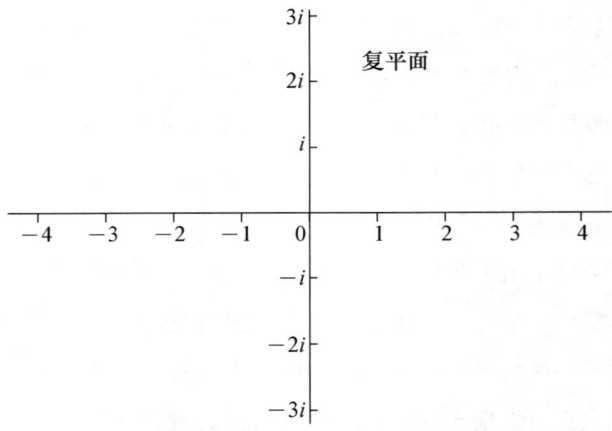

图6-16 复平面：水平线代表实数，包括整数-3，-2，-1，0，1，2，3，…。平面上的其他点代表非实复数。竖直线代表纯虚数。"复"和"虚"是说与这些数相对应的实数实际上是这些数在实轴上的投影或"影子"

引入i并没有带来任何不和谐的地方，原来的运算法则依然完全适用。复数绝不仅是人为的无用创造，它在人们理解与日常生活息息相关的电磁波和声波通信时具有非常大的实用价值。这是因为波的双重特征（强度和相）可以被一个复数直接表示出来。复数同样是构建粒子物理、量子力学的重要工具。比如著名的薛定谔方程中就要用到复数。量子力学里的一个不直观的新现象，运用叠加原理的薛定谔的猫（在观测之前既是死的也是活的），就是量子力学是复数理论的直接结果。用更为技术的语言来说，量子力学是瞬时（非交换）的，即要用四元数描述。

有了上述介绍，我们就能从直观上解释复分形维度可能导致对数周期性振荡这一论点了。首先，我们重申（如图 6-17 所示）复数的乘法是在平面上拉伸/压缩和旋转的组合。这里我们可以忽略拉伸/压缩，只考虑旋转。考虑如图 6-18 所示的绕着中心旋转的一个点，我们可以把它想象成一个二手手表的秒针，它恰好一分钟转一圈。这里旋转的方向并不重要。这个完美的周期性圆周运动，其实可以被分解为两个在两极值间的振荡运动。第一个是沿水平方向在 9:00 到 3:00 间的振荡，第二个是沿竖直方向在 6:00 到 12:00 间的振荡。只看圆周运动沿水平方向的投影，指针的轨迹变为图 6-18 中下图所示的振荡。只看圆周运动沿竖直方向的投影，指针的轨迹变为图 6-18 中左图所示的振荡。更为一般的结论是：任何一个圆周或局部曲线运动都可被分解为不同直线上振荡的叠加。

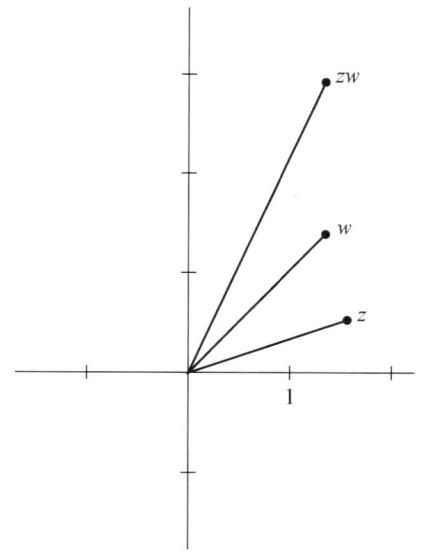

图 6-17 复数 z 乘以复数 w 的几何表示：复数乘法是拉伸和旋转的结合

返回来看复分形维度，我们需要强调指数的直观意义。根据之前考虑的 $L^3 = L \times L \times L$ 和 $L^2 = L \times L$，指数 3 和 2 分别表示 L 自身做 3 次和 2 次乘法。数学的美就在于可以把如此简单的表述一般化，从而极大地增强了它的用途和意义。在这里，把指数从整数拓展为实数，比如 $L^{1.5}$ 是说 L 复制自己的 1.5 倍。这个看似奇妙的说法其实可以被严格地执行，并蕴含着完美的意义。类似地，我们也可以从图 6-19 中看到实指数的复数的幂。进一步扩展虚部，我们可以获得复指数的 L 的幂。由于 L 的某次幂代表它自身复制某次，所以 L 的复数次幂就是 L 自身复制复数次。由于复数是一个数对，这种复制可以像复数乘法那样被拆为两部分。考虑复数乘法中的旋转部分，我们可以猜到 L 的复指数也对应于旋转。由于我们能观测到的股票市场价格都是实数，这相当于我们只看到了复数在实轴上的映射。如图 6-18 所示，旋转在直线上的投影是振荡。因此，构建 L^d，其中 d 为复数，就是构建一个像振荡一样的乘法，而这种振荡是对数周期性振荡。

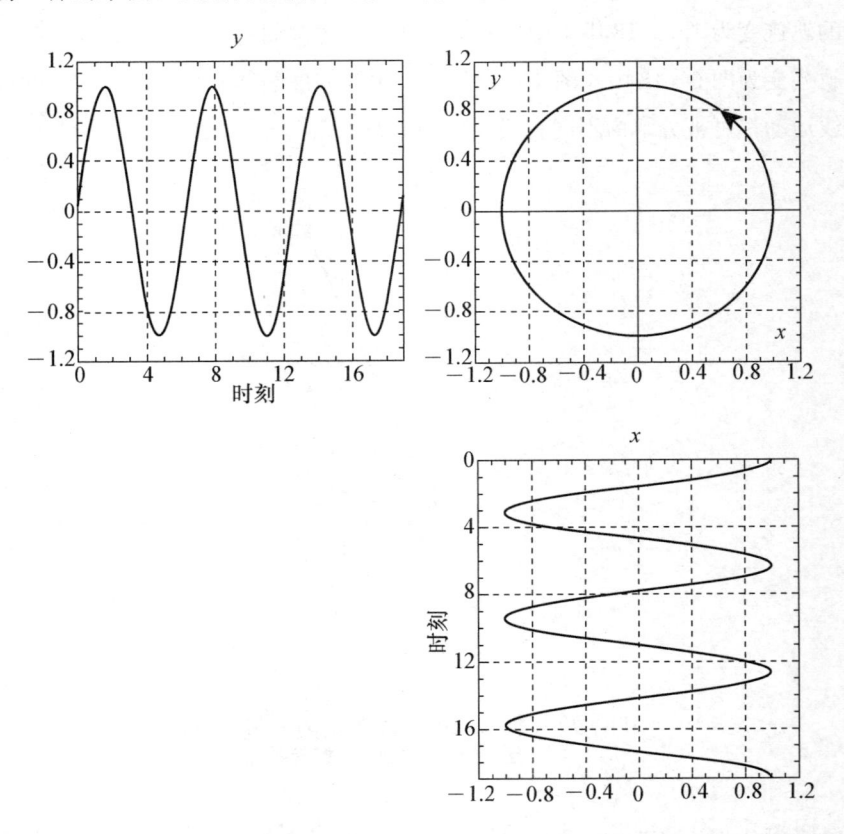

图 6-18　$x-y$ 平面上的圆周运动对应于 x 轴和 y 轴上各自的正余弦振荡

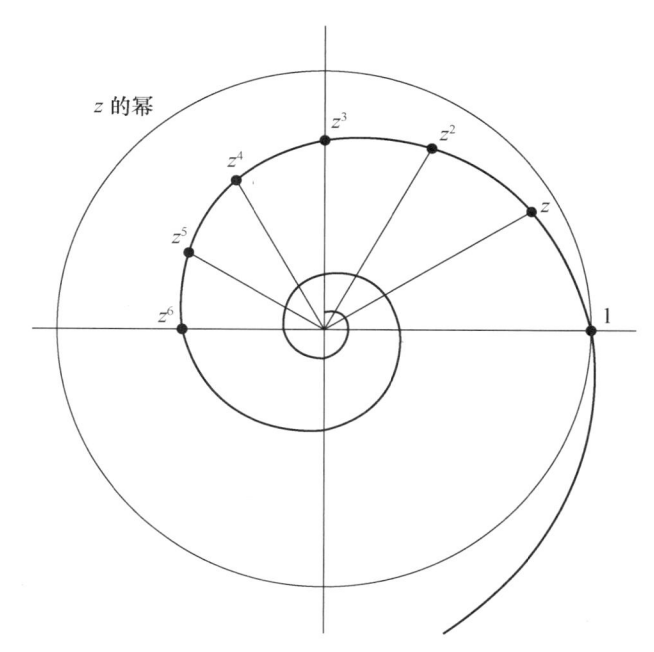

图 6-19 复数 z 的 n＝1，2，3，…次方的几何表示，z 在复平面单位圆内。z 的实数次方给出一条连续的螺旋线。本图版权由克拉克大学的乔伊斯（David E. Joyce）授予

为了更好地理解对数周期性结构，我们要回顾一些对数方程的基本性质。在本书的很多图中我们都提到，对数把乘法变成加法，把幂变成乘法。这正是我们已经说过好几遍的，（以 10 为底的）10，100，1 000，…的对数 lg10，lg100，lg1 000，…分别为 1，2，3，…。换句话说，它们相应于 10 的指数，$10=10^1$，$100=10^2$，$1\ 000=10^3$，…。因此一个振荡型乘法（oscillatory kind of multiplication），如果它的幂是复数，则它应该在其对数上表现为规则振荡，即对数周期性振荡。

我们在图 6-20 和图 6-21 中展示了令人吃惊的离散标度不变的分形标的的分形维度的测量。我们具体分析最简单的几何分形结构，即康托集。图 6-22 显示了康托三分集最初五步的构建过程。在第零级里，康托集是一个单位线段，它包含 0 到 1 之内所有的数。这个线段表现为该图顶端的粗线。第一级是把第零级的中间 1/3，即从 1/3 到 2/3 间的所有点去掉。第二级是把第一级中留下来的每一段的中间 1/3 都去掉，也就是去掉 1/9 到 2/9 和 7/9 到 8/9 之间的点。依此类推，每一个下一级都是从前一级去掉前一级中每段的中间 1/3 得到。用算法编码这个过程即为：1→101

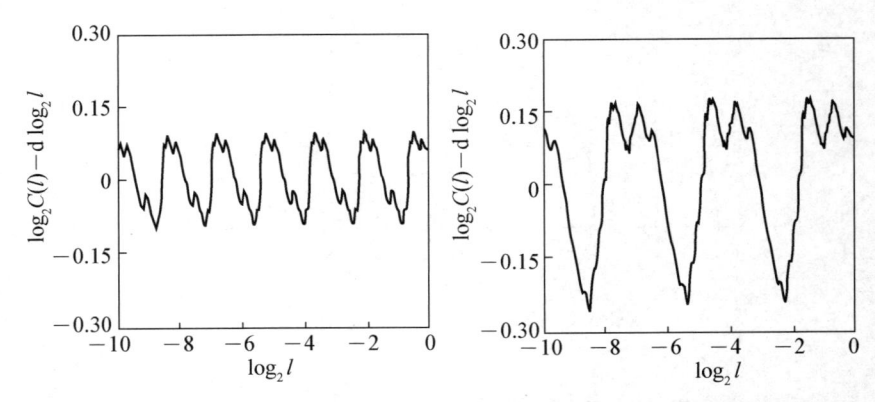

图 6-20 由 (a) 迭代规则为 1→101 的康托三分集和 (b) 迭代规则为 1→101010001 构成的康托集的残差振荡的分形维度（即图 6-22 中曲线的斜率）。两种康托集有同样的实分形维度。但两者的虚分形维度，即本图所示的对数周期性结构，是不同的。本图根据 [387] 复制

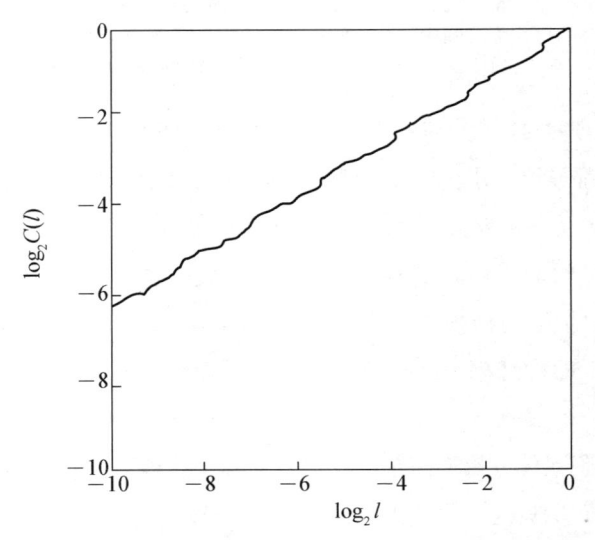

图 6-21 用相关性方法得到的康托三分集的分形维度。本图画的是以对数关联积分作为对数间隔的函数。本图根据 [387] 复制

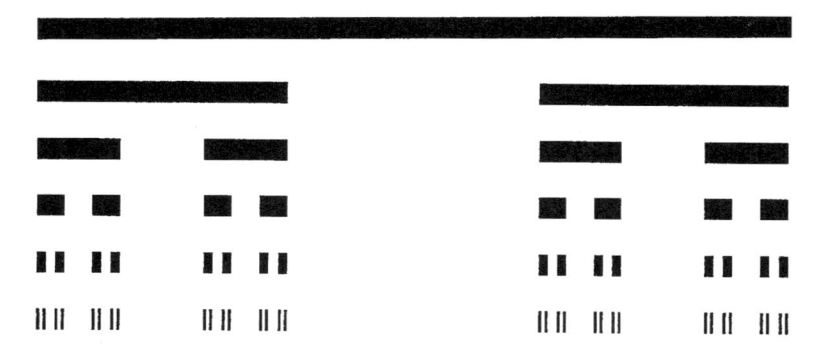

图 6-22 康托三分集。从上到下依次为初始单位线段和最初的五次三分过程

和 0→000。把这个过程无限重复下去，最后将得到一个把 0 到 1 线段间切割了无数次的集合。在第 n 级中，会有 $N_n=2^n$ 个片段，每段的长度为 $l_n=1/3^n$，所以康托集的总长度为 $(2/3)^n$。因此我们得到了如下分形结果：当 n 趋于无穷时，总线段数依指数增长为正无穷，而这些线段的总长度却依指数速率衰减为 0。重复无穷次之后，康托集包含无数个长度为 0 的点。由于每一步的精度都变为原来的三倍，而可以新发现原来两倍的片段，所以康托三分集的维度 d 应该满足 2 的 d 次方等于 3，即维度 $d=\ln2/\ln3\approx0.6309$。由无穷个点组成的康托集，比一个点（维度为 0）大，比一条线小。

测量到的康托三分集的维度与其理论值 0.6309 之间的差值，随（对数）解析精度 l 的变化而变化。图 6-20 左图显示了二者间的关系。如果分形维度恰好是 $d=\ln2/\ln3\approx0.6309$，该残差值会为常数 0。而实际上，我们得到的却是在 0 附近的复振荡结构。维度只能代表康托集的一部分信息。正如我们所说的，这种对数周期（在尺度 l 的对数下的周期）性振荡，反映了康托三分集离散标度不变的基本对称性。图中基本周期 $\ln3$ 对应康托集的离散自相似结构的优选的标度因子 3。很显然，这种康托三分集只在放大或缩小 $\lambda_p=3^p$ 倍的时候才能保持不变。如果放大其他倍数，比如 1.5，新得到的集合就跟原来的对不上了。因此我们能说康托三分集仅满足基本尺度为 3 的离散标度不变性，而不满足连续标度不变性。这个特性是从对数周期性振荡推出的。

请注意这里的振荡同简单光滑的正弦结构不同。这里体现了所有其他使康托集标度不变的 3 的倍数 $3^2=9$，$3^3=27$，…。图 6-20 左图中的结构是所有纯对数周期性振荡的叠加，它们中的每一个对数周期都是 3 的倍数。这与和弦类似，由不同强度的纯音组成。

图 6-20 右图给出了由与左图中康托集有些许不同的另一个康托集结构得到的结果。在这个结构中每一段被分为等长的 9 份，只有第一、第三、第五和最后一段被留下来。然后，在留下的四段中迭代。这种构造的编码为 1→101010001。这时每当解析度变大为原来的 9 倍，所观察到的新片段变为原来的 4 倍。因此，该结构的分形维度 d 满足 9 的 d 次方等于 4，因此 $d=\ln4/\ln9=2\ln2/2\ln3=\ln2/\ln3\approx0.6309$。这个新的康托集同原来的康托三分集有同样的分形维度，但结构完全不同。图 6-20 右图所示的对数周期性振荡清楚地表明了这一点。这说明用对数周期性振荡能发现实分形维度所反映的简单自相似性质之外的东西。

图 6-21 是康托三分集的分形结构与测量精度之间的关系。这个测量被称为关联函数，它计算在特定测量精度之下能分辨出的康托集对的个数。在双对数坐标下，该图的斜率应该是实分形维度 $d=\ln2/\ln3\approx0.6309$，这是因为关联函数随分辨率以指数 d 增长。我们同样观测到了在平均线性增长的基础上的对数周期性振荡。这个对数周期结构反映了康托集的离散标度不变性。

综上所述，离散标度不变性存在是由于有复指数幂律，在数据中，这表现为简单幂律标度再加对数周期性振荡。在有单一偏好标度及其相关的对数周期性基础上，可能同时存在好几个其他偏好标度和对数周期性的叠加。这样会导致对数准周期性的产生 [400]。

作为最后的例子，图 6-14 所示的魏尔斯特拉斯方程有实分形维度 1.5。该方程有很强的离散标度不变性，它的偏好标度（连续尖形结构的标度比）为 2。它有无穷多个复分形维度，可以用 $1.5+i2\pi n/\ln2=1.5+i9.06n$ 表示，这里 n 为整数。当 n 越来越大时，对应的复维度会有越来越小的离散标度不变性模块。

维度从整数拓展为实数（有小数部分），代表着标度对称中引入平移对称。然而如果把维度这个概念进一步推广到复数域，则是代表把标度对称性缩小为原来的一个子集，即离散标度对称。这是由于复维度的虚部引入了对称性的其他约束条件。

6.2.5 离散标度不变性的重要性和实用性

关联长度的存在性

假设给定的数据有对数周期性结构。我们能从中获得什么呢？首先，我们将知道对数尺度下的周期性或对数周期性同偏好尺度的存在性是直接相关的。因此，对数周期性可直接推出存在一系列的偏好尺度，这些尺度排成几何序列$\cdots, \lambda^{-p}, \lambda^{-p+1}, \cdots, \lambda, \lambda^2, \cdots, \lambda^n, \cdots$。数据的对数周期性结构表明系统或标的物理量里有特征长度。这件事非常有趣，因为它是标的机制的极强约束。事实上，随着分形概念的推广、对临界现象和自组织临界现象的深入研究，简单的幂律变得随处可见[26]。比如，地震中释放的能量的分布就是幂律，这个现象被称为古登堡-里克特定律（Gutenberg Richter law），关于它的模型有很多个，对该幂律的解释也有很多种，各种学说之间相互竞争，很难抓到它背后的物理机制。与许多科学家所持有的关于这种幂律重要性的共同信念相矛盾，它作为一种建模约束的有用性甚至令人怀疑。对数周期性可以告诉我们存在一些藏在完全标度不变性之后的重要的物理学结构。

让我们来讲讲蝙蝠和海豚对对数周期性的应用。由动物声呐发出的超声波的强度可以被一个叫作阿尔特斯小波（Altes wavelet）的数学方程很好地描述[5]。这些动物的脑子中没有高性能计算机，作为补偿，它们发出的超声波是经过优化的。它在多普勒效应（Doppler shift）（声音的频率取决于听者和说者之间的相对速度，比如向你开来的汽车的笛声听起来比开远的汽车的笛声频率高）下扭曲最小。而具有对数周期性结构的阿尔特斯小波——它的局部频率双曲形变化——也就最小化了信号随时间变化的不确定性。这正如高斯分布可以最小化时频不确定性一样。这种波同时有把自己放大某个固定倍数的性质，使得动物可以更好地区分出它来。图6-23给出了这样的波的典型形状。

预测

另外，指出对数周期性结构的实用性也很重要。由于有了更多的约束，带振荡的幂律要比简单幂律更容易拟合。这尤其适用于拟合充满噪声的数据。在电子学和信号处理方面经常用著名的控制振荡波载体来锁定很大噪声中的很小信号。这种由

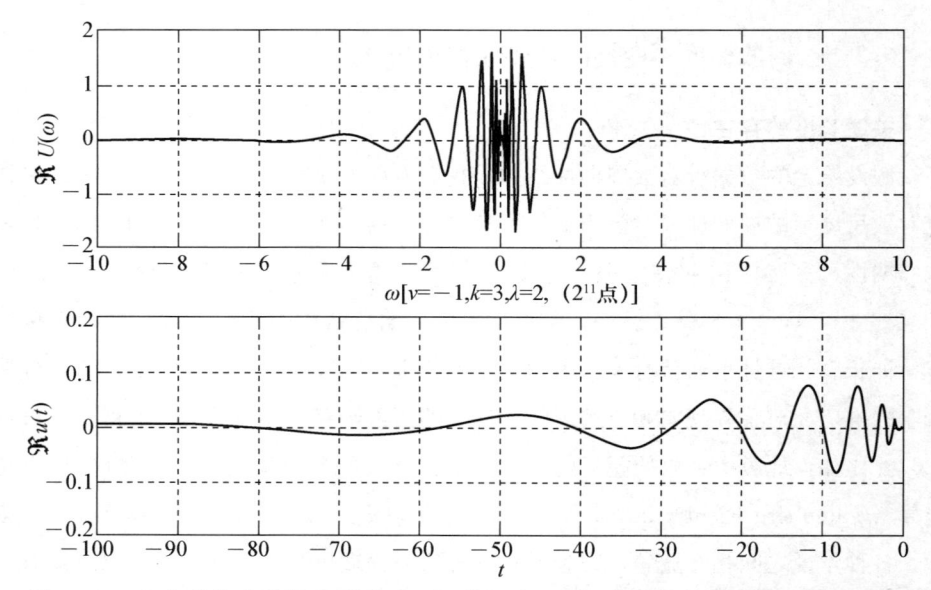

图 6-23 阿尔特斯小波的典型波形，数学上该小波具有对数周期性对称。它被蝙蝠和海豚用来优化它们的超声波信号。上（下）图是阿尔特斯小波关于角频率（时间）的傅立叶变换。重申一下，傅立叶变换仅是把原信号拆成一系列正弦信号的线性组合。阿尔特斯小波和它的傅立叶变换都具有对数周期性振荡的特性

对数周期性带来的更可靠的拟合已经被应用于很多领域，比如断裂预测 [13，12，210，215]、地震 [405，355，222] 和我们在接下来几章中要详细讨论的金融崩盘。

在进行金融数据实证分析时应用对数周期性尤其有用。因为在实际数据中，这种波动非常明显，并且比单纯的幂律增长更常见。对金融数据的拟合可以发现包含临界时间 t_c 的振荡特征。如果临界点存在，我们就可以通过外延频率加速的规则来找到这个临界点 t_c。由于崩盘的概率在临界点附近最大，我们就能依此来预测崩盘。注意在第 5 章提到的理性投资者模型里，这种预测是没有用的。因为所有投资者都已经知道了任何一个时间点（包括临界点 t_c）上的崩盘风险率 $h(t)$，所以他们已经把这个信息通过理性预期条件反映到价格之中了。

6.2.6 导致离散标度不变性和对数周期性的可能途径

在对离散标度不变性进行了非常粗略的介绍之后，我们来简单讨论一下产生它

的可能原因。导致离散标度不变性的原因可能不止一种。离散标度不变性是对连续对称的部分破坏，我们不难想象这种破坏可能有很多种。其中一些机制已经被发现，而另一些尚待进一步考察。[392] 中列举了所有可能的机制。离散标度不变性主要存在于混沌系统中，尤其是在从有序向混沌转化的过程和对外界扰动响应的过程中。离散标度不变性同时是数字和算术系统的重要性质。它被称为纽科姆-本福德（Newcomb-Benford）定律 [195]。在进一步讨论金融时间序列中自发生成对数周期奇点的一般动力系统描述之前，我们先来看看纽科姆-本福德定律和它同对数周期性的深刻联系。我们希望把这个数论问题简化成其最基本的形式。

6.2.7 纽科姆-本福德定律和算术系统

在这一节和下一节中我们讨论两个存在对数周期性的著名例子。由于它们的广泛性和一般性，我们可以推论离散标度不变性是系统组织的重要原理之一。

关于对数周期性的最简单的例子可能是自然数的第一位出现的频率问题，也就是纽科姆-本福德定律。纽科姆在 1881 年、本福德在 1938 年 [38] 从已经很破的对数手册上发现自然数出现的频率不同。那些记载以 1 或 2 打头的数的对数的纸被用得很多，已经破烂，而记载以 8 或 9 打头的数的对数的纸则较新。本福德从很多不同的地方搜集了 2 万多个数据，这些数据来自流域面积、人口、物理常数、报纸、地址、原子质量、死亡率等，并从中得出结论：以 n 打头的数字出现的频率 $p(n)$ 可以由下式给出：

$$p(n) = \lg \frac{n+1}{n}, \quad n = 1, 2, \cdots, 9 \tag{6.3}$$

这说明 $p(1)=0.301$，$p(2)=0.176$，$p(3)=0.125$，$p(4)=0.0969$，$p(5)=0.0792$，$p(6)=0.0669$，$p(7)=0.0580$，$p(8)=0.0512$，$p(9)=0.0458$。因此以 1 打头的数字出现的频率是以 9 打头的数字的 6 倍还多！这说明如果我们随机生成 100 个数，应该有大约 30 个以 1 打头、18 个以 2 打头、12 个以 3 打头、10 个以 4 打头、8 个以 5 打头、7 个以 6 打头、6 个以 7 打头、5 个以 8 打头、4 个以 9 打头。

为了解释这一现象，本福德构建了自然数（从 1 到 R）的首位数 $n=1, \cdots, 9$ 的动态频率 $F_n(R)$。也就是说，$F_1(R)=N_1(R)/R$，即 1 到 R 之间以 1 打头的数字

个数与 1 到 R 间总的数字个数的比值。因此我们有:

(1) 当 $R=19$ 时，$N_1=11$，$F_1=11/19=0.5789$；当 $R=99$ 时，$N_1=11$，$F_1=11/99=1/9=0.1111$。

(2) 当 $R=199$ 时，$N_1=111$，$F_1=111/199=0.5578$；当 $R=999$ 时，$N_1=111$，$F_1=111/999=1/9=0.1111$。

(3) 当 $R=1999$ 时，$N_1=1111$，$F_1=1111/1999=0.5557$；当 $R=9999$ 时，$N_1=1111$，$F_1=1111/9999=1/9=0.1111$。

依此类推。因此 $F_1(R)$ 从 $R=10^r-1$ 时的值 $1/9=0.1111$ 单调递增至 $2\times10^r-1$ 时的约 0.5555。然后它又单调递减回 $R=10^{r+1}-1$ 时的 $1/9=0.1111$。注意，$F_1(R)$ 总是大于等于 $1/9$。由此当 R 趋于无穷时，$F_1(R)$ 一直在以 R 的对数周期性方程振荡。这里的偏好尺度为 10 (见[38]中的图 4)。这个结论是一般计数系统所共有的。对 b 进制的计数系统控制对数周期性的偏好尺度为 b。对数周期性是在解释数字系统的等级规则，因此它也是我们日常算术系统的核心性质之一。

纽科姆-本福德定律的统计学机制及其推广。相似的分析可用于所有数字。我们这里考虑首位为 $n=9$ 的数字出现的频率 $F_9(R)$：

(1) 当 $R=89$ 时，$N_9=1$，$F_9=1/89=0.0112$；当 $R=99$ 时，$N_1=11$，$F_9=11/99=1/9=0.1111$。

(2) 当 $R=899$ 时，$N_9=11$，$F_9=11/899=0.0122$；当 $R=999$ 时，$N_1=111$，$F_9=111/999=1/9=0.1111$。

(3) 当 $R=8999$ 时，$N_9=111$，$F_9=111/8999=0.0123$；当 $R=9999$ 时，$N_1=1111$，$F_9=1111/9999=1/9=0.1111$。

依此类推。因此 $F_9(R)$ 从 $R=10^r-1$ 时的值 $1/9=0.1111$ 单调递减至 $10^{r+1}-10^r-1$ 时的约 0.01234。然后它又单调递增回 $R=10^{r+1}-1$ 时的 $1/9=0.1111$。由此当 R 趋于无穷时，$F_9(R)$ 一直在以 R 的对数周期性方程振荡。这里的偏好尺度为 10。同以 1 打头的数字不同，以 9 打头的数字出现的概率总是小于等于 $1/9$。对以 2 到 8 打头的数字，出现频率 $F_n(R)$ 也是对数周期性振荡，它们振荡时经过 $1/9$。

把这些频率 $F_n(R)$ 在对数周期 (如因子为 10) 内作平均就能得到[38]

中的纽科姆-本福德定律式（6.3）。这是解释该定律的一种方法。还有很多种更深刻的解释方法认为纽科姆-本福德定律是在系统标度发生变化（所有数都放大任意倍数）时仍然适用的定律。希尔（Hill）[194]于1995年指出，概率测度是标度不变的，当且仅当对于任意的 t 为 [1, 10)，n 为整数，满足任何区间 $[1, t) \times 10^n$ 的概率测度都为 $\lg t$。本福德定律是这个结论的特殊形式，因为以 d 为首的数字出现的概率是两个概率之差 $\lg(d+1) - \lg d$，也就是式（6.3）。这里并没有运用本福德定律背后的机制，而仅使用了对称性原理。

在 [196] 中，希尔给出了统计学机制：如果我们随机选取概率密度分布，再在选出的分布上随机生成一个数，这样生成的样本的分布最终收敛于对数本福德分布。

6.2.8 生命进化中存在对数周期性吗

进化学说最早在达尔文（Darwin）和华莱士（Wallace）1858年发表的论文《讨论物种形成变异的趋向；以及变异的永久性和物种受选择的自然意义》中出现。根据这一现在已经很完善的理论，新的物种由基因突变直接产生，而经过自然选择之后得以繁衍。动物和植物家族的复杂性在图 6-24 中充分体现出来。该图中的分枝和分叉结构反映了在生物进化史上新物种产生的级联式的飞跃。物种进化的观点使我们可以用"生命之树"的形式来对物种进行分类。类别从超界（古菌、细菌、真核生物、类病毒、病毒）、界、门、纲、目、科、属，最后到种。这些不同的等级之间蕴含了分叉的主节点。从种到属，再到科，最后到超界间的主节点，正是顺时间追溯在连续的变化中产生新物种的关键步骤。比如家猫的分类如下：真核生物超界，动物界，脊索动物门，脊椎动物亚门，哺乳纲，真兽亚纲，食肉目，猫型亚目，猫科，猫亚目，猫属，家猫。参见 http://www.ncbi.nlm.nih.gov/Taxonomy/tax.html/。

很多证据表明进化具有似稳态的相，即在大多数时间物种维持稳定，但在极短的时间内有很多物种消失，同时产生很多新物种 [168, 169]。因此，我们可以精确地找出物种突变的时间，并确定在生命进化树上各个节点间相隔的时间，也就是两次主要进化间相隔的时间。这棵树可以用数学结构解释吗？至少可从统计层次上解释吗？诺特勒（Nottale）、茶林（Chaline）和格鲁（Grou）[74, 317, 318] 最近

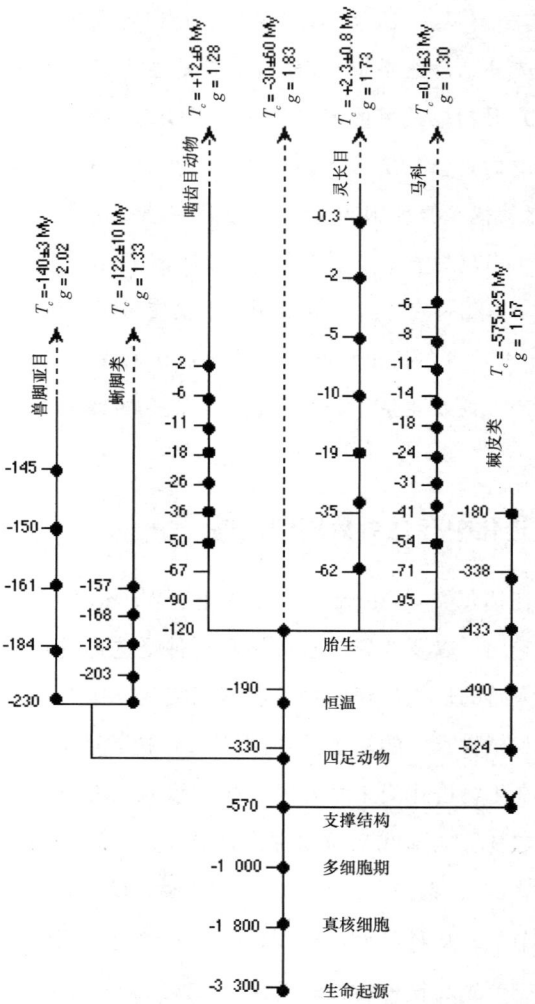

图 6-24 七大类生物[共同进化，从生命起源到胎生，兽脚亚目和蜥脚类恐龙，啮齿目动物，马科，灵长目（包括人科），棘皮类]的主要进化事件距离现在的时间（单位为 100 万年，记为 My，过去的时间为负）。这些事件都用黑点标记。这些时间轴上的黑点到临界时间 T_c 的距离对数成比例，临界时间在本图之外。标记出来的时间都是通过对数周期性模型经过最优拟合计算出来的。黑点完美地满足对数周期性。调整后的临界时间 T_c 和尺度比率 g 被标注在代表每类生物的箭头的后面。对于棘皮动物，T_c 在过去，特征时间 T_n 从过去到将来变得越来越稀疏。本图根据[318]复制

发现生命之树中存在自相似的对数周期性。不论是真是假，这个例子都提供了一个简单且奇妙的关于对数周期性的应用。

我们所说的对数周期性其实是存在某个观测量在时间 T 趋于临近点 T_c 时，以正比于 $\ln[T_c-T]$ 的周期性振荡。这说明在每次振荡之间都存在一个时刻 $T_0<T_1<\cdots T_n<T_{n+1}<\cdots$，使得观测值在此时达到该周期内的峰值。这些时刻有等级结构：

$$T_n = T_c - (T_c - T_0) g^{-n} \tag{6.4}$$

这里的 g 是保持离散坐标不变性的偏好标度因子（之前表示为 λ）。这个公式很好地拟合了图 6-24 中主要进化事件发生的时间。

随着 n 增加，当 T_n 趋于 T_c 时，两次事件间的间隔 $T_{n+1}-T_n$ 越来越小并趋于零。已知 T_n 的三个连续观测值，如 T_n，T_{n+1}，T_{n+2}，临界点 T_c 可以表示为：

$$T_c = \frac{T_{n+1}^2 - T_{n+2} T_n}{2T_{n+1} - T_n - T_{n+2}} \tag{6.5}$$

这个结果在时间尺度改变时保持不变。另外，下一次事件的发生时间 T_{n+3} 也可以通过之前事件的发生时间预测：

$$T_{n+3} = \frac{T_{n+1}^2 + T_{n+2}^2 - T_n T_{n+2} - T_{n+1} T_{n+2}}{T_{n+1} - T_n} \tag{6.6}$$

这两个式子在第 9 章"预测机制的层级"中被写为式（9.7）和式（9.8）。

诺特勒、茶林和格鲁 [74，317，318] 从北美洲的化石中发现，马、灵长类动物、啮齿类动物和其他种群的进化路径都受服从几何时间序列式（6.4）的主要事件影响。北美洲马科动物的临界点是大约 1 万年前，这时北美马科动物灭绝了，而恰是这时人类进入北美洲并开始捕猎。根据生命之树，我们可以预测灵长类动物的临界点大概是 200 万年之后，而啮齿类动物的临界点是 1 200 万年之后。临界点是某加速发展的种类的进化过程转向衰退的时刻，这可能代表着该物种已经没有进化能力了，但并不表示它们一定会在此刻灭亡。

当然有很多方法论问题和生物学根本问题与式（6.4）的对数周期性相关。这一规律很可能是由数据的不准确性或分析方法上的问题造成的。另外，我们往前追溯得越久，信息就越不准确。[203] 中讨论了现在发现的对数周期性可能是由抽样偏差造成的。但很多测试结果都排除了这种可能性。如果生命进化过程真的有式（6.4）中的对数周期性，我们将需要对它做更深刻的解释。在任何情况下，生物进化这个例子都生动体现了离散标度不变对称在处理复杂数据时的巨大力量，运用它我们可以更清楚明白地进行分析，并可能得到对事物更深刻的理解。

6.3 非线性趋势跟随与非线性动态基本面分析

这一节我们进一步讨论对带有加速振荡的临界点（有限时间奇点）的涌现的另外一种理解。由于这些特征的出现是动态的，我们下面的讨论将建立于对动态系统的描述之上。我们可以分两步来描述这个系统。首先，市场中同时存在两类人，一类被称为基本面投资者或价值投资者，而另一类被称为趋势跟随者（也经常被称为图表分析员、技术分析员、或被金融学界描述为噪声投资者）。其次，这两类投资者的行为都是非线性的。这两步合在一起便产生了带有加速振荡的有限时间奇点。含有非线性加速的幂律奇点是由趋势跟随造成的。而具有明显标度性质的对数周期性振荡则是由价值投资者试图把价格拽回基本面形成的。这同样是非线性的。在增长率和修复力度综合非线性的影响下，价格变化趋势多种多样。这种动力学行为可以从基本上被看成在价格或价格变化空间里，从一个不动点扩展出的自相似螺旋结构的动力学 [205]。

股票价格的波动受供给和需求的控制，也就是受买单减去卖单之后的净单大小 Ω 的控制。如果 Ω 大于（小于）零，则价格上升（下降）。假设报价 p 下的执行价格 $\tilde{p}$ 是净单大小 Ω 的函数，并且在封闭回路内没有套利可能（通过买卖，最终净头寸为 0），则两个价格的对数之差应该正比于净单大小 Ω [123]。净单大小是所有投资者不断修正自己头寸得到的综合结果，它反映了市场中的信息流以及投资者观点和情绪的演化过程。有很多论文 [123, 49, 330] 都认为价格变动（或对数价格变动）与影响净单大小的因素密切相关。价格动力学包含三项最基本的要素：趋势跟随、向基本面反转和风险规避。

6.3.1 趋势跟随：非线性正反馈和有限时间奇点

趋势跟随是技术分析员最主要的策略之一（详细介绍请参见 [6] 及其参考文

献)。最简单的趋势跟随策略假设净单大小 Ω 与过去的趋势，即今天价格的对数与昨天价格的对数之差，成正比。因此趋势跟随策略其实就是价格的正反馈过程，这是由于之前价格的增加（减少）会导致新买单（卖单）的产生，从而加强了之前的趋势。单独来看，这个策略等价于假设明天对数价格与今天对数价格之差正比于今天对数价格和昨天对数价格之差。这个关系其实是假设增长率恒定，对数价格因此会以指数增长。也就是说，价格关于时间会以指数的指数形式增长。

这种过去价格变化和净单 y 大小之间的线性关系经常被应用于模型之中。这里我们考虑更为真实的情况：净单大小的增长速度可能大于之前价格的变化。也就是它们之间的关系是非线性的。事实上，从时刻 $t-1$ 到时刻 t 间价格的微小变动造成的影响确实远不如巨大变动对市场的影响大。由于很多投资策略都是非线性的，比较自然的想法是平均趋势跟随里下单量的大小随价格变高而加速变大。一般来说，趋势跟随者增加自己头寸的速率会快于价格增长的趋势。这同 [6] 中所述的观点一致，即投资者的心理对价格变化的趋势（加速，减速），而不是对价格趋势本身（速度）敏感。趋势跟随策略使价格总体上来说正比于之前价格变动的 $m>1$ 次方。它们对较小的价格变动反应较小，而对较大的价格变动有过激反应。请注意 $m=1$ 时对应的是线性情况。图 6-25 解释了非线性响应。

趋势跟随行为的总体效果是净单大小 Ω 正比于对数价格变化的某次幂，幂指数大于 1。用在第 5 章有关在 t_c 处产生有限时间奇点的直观解释的内容中提到的专业语言说，此时价格曲线正在经历有限时间奇点过程。这个效应仅是在第 5 章中提到的价格驱动模型所引发的现象的另一种说法。

6.3.2 向基本面反转：非线性负反馈

基本面交易是基于对公司经济和会计指标的分析之上的。它包括对收益率和成长性的预测。因此投资者依这种方法会得到一个自认为比较合适的公司应有价格的估计，并把这个估计值同市场现有价格进行比较。因此如果市场价格小于估计值，投资者就会买入，因为他期待市场很快会发现这个公司的价值被低估了，从而进行价格修正。这种买入倾向会持续到市场价格达到估计的基本价值为止。因此，买入的决定其实是假设你是第一个发现这只股票被低估的人。类似地，对市场价格大于估计值的情况，投资者会做出相反的操作。

然而，在实际操作中，对基本面的准确估计是非常困难的一件事。因为有很多重要的东西都不能被定价，比如公司管理者的能力、公司的市场定位。另外，对公司未来的盈利和成长性的预测也不可能是准确的。这些都将对估值带来很严重的不确定性。

我们模型的重要特征之一是净单大小和对数价格偏离基本面程度之间的非线性相关性。非线性让我们有能力发现如下效应。从原理上讲，基本价值 p_0 应该由未来所有股利经贴现得到。这就要求我们预测股利的增长率和无风险利率。然而对这两个指标的预测都是十分困难的。因此对股票基本面的预测就更为困难了，通常这种预测都会给出一个非常宽的可能范围［282，85，260，69］。所有进行预测所依靠的假设都可能和实际相差甚远。例如，一些学术研究表明根据基本面分析选择便宜股票的策略不比其他策略表现得更好（见［256］）。很多时候，投资者即使发现有价格偏离基本价值的情况也没有动力去依此投资，因为这种偏离很可能是在他预测的不确定性之内。只有在这种偏离非常大的时候，投资者才会进行投资。这正好说明了净单大小与对数价格和对数基本价值之间的差 $n>1$ 次方成正比这一非线性关系（如图6-25所示）。对大于1的指数 n，当 $\Delta<1$ 时，Δ^n 很小，然而，当 $\Delta>1$ 时，Δ^n 增长得非常快。这可近似为取全部或什么都不要的阈值行为。

这种非线性敏感度不仅仅是理论设想，最近有研究表明货币需求量对利率变动的敏感性是非线性的。利用对大概2 700户人的调查问卷，马利根（Mulligan）和萨拉伊马丁（Sala-i-Martin）［311］发现货币需求量对利率的弹性［货币需求量对利率的敏感度或对数导数（log-derivative）］在利率很低的时候非常小。这是因为人们在利率很低的时候，由于"购物"成本相对较大，而基本不考虑投资利率型产品。相反，在利率很大或是账户很大的情况下，货币需求量相对利率的弹性非常大。这是一个像阈值行为一样的强非线性响应。这可以表述为货币需求量 M 相对于利率 r 的弹性 $e \equiv d\ln M/d\ln r = (r/r_{\text{infl}})^m$ （$m>1$）在利率相对于通胀率 r_{infl} 较小的时候可以忽略，而在利率变得较大时，弹性也变得很大。

由于较低（高）的价格会被向着基本价值的方向抬高（压低），大部分基本面分析策略都易于导致价格的反转。这种反转的力量可以是线性的，即净单大小正比于价格的对数和基本价值的对数之差。在 $n=1$ 的情况下，由于明天和今天的对数价格

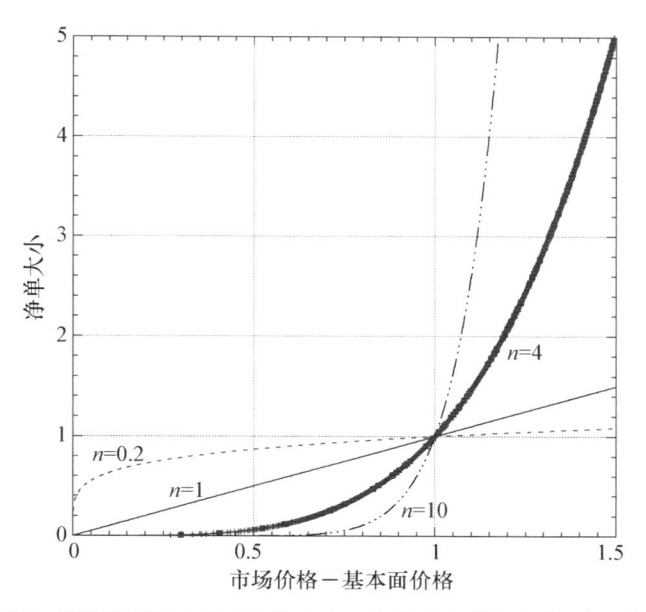

图 6-25 系统的不同响应（净单大小，如纵坐标所示）相对于非线性相关的刺激（市场价格和基本价值间的差距，如横坐标所示）。这里用到参数 n，响应＝刺激^n。对于 $n=1$，响应与刺激成正比，图中表示为一条直线。对于 $n>1$，比如 $n=4$，如图中向上弯曲的实线所示，在刺激较小时响应非常小，但在刺激大于特征值（这里被归一为 1）后，响应增长得极快。这是我们这里要讨论的情况。点虚线代表更强的非线性，这时 $n=10$，系统此时的响应更像阈值特性。细虚线描述的是相反的情况（$n<1$），这时响应在小刺激时加速快，但在大刺激时达到饱和

之差正比于净单大小，我们可以得出明天和今天的对数价格之差正比于今天价格的对数和基本价值的对数之差。这一关系和钟摆振荡方程很相似：如图 6-26 所示，钟摆从初始的离平衡位置很远但速度很小的地方开始，不停地在平衡位置附近振动。股票的价格同样也是不停地围绕着基本价值上下振动。造成这一现象的原因是，反转的惯性消失得太慢以至总是矫枉过正。而矫枉过正又会带来朝另一个方向反转的动力，如此反复下去。当基本面反转为非线性时，振荡依然存在，但振荡的形式有所不同。这时频率（即周期的倒数，等于两次达到同一方向极值的时间间隔）与市场价格和基本面价值之差相关。这一性质非常重要，因为如果有其他影响或扰动也试图修改价格和价值间的差异，则频率也会做出相应的变化。这种频率和差值大小的非线性相关关系使得在差异变大时频率加速增加。

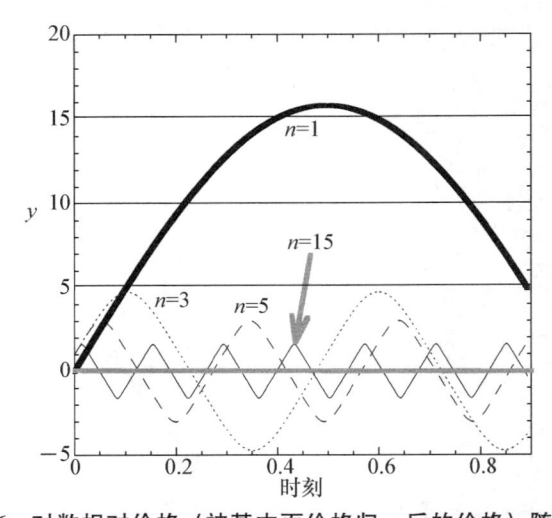

图 6-26 对数相对价格（被基本面价格归一后的价格）随时间的变化。这是基本面投资的反转力量与"惯性"（即从今天到明天的投资决定基于从昨天到今天的信息）间相互作用的结果。这里显示了四个不同指数 $n=1, 3, 5, 15$ 的情况。相对于线性的 $n=1$ 情形［结果为纯正弦函数 $y_1^{(n=1)}(t) = \frac{50}{\sqrt{10}}\sin(\sqrt{10}t)$］，当非线性指数 n 变大时会带来三个效应：(i) 幅度降低，(ii) 频率增大，(iii) n 增大时拐角变尖，使得锯齿状结构越来越明显。本图根据［205］复制

6.3.3 非线性价格动力学模型的特征

我们总结一下这种模型的所有要素：

（1）今天依据对昨天的分析做出的决定会影响明天的结果，这是"惯性"的根源。

（2）非线性趋势跟随同"惯性"的综合作用是市场价格偏离基本价值幅度具有有限时间奇点特性的根源。

（3）非线性基本面投资和"惯性"造成了非线性振荡，这个非线性振荡与市场价格偏离基本价值的幅度相关。

图 6-27 画出了由基本面价值归一过的市场价格的对数（我们称它为简化价格）随时间的演化。这里有两个参数（$m=1.3, n=3$），分别反映非线性趋势跟随（弹性）强度和基本面反转强度（对阈值响应的尖锐程度）。这里有两个重要特征：

首先，简化价格随时间接近临界点 t_c 以 $(t_c-t)^{-\beta}$ 的速率发散。而临界时间的取值已经由初始条件决定。其次，这个加速发散的过程伴随着加速振荡。正如我们在前一节里提到的，加速振荡与价格和价值间的距离加速增大有非线性相关性。

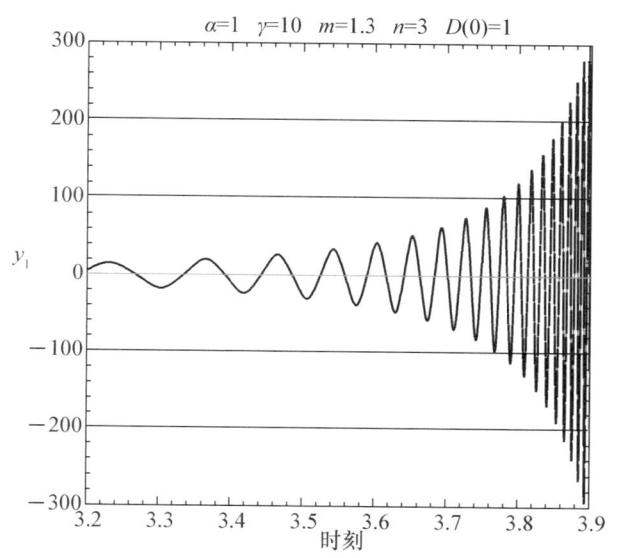

图 6-27 "惯性"的动力学方程的解，即非线性趋势跟随，参数为 $m=1.3$，$n=3$ 的非线性基本面投资。简化价格 $y_1(t)$ 的包络增长速度比指数更快，约为 $(t_c-t)^{-1.5}$，$t_c\approx 4$。y_1 为负代表观测到的价格低于基本价值。简化价格的定义为观测到的价格与基本面价值比的对数。本图根据 [205] 复制

图 6-28 把图 6-27 的结果用对数坐标表现出来，这使得幂律可以用一条直线表示。这里把简化价格的对数值看作是距离临界点的时间的对数的函数。我们发现它的外包络可以用代表幂律的直线（图中虚线）很好地描述。另外，振荡在这个坐标下基本等距，这是对数周期性的体现。因此这个包含"惯性"、非线性趋势跟随和非线性基本面反转的动力学机制可以使得系统在通往有限时间奇点时，又含有加速振荡的准对数周期性行为。

图 6-29 给出了有更大趋势跟随指数 $m=2.5$ 的简化价格随时间的变化。在这种情况下，简化价格在 t_c 时成为一个常数，而它在此处的斜率却是无穷 [这时导数（或速度）是奇异的]。我们同样可以发现"对数周期性"加速振荡。不同在于这时

的振荡是短暂的,以至在最后接近临界点 t_c 之前的一段时间里,我们只能观测到单调上升的价格曲线。

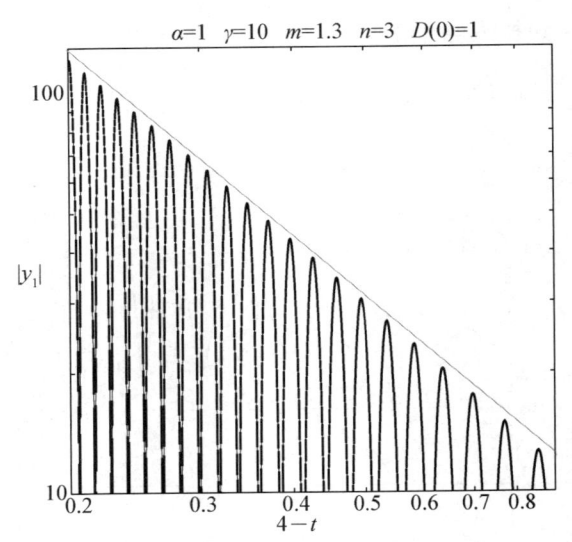

$\alpha=1 \quad \gamma=10 \quad m=1.3 \quad n=3 \quad D(0)=1$

图 6-28 与图 6-27 一样的数据:简化价格的绝对值 $|y_1(t)|$ 相对于 t_c-t 的函数,图中 $t_c=4$。本图采用双对数坐标。线性包络表示依 $(t_c-t)^{-1.5}$ 幂律发散,即虚线的斜率为 -1.5。请注意振荡在 $\ln(t_c-t)$ 下是等距的,这说明通向奇点的加速振荡具有对数周期性。本图根据 [205] 复制

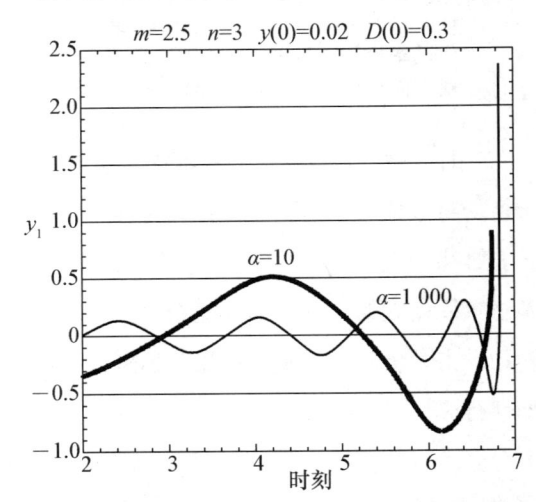

$m=2.5 \quad n=3 \quad y(0)=0.02 \quad D(0)=0.3$

图 6-29 "简化价格"作为时间的函数。这里的趋势跟随指数 $m=2.5$,$n=3$,基本面反转项的两个幅度分别为 $\alpha=10$ 和 $\alpha=1\,000$。本图根据 [205] 复制

图 6-18 告诉我们振荡可能是平面圆周运动沿某坐标轴的投影。现在我们把这个例子推广到图 6-30 画出的平面螺旋结构，在频率和幅度都随时间改变时，沿一个坐标轴的投影就可以得到图 6-27 和图 6-29。事实上图 6-30 包含了更多的信息：在简化价格 y_1 和它的变化速度 y_2 组成的相平面上，有两条特殊的路径把原点（$y_1=0$，$y_2=0$）和无穷连接起来。用动力学系统的数学理论可以证明，任何起始于原点附近的路径都不可能穿越这两条特殊路径。也就是任何真实路径都只能在这两条特殊路径组成的螺旋通道里运行，在绕着中心点 0 旋转几周之后达到有限时间奇点。近似对数周期性振荡是振荡性基本面反转和趋势跟随加速综合作用的结果。这两者之间的联合导致了美丽的、在相空间中围绕原点发散的、可以体现等级结构的螺旋形曲线 [205]。

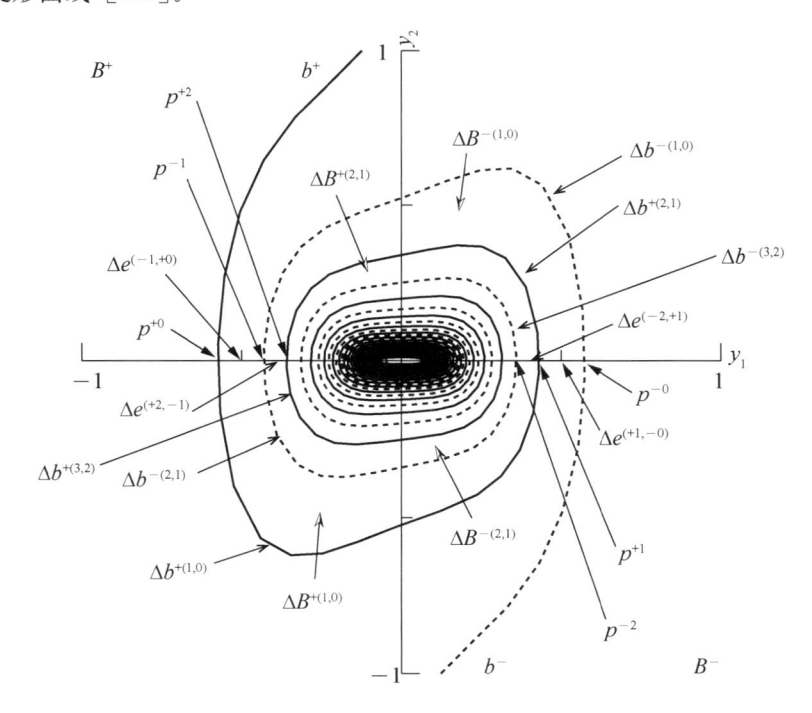

图 6-30　几何螺旋线表示在简化价格一速率平面（y_1，y_2）上的两条特殊路径（实线和虚线），它们都从原点 $y_1=0$，$y_2=0$ 出发延伸向无穷。代表标度和分形性质的螺旋结构是接近有限时间奇点的幂律加速振荡的根源。用箭头标出的曲线的不同部分和区域是模型演化中从一个点到另一个点的映射。本图根据 [205] 复制

第 7 章
重要金融崩盘的剖析：普适指数与对数周期性

7.1 1987 年 10 月的崩盘

第 1 章曾介绍过，在 1987 年 10 月 19 日的黑色星期一所发生的崩盘，不论就其跌幅深度还是辐射广度，至今都堪称最令人震惊的股市崩盘之一。此前，市场一直处于强劲的牛市之中，对当时的情景最为恰当的描述莫过于 1987 年 8 月 26 日（市场飙升至历史最高点）《华尔街杂志》的报道："目前，事事皆利好，毫无疑问市场会继续上涨。"投资者因而并没预料到即将出现的噩梦般的风险［174］。通过日交易的标准普尔 500 指数期权价格来折算出的 9—11 月的隐含风险指标显示，直到黑色星期一市场才有对风险态度的显著变化。崩盘前，隐含风险指标的最高值出现在 1987 年 10 月 15 日，为 18.5%［174］。不过它不仅低于此前 1974 年（1974 年是 1987 年以前波动率最高的年份）时 22% 的年化标准差，同时显著低于 1987 年 10 月 19 日记录的 46% 和 1987 年 10 月 26 日星期一记录的 88%。读者一会儿在图

7-4 将看到，在 1987 年 11 月间用隐含年化收益标准差衡量的市场波动率已降到了 30%，但它仍然高于黑色星期一的崩盘即将发生之前的最高值［174］。

1987 年 10 月 19 日的股灾让华尔街的专家瞠目结舌，美国股票市值缩水了将近 1 万亿美元，市场中弥漫着再次出现大萧条（Great Depression）的担心。在黑色星期一，道琼斯工业平均指数狂跌了 508 点，最终报收于 1 738.74 点，下跌了 22.6%，这是这只蓝筹股指数的历史当日最大下跌点数和最大跌幅。更多的股票也随着道琼斯指数的下跌而下跌。标准普尔 500 指数下跌 57.86 点，报收于 224.84 点，跌幅超过了 20%。纳斯达克综合指数也跳水 46.12 点，最终收于 360.21 点。在这次暴跌中，没有一只道琼斯成分股能幸免于难。即使是市场中坚力量也遭受了巨大股票损失。IBM 的股价暴跌 31.75 美元，收于 103.33 美元，美国钢铁公司（USX）跌价 12.5 美元，收于 21.5 美元，伊士曼柯达（Eastman Kodak）下跌 27.25 美元，收于 62.875 美元。崩盘同样伤及技术类股票。在纳斯达克指数中，苹果电脑跌价 11.75 美元，收于 36.5 美元，而英特尔公司的股价也下跌 10 美元，跌到了 42 美元。

黑色星期一当日，道琼斯指数以 2 046 点开盘，随即迅速下滑 200 点。在大约上午 10 时，股指曾一度回调到 2 100 点之上，然后一直延续着反弹的势头。可就在即将收盘前的 75 分钟，当人们都认为股指已经摆脱了下跌 200 点的霉运时，更严重的噩运却降临了。从下午 2：45 开始，一波波巨幅的抛售接踵而至，打压指数超过了 300 点，到收盘前夕股指下跌竟不可思议地接近了 400 点。然而，这还不是最终结果。因为交易量太大，纽约证券交易所的计算机都没能即时报出最终收盘价。直到收盘 2 小时后，投资者才知道，当前的总跌幅实际上超过了 500 点！投资者一开始以为市场仅在回调，但到此时已经彻底跌入了绝望的谷底。

美国总统罗纳德·里根（Ronald Reagan）赶紧站出来告慰投资者："所有的经济指标都很好，经济运转一切正常。"崩盘当日晚些时候，美联储主席艾伦·格林斯潘（Alan Greenspan）也明确了将对银行系统提供充足资金，允许它们向证券公司贷款。他说："美联储此时将履行其中央银行的一贯职责，其救援措施是提供足够的流动性来拯救经济和金融系统。"于是，第二天，10 月 20 日，道琼斯指数较前一日上涨了 102.27 点——这是历史上最大的当日涨幅——最终收在了 1 841.01 点。然而，一直到 1989 年 1 月指数才重新回到崩盘前的点位。也就是说，黑色星期一造成的损失在 15 个月后才完全弥补回来。标准普尔 500 指数完全恢复的时间则更长，一直用了 21 个月。

下面来看一下在崩盘前后一段时间内不同类投资者在市场中的影响。根据冯威廉（William Fung）和谢大卫（David Hsieh）[146] 对美联储资金流量账户的分析结果，在 1987 年 9 月底，美国公司权益的总市值为 35 110 亿美元，其中最大的所有者是家户投资者（households），占到 49%，其次是私人养老保险基金，占 21%，剩下的共同基金占 7%，州和地方政府的退休基金占 6%，银行个人信托占 6%，外国投资者占 6%，保险公司占 5%，交易商间经纪人（brokers and dealers）占不到 1%。在 1987 年的最后一个季度，家户投资者成了最大的卖家，一共卖出市值达 196 亿美元，其次是外国投资者，卖出 75 亿美元，交易商间经纪人卖出 48 亿美元，共同基金卖出 30 亿美元。接单的几乎全是美国的公司类投资者，一共吸收了 302 亿美元的卖单。

可以看出，净卖出交易量还不及美国公司权益总市值的 1%。美国投资公司协会（Investment Company Institute，ICI）研究证实了以下一些共同基金对市场波动性影响的发现：

● 在 1987 年 10 月间股票市场中最大的资金净流出只占到所有股权基金资产总值的 4.5%。

● 据估计，在 1987 年市场崩盘后，95% 的股票基金持有者并没有马上赎回自己的基金。

● 1945 年以后，股民对价格急剧下降数次表现出的反应要比 1987 年的这次温和很多。

美国投资公司协会[207] 是美国投资公司行业的全国性协会。它成立于 1940 年，截至 2000 年包括 8 414 家共同基金公司，489 家封闭式基金公司，8 家单位投资信托赞助商。它的共同基金会员代表了超过 8 300 万的个人投资者，并且管理着大约 70 000 亿美元的资产。

7.1.1 前兆特征

在后面的叙述中，时间表示将被转换为以年为单位的小数形式：对平年，1 年 = 365 天，所以一天就是 0.002 74 年，0.01 年 = 3.65 天，0.1 年 = 36.5 天或约 5 周。比如，1987 年 10 月 19 日对应着 1987.800，可缩写为 87.800。

第 7 章 重要金融崩盘的剖析：普适指数与对数周期性

图 7-1 展示了纽约证券交易所标准普尔 500 指数从 1985 年 7 月一直到 1987 年 10 月底的整个演化情况。图中"+"号表示对指数增长趋势拟合的结果，其中估计出的平均年收益率约为 30%。拟合并没有捕捉到在崩盘前 1 年就出现的一个很明显的加速特征。用带幂律的方程可以更好地刻画这一（尖点形的）加速特征。在第 5 章和第 6 章讨论过，幂律是市场临界行为的一大特征。单调增长的幂律方程为

$$F_{\text{pow}}(t) = A_1 + B_1(t_c - t)^{m_1} \tag{7.1}$$

其中 t_c 表示按照幂律方程拟合标准普尔 500 指数时轨迹斜率发散（理论上）所对应的时点，它标志着崩盘的迫近。为评估拟合的效果，可以通过比较方差（用 var 表示，它等于实际数据与理论值的误差平方的均值）和方差的平方根（称为均方根 r.m.s.）来进行。基于不同假设的模型对数据拟合的方差之比称为评估指标。通过

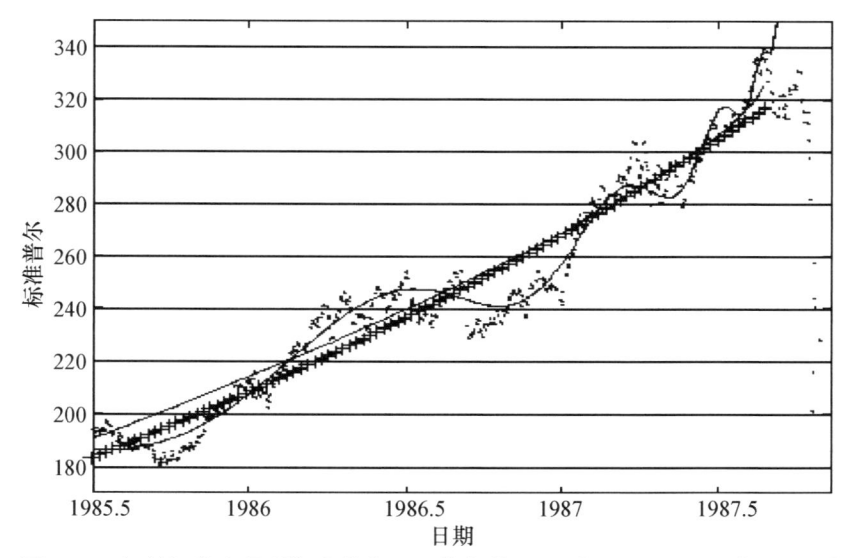

图 7-1 纽约证券交易所标准普尔 500 指数从 1985 年 7 月到 1987 年 10 月底（一共 557 个交易日）的演化图。"+"表示 ≈30%/年的常数收益率增长图，算出 $\text{var}(F_{\text{exp}}) \approx 113$（见正文的定义）。对幂律方程 (7.1) 的最优拟合得到 $A_1 \approx 327$，$B_1 \approx -79$，$t_c \approx 1987.65$，$m_1 \approx 0.7$，$\text{var}_{\text{pow}} \approx 107$。对方程 (7.2) 的最优拟合得出 $A_2 \approx 412$，$B_2 \approx -165$，$t_c \approx 1987.74$，$C \approx 12$，$\omega \approx 7.4$，$T=2.0$，$m_2 \approx 0.33$，$\text{var}_{\text{lp}} \approx 36$。加上有限规模效应的限制后，方程 (7.2) 的拟合给出了泡沫结束之前有 4 次明确的振荡形态。所有的拟合都是截止到 87.6 年。其实，方程 (7.2) 对时间上限有稳健的拟合，即使将截止日期做显著的改变，结果也不变。图形来自 [401]。

193

计算，固定增长率假设模型和幂律假设模型的方差比值 $\text{var}_{\text{exp}}/\text{var}_{\text{pow}} \approx 1.1$，意味着在捕捉加速增长的特征方面，幂律模型比指数增长模型稍微好点。这两个模型具有相同的变量自由度，都是 2。

然而仅凭肉眼也能看出，在股指加速增长过程中最为显著的特点——对趋势偏离呈现出规律性的振荡。受第 5 章和第 6 章内容的启发，我们通过如下数学表达的振荡形态的曲线来拟合数据

$$F_{lp}(t) = A_2 + B_2(t_c - t)^{m_2}[1 + C\cos(\omega \ln((t_c - t)/T))] \tag{7.2}$$

纯粹幂律模型本身能够刻画时点 t_c 处——最大概率崩盘处——观测数据展现出的奇点特征，而以上方程加入了对数周期性的成分。它是对幂律进行对数周期性调整最为简单的一个模型。此模型的对数周期性来自对 $t_c - t$ 与 t_c 的距离取了对数的余弦函数。由于有对数周期性，金融指数的演化变得在靠近临界时点处具有（离散）标度不变性。

第 6 章中讨论过，对标度的对数周期性调整意味着存在特征时间区间 $(t_c - t_n)$ 的层级结构，该结构可由式（6.4）描述，其中偏好标度比率用 g 或者 λ 来表达。对于 1987 年 10 月的崩盘，我们发现 $\lambda \simeq 1.5-1.7$（这个值具有显著的普适性，我们将看到其他的崩盘事件也有近似的值）。由于存在有限规模效应，超短的时间标度和超长的时间标度事先不应当考虑。时间标度 $t_c - t_n$ 并不是普适的，它与具体的市场有关。但我们期望它们的比例 $\frac{t_c - t_{n+1}}{t_c - t_n} = \lambda$ 是普适的。拟合的具体细节可以参考 [401]。

可以对图 7-1 拟合使用的对数周期性幂律模型进行推广，使用的数学工具称为分岔理论（bifurcation theory）。分岔理论能够给出更广的非线性修正，允许我们对崩盘前长达 8 年的道琼斯指数和标准普尔 500 指数的行为数量建模 [397]。图 7-2 展现了用 [397] 中推广的新公式拟合的结果。可以清楚地看到，新公式能够很好地解释几乎 8 年的数据，而相比之下图 7-1 中的对数周期性公式只能解释 2 年多的数据。[397] 提出的非线性理论允许"对数调频"（log-frequency modulation），这在 [128] 中首次被实证发现。[214] 对图 7-1 和图 7-2 中的高质量拟合效果进行了评价。

图 7-2 纽约证券交易所标准普尔 500 指数从 1980 年 1 月到 1987 年 9 月的演化图。最优拟合利用 [397] 提出的非线性对数周期性幂律公式来改进（图中的虚线）。拟合的指数和对数周期性角频率分别为 $m_2=0.33$，$\omega^{1987}=7.4$。崩盘的日期 1987 年 10 月 19 日对应于小数表示年份 1987.78。实线是用式（7.2）来拟合 1985 年 7 月—1987 年年末的曲线延拓到 1980 年年初的结果。通过比较可以看到用非线性理论获得的频率变化效果。本图来自 [397]

在最近的研究分析中，费根鲍姆（J. A. Feigenbaum）[127] 通过对 1980—1987 年的标准普尔 500 指数对数值取差分来检验数据。取价格变动而不是价格本身的理由是价格的起伏、噪声或者价格偏差通常被认为比价格自身的随机性更强，也因而更易做统计分析。这是因为价格本身是一个累积量。通过严格的假设检验，费根鲍姆发现，在 95% 的置信度下并不能拒绝对数周期成分的存在：用通俗的话说就是，如果数据不包含对数周期性而随机生成，那么拟合出现对数周期性成分的可能性就不会超过 0.05。

贝茨（D. S. Bates）[34] 研究了 1985—1987 年标准普尔 500 指数期货期权的交易价格数据，发现在 1987 年 10 月前市场存有对崩盘正在逼近的预期。这些预期基于间歇性加速的恐慌模型形成，可能与到目前为止我们找到的证据有关。标准普尔 500 指数期货期权是以标准普尔 500 指数为标的资产衍生出的合同，它的价格取决于三个主要的变量：(1) 期权执行价格；(2) 期权当前日至到期日的时间间隔；(3) 标准普尔 500 指数的感知波动率度量。所谓的卖权（相应地，买权）在未来到期日的期望价格越小（相应地，越大）和感知波动率越大，就越是增值。卖权于是充当了投资者对标的资产市场下行风险认知情绪的探测器，也就是说，市场具有巨幅下跌的风险将导致卖权格外值钱。对称地，买权充当着投资者对标的资产市场上行风险认知情绪的探测器，即市场蕴含未来大幅拉升的概率将导致买权非常值钱。图 7-3 总结了这种思想如何用于具体衡量市场巨大下行和上行风险间的非对称性，即用买权和卖权价格的百分比偏差 $(C-P)/P$ 来度量［贝茨称之为"偏度溢价"(skewness premium)］。图底端的曲线称为平价期权（at-the-money options）曲线，量化了平价买权和卖权价格的百分比偏差 $(C-P)/P$。一旦指数价格偏离当前价格，这个百分比值就很显著。由于平价期权对价格变动相对 0 值的偏离很敏感，所以它并不能作为大幅变动感知风险的优秀衡量指标。图顶端的曲线称为"4% 虚值期权"［out-of-money (OTM) options］，它对应于只有当未来指数价格至少下跌（上涨）4% 时才变得值钱的卖权（买权）。这些卖权和买权因此度量了价格变动潜在分布可感知的尾部。图 7-3 显示，在 1985—1987 年的大部分时间内，买权都要比卖权值钱，体现了市场对继续上涨的积极乐观态度，认为只有很小的下跌风险。然而，可以看到越来越强的对泡沫破灭的"恐慌"，起初是在 1985 年年末，随后是在 1986 年 11 月，最后是在 1987 年 8 月。对泡沫破灭的恐慌对应于卖出期权价格显著地被高估（即图 7-3 中负的峰值），量化了对未来产生重大下跌的感知风险。值得注意的是图中恐慌峰值所对应的时间间隔也在收缩，很像在朝向临界时点 t_c 过程中的对数周期加速特征（见本章题为"对数周期性的非参检验"一节和第 9 章 9.4.4 节中"对特征时间等级的尚克转换"）。从数量关系来看，负向峰值间时间间隔收缩的速度不足以快到能使峰值时点收敛于接近崩盘时点的值。实际的计算显示它延后了 1 年半。不过，贝茨注意到，他的结果与理性预期泡沫模型（见第 5 章）完全一致［34］。

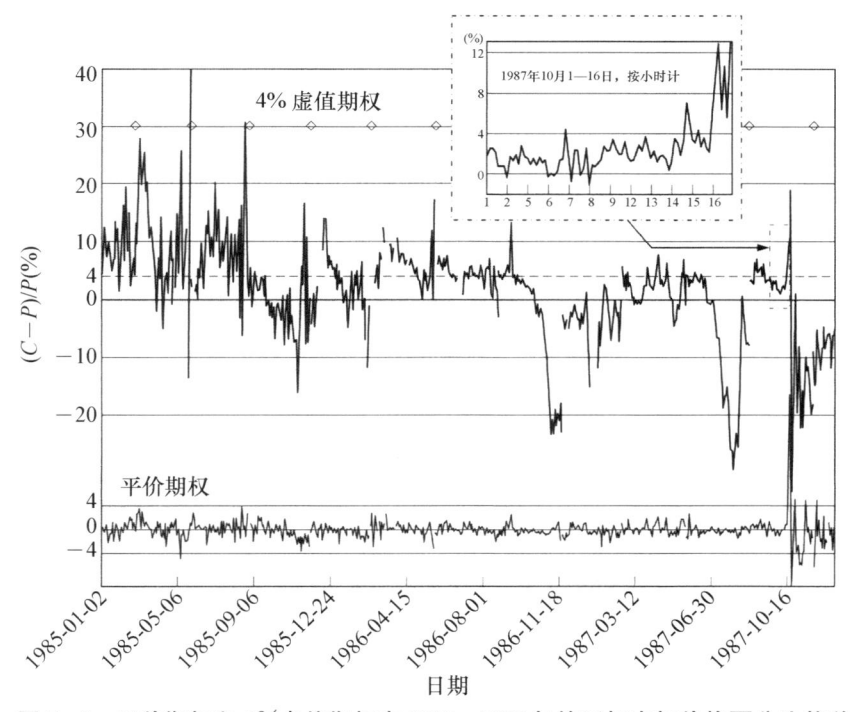

图 7-3　平价期权和 4%虚值期权在 1985—1987 年的买权卖权价格百分比偏差 $(C-P)/P$（偏度溢价）。百分比偏差 $(C-P)/P$ 度量了对标准普尔 500 指数未来大幅上行变动和下行变动感知分布的不对称性。偏差大于 0（小于 0）表示市场对未来牛市（潜在的大跌）抱乐观情绪（恐慌情绪）。内嵌图显示了 1987 年 10 月崩盘前按照小时计算的 $(C-P)/P$。具有讽刺意味的是，市场在崩盘前似乎又将"恐慌"抛到了脑后。本图来自 [34]

7.1.2　崩盘后的特征

如果崩盘确实能被看作取可能值的临界点，那么我们应该能够识别出崩盘后潜在的协作性行为特征，至少应当期望崩盘前和崩盘后的数量模式的对称性。换句话说，在崩盘后应该也有临界指数和对数周期性振荡。标准普尔 500 指数从指数期权（一种其价格为标准普尔指数价格的函数的衍生金融产品）获得的隐含波动率的确呈现了这样的特征，如图 7-4 所示。

对于"隐含波动率"，我们这样来理解。首先，想想期权是什么？期权不过就是为市场的不利变动提供保险的一种可买可卖的金融工具。因此，标准普尔 500 指

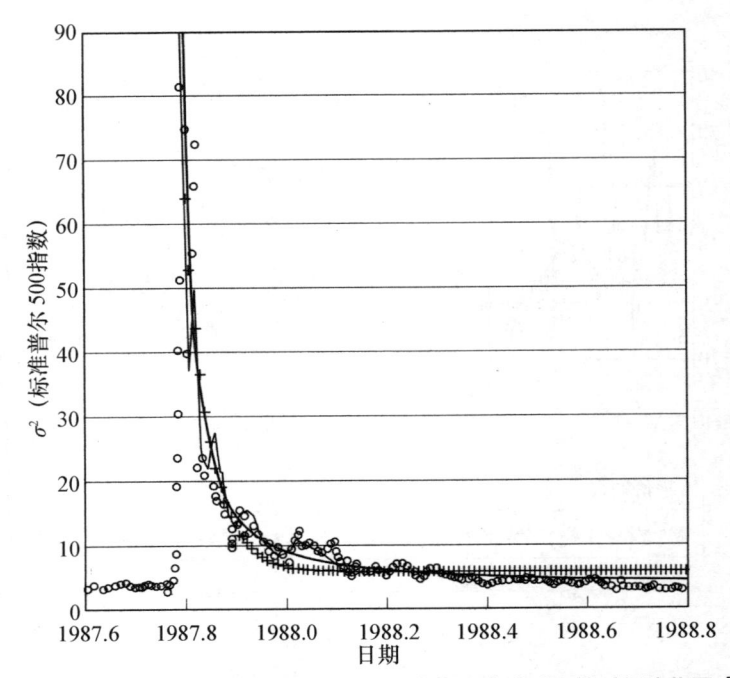

图7-4 1987年10月崩盘后对数化标准普尔500指数隐含波动率的时间演化图[84]。"+"表示指数衰减，var(F_{exp})≈15。用纯粹幂律来拟合得到 A_1≈3.9，B_1≈0.6，t_c=1987.75，m_1≈−1.5，且var$_{pow}$≈12。对数周期性幂律拟合用 $t-t_c$ 来替换式（7.2）中的 t_c-t。拟合结果为 A_2≈3.4，B_2≈0.9，t_c≈1987.77，C≈0.3，ω≈11，m_2≈−1.2，且var$_{lp}$≈7。可以看到6个明确的振荡。本图来自[401]。

数期权的价格就是标准普尔500指数波动率的函数。波动率越高，标准普尔指数的风险越大，期权的价格也就越高。换句话说，市场中期权的价格反映了按照供需对比所估计出的股票波动的价值。实际上，很难找到一个好模型来估计市场价格的波动，甚至也很难找到可靠的度量。标准的方法是找到决定期权价格的市场力量，然后利用布莱克和斯科尔斯期权定价公式反解出隐含波动率[294]。隐含波动率基本上就用来作为投资者感知到的市场风险的度量。

图7-4展现了标准普尔500指数隐含波动率随时间的演化图。该图来自[84]。感知的市场风险在崩盘前非常小，在崩盘时突然跳得很高，在随后的几个月间缓慢地衰减下去。可以看到，隐含风险按照带有对数周期性振荡的缓慢幂律模式进行衰减直到"正常时期"。这一模式通过将式（7.2）中的 t_c-t（崩盘前）换成 $t-t_c$（崩盘后）后再拟合得到。替换后拟合得到了新的临界时点 t_c 估计，它与之前

估计的时点只差几天，表明了其正确性。要注意到，波动率最终衰减到崩盘前的相同水平花了很长的时间。这意味着存在一个"记忆效应"：当股票在崩盘时瞬间蒸发后，市场中的参与者在很长一段时间内仍然心有余悸。

值得注意的是，标准普尔500指数和世界的其他市场在崩盘后长期内维持在崩盘后的水平运行。例如，到1988年2月29日，世界指数是72.7（将1987年9月30日视作100）。1987年10月崩盘后的价格本质上似乎已经成为其后几个月平均价格的无偏估计（见图7-5）。目前，标准普尔500指数的数值已经大大超过1987年10月崩盘前的水平，可见当时经济并无根本变化。所有这些都在支持着临界点的想法，即崩盘是市场在全局范围自组织形成的内在秉性。

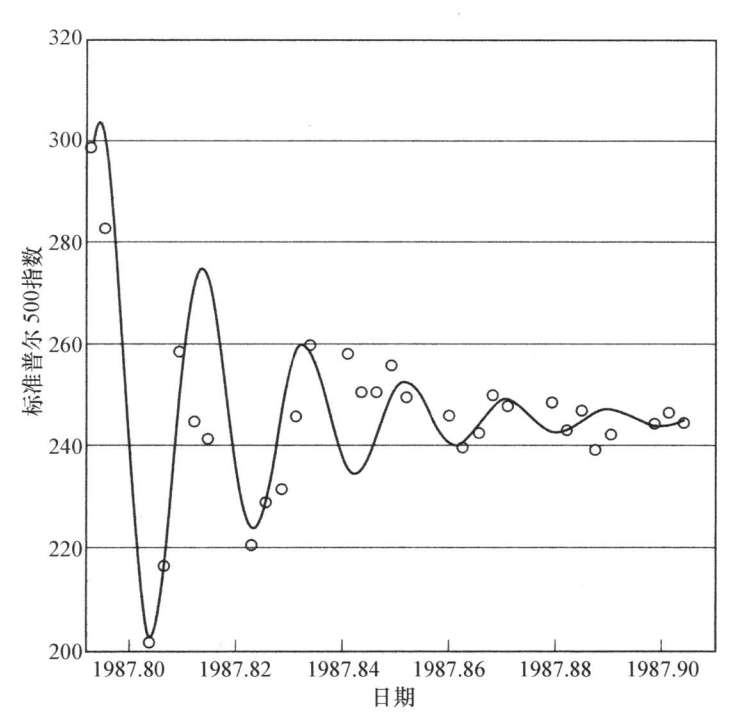

图7-5　1987年10月19日崩盘后几周内标准普尔500指数的时间演化图。用指数衰减的正弦曲线就获得很好的拟合说明短期内美国市场对崩盘的反应类似于一个单耗散性谐波振荡器或曰单阻尼摆。本图来自[401]

通过对1987年10月19日崩盘后几周内标准普尔500指数的演化分析，还能够确认另一个关于美国股票市场协作性行为的突出特征。图7-5是指数衰减的正弦曲线拟合的结果。由此可见，美国市场在崩盘后几周内的行为酷似一个单耗散性谐波振荡器，其振荡周期即特征的衰减期差不多为一周。换言之，股指的轨迹像是一个在平衡位置处于阻尼中的钟摆来回摆荡所产生的。

这一特征加强了将市场看作是具有协作性的自组织系统的观点：在崩盘前，相互模仿和投机心理在市场中蔓延，导致投资者群体逐渐地聚合起来形成一个有效的"超级主体"（superagent），如图 7-1 和图 7-2 中所看到的那样；而在崩盘后，表现得像一个"超级主体"的金融市场在向均衡的回复中迅速地找到了均衡价格，如图 7-5 所示。长时间后，这一超级主体被瓦解分散，行为的差异性又重新恢复，如图 7-4 所示。

7.2　1929 年 10 月的崩盘

美国股票市场 20 世纪的另一重大事件就是 1929 年 10 月的崩盘。尽管论技术条件和 1987 年时差异很大，且当时并没有计算机或其他信息交换工具，然而 1929 年 10 月的崩盘仍然展现了很多与 1987 年 10 月崩盘之间的相似性，如图 7-6 和图 7-7 所示。这些相似性的确让人甚感惊讶：人类对交易追求利润的疯狂和对不确定

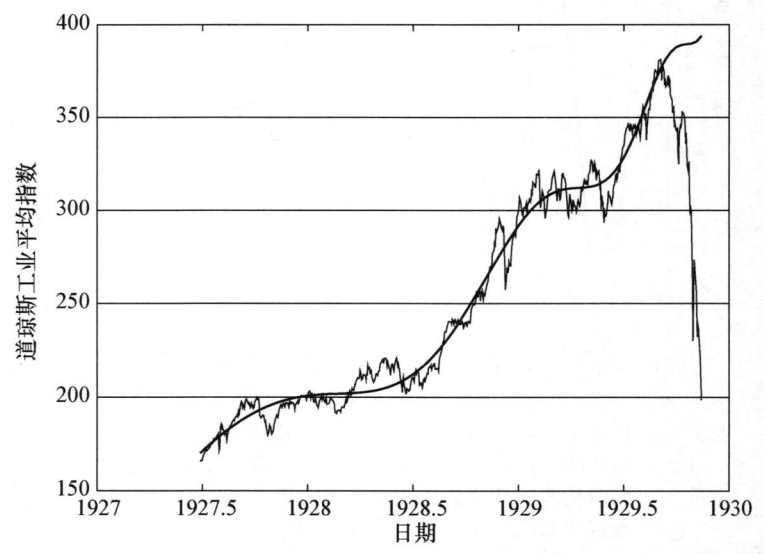

图 7-6　华尔街道琼斯工业平均指数在 1929 年 10 月崩盘前的走势。图中连续曲线是用式（7.2）的拟合结果。其中 $A_2 \approx 571$，$B_2 \approx -267$，$B_2 C \approx 14.3$，$m_2 \approx 0.45$，$t_c \approx 1930.22$，$\omega \approx 7.9$，$\phi \approx 1.0$。本图来自 [212]

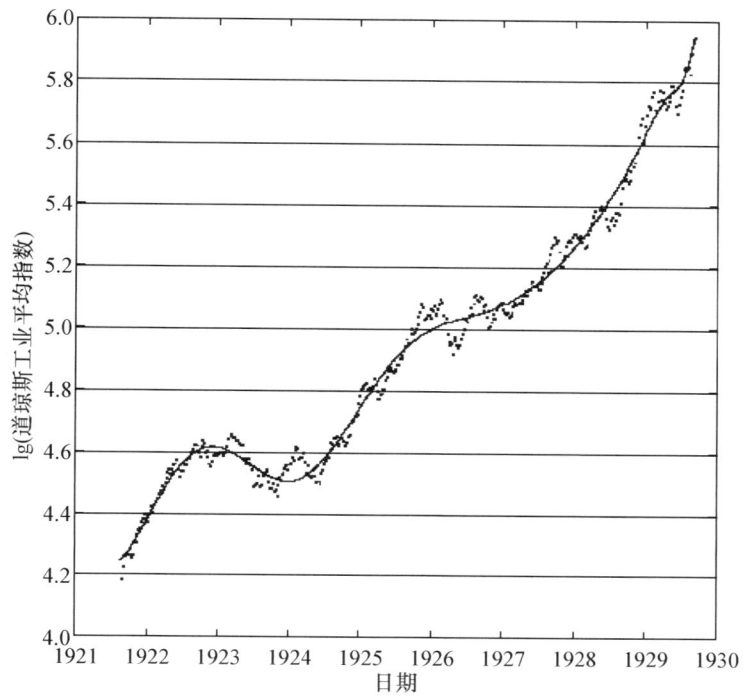

图 7-7 对数化华尔街道琼斯工业平均指数从 1921 年 6 月到 1929 年 9 月的时间演化图。图中连续曲线是用 [397] 提出的改进后的非线性对数周期性幂律公式拟合的结果。崩盘日 1929 年 10 月 23 日对应于小数表示年的 1929.81。其中 r.m.s. =0.041，t_c=1929.84，m_2=0.63，ω=5.0，$\Delta\omega$=-70，Δt=14 年，A_2=61，B_2=-0.56，C=0.08，$\Delta\omega$ 和 Δt 是 [397] 引入的两个新参数。本图来自 [397]

性或损失的恐惧间的互动并不随历史的发展而改变。其实，《华尔街日报》早在 1987 年 10 月 19 日当日一早就注意到了 1929 年与 1987 年的相似性，并且给出了 20 世纪 20 年代和 80 年代的股指演化对比图（参见 [374] 中的讨论）。

利用式（7.2）来拟合 1927 年 6 月直到 1929 年 10 月崩盘前历史最高点的数据（见图 7-6），并与 1987 年 10 月崩盘的拟合（见图 7-1）做对比，可定量地看到这种相似性。可以看到，它们有相似的时间长度、相似的加速增长和振荡结构（用幂指 m_2 和对数周期性角频率 ω 表示）：m_2^{1987}=0.33，m_2^{1929}=0.45；ω^{1987}=7.4，ω^{1929}=7.9。这些数值惊人地接近，在考虑了适度不确定性后基本可以认为是相同的。

201

图 7-7 与图 7-2 类似，此时针对的是 1929 年 10 月崩盘前情形，将 [397] 提出的改进后的非线性对数周期性幂律公式运用到从 1921 年 6 月开始的更长时间窗口上来拟合。就改进的理论公式来说，两次不同崩盘估计出的幂指 m_2 得到非常相似的值：$m_2^{1929}=0.63$，$m_2^{1987}=0.68$，这与重正化群理论预测说幂指 m_2 具有一定的普适性相吻合（见第 6 章）。对数周期性也应当有相似的普适性，但普适程度稍弱一些。正如在 [356] 中显示出的，由于自身的性质，价格起伏和噪声将使 ω 产生较大变化。估计结果显示，$\omega_{1929}=5.0$，$\omega_{1987}=8.9$。不出所料，这些值与其他的崩盘估计一样落在了一定的范围内（见后面的叙述）。相应地，它们各自对应着一个偏好标度比率，分别是 $\lambda_{1929}=3.5$，$\lambda_{1987}=2.0$。

因此，对于 1929 年 10 月和 1987 年 10 月的崩盘，道琼斯工业平均指数在两年半和八年前都呈现出相似的前兆行为特征。尽管可以想象人们生活和工作方式已经产生了巨大变化，两次在 20 世纪内的崩盘具有的相似性还是让人惊讶。唯一可能不变的就是人们的思维和行为方式。这里冒出的一个思想就是，金融市场中交易者的组织行为在本质上会造成"系统的不稳定性"，这可能来自人类自身一些非常稳健的根本秉性，包括群居行为、贪婪本性、痛苦中的本能心理、从众行为以及风险规避。从交易者合作行为所涌现出的对数周期性幂律结构市场全局行为，让人联想起在微观层面上个体无法感知到，但在宏观层面却涌现出的智力行为过程。生物学已经在研究这种过程，比如蚂蚁群落产生意识的问题 [8]。

不过，这两次崩盘还是有些不同之处。最重要的区别就是 1929 年崩盘后股票价格的波动性要比 1987 年崩盘大很多 [351]。这让经济学家认为 1929 年 10 月的崩盘造成了未来收入不确定性的暂时性显著增加，使得消费者放弃了对耐用品的购买。在市场崩盘后，预测师对未来收入的情景很难盖棺论定。当代经济学家认为消费者的不确定性是抑制消费的重要力量，它可能是强化大萧条的重要因素。1987 年崩盘引发的不确定性增加仅有微弱影响，并没有带来萧条。不过，从图 7-4 也能明显地看到在崩盘后数月内不确定性和风险的增加。

实际上，这种当资产价格下跌时收益率的波动要比资产价格上涨时更大的现象又名"杠杆效应"，它是一种市场的稳健特性，不一定非要崩盘才会产生。换言之，未预料到的负向收益率将导致条件波动率的上浮调整，同时未预料到的正向收益率带来条件波动率的下降[242, 160, 86, 11]。

乍一看，这种特性与第5章中描述的风险驱动模型相违背，在那里崩盘风险的升高带来价格的上涨。如果价格上涨，那么按照"杠杆效应"，波动率应该下降。而波动率通常作为风险的度量，因此在风险驱动模型中，风险的增大将驱使价格上涨，这就产生了矛盾。其实，这种矛盾很容易解决。注意到崩盘发生的风险与波动率测度的风险有显著区别，前者对价格未实现的最极端可能变动很敏感，而后者是对中小型价格变动的平均估计。

在资产收益波动和资产价格间存在的这种由杠杆效应量化的负向相关关系，反映了在损失产生后人们产生更大的感知风险和感知不确定性，它可能与人类根本的心理特征有关。的确，人类在一开始就成功后的表现要比一开始就失败后的表现好。失败或者"倒霉事"会降低人们将来行动的信心[125]。

7.3　1987年、1994年和1997年的香港市场崩盘

7.3.1　香港的崩盘事件

香港是个非常自由的市场，因为它对居民和非居民、个人或公司，对资本和利润的运作、借贷、转移都限制很松。当香港在1997年7月1日作为特别行政区（SAR）回归中国之后，这种情形仍然延续，因为根据《中英联合声明》，香港将享受至少50年的高度自治权。特别行政区运用的是一部名为《中华人民共和国香港特别行政区基本法》的小宪法。在香港，没有交易管制，而且允许跨境汇款。因此，资本能够在香港股票市场非常自由地流进流出。对股息和利息的兑换与汇付也没有限制。投资者可以带着他们的资金通过公开交易市场进入香港，然后以同样的方式撤出。

相应地，我们能预料在这样的市场中投机行为和从众效应会完全发挥作用。实际上，香港市场可能是介绍崩盘前市场的投机泡沫呈现对数周期性幂律特征的一本最好的教科书。在过去的15年间，我们能看到三次主要的泡沫和崩盘。在图7-8中，它们分别用Ⅰ、Ⅱ、Ⅲ来标记。

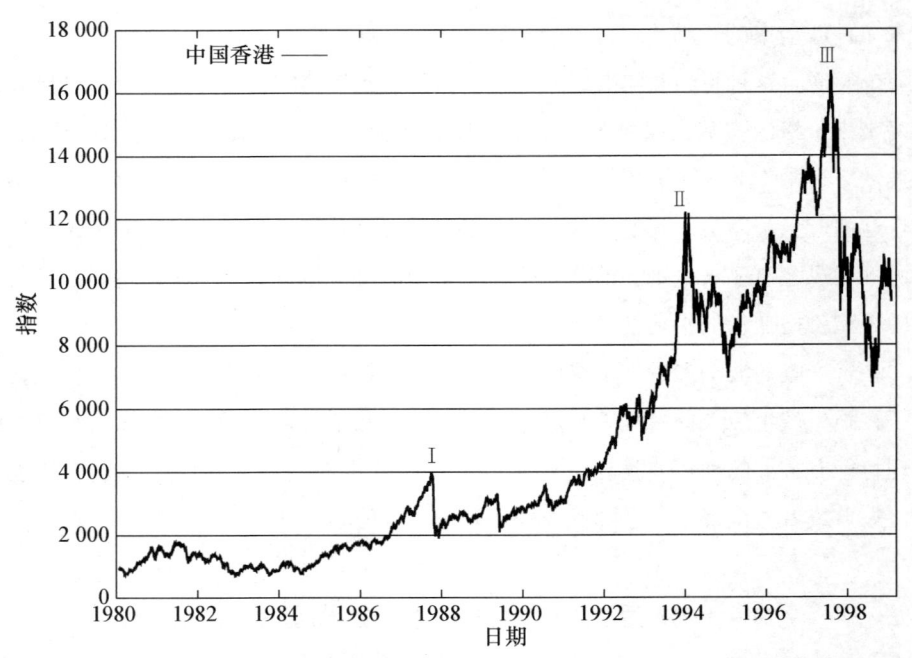

图 7-8 作为时间函数的香港股票市场指数。可以识别出三次大的泡沫和随后的大崩盘。崩盘的日期大约是 1987 年 10 月（Ⅰ）、1994 年 1 月（Ⅱ）和 1997 年 10 月（Ⅲ）。本图来自 [218]

（1）第一次泡沫和崩盘的情况如图 7-9 所示，它与已经讨论过的全球 1987 年 10 月崩盘同步。在 1987 年 10 月 19 日，香港恒生指数报收在 3 362.4 点。到 10 月 26 日却报收在了 2 241.7 点，累计损失高达 33.3%。

（2）第二次泡沫在 1994 年的早期结束，如图 7-10 所示。这一泡沫按照我们所称的"缓慢崩盘"的方式结束：在 1994 年 2 月 4 日，恒生指数冲顶到 12 157.6 点，在一个月后的 3 月 3 日，报收在 9 802 点，累计损失达 19.4%。随后的两个月，股指跌到更低。到 1994 年 5 月 9 日，它报收在了 8 421.7 点。从 2 月 4 日算起，累计损失达到 30.7%。

（3）第三次泡沫如图 7-11 所示，它在 1997 年 8 月中旬结束，在 1997 年 10 月 17 日前缓慢衰减，然后突然崩盘：从 10 月 17 日的 13 601 点跌至 10 月 28 日的 9 059.9 点，累计损失 33.4%。当日跌幅 10% 为历史第三大跌幅，最大的一次是 1987 年 10 月崩盘的 33.3%。

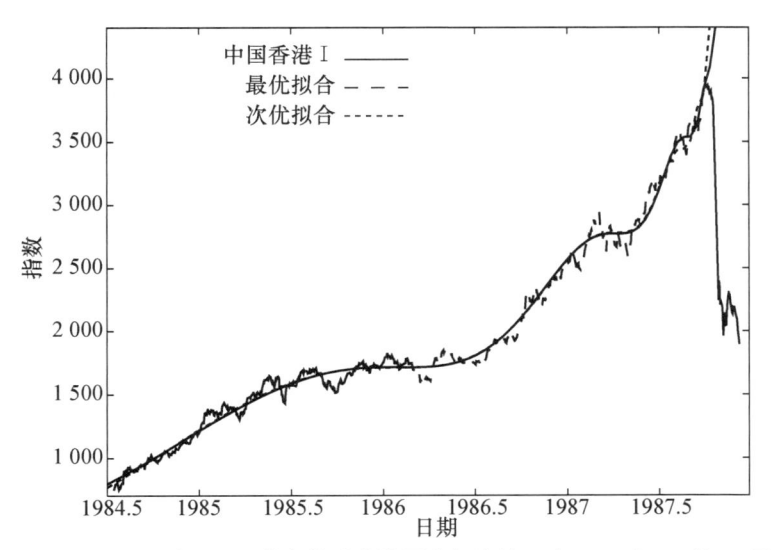

图 7-9 终结于 1987 年 10 月崩盘的香港股票市场泡沫。在 1987 年 10 月 19 日，香港恒生指数报收于 3 362.4 点。在 10 月 26 日报收于 2 241.7 点，大约损失了 33.3%。表 7-1 列出了用方程 (7.2) 拟合的参数结果。注意到两次最优的拟合图线除了在泡沫真正终点处外几乎不可分辨。本图来自 [218]

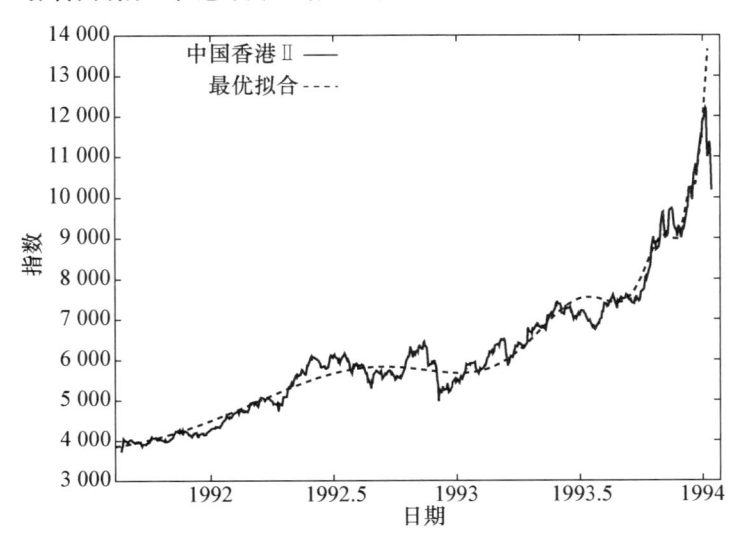

图 7-10 在 1994 年早期崩盘后终结的香港股票市场泡沫。在 1994 年 2 月 4 日，恒生指数冲顶到 12 157.6 点。在一个月后的 3 月 3 日，报收在 9 802 点，累计损失达 19.4%。随后的两个月，股指跌到更低。到 1994 年 5 月 9 日，它报收在了 8 421.7 点。从 2 月 4 日算起，累计损失达到 30.7%。表 7-1 列出了用方程 (7.2) 拟合的参数结果，拟合曲线为图中的虚线。本图来自 [218]

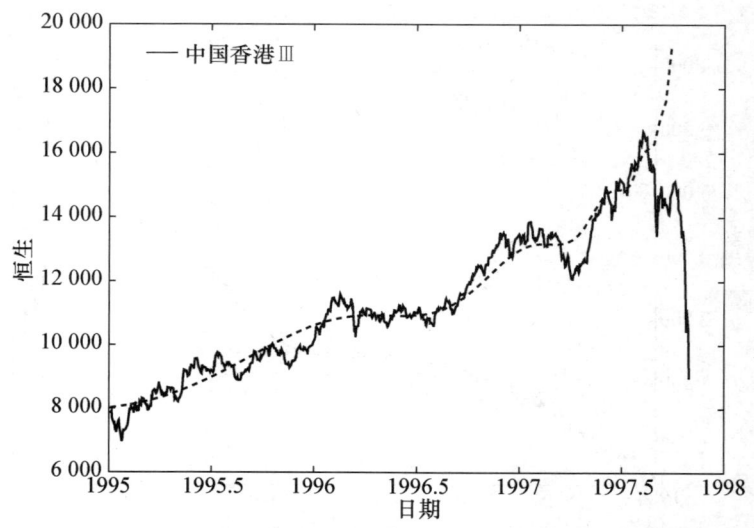

图 7-11　1997 年 10 月香港证券交易所崩盘以前的恒生指数。股指在 1997 年 8 月 11 日冲顶到 16 460.5 点，然后正常地下跌，直到 1997 年 10 月 17 日的 13 601 点。接着它突然崩盘，截止到 1997 年 10 月 28 日下探至 9 059.9 点，日中最低为 8 775.9 点。从 8 月 11 日算起，总的累计损失幅度已达 45%。但从 10 月 17 日至 10 月 28 日崩盘损失就达 33.4%。图中虚线为用方程（7.2）拟合的结果，参数为 $A_2 \approx 20\ 077$，$B_2 \approx -8\ 241$，$C \approx -397$，$m_2 \approx 0.34$，$t_c \approx 1997.74$，$\omega \approx 7.5$，$\phi \approx 0.78$。本图来自 [212] 和 [218]

表 7-1 列出了用方程（7.2）来分别拟合图 7-9～图 7-11 的 I、II、III 段泡沫的参数估计结果。一个非常显眼的特征就是，香港市场的这三次泡沫都具有本质上相同的对数周期性角频率，差距不超过 ±15%。这些值与之前看到的美国市场的泡沫和外汇市场的泡沫（见后文）估计值非常接近。尤其是，对于香港市场 1997 年 10 月的崩盘，我们有 $m_2^{1987}=0.33 < m_2^{HK1997}=0.34 < m_2^{1929}=0.45$，$\omega^{1987}=7.4 < \omega^{HK1997}=7.5 < \omega^{1929}=7.9$；可见，香港市场在 1997 年 10 月崩盘前从股指估计出的幂指 m_2 和对

表 7-1　对图 7-9～图 7-11 所示的香港股市中后来崩盘的三个投机泡沫的拟合结果。两个值代表有两个最佳拟合。本表依据 [218] 复制

股票市场	A_2	B_2	B_2C	m_2	t_c	ω	ϕ
中国香港 I	5 523; 4 533	−3 247; −2 304	171; −174	0.29; 0.39	1987.84; 1987.78	5.6; 5.2	−1.6; 1.1
中国香港 II	21 121	−15 113	−429	0.12	1994.02	6.3	−0.6
中国香港 III	20 077	−8 241	−397	0.34	1997.74	7.5	0.8

数周期性角频率 ω 完全落在华尔街两次崩盘前估计值构成的区间内！图7-12展现了香港市场三次崩盘前泡沫信号对数周期成分具有的"普适性"规律。

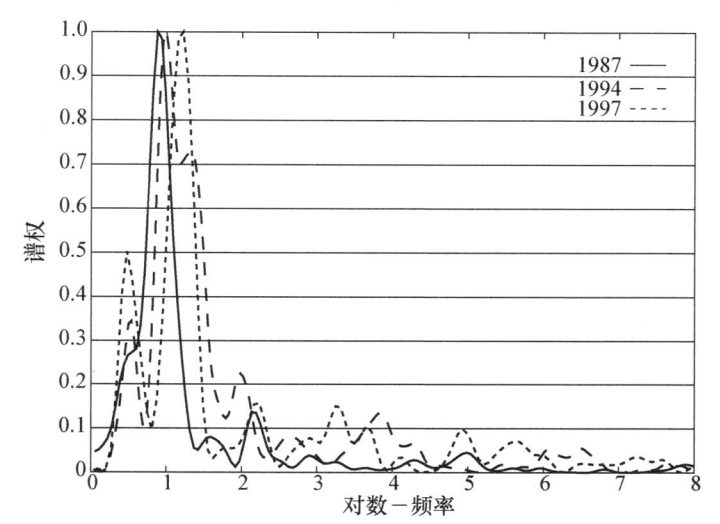

图7-12 图7-9~图7-11中三次香港市场崩盘前泡沫走势的洛姆谱分析图。参见本章"对数周期性的非参检验"一节。所有这三次泡沫几乎都可由相同的"普适"对数频率 $f\approx 1$ 来刻画，它对应着 $\lambda= \exp(1/f) \approx 2.7$ 的离散标度不变性标度比率。由约翰森（A. Johansen）绘制

7.3.2 1997年10月的崩盘以及它对美国市场的共振

香港市场在1997年10月的崩盘完全可以被看作关于蔓延和投机的一个教科书式的典型案例。当马来西亚总理马哈蒂尔·穆罕默德（Mahathir Mohamad）博士在1997年9月香港的世界银行国际货币基金组织峰会上发表他那篇家喻户晓的著名演讲时，很多批评的声音纷至沓来，嘲笑他禁止货币投机的提案不啻于在掩盖马来西亚经济的疲弱。他们也指出货币危机并不会殃及中国香港，中国香港的经济基本上是健康的。马来西亚或是其他经济体受到影响，那是由于它们的经济有问题。很容易看出泰国、马来西亚和印度尼西亚那时在经常项目上都有赤字。相反，中国香港的经常项目状况很好，并有价值880亿美元的外汇储备。可在中国台湾动用了50亿美元对抗投机冲击还是失败，不得不放弃对美元的盯住后，那种所谓"强则可幸免"（strong-won't-be-affected）的理论已经遭到了挑战。当中国香港市场遭遇

致命一击而暴跌时，证券分析师和媒体都为之震惊。这里曾被认为是最安全的投资港。尽管由于自身经济和货币困境，自1997年7月泰国市场崩溃后，各小国市场相继崩溃，但中国香港市场总被认为有些不同：中国香港市场是亚洲市场在日本市场之后的第二大按西方制度运作的市场，应该能够抵御已经在其他市场肆虐的金融流感。然而，根据我们在第4章和第5章中的分析及本节前面已经看到的两次中国香港（1987年10月和1994年1月）的泡沫崩溃，香港安全的假设实在站不住脚，因为它忽视了由蔓延效应引发的过量投资可能招致市场的不稳定和崩盘，这种因果链使得中国香港市场面对所谓的投机性冲击时显得很脆弱。实际上，那些造成其他经济体货币危机的对冲基金利用卖空来打压港币，为维护之前的流动性水平，中国香港特区政府不得不提升利率，结果就是投资受到冲击，股票市场也产生紊乱。

之前已经强调过，不要混淆造成不稳定的局部原因和根本原因。诺贝尔奖得主、芝加哥大学的经济学家乔治·施蒂格勒（George Stigler）就曾说过，将结果归咎于市场不啻于将自己的肥胖归咎于酒店服务员。按照本书的理论框架，市场的崩盘是由于从众效应的长期酝酿（其使市场变得越来越不稳定）的一个可能结果（不是必然的）。当处于不稳定状态时，有很多局部原因都会使市场栽跟头。为了更加明白，让我们来对比一下造成塔科马海峡大桥（Tacoma Narrows Bridge）崩塌的原因，这座大桥曾经屹立在连接华盛顿州大陆和奥林匹克半岛之间的强风之中。在1940年11月7日大约上午11点大桥遭遇狂风后开始大幅摆动起来，随后在顷刻间崩塌[418]，此时大桥才刚刚通车几个月。狂风仅是局部原因，大桥的崩塌还有更深层次的原因：就像其他物体一样，大桥也有几个特征振动频率，那一天的狂风可能刚好激发了其中的一个频率。大桥会在这一频率下猛烈地摇晃最终造成了断裂，这被称为"共振"效应。所以塔科马海峡大桥倒塌的根本原因是某一特定共振模式的作用。许多股票市场的崩盘与塔科马海峡大桥倒塌一样，都是源自内在的不稳定性。这种不稳定性由一些小的市场扰动（直接造成市场崩盘）揭示出来。

在全球资本能够自由地进出的情况下，投机性攻击有时被认为是在市场不稳定时期对发展中国家造成了严重潜在风险的重要原因，尤其是在世界贸易组织的《金融服务协议》下，这些国家不得不对外国大银行、保险公司、股票经纪公司或其他机构开放自己的金融部门时更是如此。我们认为，问题根本上应该是由从众效应带来的资金过分热情的汇聚，虽然在一开始带来高额的利润，但是招来了不稳定的风险：发展中国家和其相应的投资者不可能既能拥有蛋糕又能享用它。从有效市场的观点来看，投机性攻击不过就是揭露了市场的不稳定性，同时将市场推回到更加稳定的状态。

有趣的是，中国香港市场在 1997 年 10 月的崩盘对世界其他市场产生了强烈的影响，尤其是美国市场。开始于中国香港市场的抛售狂潮，夹杂着人们对"亚洲四小龙"的深层金融问题的普遍担忧，首先波及其他东南亚市场，然后波及欧洲市场，最后波及美国市场。西方市场中受到冲击最大的就是那些部分收入来自东南亚的跨国公司，因为亚洲经济的下滑会降低公司的利润。据估计，25 家市值几乎占到标准普尔 500 指数市值 1/3 的公司有一半的收入来自海外。东南亚经济增长的减缓让华尔街投资者最为担心。为维持牛市的继续，市场需要公司有可持续的收益。如果看不到希望，价格上升的周期就扭转为下跌周期。事后证明，对未来收益的担忧结束了华尔街 6 年来的牛市。

不同的研究团队独立地发现了从众效应的迹象以及不稳定性的迫近，并将这些发现公之于众。按照我们的理论，美国金融市场在 1997 年 10 月的风波不应该仅被视为是对中国香港市场崩盘的被动反应。如图 7-13 所示，从之前的几年到 1997 年 10 月为止能看到对数周期性幂律特征，说明类似从众市场的不稳定性已经早就在同步地酝酿了。其实，约翰森和笔者在事前就已经识别了市场的对数周期性特征，并且预测市场在 1997 年 10 月底可能会有崩盘或大幅调整。预测结果早在 1997 年 9 月 17 日就已公布，并在法国的软件及发明专利保护办公室进行了登记，登记号码为 94781。另外，针对这一预测开发了看跌期权为主的交易策略，用来对理论进行检验。这一策略在两周内（包括 1997 年 10 月 28 日的超小幅崩盘）的利润高达 400%。其中收益可从 1997 年 11 月公布的美林证券客户现金管理账户中看到。一组物理学家和经济学家也在 1997 年 9 月 18 日公布了他们的结果。结果最初发表于比利时的杂志 [115]，其后正式发表于科学刊物 [433]。他们运用的方法是对我们理论的调整 [435]，其实不如我们的方法可靠（检验的对比结果见 [214]）。另外还有两个团队在事后分析预测了市场调整的可能性。费根鲍姆和弗罗因德（Freund）分析了华尔街 10 月 27 日市场调整前纽约证券交易所标准普尔 500 指数的对数周期性振荡情况[129]。格鲁兹曼（Gluzman）和尤卡洛夫（Yukalov）则基于代数自相似重正化群建立了一种新方法，分析了包括1929年10月、1987年10月和1997年10月的纽约证券交易所大幅调整前的时间序列特征[161]。

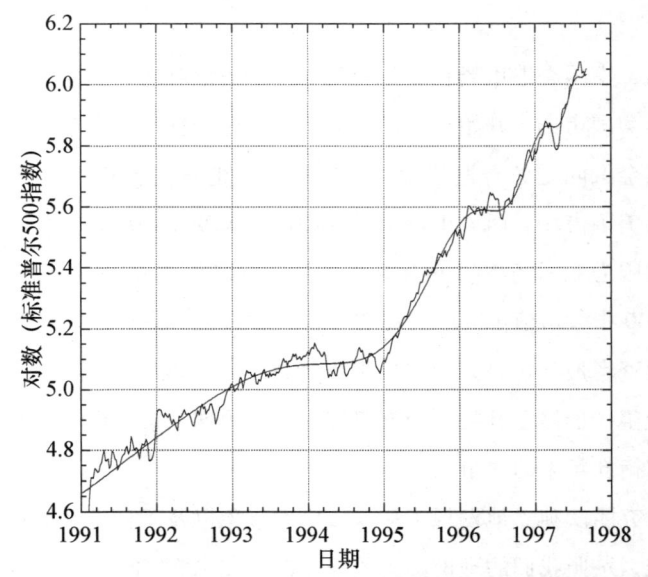

图7-13 用[397]（在图7-2和图7-7中使用过）提出的对数周期性幂律非线性改进公式拟合对数标准普尔500指数的结果，用平滑的实线表示，时间从1991年1月一直到1997年9月4日（1997.678）。幂指 $m_2=0.73$（对比1929年10月的0.63和1987年10月的0.33），对数周期性角频率 $\omega=8.93$（对比1929年10月的5.0和1987年10月的7.4），估计出的临界时点为 $t_c=1997.948$，折算为1997年12月中旬。此图由约翰森绘制

在香港市场1997年的泡沫中，从股票及其可转债的价格上同样能看到清晰的市场反转信号[82]。可转债就是一种可以在指定的转换价格下转换为股票的债务工具。一只可转债本质上相当于一只债券内嵌一份以股权为标的的买权（看涨期权）。由于含有对股权的买权，可转债的息票利率通常比普通债券要低。当股票的价格低于转换价时，内嵌的买权价值很低，可转债可近似地被看作一只普通债券。股票的价格比转换价高得越多，可转债的行为就越像股票，因为此时执行转换的可能性非常高。对大多数可转债，发行者可以将其回购并且当股票达到一定"赎回价格"（call price）时强行转换。因此，可转债就是债权与股权的混合。由于可转债内含一份买权，且买权的价值始终为正，所以可转债的价格应始终高于其标的股票

的价格。如果可转债在低于股票价格的水平折价交易，通常意味着要么有对可转债的某些限制降低了其价格，要么有某种致使定价异常的信息被披露出来，正是后者暗示着香港泡沫的终结[82]。因此，在泡沫过程中股票及其衍生工具关系能够揭示出额外的信息。

图7-13展示了用[397]（在图7-2和图7-7中使用过）提出的对数周期性幂律非线性改进公式拟合对数标准普尔500指数的结果，时间从1991年1月一直到1997年9月4日。这一结果以及之前介绍的有关预测的诸多分析还会在第9章中详细讨论。看起来崩盘并没有发生，实际发生的是道琼斯直跌554.26点，当日跌幅达7.2%，而纳斯达克指数达到了历史最大跌幅。按照1987年10月黑色星期一后通过的新规则，所有主要的美国证券交易所都暂时停牌。从专业交易人员跟笔者的私下交流来看，很多人都认为崩盘即将发生，但情形并非如此。产生这样的情绪也可以归结到10月初的一次大幅抛售上，当时美联储主席格林斯潘断言，美国经济的繁荣不具可持续性，股票市场的高收益也不切实际。

由这些数据（见第9章）所识别出的临界时点 t_c 意味着市场将经历运行机制的转变而不是产生崩盘，这确实很有意思——真实的情况刚好是：在剧烈波动之后，美国市场仍然保持横盘振荡，之前的牛市上冲被打断；然后从1998年1月开始，市场形成了新一波的牛市，直到1998年8月（一会儿我们会分析这次新牛市的终结原因）。在临界时点后出现运行机制的转变与我们在第5章中介绍过的理性预期模型相符：泡沫吹胀后，市场中崩盘可能性的预期越来越强，于是投机和从众的特征结构在价格层面上出现，但崩盘毕竟只是一个或然事件，市场顺利通过临界时点，崩盘并没有发生。泡沫和崩盘的理性预期模型本质上就要求，在整个时间段（包含 t_c）内仍然有可能不发生崩盘——不发生崩盘的概率是一非零值。

美国市场在1997年10月没有出现崩盘，有没有额外的原因呢？一个可能的原因来自家户投资者的行为。美国的家户投资者持有的共同基金占有很大份额，约为2.626万亿美元，约为全部3.539万亿美元共同基金资产总额（按1996年年底的值计算）的74.2%。银行、个人信托公司、担保公司、管理当局，以及其他的机构投资者仅持有剩余的0.913万亿美元，占25.8%。如图7-14所示，在过去的10年中，家户投资者越来越青睐于共同基金。美国投资公司协会对50多年来美国市场 14 次大的市场收紧和 7 次显著的市场抛售进行了分析研究，并没有发现在市场收紧过程中有大量赎回共同基金的行为，即使 1987 年 10 月 19 日的市场大跌，也没有在共同基金中出现大量的资金流出。这项研究与对投资者的实际调查一致，共同基金的投资者都有长期的投资视野并对风险有基本的认知。当市场中具有长期投资期限的投资者占有较大份额时，市场会获得更多的稳定性，因此对短期的市场反转不会有强烈反应。1997 年 10 月并没有产生连锁的抛售造成股灾而仅是小幅下挫，可能就归因于以上分析的稳定性机制。由于有更多具有长期投资视野的投资者，所以 1997 年的市场比 1987 年要稳定许多。

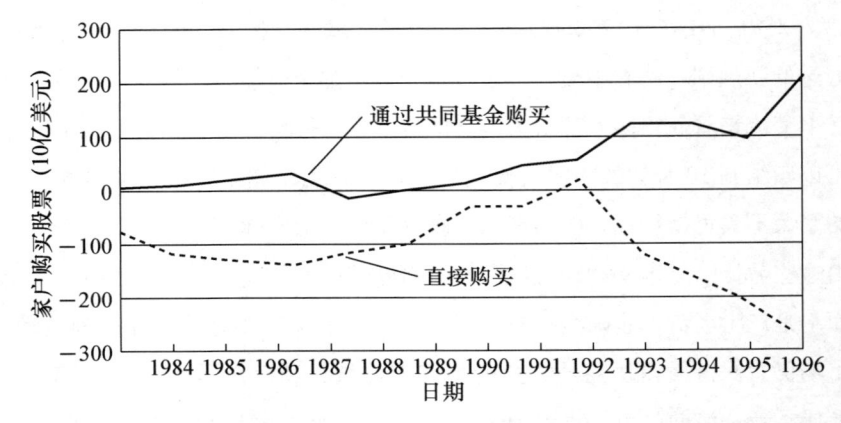

图 7-14 本图来自基于美联储、美国员工福利调查机构和美国投资公司协会的研究数据的美国投资公司协会（http://www.ici.org/）的研究报告。美国投资公司协会是美国投资公司行业的全国性协会。它成立于 1940 年，截至 2000 年包括 8 414 家共同基金公司、489 家封闭式基金公司，以及 8 家单位投资信托赞助商。它的共同基金会员代表了超过 8 300 万的个人投资者，并且管理着大约 70 000 亿美元的资产。负的"直接购买"对应于"卖出"

中国香港市场崩盘与美国和欧洲市场泡沫的终结都同时出现在大约 1997 年 10 月底的临界时点，这并非巧合，也不是一个市场（香港市场）到另一个市场的因果关联。临界时点的同步性其实可以从考虑了股票市场间相互耦合、交互影响的理性预期泡沫模型中预料到。对于一般的相互影响关系，如果临界时点在一个市场出现，那么它也会由于非线性交互作用的存在而在另一个市场出现 [219]。在第 10 章，我们将会更为详细地讨论全球人口、经济产量和市场指数之间的相互影响带来的后果。

总而言之，从 1997 年 10 月的香港市场崩盘我们能看到两件事：一个是世界正往"地球村"的方向迈进；另一个是投资者间相互模仿和从众行为铸就而成的市场情绪的强大力量。

7.4 货币市场崩盘

货币市场中也存在着泡沫和崩盘现象。起始于20世纪80年代早期，在1985年结束的美元泡沫就是一个典型的例子，如图7-15所示。

图7-15 在1985年年中泡沫崩溃之前的美元汇率走势。上一曲线：美元兑德国马克（DEM）的汇率；下一曲线：美元兑瑞士法郎（CHF）的汇率。利用方程（7.2）来拟合美元兑德国马克的汇率如图中实线所示，具体参数为：$A_2 \approx 3.88$，$B_2 \approx -1.2$，$B_2C \approx 0.08$，$m_2 \approx 0.28$，$t_c \approx 1985.20$，$\omega \approx 6.0$，$\phi \approx -1.2$。利用方程（7.2）来拟合美元兑瑞士法郎的汇率得到：$A_2 \approx 3.1$，$B_2 \approx -0.86$，$B_2C \approx 0.05$，$m_2 \approx 0.36$，$t_c \approx 1985.19$，$\omega \approx 5.2$，$\phi \approx -0.59$。注意此时标度比率略有波动，$2.2 \leqslant \lambda \leqslant 2.7$，这是对"临界从众效应"理论的核心检验之一。本图来自[212]

要理解这是怎么回事，先得回顾一段有关汇率的历史。在1975年，美国财政部部长曾在国际货币基金组织年度会议上提出："我们坚信每个国家必须自由地选择自己的汇率体制。"这意味着1/4个世纪前由经济学家密尔顿·弗里德曼所引领的"货币主义革命"此时达到了巅峰。弗里德曼选择的浮动汇率制过去被主流学术界嗤之以鼻，在经历了两代财政部部长的任期后，成为 1973 年后的新国际"货币秩序"[261]。浮动汇率制最终被接受，一些主要的国家开始了盯住货币的实验，其主要思想在于浮动汇率是一国能够施行独立货币政策的先决条件。先前的《布雷顿森林协议》也随即敲响了丧钟。那是在 1944 年由各国签订，旨在维护战后国际稳定，促进自由贸易和充分就业。事实上，固定汇率引发了大量的危机和问题。本来，固定汇率转向浮动汇率给予了政府制定独立货币政策的能力，使其在必要时可以避免经济萎缩。自由地采用货币政策本质上能够让国家有稳定经济的自由。但是，一国无法既通过印制钞票来对抗经济萎缩，又在外汇市场上维持本国币值；一国可以通过货币贬值来提升国际竞争力。然而，贬值的预期却会招致大量的投机。我们会在第 8 章再次讨论这一话题。参见 [248] 中列出的那些货币政策难题，真让人大开眼界。

随着布雷顿森林体系在 20 世纪 70 年代初期的瓦解，国际货币市场迅速壮大，同时更加不稳定。浮动汇率下的资本流动自由化使得国与国之间的资本流动大幅增加。一个最为简单的想法是，两个货币之间的汇率，比如美元和欧元（1999 年 1 月启用）间的汇率，由两国之间的贸易需求来决定：北美交易欧元是因为需要购买欧洲的商品，反过来也一样。不过，还有另外一个决定汇率的重要群体，那就是投资者——他们买入或者卖出货币来购买美国和欧洲金融市场中的股票或债券。由于对货币的投资需求中包含了变异性很高的投机波动成分，一方面使得货币价格具有波动性，另一方面如在第 4 章和第 5 章描述的股票市场或者一般的金融市场中的情形一样造成了货币市场的泡沫。一个例子就是开始于 20 世纪 80 年代中前期的美元投机泡沫 [340]。

允许汇率浮动所带来的效果在美国 20 世纪 80 年代早期的大量赤字预算背景下表现得尤为明显。赤字预算会带来通货膨胀冲高的市场预期，因此必须同时辅以必要的货币政策。按照货币政策倡导者的观点，遏制通货膨胀的关键就是不过度地供给货币。确实，通过对货币供给的限制——这维持了美元的强势（减缓了美国的经济）——美联储的确将通货膨胀从 1979 年的 13.3% 削减至 1987 年的 4.4%，进而将通货膨胀压到了 20 世纪末的约 2% 的水平。很多人都认为，美元的走强是由于美国的大量预算赤字。美国 20 世纪 80 年代早期的预算赤字主要依靠举债的方式来融资，遏制通货膨胀的货币政策提高了利率，吸引了外国投资者购买美国的国债和其他证券。高利率自动让美元变得有吸引力，从而推高了美元的价格。对联邦赤字增加与美元是否升值进行统计检验发现，结果与普遍持有的观点正好相反[121]：1981年实施的《经济复苏税收法案》掀开了政府大规模举债的序幕，它旨在提高储蓄和投资以推动经济的增长，然后利用增长的经济来弥补税收的削减。然而实际上，这项措施并没有使收入提高到能够减小财政赤字的程度，反倒是造成了由于高利率吸引外国投资者购买美国证券而引起的贸易赤字的增加。这也是为什么作为降低利率和贸易赤字的长期措施，循序稳步地削减财政赤字尤为重要。

实际上，由于其他一些因素和投资者预期或预判的影响，汇率与经济状况之间的关系非常复杂。正如经济中的任何一种事物，汇率首先由供给与需求的相对力量来决定。举个例子来说，如果美国商品的价格相对于法国商品的价格上涨了，那么美元应当贬值。假设一开始，一瓶葡萄酒在美国卖1美元，在法国卖1欧元。随后，葡萄酒在美国的价格升至2美元，但在法国仍卖1欧元，那么1美元=1欧元的有效汇率按葡萄酒来计算就要变成2美元=1欧元。当然，由于运输成本和其他市场摩擦，汇率的调整不会精确地按照这一关系来变动。如果汇率仍然维持在1美元=1欧元的水平，在法国就会感受到物价的上涨：1瓶葡萄酒=2美元=2欧元。法国人会停止从美国购买葡萄酒，因为美国的葡萄酒已经比法国本土品牌的酒贵了一倍。

其实，决定汇率更为显著的因素是实际利率（用通胀率调整过的利率）。如果一国的实际利率上升，那么它的货币价格也会上涨。这是因为投资者持有该货币可以获得更大的投资收益，从而催生对该货币的强烈需求，导致货币价格上涨。不过也并不总是这样：在20世纪80年代，汇率和利率的短期数据呈现了负相关性，这可能是由于即使利率再高，大多数分析家仍然秉持高通胀的预期[35]。

大约从1980年开始，美元相对于其他主要工业国家的货币产生了前所未有的大幅升值。这样的升值使美国本土的工业相对其他国家失去了竞争力。到1983年年底，美国的商品贸易赤字达到了450亿美元，其中出口减少了350亿美元而进口增加了100亿美元。例如，在1982年就已经预判到，由于进出口交易量的影响，升值将使1983年年底的实际国民生产总值增长率降至1%，比1980年第三季度未升值前的水平要低1.5%[130]。美元在1980—1984年一直升值，而从加拿大、德国、日本进口的大部分工业品价格却在显著地下降。不过，对少数商品，美元计价的进口品价格却比美国价格水平要高。平均来说，日本和加拿大的进口品价格下降了8%，而德国的进口品价格减少了近28%[133]。积极的一面是，对美国通胀前景的影响非常显著。证据就是美国在20世纪80年代前半段的升值提升了美国产品市场的竞争力，尤其是与欧洲的大陆国家相比[240]。

正如我们在第5章解释过的，按照理性预期的投机泡沫理论，价格强烈回调或市场崩盘的潜在风险将会推高价格。也有学者按这种可能性来解释美元在1980—1985年早期的强烈升值[230]。如果市场相信有些目前还没有酝酿成熟的"典型事件"，就可能发生以下两种后果：一是价格被推高，二是远期汇率的预测效果明显失效（外汇远期和期货合约是一种紧紧跟随即期汇率的金融工具，它体现了市场主体对短期内未来即期汇率预期的最佳信息）。实际上，从1979年10月到1985年2月，远期汇率对美元的强劲涨势产生了系统性的低估。典型事件可以被看作是市场的预期因素[230]：(1) 1979年10月货币机制的改变使私人部门对美联储降低货币供给和通胀的承诺产生怀疑。(2) 私人部门预期1985年3月开始美元会贬值，即具有对回调的强烈预期，恰如第5章的泡沫-崩盘模型。图7-15显示了对应于幂律加速增长特征的外汇泡沫，其中呈现一定的对数周期性振荡。

在1985.2—1986.4年后期未来汇率的预期被高估，这表明了从众效应的存在和理性投机泡沫的可能性[278]。如同在屡次市场大幅回调和崩盘前的表现一样，分析家总是显得过度自信，反复保证说市场不会崩盘，从而让美元涨到了前所未有的高点[199]。然而长期来看非常清楚，强势美元不可能持续，美元应该是被高估了，因为除非一国的经常项目状况表现良好，它的货币才能长期保持坚挺。可是美国的情况恰恰相反，在1984年上半年美国按季节调整后的经常项目约有441亿美元的赤字。

与美元的泡沫类似，但程度弱一些的是加元和日元的情形，它们在一年内快速升值但最终在1998年夏天泡沫破灭。数值分析见图7-16。麻省理工学院的教授保罗·克鲁格曼（Paul Krugman）曾将日元和加元的急涨与1998年夏天美国金融市场崩溃前的表现（下一节马上讨论）冠之以"让少数影子金融操手快速致富的大量市场机制的副产品"，它们毫无必要且引火烧身[246]。利用我们的理论得到的高质量拟合效果的确提供了投机行为、相互模仿、从众效应的佐证，它们可能同时以自组织的方式或者部分人为操控的方式存在。实际上，弗兰克尔（Frankel）和弗鲁特（Froot）已经发现，在整个 1981—1985 年，市场投资者从基本面分析者转向了图表分析者 [139，140]。

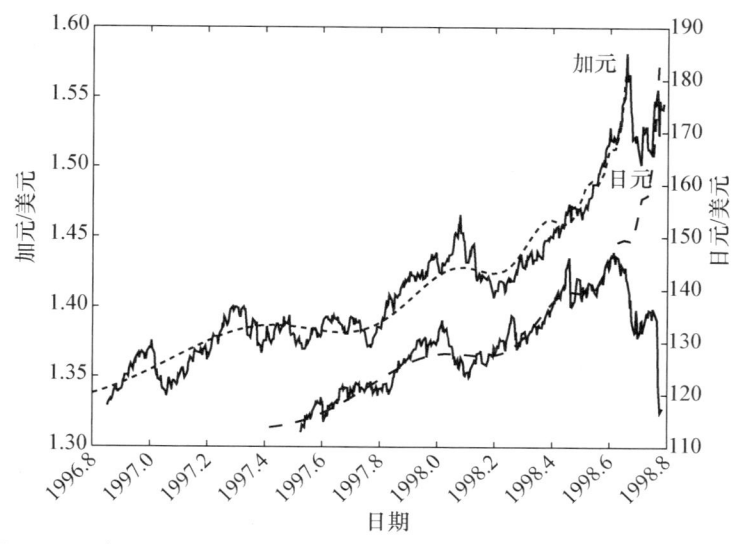

图 7-16 在 1998 年 8 月开始的市场下跌之前美元兑加元和美元兑日元的汇率。利用方程（7.2）来拟合美元兑这两种货币的汇率分别得到：$A_2 \approx 1.62$，$B_2 \approx -0.22$，$B_2 C \approx -0.011$，$m_2 \approx 0.26$，$t_c \approx 1998.66$，$\omega \approx 8.2$，$\phi \approx -0.79$；$A_2 \approx 207$，$B_2 \approx -85$，$B_2 C \approx 2.8$，$m_2 \approx 0.19$，$t_c \approx 1998.78$，$\omega \approx 7.2$，$\phi \approx -1.4$。本图来自 [221]

7.5 1998 年 8 月的崩盘

从 1998 年 6 月中旬到达顶峰（1998.55）到 1998 年 9 月头几天（1998.67）探入谷底，美国标准普尔 500 指数在短短 2 个多月内损失了近 19%。这一"缓慢"的崩盘，尤其是世界其他股票市场从 8 月中旬开始的动荡，通常联系到甚至归咎为俄罗斯金融市场的暴跌、其货币的贬值和俄罗斯政府对外债的违约（参见第 8 章对俄罗斯市场其他危机的介绍和分析）。

然而，图 7-17 的分析给出了不一样的解读：俄罗斯事件可能是导火索，但并非根本原因！可以看到远在 3 年之前，就已经出现了投机和从众的清晰迹象——幂律加速的增长辅以对数周期性振荡模式。表 7-2 列出了到目前为止所讨论的主要泡沫和崩盘用对数周期性幂律所拟合的参数汇总。可见，1998 年 8 月的崩盘的确

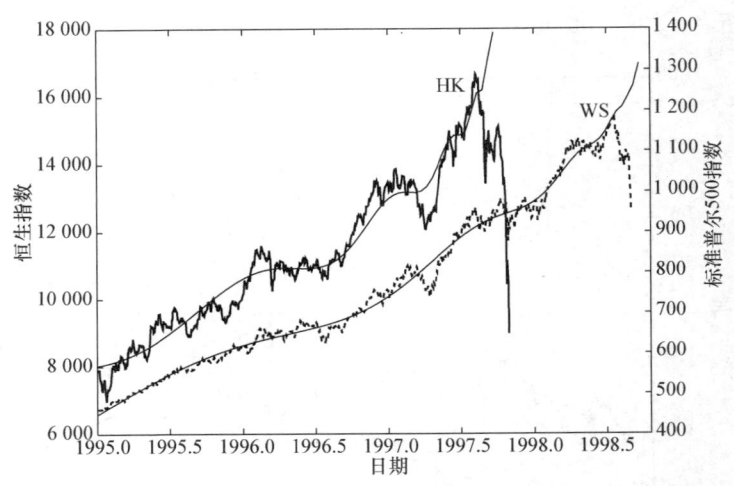

可归为具备"从众效应"特征的市场崩盘事件之一。

图7-17 在1997年10月崩盘前的香港恒生指数（与图7-11相同）和1998年8月华尔街崩盘前的标准普尔500指数。利用方程 (7.2) 来拟合标准普尔500指数得到：$A_2 \approx 1\,321$, $B_2 \approx -402$, $B_2 C \approx 19.7$, $m_2 \approx 0.60$, $t_c \approx 1998.72$, $\omega \approx 6.4$, $\phi \approx 0.75$。本图来自[221]

表7-2 本章中讨论过的主要泡沫和崩盘的对数周期性幂律拟合参数结果（2000年4月纳斯达克和IBM公司及宝洁公司的崩盘见图7-22、图7-23和图7-24）。t_c是根据式 (7.2) 对每个金融时间序列拟合后得出的临界时间。本表还给出了拟合的其他参数。$\lambda = \exp\left(\dfrac{2\pi}{\omega}\right)$ 是对数周期性振荡的优选标度比率。var是数据和拟合的方差，它的单位是价格乘价格。t_{max}都是指数在崩盘前达到最大值的时间。t_{min}是除去更小的"平台"，崩盘后，市场达到最低点的时间。跌幅根据t_{max}到t_{min}间的损失计算。本表依据[221]复制

崩盘	t_c	t_{max}	t_{min}	跌幅(%)	m_2	ω	λ	A_2	B_2	$B_2 C$	var
1929（WS）	1930.22	29.65	29.87	47	0.45	7.9	2.2	571	−267	14.3	56
1985（DEM）	85.20	85.15	85.30	14	0.28	6.0	2.8	3.88	−1.16	0.08	0.002 8
1985（CHF）	85.19	85.18	85.30	15	0.36	5.2	3.4	3.10	−0.86	+0.055	0.001 2
1987（WS）	87.74	87.65	87.80	30	0.33	7.4	2.3	411	−165	12.2	36
1997（HK）	97.74	97.60	97.82	46	0.34	7.5	2.3	20 077	−8 241	−397	190 360
1998（WS）	98.72	98.55	98.67	19	0.60	6.4	2.7	1 321	−402	19.7	375
1998（YEN）	98.78	98.61	98.77	21	0.19	7.2	2.4	207	−84.5	2.78	17
1998（CAN$）	98.66	98.66	98.71	5.1	0.26	8.2	2.2	1.62	−0.23	−0.011	0.000 24
1999（IBM）	99.56	99.53	99.81	34	0.24	5.2	3.4				
2000（P&G）	00.04	00.04	00.19	54	0.35	6.6	2.6				
2000（Nasdaq）	00.34	00.22	00.29	37	0.27	7.0	2.4				

拟合结果表明股票市场再次生成了一个不稳定的泡沫，它会在接近临界值 $t_c \approx$ 1998.72 处达到顶点，这一数值接近 1998 年 9 月末。按照第 5 章的理性预期泡沫模型，当逐渐逼近 t_c 时，市场强烈回调或者崩盘的概率也在不断增加，对如新闻或者"地球村"中其他金融市场出现困境所产生的外部干扰也愈发敏感。俄罗斯市场的暴跌只不过是一个干扰而已，真正值得注意的是美国市场在某种程度上已经包含了由于不可持续的加速增长和结构所蕴含的市场即将变得不稳定的信息！金融界是由相互影响的成分组成的极端复杂的系统，在对其他发展中国家投资时，俄罗斯产生了对风险担忧的升级来应对其不可持续的债务政策，这毫不奇怪。我们将进一步发展这一观点以用于在第 8 章讨论俄罗斯的崩盘。

起始于 8 月中旬的强烈回调不仅针对美国市场。实际上，在其他的市场反应更为强烈，比如德国市场。在 1998 年 7 月前的短短 9 个月，德国 DAX 股票指数从大约 3 700 点攀高到了近 6 200 点，然后在不到一个月内迅速地跌至 4 000 点以下。文献[111]讨论了 1998 年 7 月前 9 个月的前兆对数周期性结构，类似的对数周期性振荡在更小的时间尺度上出现，在不同的分辨率水平下仍然有相似的优选标度比率 λ。不过，建立在[111]这种目测基础上的对更小时间尺度观测的可靠度还得进行更为严格的统计检验。

7.6 对数周期性的非参检验

到目前为止，我们都是基于对数周期性幂律公式来对金融资产价格进行所谓的参数化拟合而获得"临界崩盘"的证据。利用具有大量可调参数的复杂公式来拟合数据是一个很棘手而微妙的问题。特别地，参数非常多的公式其解释力也值得怀疑。有一句名言很巧妙地概括了这个问题，通常认为出自意大利著名物理学家恩里克·费米（Enrico Fermi）之口："给我五个参数，我就能拟合出一头大象来"（这的确夸张了一些）。为了应对可能的诘难，我们需要重点关注两个含义明确的关键参数：控制市场接近临界时点时加速程度的幂指 m_2 和刻画时域上的层级结构的优选标度率 λ。在业已讨论的 10 次崩盘中，能够看到它们的显著稳健性和一定的普适性。如果对数周期性幂律出自随机噪声或者偶然因素，那么这些参数应当在不同的崩盘事件间显著变化才对。

正如我们在第 6 章和本章中所强调的，对数周期性成分是临界的自组织金融市场中离散标度不变性的关键特征。这意味着可以采用非参检验法来识别金融信号对数周期成分。第一非参检验的例子如图 7-18 所示，研究的是 1987 年 10 月的崩盘。其中用了一个简单且稳健的方法来度量对道琼斯工业平均指数总体增长趋势偏离的幅度［434］。可以看到，对趋势的偏差在接近临界崩盘时点时呈现加速振荡特征，这与对数周期性的预测相符。

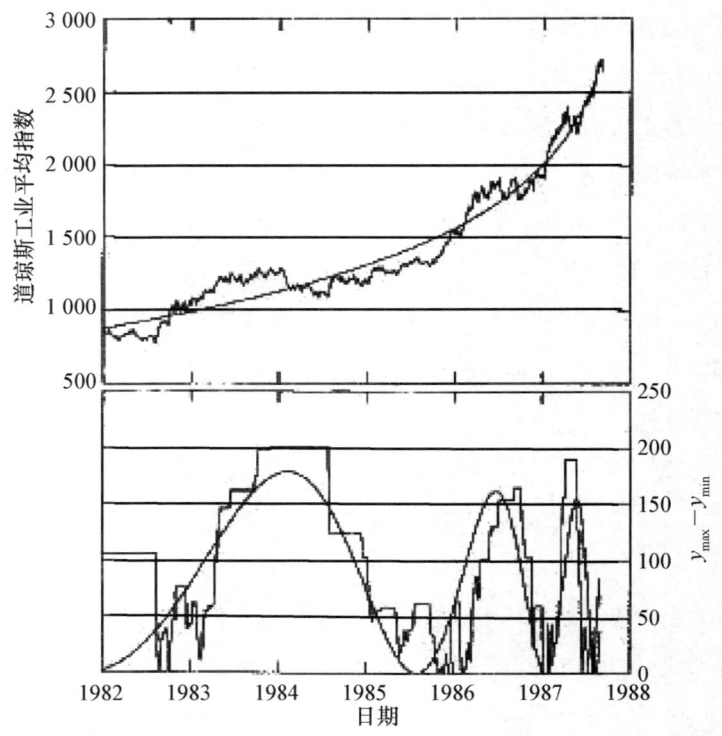

图 7-18　上图：道琼斯工业平均指数从 1982 年 1 月到 1987 年 8 月的演化情况。图中实线表示利用纯幂律拟合的结果。实际上，范德瓦尔（Vandewalle）等人采用的幂指是用对数加速成分 $-\ln(t_c-t)$ 所拟合出的幂指的极限 ［434］。这种方法的拟合效果会差一些，但是可以减少一个可调参数 ［214］。下图显示了对降趋后的振荡模式的测度。测度的方法是，在给定时间 t 时计算时间序列中之前的最大值和之后的最小值之差。差值为 0 表示到时间 t 为止过去的最大值等于将来的最小值。下图中的实线是对数周期余弦曲线 $\cos(\omega \ln(t_c-t))$。本图的引用经爱思维尔科学（Elsevier Science）的批准，摘自 ［434］

我们基于相同的思路发展出了另一种可以检验对数周期性统计显著程度的方法[221]。如图7-18所示，该方法的思路是首先通过降趋将金融时间序列的加速趋势移除，仅保留如图7-19所示的噪声振荡残差成分，降趋的操作通过将标准化的纯幂律拟合结果除去来完成。然后对残差进行谱分析，假设它是变量 $\ln(t_c-t)$ 的函数（运用被称为洛姆周期图的方法来克服非等距的采样的影响）。如果有残差完全服从对数周期性，那么谱分析将给出理论上的角频率 ω 的数值。从图7-20中可以看到，表7-2中列出的前8次崩盘例子（例外的情况是两家公司的股价和纳斯达克指数）的谱分析获得的对数频率都围绕在 $f=\omega/2\pi\approx 1.1$ 附近（对应的角频率为 $\omega_1=2\pi f\approx 7$）。这一结果与我们之前通过参数化的方式拟合并列于表7-2中的 ω 结果显著地吻合。如果噪声只是标准的白高斯过程，那么洛姆周期图的结果应该有99.99%以上置信度确认对数周期性的存在[338]。也就是说，对单个例子而言，如果泡沫数据纯粹是白高斯过程，在某一对数频率下洛姆图呈现峰值的概率不足万分之一（10^{-4}）。对10个独立的例子，在同一对数频率下出现峰值的概率将是 $(10^{-4})^{10}=10^{-40}$！不过，由于噪声谱未知而且对不同的崩盘时间可能非常不同，所以我们并不能用常规方法获得精确的置信区间[338]，也无法对不同的崩盘事件进

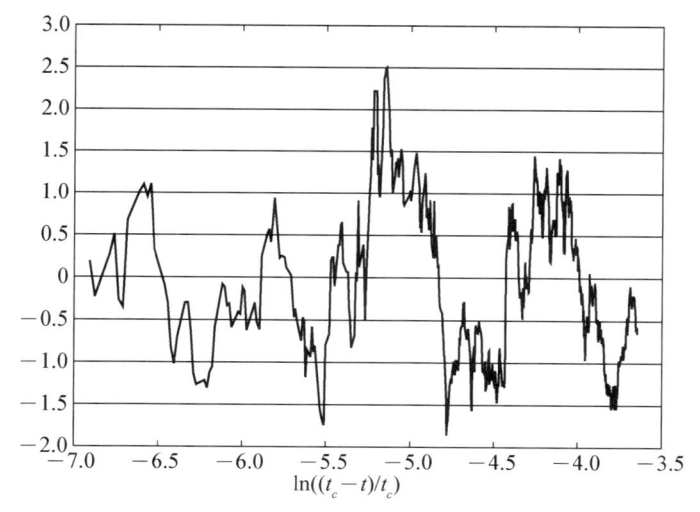

图7-19　1987年10月崩盘前残差分析，其中残差定义为 $\ln\left(\dfrac{t_c-t}{t_c}\right)$ 的函数。本图来自[221]

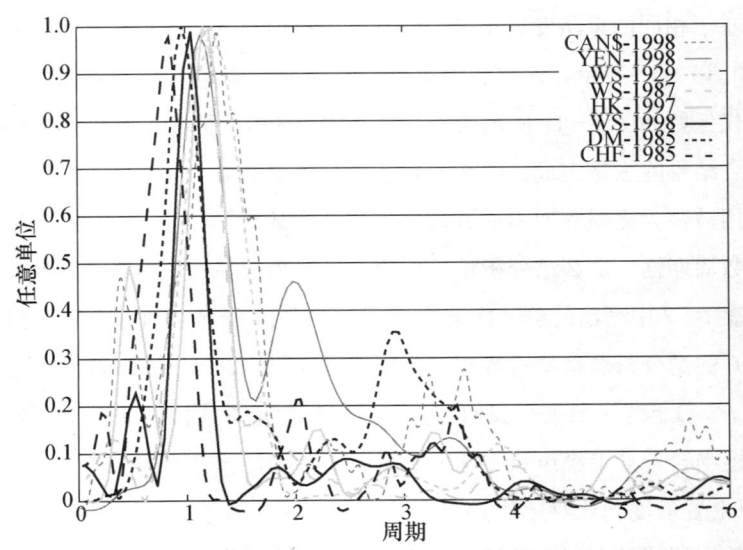

图 7-20 针对以下崩盘事件的洛姆周期图：1929 年、1987 年、1998 年的华尔街崩盘，1997 年香港股票市场崩盘，1985 年美元兑德国马克和瑞士法郎的货币崩盘，1998 年美元兑日元和（5.1%的回调）兑加元的大幅下挫。对每一幅图，峰值的显著性必须通过对噪声水平的估计才能确认。本图来自[221]

行比较。保守地说，我们只能通过对每一次崩盘所对应洛姆周期图之间峰值的相对水平来衡量振荡的显著性。于是周期图首先都被进行了标准化。所有例子的平均峰值在周期中都很明显，在各个例子中也是一致的。因此这种谱分析显示观察到的对数周期性振荡有非常强的功率谱，大大强于噪声的水平。如果用其他模型来刻画，这种结构将很难获得而且很不简洁。

7.7 终结"电子繁荣"的 1962 年"慢速"崩盘

为了进一步研究上述崩盘例子拟合结果的显著性，我们在从 1910 年开始到 1996 年为止的时间上随机选取了 50 个窗口，每个窗口均含 400 周的交易数据，然后在这些窗口中依照对数周期性幂律公式对道琼斯工业平均指数进行拟合[209]。这 50 个窗口的时间节点大致为 1951 年、1964 年、1950 年、1975 年、1979 年、1963 年、1934 年、1960 年、1936 年、1958 年、1985 年、1984 年、1967 年、1943 年、1991 年、1982 年、

1972 年、1928 年、1932 年、1946 年、1934 年、1963 年、1979 年、1993 年、1960 年、1935 年、1974 年、1950 年、1970 年、1980 年、1940 年、1986 年、1923 年、1963 年、1964 年、1968 年、1975 年、1929 年、1984 年、1944 年、1994 年、1967 年、1924 年、1974 年、1954 年、1956 年、1959 年、1926 年、1947 年和 1965 年。

这样做的目的是要看看我们的方法是否会产生很多的错误预警信号。换句话说就是去看，是否拟合结果已经显示检测到了具有临界时点前兆特征的投机机制——对应着产生强烈回调或者崩盘的高概率情形——而事后却并没有发生回调或崩盘。如果大部分随机选取的区间上都能呈现出类似前述 10 个例子的模式，那么证明我们的方法没有判别力，也就没有价值。反过来说，如果仅有崩盘前的窗口才能用对数周期性幂律公式来刻画，那么可以说我们得到了一种用来刻画、检测、识别，甚至或许能够预测临界时点的方法（更详细的讨论参见第 9 章和第 10 章）。

研究结果如下（参见 [209]）。对 50 个窗口的拟合中，只有 11 个窗口给出能与崩盘的例子可比的拟合结果，并且仅有 6 个窗口拟合产生的幂指 m_2 和对数周期性角频率 ω 在前述崩盘例子的相应数值范围内。这体现了潜在临界点的临界合作行为的普适性，我们在第 4~6 章讨论过。这 6 个窗口中有 5 个恰是在 1929 年和 1987 年崩盘前夕，但第 6 个检测到投机机制的窗口截止到 1962 年春天。这一时间超出了预料，因为我们并不知道那段时间有任何崩盘事件发生。1962 年真有过一次"崩盘"，由于我们事先并不知情，这一识别结果格外惹眼。在这一发现之后，我们去搜索了历史上的经济繁荣和萧条周期（如参见 [282]），得知在 20 世纪 50 年代末和 60 年代初有过一些"新产业"与"增长型股票"，但猛增的股价势头却由 1962 年的"慢速"崩盘所终结。像德州仪器（Texas Instruments）和瓦里安联合公司（Varian Associates）这样的新兴电子工业中的增长型股票，具有非常高的盈利增长期望，价格也远远高于普通的蓝筹股。许多具有"高科技时空旅行"主题的公司股票在 1961 年的价格都在它前一年每股收益的 200 倍以上。之前，传统的规律为股票价格是其收益的 10~15 倍。这种情形实在太熟悉了！那段时期被叫作"电子繁荣"，它与 1929 年 10 月崩盘前和 2000 年 4 月纳斯达克崩盘前的 20 世纪 90 年代末的新经济繁荣极其相似。

利用对数周期性幂律对道琼斯工业平均指数所做的从 1954 年到 1961 年年末的拟合如图 7-21 所示，随后是一段"慢速"的崩盘。所谓慢速是在时间意义上说的，市场在 3 个月内大约下跌了 27%，而下降同样的幅度其他的崩盘通常只用一两周。按照第 5 章和第 6 章所述的理性预期模型，某种外在的冲击可能在市场"成熟"之前促发了慢速崩盘。的确，在理性预期泡沫模型中，带有理论临界时点 t_c 的被吹胀的泡沫可能会由于外在冲击的影响而在其到达最终时点之前就被扰乱。请读者回想一下，幂律的临界时点 t_c 是崩盘最有可能发生的时间点，但这不排除泡沫会提前崩溃或终结，只是概率更小一些罢了。如果这样的事情发生，就无法阻止对数周期性结构一直演化到泡沫过程被外在冲击终结之前，同 1962 年的情形一样。这种结构正是不稳定相态会来临的强劲投机状态的特征。

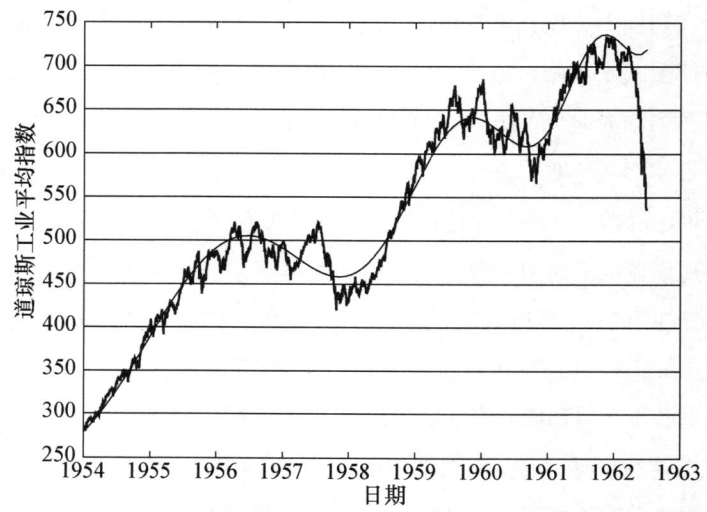

图 7-21 华尔街 1962 年慢速崩盘前道琼斯工业平均指数的走势。利用方程 (7.2) 所拟合的结果（图中实线）为：$A_2 \approx 960$, $B_2 \approx -120$, $B_2 C \approx -14.9$, $m_2 \approx 0.68$, $t_c \approx 1964.83$, $\omega \approx 12.1$, $\phi \approx 4.1$。本图来自 [209]

本书的一个反复出现的主题就是泡沫和崩盘都来源于投机。投机的对象在一个接一个的"繁荣"中不断从一类转到另一类，如我们在本书第 1 章中所见，包括了金属货币、郁金香、明星企业、重要商品、国家银行、外国矿藏、农业和公共用地、建筑工地、铁路股份、铜银金、房地产、衍生工具、对冲基金，以及新兴产业 [236]。醉心于新兴产业所产生的疯狂印证了 1929 年 10 月大崩盘前的泡沫、1962 年慢速崩盘前的"电子繁荣"和 2000 年 4 月纳斯达克崩盘前的互联网信息技术繁荣。水能载舟，亦能覆舟，繁荣带来疯狂的同时潜藏着萧条带来的沮丧，此时我们应该想想那些让消费者和商人投入过量的项目到底会产生什么结果。

7.8　2000 年 4 月的纳斯达克崩盘

在第二个千年后的几年中，新经济与旧经济的股票、技术类股票与其他股票的增长差异有所拉大。在整个 1998 年和 1999 年，标准普尔技术类板块的股票增长了约 4 倍，而标准普尔 500 指数只增长了 50%。另外，没有技术类板块，基准将持平。仅 2000 年 1 月，共同基金流入资金中有 30% 用于购买科学技术基金，只有 8.7% 的资金用于购买标准普尔 500 指数基金。所以纳斯达克的公司平均市盈率超过了 200 倍（对应 0.5% 的荒谬的收益率），这是一个用任何严肃的经济估值理论都不能合理解释的超乎寻常的数值。值得回忆的一点是，在 20 世纪 20 年代和 60 年代早期，这种所谓"新经济"的观念和措辞同样被炒得很热。在 20 世纪 20 年代，那时新技术的代表是通用电气公司（General Electric）、美国电话电报公司（ATT）以及其他一些电子和通信公司。它们的价位在 1929 年崩盘前的 18 个月内被提升了让人惊叹的数百个百分点。

在 2000 年 4 月 17 日，纳斯达克综合指数（定义见第 2 章）出人意料地下跌到了 3 227 点，从之前 2000 年 3 月 10 日的 5 133 点高位算起，累计损失达到 37%。纳斯达克综合指数主要包含那些与互联网、软件、计算机硬件、通信等新经济概念相关的股票。这些股票的共同特征是在崩盘前，它们的市盈率或者价格股利比都达到了 3 位数。有些公司，像 VA LINUX，实际上其每股收益还是负的（−1.68 美元）。然而它们的价位却到了每股 40 美元，与 2000 年 3 月初时福特公司的价位相当。反过来，所谓旧经济的公司，像福特、通用汽车（General Motors）、戴姆勒-克莱斯勒（DaimlerChrysler）的市盈率却在 10 左右。旧经济股票与新经济股票价位的差异来自对未来收益率的预期的差异 [395]：投资者期望比方说互联网计算机相关产业而非汽车产业的销量会有巨大的增长，从而他们更愿意投资思科（Cisco）而不是福特，尽管前者的每股收益要远远小于后者。思科和福特的股价差不多（思科大约每股 60 美元而福特大约每股 55 美元），但对比福特 6 美元的每股收益，思科的每股收益仅为 0.37 美元（在 2000 年 4 月 14 日，思科的总市值是 3 950 亿美元而福特只有 630 亿美元）。按照标准的基本面估值公式，股票的期望收益率是股利收益率和增长率之和，对新经济概念的股票，其负的盈利水平（负的股利收益率）必须假定通过不可思议的高潜在增长来弥补。实际上，1997—2000年所看到的纳斯达克的牛市的动力来自对将来收益增长的预期（以及那些认为他人会有同样预期从而提高资本利得的预期）而不是经济的基本面因素：在崩盘之前的2000年1月5日，像朗讯科技（Lucent Technologies）这样的公司价格股息比超过了900倍（这意味着除非股票价格上涨，否则你的支票账户会有更高的收益），市值超过了3 000亿美元。相比之下，旧经济概念的股票如戴姆勒-克莱斯勒的价格股息比只超过了30倍。在1999年，朗讯科技的股价上涨了40%，而戴姆勒-克莱斯勒的股价却下跌了40%。如第1章所述，IBM公司、朗讯科技和宝洁在崩盘时的损失已经赶上很多国家的财政预算了。

以上的讨论表明正是未来收益和资本利得的预期而非当前的经济状况在激励着普通投资者，因此创造了投机泡沫。人们提出了一些观点来对网络公司（dot.com）和其他一些新经济概念公司的高价位进行辩解，比如更优商业模型（better business models）、网络效应（network effect）、规模第一优势（first-to-scale advantages）、实物期权（real options）效应［289］。概括起来，大致如下：

（1）更优商业模型指的是相比其他传统企业，网络公司（比如亚马逊）几乎不需要资本投资。另外，相比对供应商的付款，顾客的电子付款时间会更快，这意味着随着企业的增长，依据营运资本就能获得现金。

（2）通常，正反馈源于规模经济：最大的企业能够获得最低的单位成本。规模经济由供给方来驱动，因此存在自然的限制，在某个市场占有水平之下规模效应开始衰减。在互联网经济中则正好相反，正反馈的动力是网络效应，其根本原理就是当其他用户加入时，对原先的每一用户而言网络的价值就会更高。特别地，当网络用户数按算术级数增长时整个网络的价值却在以几何级数增长。因此网络随着时间的推移价值越来越高，锁住了用户群的同时不断提升超额收益的可持续性。公司进入一种良性循环，收入的增加通常显著超过其成本的增加。

（3）规模第一优势描述的是那些建立了足够大的用户群从而进入良性循环的公司。依照这一概念，公司可以先牺牲当前的利润来努力建立自己的用户网络。抢占到第一非常重要，因为这样就有机会来建立品牌，设定行业标准，提高进入门槛。

（4）实物期权效应是指新经济概念的公司能够利用已经发达的网络来抓住在未来发现的新机会。换言之，它们的客户网络和它们强健的智力资本允许它们快速进入新的市场，挖掘潜在的新收益。于是这些公司当前的结构赋予了它们一份未来的"期权"，这类似于一份金融期权——有权利而不是义务在指定价位上买卖证券。类比来说，拥有实物期权的公司有机会，但不是义务，为闯入新市场进行有潜在预计收益的投资。这样的一个显著结果是，未来市场发展的不确定性越高，即"波动率"越高，期权的价值越大，因为波动性或不确定性突出了未来机遇的价值。比如，亚马逊在书籍市场的电子商务技术与营销特权让它拥有了投资音乐、电影、礼品等电子商务市场的"实物期权"。

这些在1999年早期被提出的有趣的观点与1999年及之前出现的市场牛市同步。它们激化了市场普遍的乐观观点并且通过一种如图1-4所列举的方式增强市场的从众效应。但它们在2000年4月纳斯达克市场崩盘后两年多的时间中却变得黯然失色。比如，科勒（Koller）和赞恩（Zane）[241]就争论说，还是传统的盈利增长、通货膨胀和利率三巨头能够解释大多数美国指数的增长与衰减，并不排除新技术公司高市值泡沫存在的情形。

实际上，正如第1章中已经强调过的，历史提供了很多泡沫的例子，它们由市场对未来盈利非现实的预期推动，最终由崩盘结束[454，236]。相同的模式反复出现：起先由确实良好的经济基本面驱动，而后投资者在相互模仿和从众行为下生成了自我实现的市场热情，这导致价格被非可持续地加速高估。美国市场在1929年、1962年、1987年、1998年、2000年崩盘的根本原因属于同一类，不同之处主要在于产生泡沫的板块：1929年是公用事业，1962年是电子板块，1987年的泡沫由管制的放松和具有高预期的新兴私人投资者产生，1998年的泡沫由对俄罗斯投资机会的强劲预期驱动，到了2000年则是互联网、电子通信和其余的新经济部门。然而，投资价值迟早会回复到用实际现金流衡量的基本面水平。

这些事实没能逃过美联储主席格林斯潘的眼睛。他曾说：这次有没有可能真有什么全新的东西来保证这样自鸣得意的市场行为？是的，有可能。市场也许变得更有效率，竞争范围也更大，信息技术无疑也增强了商业运作的稳定性。但是，遗憾得很，历史已经展现了很多的"崭新时代"，最终都证明只不过是泡影而已。简言之，历史总在规劝我们 [176]。

图 7-22 给出了用对数周期性幂律公式（7.2）拟合纳斯达克综合指数对数值的结果。拟合时间段的选择与拟合其他崩盘例子的方法相同：时间起点是泡沫开始前指数值的最低点，而终点是整个指数的最高点。确定泡沫的起点有些微妙的技巧，泡沫的终点则很明显地定义为市场指数为最大值的时刻。泡沫意味着加速的价格走势。对于纳斯达克指数，从 1990 年到 1997 年它一共增长了三倍。但是，在崩盘的前 3 年却增长了 4 倍，因此可认为指数出现了一个"拐点"。总的来说，对流动性最强的市场确定这样的拐点还是很容易的，然而对我们将在第 8 章讨论的新兴市场就没有那么简单了。关于拟合方法的具体细节，请参考 [221]。

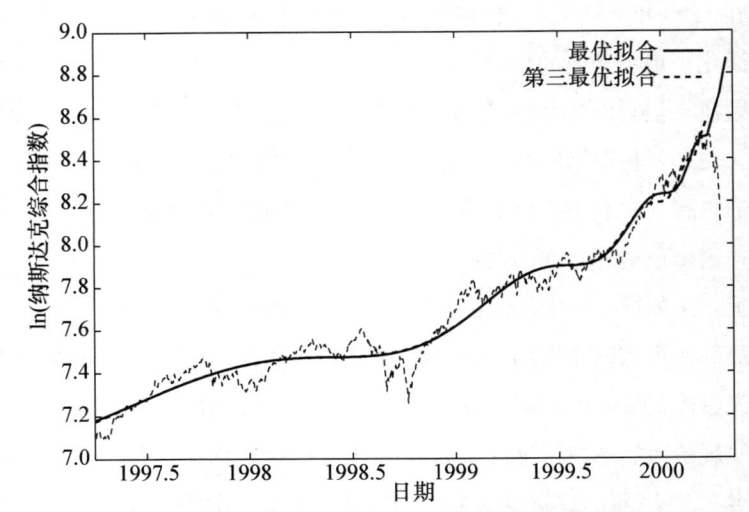

图 7-22 纳斯达克综合指数自然对数值，用对数周期性幂律方程（7.2）拟合：最优拟合（r.m.s.≈0.061）和第三最优拟合（r.m.s.≈0.063）。拟合参数分别为：$A_2≈9.5$，$B_2≈-1.7$，$B_2C≈0.06$，$m_2≈0.27$，$t_c≈2000.33$，$\omega≈7.0$，$\phi≈-0.1$ 和 $A_2≈8.8$，$B_2≈-1.1$，$B_2C≈0.06$，$m_2≈0.39$，$t_c≈2000.25$，$\omega≈6.5$，$\phi≈-0.8$。本图来自 [217]

无疑，观察家和分析家在事后将纳斯达克 2000 年 4 月的崩盘归咎于包括微软公司在 4 月 1 日与美国联邦政府就反垄断问题的谈判中断而造成的股价暴跌在内的许多因素。在这里，我们将纳斯达克的崩盘解释为投机泡沫的自然死亡，不管反垄断与否，结果都强烈地显示泡沫必将崩溃。不过，按照我们在第 5 章或第 6 章描述的概率性泡沫模型的分析，泡沫终结日期并非完全确定，其中允许一些随机的影响，但限在一个月之内（除 1962 年慢速崩盘外）。

在个股上也能甄测到对数周期临界特征，如针对 IBM 公司的图 7-23 和针对宝洁公司的图 7-24 所示。这两幅图是在第 1 章的图 1-7 和图 1-9 的基础上添加了

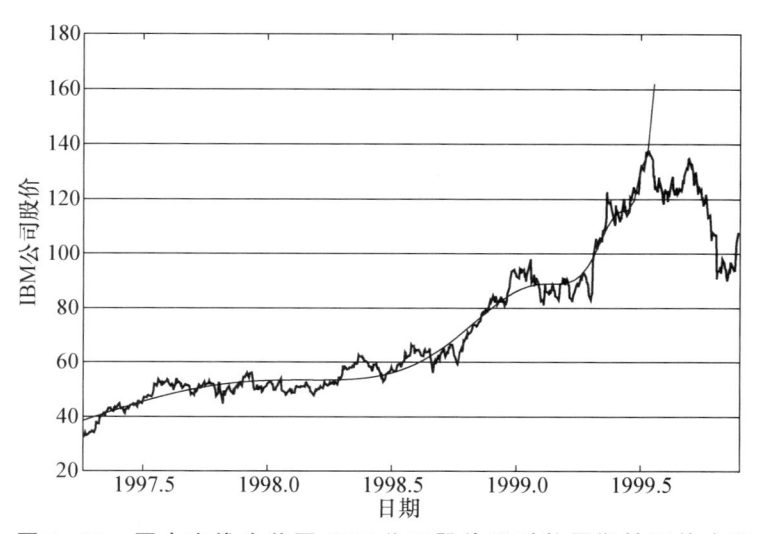

图 7-23 图中实线为美国 IBM 公司股价用对数周期性幂律方程 (7.2) 进行的最优拟合（r. m. s. ≈3.7）。拟合参数为：$A_2 \approx 196$，$B_2 \approx -132$，$B_2 C \approx -6.1$，$m_2 \approx 0.24$，$t_c \approx 1999.56$，$\omega \approx 5.2$，$\phi \approx 0.1$。本图来自 [217]

图 7-24 图中实线为宝洁公司股价用对数周期性幂律方程 (7.2) 进行的最优拟合（r. m. s. ≈4.3）。拟合参数为：$A_2 \approx 124$，$B_2 \approx -38$，$B_2 C \approx 4.8$，$m_2 \approx 0.35$，$t_c \approx 2000.04$，$\omega \approx 6.6$，$\phi \approx -0.9$。本图来自 [217]

量化的前兆信号。虽然个股较股指而言前兆信号的噪声更大，但依然很清晰。由于公司的估值还受到许许多多与公司运作特质相关的其他个体因素的影响，所以对个股而言前兆特征的普适性程度要略低一些。市场指数可以平均掉那些特质性从而能够获得整个市场的情绪和方向。这是为什么对数周期性幂律特征在加总的金融序列上要比在个体资产上更为强化和显著的主要原因。如果在某一段时间内投机、模仿和从众成为主导资产价格的最主要力量，我们就应当期望在所有其他个体效应之上再次强烈地涌现出对数周期性幂律特征。

7.9 "反泡沫"

我们认为交易者之间的相互模仿和他们的从众行为不仅会导致在崩盘前金融市场中资产被加速高估的泡沫现象，同时会产生市场在历史高点之后减速贬值的"反泡沫"（antibubbles）现象［213］。牛市或熊市中的投机行为在某种程度上具有对称性。下面用日经指数1990年1月1日—1998年12月31日的数据和1980年后的黄金期货价格来说明"反泡沫"现象，考察期间都在它们的历史最高点之后。

我们要问，交易者的合作性从众行为是否会促成与通常以崩盘来终结的加速性投机泡沫相对称的市场演化行为？对称性用围绕临界时点t_c的时间反转来表达，即$t<t_c$的t_c-t换成$t>t_c$的$t-t_c$。这种对称性意味着原先的加速高估形态变成了减速贬值。在图7-4中有关1987年10月崩盘后交易期权隐含波动率的表现就是一个相关例子。它从崩盘时的最高点以附带减速对数周期性振荡的幂律衰减方式逐渐下降到它的长期水平。我们正要讨论的就是这种对称行为，但针对的是实际价格。

因此，临界时点t_c对应着市场的最高点（理论上），在它之前是以具有加速性对数周期性振荡的幂律方式增长，在它之后则是以减速性对数周期性振荡的幂律方式下跌。在第8章中，我们将用俄罗斯市场的例子来展示在同一个t_c处同时呈现出两个对称形态。但是这样的例子极为罕见，多半是因为具有对数周期性加速上涨的市场通常不可避免地由崩盘终结，而崩盘破坏了市场的对称性（从$t<t_c$的t_c-t到$t>t_c$的$t-t_c$）。即使之前在t_c处终结的牛市并不是由模仿效应的增强造成的，从最高点就开始下跌的熊市也会产生从众行为，而后逐渐减弱。因此这种对称性应当具有全局统计上的一般性，为一大类市场所固有，并非个体意义上的特例。

7.9.1 从 1990 年 1 月 1 日开始的日经熊市

最近一次真正的长期经济萧条来自日本，同时从 1989 年 12 月 31 日的历史高点算起，日经指数在其后 9 年间的下跌超过了 60%。图 7-25 给出了从 1990 年 1 月 1 日到 1998 年 12 月 31 日日经指数对数值的图。图中的三条波浪线对应三种不同程度展开的对数周期性幂律拟合：点线是用最简单的公式（7.2）进行拟合的结果。实线是用文献［397］所提出的改进后的非线性对数周期性幂律公式拟合的结果（该公式已经用于 1929 年和 1987 年崩盘的 8 年数据）。虚线的拟合公式是非线性对数周期性幂律公式（9.3）的推广——更高阶数的展开，此公式由文献［213］提出。最后这一最复杂的公式（9.9）表明市场在 t_c 附近具有对数频率 ω_1，在 $T_1 <$

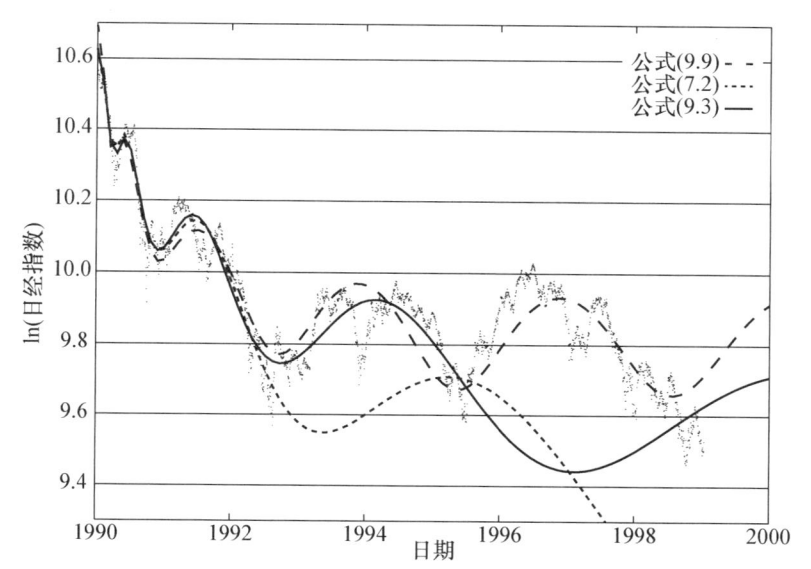

图 7-25 从 1990 年 1 月 1 日的下跌起到 1998 年 12 月 31 日的日经股指对数值。点线是用最简单的公式（7.2）在从 1990 年 1 月 1 日起的大约 2.6 年间进行充分拟合的结果。实线是用文献［397］所提出的改进后的非线性对数周期性幂律公式（9.3）（该公式已经用于 1929 年和 1987 年崩盘的 8 年数据）在从 1990 年 1 月 1 日起的大约 5.5 年间进行充分拟合的结果。虚线是在之前非线性对数周期性幂律公式的基础上利用更高阶展开的推广公式（9.9）在从 1990 年 1 月 1 日起的大约 9 年的时间段上进行充分拟合的结果。本图来自［213］

$\tau<T_2$ 时转变为具有频率 $\omega_1+\omega_2$，最后在 $T_2<\tau$ 时转变为具有频率 $\omega_1+\omega_2+\omega_3$。其中 T_1 和 T_2 分别为模型的特征时间标度。在公式中，对应的标记为 $\alpha=m$，$\Delta_t=T_1$，$\Delta_t'=T_2$，$\Delta_\omega=\omega_2$，并且 $\Delta_\omega'=\omega_3$。对于点线的拟合，其日经指数的估计参数为：$A_1\approx 10.7$，$B_1\approx-0.54$，$B_1C_1\approx-0.11$，$m_1\approx 0.47$，$t_c\approx 1989.99$，$\omega_1\approx 4.9$，$\phi_1\approx-0.86$。实线拟合的参数为 $A_2\approx 10.8$，$B_2\approx-0.70$，$B_2C_2\approx-0.11$，$m_2\approx 0.41$，$t_c\approx 1989.97$，$\omega_1\approx 4.8$，$\phi_2\approx 0.14$，$T_1\approx 9.5$，$\omega_2\approx 4.9$。虚线的拟合在整个时间上进行，指定 ω_1 和 t_c 的值与之前的拟合值相同，令 $m_3=m_2$，然后仅调节剩余的参数 T_1，T_2，ω_2 和 ω_3。估计的参数值为 $T_1\approx 4.3$，$T_2\approx 7.8$，$\omega_2\approx-3.1$ 和 $\omega_3\approx 23$。在这些拟合中，T_1 和 T_2 都是以年为单位。请注意，时间尺度 T_1 和 T_2 所得到的值证实了它们的排序。最后的这一拟合预测到将会有一个市场机制转换，从而日经指数应当在 1999 年开始上涨。这一预测的价值我们将在第 9 章进行详细的分析。

从拟合的结果来看，不仅前两个方程拟合出的参数惊人地吻合，而且其估计出的幂指 m_2 也和此前股票市场与外汇市场的结果相匹配。最后一个方程虽然形式复杂，但是给了我们两个交叉的时间参数 T_1 和 T_2，它们的值很好地符合了预期的时间拐点。读者可以参考 [213]，其中有详细和颇具技术性的讨论。

7.9.2　1980 年中期的金价贬值

另一个对数周期性幂律衰减的例子是黄金价格在 1980 年泡沫破裂后的走势，如图 7-26 所示。金价泡沫表现为平稳的幂律加速上涨，并没有肉眼可见的对数周期性结构。然而，纯幂律的拟合无法锁定崩盘的真实日期，估计出的临界时点总是在数据的最后一个日期之前。这意味着从某种程度上来看价格行为在泡沫破裂前的数周内可能变得不同。对反泡沫拟合的结果再一次获得了和之前泡沫例子大致相当的一个合理的幂指 m_2 以及一个很好的优先标度比率 $\lambda\approx 1.9$。在这个例子中，对数周期性振荡的强度较整体趋势而言大约为 10%。在峰值后对反泡沫拟合的参数值为 $A_2\approx 6.7$，$B_2\approx-0.69$，$B_2C\approx 0.06$，$m_2\approx 0.45$，$t_c\approx 1980.69$，$\omega\approx 9.8$，$\phi\approx 1.4$。在峰值前大约 3 年内利用公式（7.2）进行了拟合，拟合的参数结果为 $A_2\approx 8.5$，$B_2\approx-111$，$B_2C\approx-110$，$m_2\approx 0.41$，$t_c\approx 1980.08$，$\omega\approx 0.05$，$\phi\approx-3.0$。

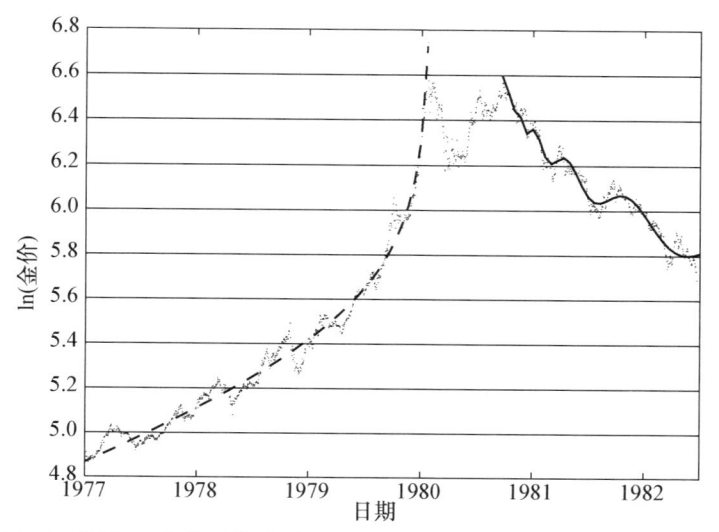

图 7-26 20 世纪 80 年代早期金价下跌时的黄金 100 盎司期货价格对数值的图。虚线对应于在峰值前大约 3 年时间段上用公式 (7.2) 拟合的结果。实线对应于在峰值后将公式 (7.2) 中的 t_c-t 替换为 $t-t_c$ 后在大约 2 年的时间段上拟合的结果。本图来自 [213]

7.10 综合分析：股票市场的"涌现"行为

在本章中，我们向读者展示了股票市场的大崩盘可类似于统计物理学研究磁化、熔化或其他相似现象涉及的所谓临界点。我们的主要假设是市场存在着第 4～6 章所讨论的交易者之间相互模仿形成的协作性行为。这一理论总的结论就是系统在时间演化上存在着对数周期性结构。其中要点为，市场其实已经预判到了精妙的自组织及协作性方式下的崩盘，因此在可见的股价上提前就会显露"蛛丝马迹"。换言之，这意味着市场价格包含了崩盘迫近的信息。如果交易者去学习怎样破译和利用这一信息，他们就会根据这一信息以及其他交易者根据这一信息所采取的行动来行动。然而，崩盘仍旧有可能发生。这些结果暗示市场具有更加弱化的"弱有效性"[122]。依照这种有效性，市场价格除了包含所有可得的市场信息外，还包含了由整个市场产生的，但大多数甚至所有的个体交易者都不能破译和利用的微妙信息。与通常的有效市场假说的解释——认为交易者能提取市场包含的所有信息并有意识地（通过他们的行动）将所有信息融入市场价格——有所不同，我们认为市场作为整体能够展现出并不为其中任何成分所具有的宏观"涌现"行为。就像我们能够在宏观的层面感受智力行为的出现，但深入到微观层面却无法感知。这一问题在生物学中已经有所讨论，比如动物中的蚁群行为或者与意识的产生相关的研究［8，198］。

让我们来看看以上概念的另一种表现，它涉及期权价格对其标的资产波动蕴含的信息。尽管价格并不遵从几何布朗运动——它是绝大多数期权定价公式的前提——但交易者明显已经适应了在实际操作时考虑有关价格厚尾分布的微妙影响［337］。与市场崩盘相比，交易者还有时间去适应期权定价的过程。原因或许是交易者可以有数十年参与期权交易，而作为特征时间尺度的一份期权的寿命最多也就几月或几年。这足以保证深入的适应性学习过程得以进行。相反，在整个生命周期里，人们仅能经历寥寥无几的几次大崩盘，不足以让交易者知道怎么去适应它们。可将这一情形与生物种群的生态学做对比，在后者中努力的适应性行为始终存在。借助进化的力量，生物种群通过对缓慢变化的外界环境的适应而成功地幸存下来。不过，生命也可能由于一些像陨石撞击或大规模火山喷发等骤然出现的突发事件而大范围灭绝或大量繁荣起来。复杂系统对这种极端事件的反应是一个非常重要的课题，其研究才刚刚起步［89］。

大多数过去提出的崩盘模型旨在探寻能够解释价格在短期内崩溃的可能机制。在此与之不同，我们要找出，导致崩盘的潜在原因必须到崩盘数年前就已经在逐渐加速、反映市场协作性日益积聚的市场价格变化中去探究。从这种视角来看，价格崩溃的具体方式并不特别重要，因为按照临界点的概念，一旦时机成熟，任何微小的干扰过程都会使系统失去稳定性。在市场接近临界点处不稳定性和敏感性的内生发散或许可以用于解释为什么造成崩盘的局部原因看起来如此丰富多样。本质上，一切都源于业已成熟的酝酿。我们的观点是任何系统崩溃都有其内生起源，而外在冲击仅充当其导火索。市场崩盘的内生起源则更为微妙，并且它由整个市场逐渐构筑形成。从这一意义上说，市场崩盘应当被看作一种系统性的不稳定性（systemic instability）。

第 8 章
新兴市场的泡沫、危机和崩盘

8.1 新兴市场的投机泡沫

在市场统一比较乐观的时期，投资者非常喜欢新兴市场以寻找能放大其回报率的投资机会。泡沫可能随即发生，而之后的崩盘经常与最后导致金融危机的大幅波动和极端回调相关联［271］。

至 1996 年年底，美国居民持有的外国股票已经达到了所有股票持有量的 10％，或 8 760 亿美元。这其中的 1/3 强，或 3 360 亿美元，由专门从事国际（非美国）及全球市场投资的美国共同基金持有。全球与国际共同基金目前占长期股票和债券基金净资产的 12.1％。另外，美国的公共事业及公司养老基金报道称，它们投资组合中平均持有非美国资产的比例分别为 10％和 9％。1996 年在美国市场上非美国股票的交易量突破了 10 000 亿美元。外国投资者在美国市场上也日益活跃，1996 年的交易量达 12 000 亿美元。据纽约证券交易所的估计［422］，世界范围内的股票交易在 1996 年已经达到 59 000 亿美元。

20世纪90年代流向新兴市场（尤其是亚洲和拉丁美洲）的创纪录资金流是由三种因素推动的［136］。第一，对高收益的追求导致了对新兴市场国家发行的国债和公司债券需求的强力增长。第二，机构投资经理增加新兴市场头寸以及追求投资组合更大的风险分散化的持续推动为资本流向新兴市场提供了一个强有力的刺激。1997年11月，机构投资者（退休基金、保险公司、经济合作与发展组织的共同基金）管理着超过20万亿美元的资产，其中只有很少一部分投资在新兴市场。如果机构投资者将其管理总资产的1%重新分配到新兴市场，这种转变就将构成2 000亿美元的资金流。第三，资金流动的复苏也反映出投资者清楚地认识到绝大多数新兴市场的经济基础在20世纪90年代相较于20世纪70年代后期有了长足提高。

自1987年以来，曾经阻止资本自由流动的诸如资本控制之类的直接壁垒，以及诸如难以评估公司信息之类的间接壁垒，都已日渐减少。当资本控制逐步解除，持有更加多元化的投资组合的全球投资者开始影响股票价格，尤其是在新兴市场上［422］。开放金融市场的这种趋势意味着，新兴市场的公司可以以更低的成本在国内和国际市场筹集资金。实际上，来自新兴市场的公司可以以前所未有的优惠利率在全球市场上对长期股权和债权资本进行融资［422］。外国投资者的资本注入使得新兴市场公司将其成长机会资本化变成可能，否则在仅限于国内融资渠道的情况下根本无法实现。此外，以前的国有资产被成功出售给国内外投资者，为发达和发展中国家政府创造了急需的收入。世界金融市场已经走上了国际一体化的道路，但仍远未完善［422］。

金融泡沫和危机的故事自著名的1636年阿姆斯特丹郁金香泡沫以来，几个世纪里在不同的地方不停地重复着，其主要的全局特征几乎没有任何改变［152］。

（1）泡沫在一个原本相对乐观的市场上以生产和销售（或对某些商品的需求）的一定增长平滑地开始。

（2）优质潜在回报对投资的吸引随即导致了投资的增长，这可能伴随着从创新渠道获得的杠杆，往往来自国际投资者。这导致了价格的上涨。

（3）这进一步吸引了不成熟的投资者，并且杠杆效应伴随着小额首付（小头寸）进一步发展，导致了对股票的需求相较于真实资金投入市场产生的增长率增长得更快。

（4）在这一阶段，市场行为开始与真实财富（工业和服务业）生产的关联变弱或者实际上已经脱钩。

（5）当价格飞速上涨，进入该投机市场的新投资者减少，市场进入一个较大的紧张期，直到某一点时该不稳定性显露，市场崩溃。

这个场景实际上对所有的市场崩盘都适用，包括已经时隔久远的诸如1929年10月美国市场的崩盘，当时美国市场被认为是一个有趣的"新兴"市场，对国内外投资者有着良好的投资潜力。另外，"新经济"的概念被当时的媒体大肆引用，这让人联想起最近时期的其他几个新经济阶段，其中包括第7章所介绍的互联网泡沫破灭。这一情景的稳健性想必深植于投资者的心理之中，涉及了模仿/羊群行为、贪婪（对投机性泡沫的发展）以及在不稳定时期对坏消息过度反应等的组合。

此外还存在着一种倾向于维持然后让它们突然崩溃的简单机械效应，这源自所谓的保证金购买，即用借来的钱购买股票。如果市场上存在着巨大金额的借款，就不再可能慢下来。价格一定会持续上升，而且越来越快。如果不涨，那么所有借款的利息将无法支付。资金将被撤走以偿还债务，导致价格降低，更多的资金被撤走，然后诸如此类的恶性循环。这一切可能导致整个市场崩溃和银行倒闭。这一机制曾在第7章我们讨论过的2000年4月纳斯达克崩盘之前的泡沫中非常活跃。实际上，经济学家库尔特·里奇巴彻（Kurt Richebacher）[344]曾警告过：

> 美国近期泡沫存在着一些特别的和前所未有的特征：惊人的信贷过度。信用创造相对于经济活动和国内储蓄已完全失控。1999年，国内生产总值（按当年价格计算）增加的每一美元，对应于4.5美元新增负债。根据这一指标，美国股市的牛市不仅被列入泡沫，而且是历史上同类泡沫中最大和最糟糕的。泡沫和繁荣经常比任何人可能想象的还要持久。然而，所有泡沫最终都将遭受报复性破灭，当前这个也毫不例外。

此外，坚持不懈利用已知信息，特别是理性定价公式来设定价格的努力，驱使着公司的经理采取以为公司股东创造回报为目标的政策。这样股市变化就存在着一种不对称性：比之股价下跌，从股价上涨中获得收益的人要多得多。这和在非投机性商品交易中的买方和卖方之间的对称性不同。富兰克林·艾伦和道格拉斯·盖尔[3, 4]讨论过同样的机制。他们认为泡沫可能是由投资者和银行之间的关系引起的：投资者用向银行借来的资金投资于风险资产，这些风险资产具有相对的吸引力，因为投资者可以通过贷款违约来避免低收益状态中的损失。这一风险转移导致投资者哄抬资产价格。这种风险可以在实体经济和金融行业中产生。当正向的信用扩张最终变得不足以避免危机时，金融的脆弱性就产生了。

本章的宗旨大部分立足于 [218]，是通过分析一系列新兴市场来扩展第 7 章提出的实证基础。我们辨识出拉丁美洲和亚洲股票市场 18 个显著的泡沫及其崩盘或之后的严重盘整。除了极少数的几个例外，这些投机性泡沫可以用第 5 章和第 6 章讨论过的泡沫理性预期模型来进行量化描述。该模型预测了一个特别的幂律加速以及对数周期性几何模式。这一研究表明了市场上这样的大幅下挫只不过是前期泡沫枯竭，从而将市场带回到一个接近"理性"的定价状态而已，这通过一个崩盘后的松弛过程来实现，这一过程可能持续数小时、数天、数周或更长（例如参见图 7-5）。

8.2　方法论

这里描述的方法论就是第 7 章中对主要金融市场使用的方法，包括使用对数周期性公式（7.2）的参数拟合，以及对变量 $\ln(t_c-t)/t_c$ 所做的谱分析，目的是量化市场价格中的振荡部分（参见第 7 章"对数周期性的非参检验"一节）。对这样的一种谱分析，我们用了一种叫作洛姆周期图的方法，即用用户选择的频率范围按周期性振荡的余弦函数（相不为零）来进行局部拟合。每个不同的周期图峰值的相对水平可以被看作振荡显著性的一个指标。

使用同样的方法可以让我们检验假设，即新兴市场的泡沫和崩盘是否显示与主要金融市场相似的对数周期性特征。这对确认没有参数或极少参数调整的理论来说非常重要，因为此类研究中过度拟合的危险总是隐约存在。

辨认一种投机性泡沫很困难，因为有好几个概念性问题模糊了对泡沫的经济学解释，首先便是一个通用性定义的缺失：泡沫是模型特定的而且通常在相当局限的框架下被定义 [1]。因此，我们很难避免主观性偏差，特别是因为泡沫本身是否存在的问题仍在热议中 [459，411，229，144，120，342，108，187，109，359，453，185，320]。支持泡沫说的论断有一个很大的问题，那就是泡沫的显然证据也可以从研究者无法观察到的市场基本面角度来重新解释 [120，135，185]。

因此我们使用了一个实用且非常直接的方法来选择"泡沫"，该方法基于以下三个标准：

- 按 [348] 所述，存在一个尖锐峰值。
- 前一期存在着价格上涨并持续了至少 6 个月，最好能与第 7 章中提出的较大崩盘的那些时期相当。
- 在价格峰值之后存在着一段时间的快速价格下降，这个时间段要比价格上升期短得多。

泡沫的定义是从一个明显的最低值通过冗长的价格加速达到一个很大最高值的一段时期，随后便是崩盘或者大幅下挫。对主要金融市场而言，这种泡沫可以毫无疑义地用 t_{max} 辨认出泡沫终止日，即指数在崩盘/下挫前达到最高值的办法来定义。对于主要金融市场上最大崩盘前的泡沫，泡沫的开始可以明确定义为总是和指数达到最低值并即将改变趋势的日期相一致的那一日。但是，这种辨识方法对下面讨论的一些新兴市场来说并不是那么直接。在大约一半的案例中，用于定义泡沫开始的第一个数据点的日期不得不被前挪，以期获得对指数和角对数频率的良好拟合值。这可能是由对公式（7.2）中的周期性函数施加了只使用单一余弦函数进行拟合的限制导致的人为后果。为了过滤我们的拟合，指数 m_2 的取值一致选在 0 和 1 之间，并且不能太靠近 0 或 1：太小的话 m_2 暗示了一个平稳的泡沫，在末期则有一个突然的加速。太大的话，m_2 则对应于一个非加速性的泡沫。对数周期性振动的角频率 ω 也一定不能太小或太大。如果太小，整个区间内出现小于一次的振动，对数周期性振荡便没有什么意义。如果太大，振荡便太多，它们会开始拟合高频噪声。

关于该流程的更多细节请参照 [218]。

8.3 拉丁美洲市场

在图 8-1~图 8-6 中，六个拉丁美洲股票市场指数（阿根廷、巴西、智利、墨西哥、秘鲁以及委内瑞拉）被表示成 20 世纪 90 年代的一个时间函数。

图 8-1 表示为时间函数的阿根廷股票市场指数。可以辨识出四个泡沫，之后伴随着大幅下挫。按时间顺序大致日期分别为：1991 年年中（Ⅰ），1993 年年初（Ⅱ），1994 年年初（Ⅲ），以及 1997 年年末（Ⅳ）。根据 [218] 复制

图 8-2 表示为时间函数的巴西股票市场指数。可以辨识出一个泡沫，之后伴随着大幅下挫。大致日期为 1997 年年中（Ⅰ）。根据 [218] 复制

图 8-3 表示为时间函数的智利股票市场指数。可以辨识出两个泡沫，之后伴随着大幅下挫。按时间顺序大致日期分别为：1991 年年中（Ⅰ）和 1994 年年初（Ⅱ）。根据 [218] 复制

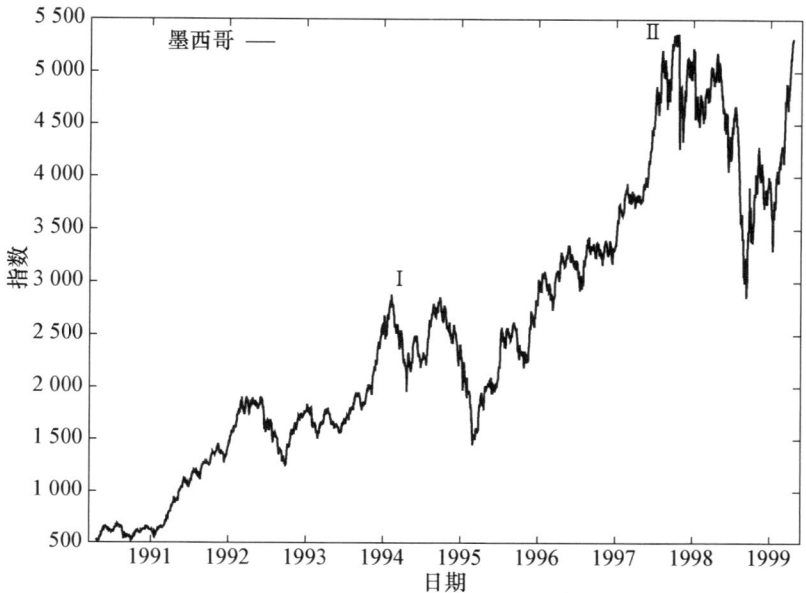

图 8-4 表示为时间函数的墨西哥股票市场指数。可以辨识出两个泡沫，之后伴随着大幅下挫。按时间顺序大致日期分别为：1994 年年初（Ⅰ）和 1997 年年中（Ⅱ）。根据 [218] 复制

图 8-5 表示为时间函数的秘鲁股票市场指数。可以辨识出两个泡沫，之后伴随着大幅下挫。按时间顺序大致日期分别为：1993 年年末（Ⅰ）和 1997 年年中（Ⅱ）。根据 [218] 复制

图 8-6 表示为时间函数的委内瑞拉股票市场指数。可以辨识出一个泡沫，之后伴随着大幅下挫。大致日期为 1997 年年中（Ⅰ）。根据 [218] 复制

如图8-1～图8-6所示，在这六个拉丁美洲股票市场指数中，我们辨识出了四个阿根廷泡沫、一个巴西泡沫、两个智利泡沫、两个墨西哥泡沫、两个秘鲁泡沫，以及一个委内瑞拉泡沫[218]，之后伴随着一个大幅崩盘/下挫。

图8-7～图8-20展示了图8-1～图8-6中所示泡沫的拟合，以及指数和纯幂律之间差异的谱洛姆周期图，该图量化了对数周期性成分的强度。这些拟合的总体质量不错，加速和加速振荡也被对数周期性幂律公式很好地捕捉到了。但是与第7章中讨论的从主要金融市场以及俄罗斯市场[221]（参见后文）中获取的拟合相比，这些拟合并没有表现出同样的优良品质。一种可能解释是，这些市场的市值和投资者数量相对较小，即从统计物理学[70]技术角度出发的有限尺度效应是被预期到的，因此可能模糊了信号，并伴随着系统性的扭曲和意想不到的波动。请参见第5章和第6章的论述。

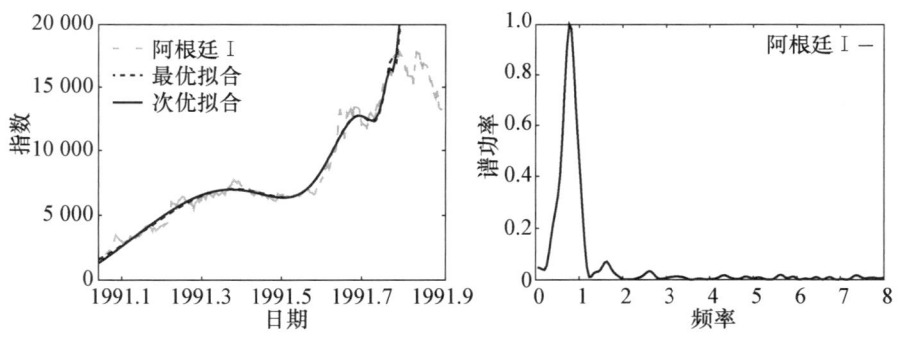

图8-7 左图：1991年阿根廷股票市场泡沫，公式（7.2）拟合的主要参数值参见表8-1。右图：只有最优拟合用于洛姆周期图。根据[218]复制

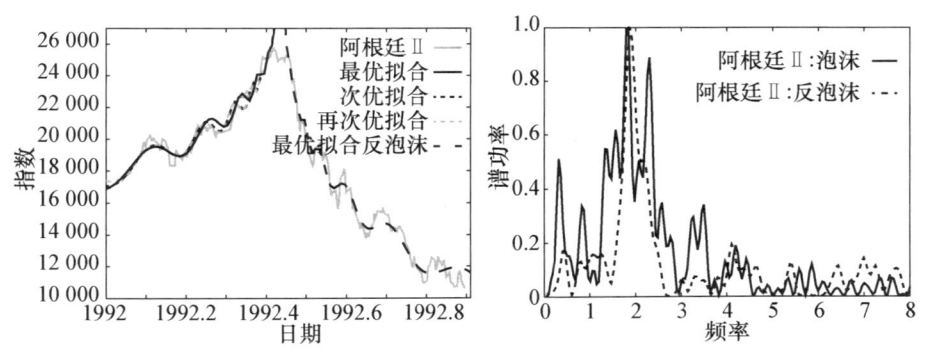

图8-8 左图：1992年阿根廷股票市场泡沫和反泡沫。参见表8-1。右图：只有最优拟合用于洛姆周期图。根据[218]复制

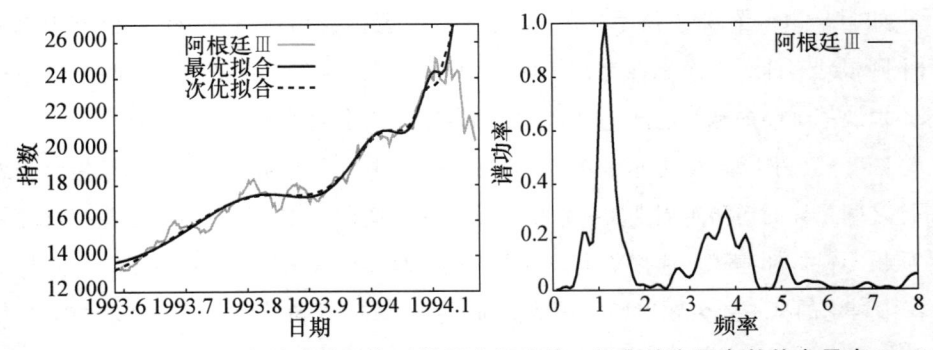

图 8-9　左图：1994 年结束的阿根廷股票市场泡沫。拟合的主要参数值参见表 8-1。右图：只有最优拟合用于洛姆周期图。根据 [218] 复制

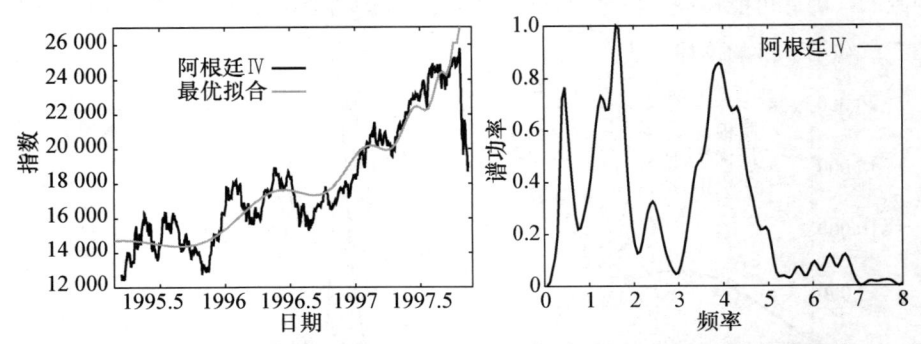

图 8-10　左图：1997 年结束的阿根廷股票市场泡沫。拟合的主要参数值参见表 8-1。右图：只有最优拟合用于洛姆周期图。根据 [218] 复制

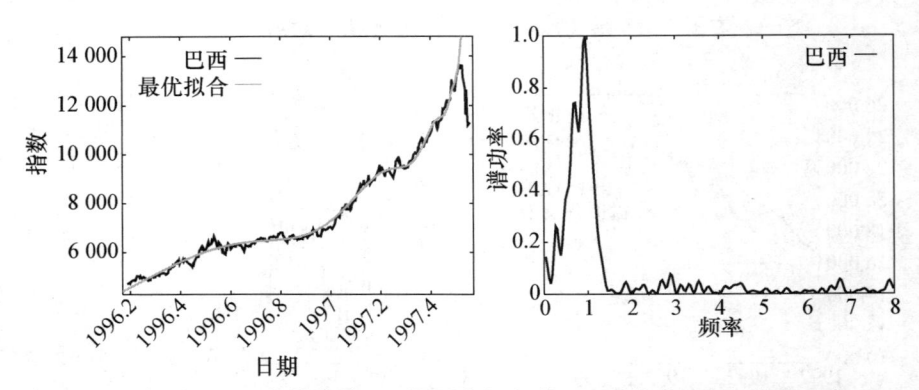

图 8-11　左图：1997 年结束的巴西股票市场泡沫。拟合的主要参数值参见表 8-1。右图：只有最优拟合用于洛姆周期图。根据 [218] 复制

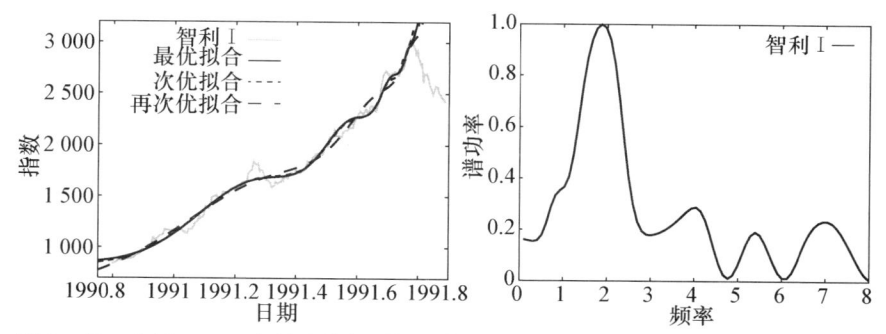

图 8-12 左图：1991 年结束的智利股票市场泡沫。拟合的主要参数值参见表 8-1。右图：只有最优拟合用于洛姆周期图。根据 [218] 复制

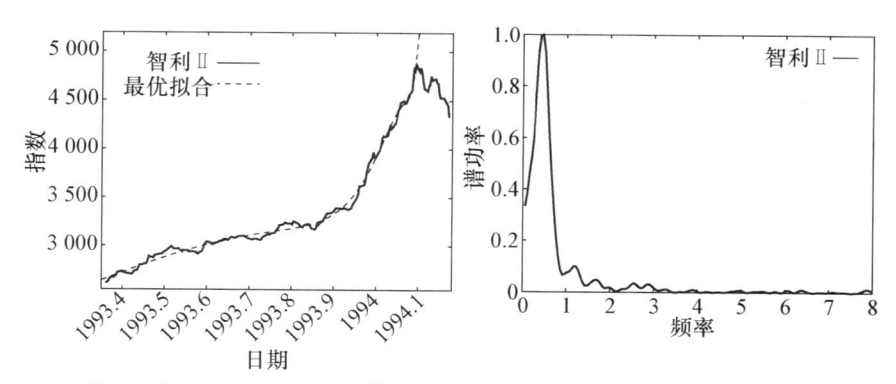

图 8-13 左图：1993 年的智利股票市场泡沫。拟合的主要参数值参见表 8-1。右图：左图所示的市场价格振荡成分的洛姆周期图。根据 [218] 复制

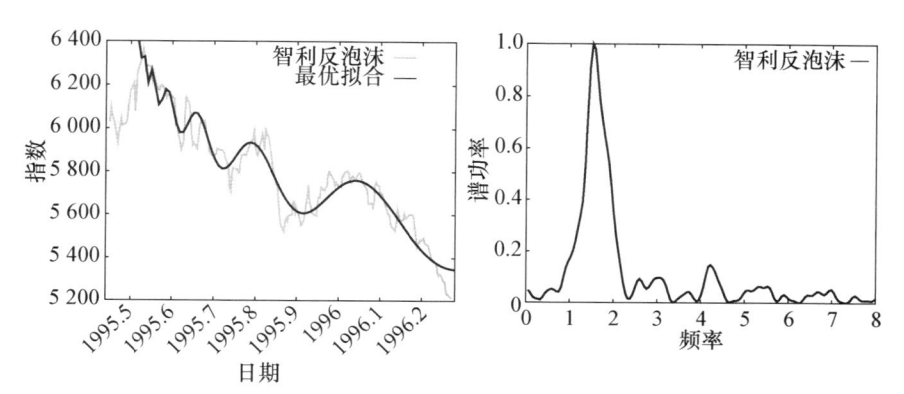

图 8-14 左图：对数周期性幂律拟合的始于 1995 年的智利市场反泡沫，参数 $m_2 = 0.36$，$t_c = 1995.51$，$\omega = 9.7$。右图：左图所示的市场价格振荡成分的洛姆周期图。根据 [218] 复制

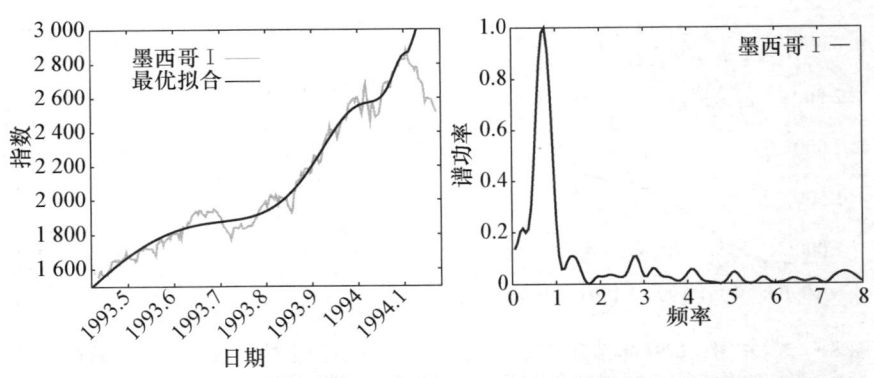

图 8-15　左图：1994 年结束的墨西哥股票市场泡沫。拟合的主要参数值参见表 8-1。
右图：左图所示的市场价格振荡成分的洛姆周期图。根据 [218] 复制

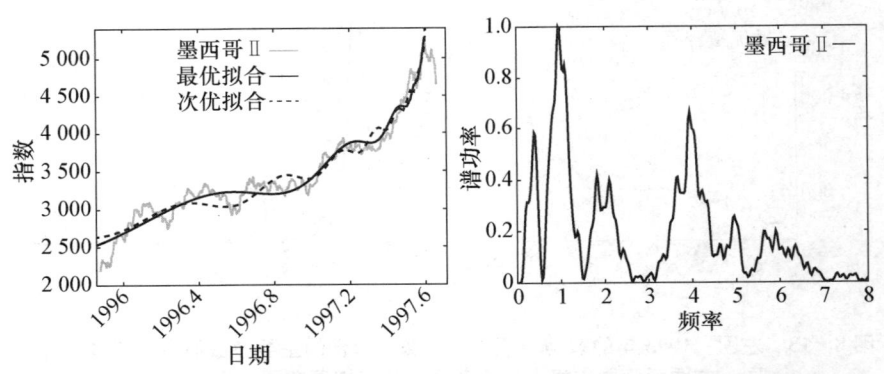

图 8-16　左图：1997 年结束的墨西哥股票市场泡沫。拟合的主要参数值参见表 8-1。
右图：只有最优拟合用于洛姆周期图。根据 [218] 复制

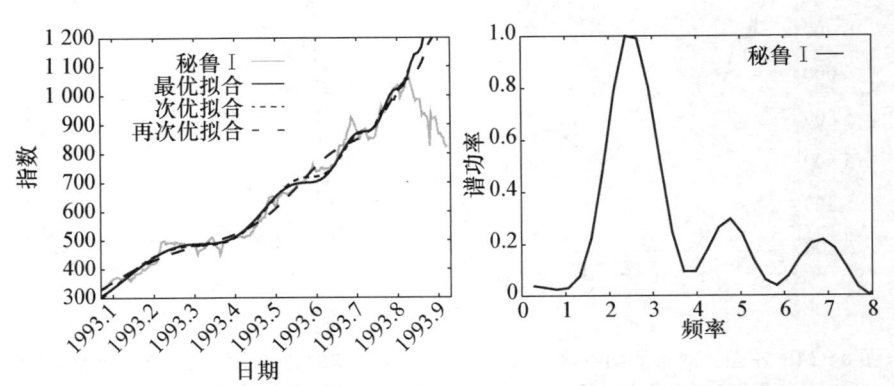

图 8-17　左图：1993 年结束的秘鲁股票市场泡沫。拟合的主要参数值参见表 8-1。
右图：左图所示的市场价格振荡成分的洛姆周期图。根据 [218] 复制

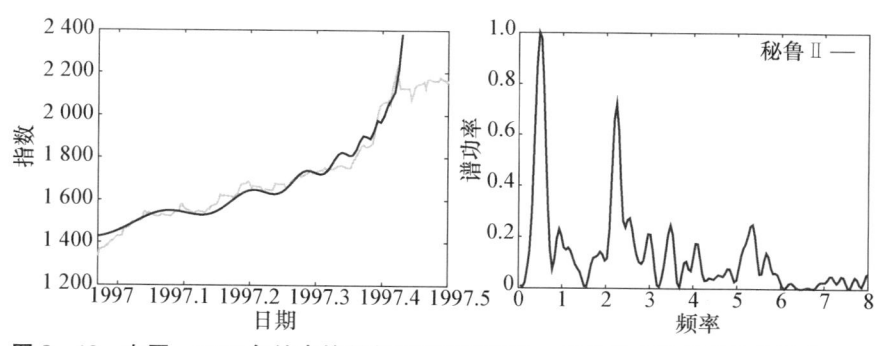

图 8-18 左图：1997 年结束的秘鲁股票市场泡沫。拟合的主要参数值参见表 8-1。右图：左图所示的市场价格振荡成分的洛姆周期图。根据 [218] 复制

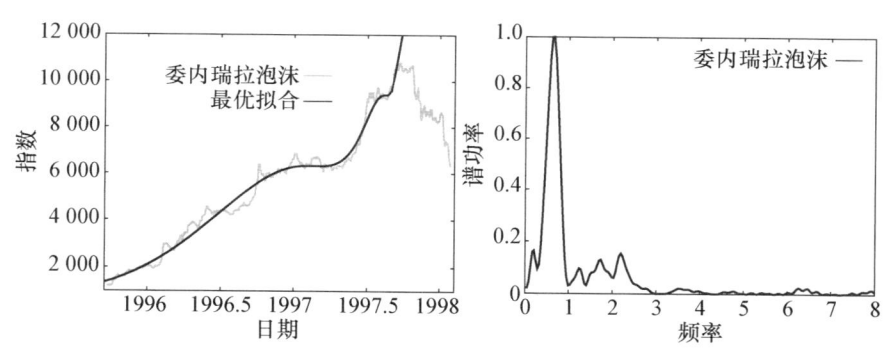

图 8-19 左图：1997 年结束的委内瑞拉股票市场泡沫。拟合的主要参数值参见表 8-1。右图：左图所示的市场价格振荡成分的洛姆周期图。根据 [218] 复制

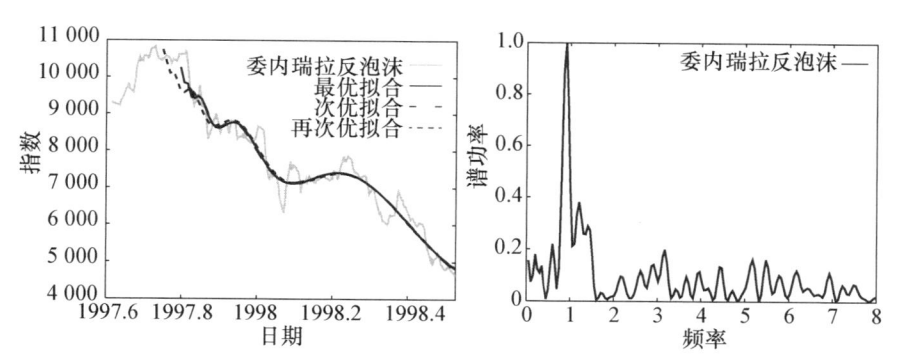

图 8-20 左图：对数周期性幂律拟合的始于 1997 年的委内瑞拉市场反泡沫，参数 $m_2 = 0.58, 0.35$，$t_c = 1997.75, 1997.75$，$\omega = 6.7, 3.9$（两个最优拟合）。右图：只有最优拟合用于洛姆周期图。根据 [218] 复制

247

表 8-1 给出了拟合的主要参数、泡沫的开始和结束日期，以及崩盘/盘整的规模，定义如下：

$$跌幅 = \frac{I(t_{\max}) - I(t_{\min})}{I(t_{\max})} \quad (8.1)$$

这里 $t_{\min}$ 定义为崩盘/盘整后的日期，指数 $I(t)$ 在观察到一个明显的新市场制度之前达到最低值。崩盘/盘整区间 $t_{\max} - t_{\min}$ 从几天（崩盘）到几个月（较不突兀的范式转换）不等。

表 8-1 崩盘及导致 20 世纪 90 年代拉丁美洲市场大幅下滑的各类投机泡沫拟合特征。t_c 为临界时点，由拟合市场指数的公式（7.2）预测而来。当存在多种拟合时，我们选择 t_c 与 $t_{\max}$ 之差最小的拟合。通常这就是最优拟合，但偶尔会是次优拟合。表中也给出了其他拟合参数 m_2、ω 和 λ。拟合一直进行到时间 $t_{\max}$，即当市场指数达到崩盘前最大值时的时间点。跌幅计算从 $t_{\max}$ 到 $t_{\min}$ 之间的损失，$t_{\min}$ 是市场指数在崩盘后跌到最低值时的时间点。

股票市场	t_c	$t_{\max}$	$t_{\min}$	跌幅（%）	m_2	ω	λ
阿根廷Ⅰ	1991.80	1991.80	1991.90	26	0.37	4.8	3.7
阿根廷Ⅱ	1992.43	1992.42	1992.90	59	0.22	11.4	1.7
阿根廷Ⅲ	1994.13	1994.13	1994.30	30	0.19	7.2	2.4
阿根廷Ⅳ	1997.89	1997.81	1997.87	27	0.20	10.1	1.9
巴西	1997.58	1997.52	1997.55	18	0.49	5.7	3.0
智利Ⅰ	1991.77	1991.75	1991.94	22	0.50	7.2	2.4
智利Ⅱ	1994.10	1994.09	1994.26	20	0.30	2.9	8.8
墨西哥Ⅰ	1994.10	1994.09	1994.30	32	0.12	4.6	3.9
墨西哥Ⅱ	1997.93	1997.80	1997.82	21	0.50	6.1	2.8
秘鲁Ⅰ	1993.84	1993.83	1993.88	22	0.62	11.2	1.8
秘鲁Ⅱ	1997.43	1997.42	1998.15	30	0.14	14.0	1.6
委内瑞拉	1997.75	1997.73	1998.07	42	0.35	3.9	5.0

表 8-1 显示出 12 个拉丁美洲市场崩盘的参数值 m_2 和 ω 的波动相当大。指数 m_2 的上下限取值分别是 0.12 和 0.62。ω 的上下限取值分别是 2.9 和 11.4，对应于一系列 λ 在 1.8～8.8 之间的取值。移除 λ 的两个最大值后波动减少到了 2.8±1.1，仍然比第 7 章中所述的主要金融市场的 2.5±0.3 的区间要大得多。在这里分析的拉美市场

中可以辨认出三个反泡沫的例子；参见图 8-8、图 8-14 和图 8-20。相当引人注目的是，第一个和最后一个之前都有泡沫，显示了在具有可比性的临界时点 t_c 周围的一种质上的对称性。本章稍后讨论的 1996—1997 年的俄罗斯市场也有相似的行为 [221]。

8.4 亚洲市场

在图 8-21～图 8-25 中，五个亚洲股票市场指数（印度尼西亚、韩国、马来西亚、菲律宾及泰国）的演化被表示成从 1990 年至 1999 年 2 月的时间函数。如图 8-21～图 8-25 所示，印度尼西亚股市有两次泡沫，以及韩国、马来西亚、菲律宾及泰国股市各有一次泡沫被探测到，并尾随着市场崩盘或下挫。

图 8-26～图 8-31 给出了图 8-21～图 8-25 中所示的泡沫的拟合，以及指数和纯幂律差异的谱洛姆周期图。与拉丁美洲市场相似，可以观察到在亚洲市场指数 m_2 和角对数频率 ω 的值较之主要金融市场均有稍大的波动。

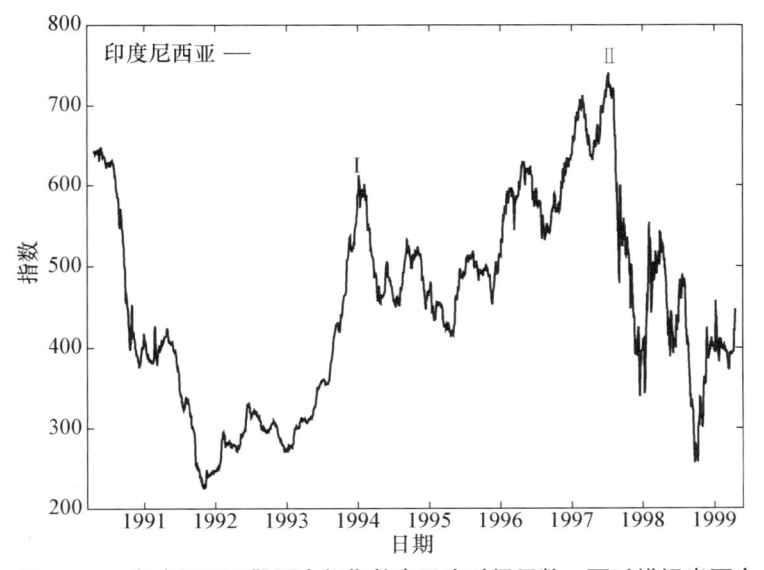

图 8-21 印度尼西亚股票市场指数表示为时间函数。可以辨识出两个泡沫，之后市场发生巨幅下挫。下挫的大约日期为 **1994 年年初（Ⅰ）和 1997 年年中（Ⅱ）**。根据 [218] 复制

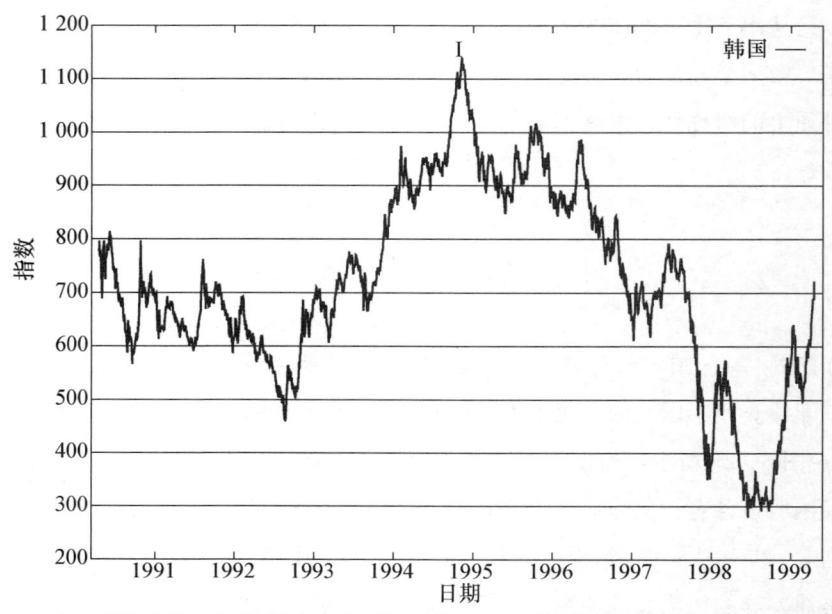

图 8-22 韩国股票市场指数表示为时间函数。可以辨识出一个泡沫，之后市场发生巨幅下挫。泡沫在 1994 年年底达到顶峰。根据 [218] 复制

图 8-23 马来西亚股票市场指数表示为时间函数。可以辨识出一个长泡沫，之后市场在 1994 年年初发生巨幅下挫。根据 [218] 复制

图 8-24 菲律宾股票市场指数表示为时间函数。可以辨识出一个泡沫，之后市场在 1994 年年初发生巨幅下挫。根据 [218] 复制

图 8-25 泰国股票市场指数表示为时间函数。可以辨识出一个泡沫，之后市场在 1994 年年初发生巨幅下挫。根据 [218] 复制

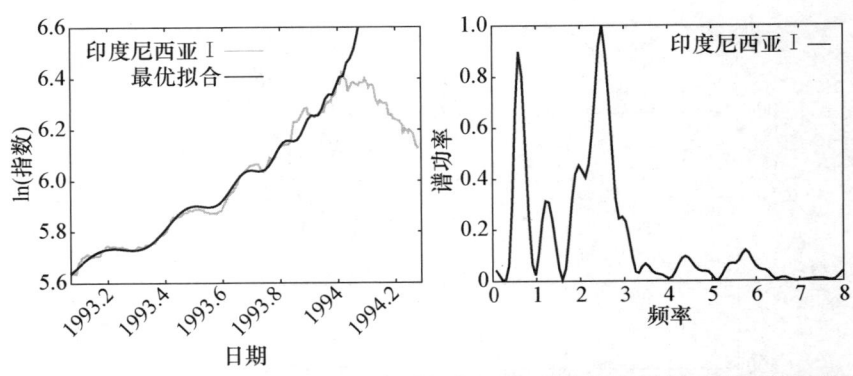

图 8-26 左图：于 1994 年 1 月结束的印度尼西亚股票市场泡沫及其对数周期性幂律拟合，参数 $m_2=0.44$，$t_c=1994.09$，$\omega=15.6$。右图：左图所示的市场价格对数周期性振荡成分的洛姆周期图。横坐标是对数频率 f，定义为 $f=\omega/2\pi$。根据 [218] 复制

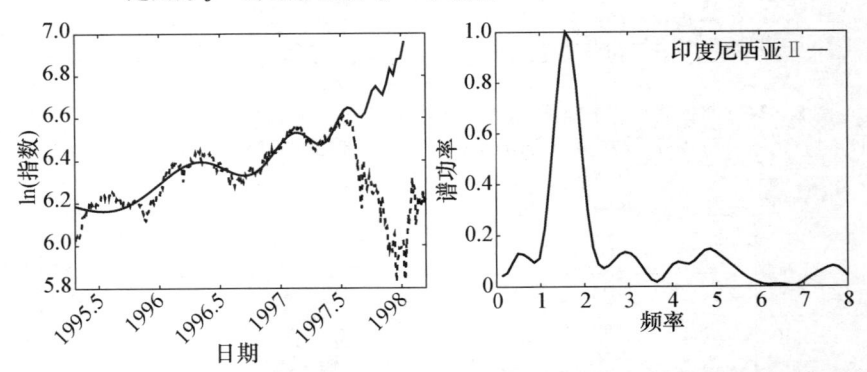

图 8-27 左图：于 1997 年结束的印度尼西亚股票市场泡沫及其对数周期性幂律拟合，参数 $m_2=0.23$，$t_c=1998.05$，$\omega=10.1$。右图：左图所示的市场价格对数周期性振荡成分的洛姆周期图。根据 [218] 复制

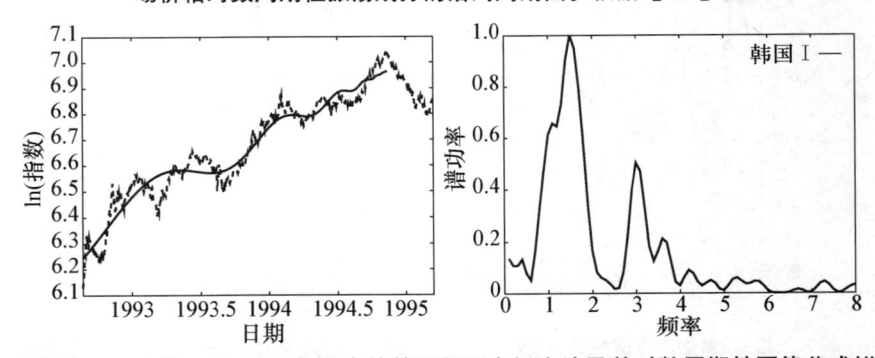

图 8-28 左图：于 1994 年结束的韩国股票市场泡沫及其对数周期性幂律公式拟合，主要参数 $m_2=1.05$，$t_c=1994.87$，$\omega=8.15$。右图：左图所示的市场价格对数周期性振荡成分的洛姆周期图。根据 [218] 复制

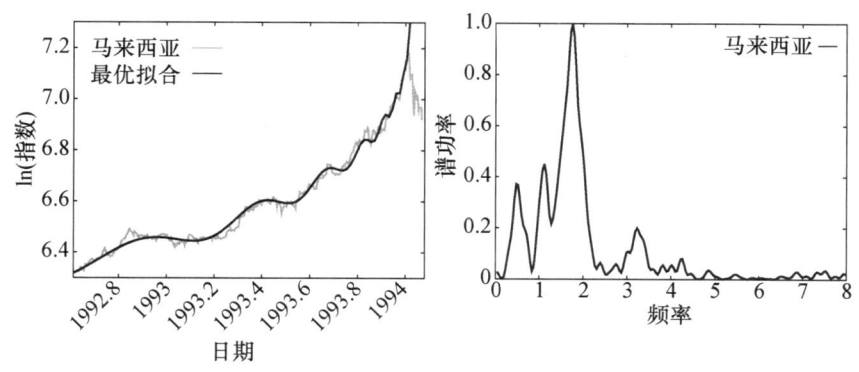

图 8-29 左图：于 1994 年 1 月市场崩盘结束的马来西亚股票市场泡沫及其对数周期性幂律公式拟合，主要参数 $m_2=0.24$，$t_c=1994.02$，$\omega=10.9$。右图：左图所示的市场价格对数周期性振荡成分的洛姆周期图。根据[218]复制

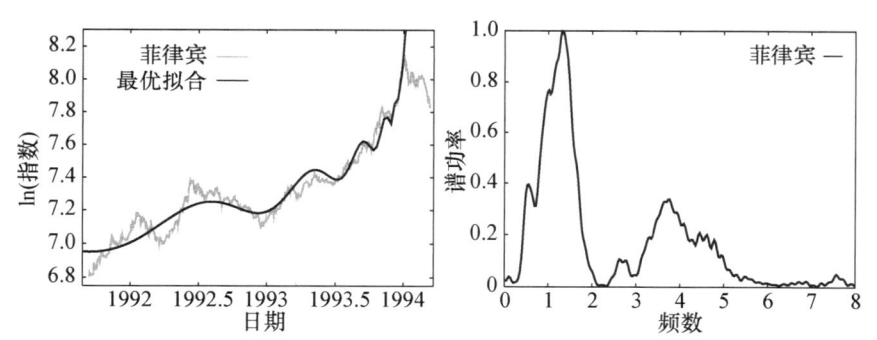

图 8-30 左图：于 1994 年 1 月市场崩盘结束的菲律宾股票市场泡沫及其对数周期性幂律公式拟合，主要参数 $m_2=0.16$，$t_c=1994.02$，$\omega=8.2$。右图：左图所示的市场价格对数周期性振荡成分的洛姆周期图。根据[218]复制

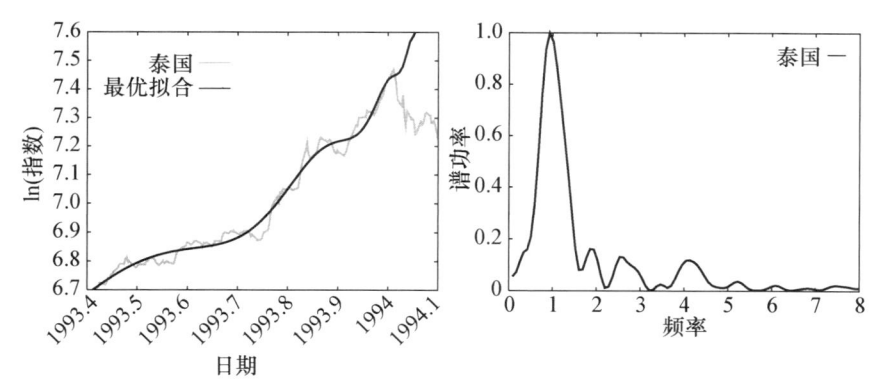

图 8-31 左图：于 1994 年 1 月市场崩盘结束的泰国股票市场泡沫及其对数周期性幂律公式拟合，主要参数 $m_2=0.48$，$t_c=1994.07$，$\omega=6.1$。右图：左图所示的市场价格对数周期性振荡成分的洛姆周期图。根据[218]复制

危机之前并不总是出现对数周期性幂律模式。例如，1997年危机前的对数周期先兆性行为在亚洲市场上只有中国香港和印度尼西亚明显可见。但是，如上节所述，这一行为却在阿根廷、巴西、墨西哥、秘鲁和委内瑞拉市场上普遍存在。根源在于这些国家之间存在着高度关联的经济和市场互动。因此，建立一个合适的模型需要一种多维度的方法。可以证明，这类多维泡沫，即第5章模型的扩展，同时具备同步和异步性的崩溃。

回想一下，1997年危机起始于7月的东南亚，当时外国银行家、投资者、货币投机者以及市场分析师都对泰国应对逐渐恶化的经济形势的能力失去了信心。恶化的经济形势包括上升的贸易赤字以及不断增长的、已达国内生产总值50%的国际债务。面对着东南亚和韩国的企业及金融机构持续下降的利润与不断增加的破产，外国投资者甩卖了这一地区公司的股票，外国贷款机构也停放了短期贷款。在将其硬通货储备消耗殆尽以对抗对盯住美元的泰铢的投机性攻击后，泰国政府几乎已别无选择，只能对其货币采用管理浮动制度。因此导致的泰铢大跌随即导致了一系列被迫的货币贬值，不久之后便扫荡印度尼西亚、马来西亚和菲律宾，再蔓延到韩国，然后波及新加坡、中国台湾和日本，不过影响略小些。

1997年亚洲金融危机的主要原因包括了以下因素：企业和银行过度依赖于外国借款，尤其是对短期债务的过度依赖；对房地产的过度投资和生产能力过剩；金融机构的不当监管，以及受政治影响将信用分配给不健康的企业；数国过度扩张的财政和宏观经济政策；数国贸易条件不断恶化，其货币紧紧盯住美元，而后者又对日元不断升值。

企业、银行和政府都基于增长从不停止这一毫无根据的假设不明智地持有大量短期债务。自20世纪90年代中期起，这些过量的短期债务便大量地由低成本且易获得的外国资本提供，而且利率还经常低于国内借贷水平。这种信用扭曲是推动泡沫发展并随后导致危机发生的一个重要机制。在泡沫成长时期，亚洲政府机构都明确或隐含地承担了外国贷款的信用风险，导致其利率低于国内贷款（承担较少风险的外国贷款要求更少的回报）[83]。结果就有了向国外渠道大规模借款的动力，即使本国储蓄量也很大；这些外国贷款可以在国内用于各种不同用途，产生比贷款成本高得多的回报。这样，当某种货币被高估而廉价的信用又唾手可得时，大量举借外债以及对房地产的过度投资便成为自然而然的结果。这又加速了贷款流向管理不善的本地银行，在经济已经以相当幅度减缓增长时加速了房地产的繁荣，以及在本国货币变得更为疲软之时国内实际汇率却在不停上升。

若非近期资本市场的全球化，包括亚洲各国先前对银行和私营企业国际借贷监管的放松，亚洲政府、银行以及公司的很多盈余都不可能产生。据估计，1970 年前 90% 的国际交易是贸易，只有 10% 是资本流动。时至今日，尽管全球贸易有巨幅增长，这一比率却已经逆转，大约有 90% 的交易来自与商品和服务贸易不直接相关的金融资本流动 [96]。这些资本流动绝大多数来自波动性极大的投资组合及短期贷款。

大量投资者资金从强劲的美国经济流出以寻求高回报，以及日本为了消化巨额贸易顺差（日本仅对亚洲的贷款一项就从 1994 年的 400 亿美元飙升到 1997 年的 2 650 亿美元，即其对外国总贷款的 40%），都对债台高筑和过剩的房地产开发及生产能力起到了推波助澜的作用。在美国众议院银行和金融服务委员会的听证会发言中，美联储主席格林斯潘含蓄地指出，"从事后看，显然，流入这些国家的投资资金已经超出可以以较低风险进行配置而获得利润的额度。"[96]

8.5 俄罗斯股票市场

继具有标志性意义的柏林墙在 1990 年倒塌之后，苏联随即于 1991 年 12 月解体，之后俄罗斯股票市场就以一个对外国投资开放的新兴市场成长起来。因此，分析能否在该市场中找到在所有新兴市场中观察到的同样模式将会很有意思。正如可以从放之四海而皆准的投资者行为来预测一样，答案是肯定的。1999 年《圣彼得堡时报》的危机后特别报告尤其有助于我们了解，在诸如俄罗斯电信或其他国有行业中快速挣钱的炒作与渗透于这一混乱时期的政治金融风险心理之间是如何相互影响的 [412]。实际上，在 1997 年年中，俄罗斯受益于来自国际货币基金组织（IMF）、世界银行以及联合双边援助的数十亿美元，这使得俄罗斯中央银行以每月 15 亿美元的速度积聚起储备金。俄罗斯股票市场成了世界领先的发展中国家股票市场，投机者都在追逐高得不可思议的投资回报率。这隐藏了许多问题 [408]：对内幕人员进行非市场性"私有化"的早期腐败；有组织犯罪的蔓延；迫在眉睫的1998年俄罗斯经济完全瘫痪；作为一种创造硬通货的办法的武器扩散现象出现；俄罗斯与美国的日渐疏远，实质上逆转了1992年的趋势。俄罗斯1998年泡沫后的经济全面崩溃，给数以百万计的俄罗斯人造成了痛苦和破坏。

由于较难获得俄罗斯股票市场的可靠测度，分析以下四个俄罗斯股票市场指数应该很有帮助：俄罗斯交易系统国际传真社股价指数（IRTS），机构滑冰通讯社莫斯科时报指数（The Agence Skate Press Moscow Times Index，ASPMT），机构滑冰通讯社综合指数（The Agence Skate Press General Index，ASPGEN），瑞银第一波士顿俄罗斯指数（ROSI）。瑞银第一波士顿俄罗斯指数通常被认为是四个指数中最好的一个。由于俄罗斯的股市波动极大，公司频繁进出指数，所以很难维持一个有代表性的股价指数。如果结果是稳健的，使用四个不同的指数可以改善这个问题。

在图8-32中，我们可以看到用公式（7.2）在区间 [1996.21：1997.61] 拟合的瑞银第一波士顿俄罗斯指数。和先前讨论的主要市场崩盘相似，该区间的选择是通过辨识出泡沫的起始和结束时间，后者是由指数在崩盘前达到最高值的日期来表示。对于所有四个指数，相同的起始日和结束日可以被辨识为在同一天内。

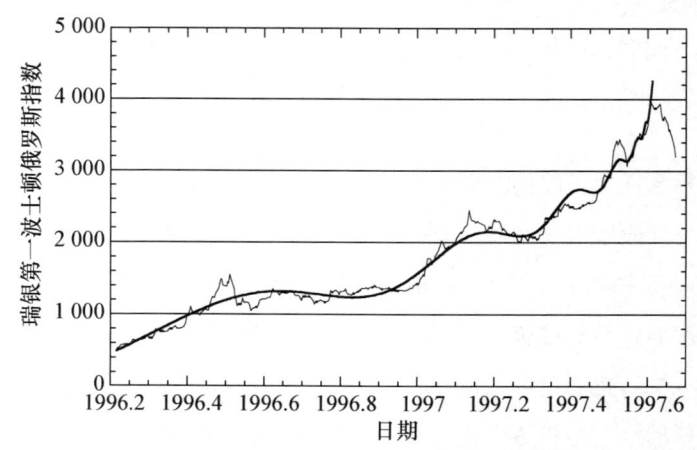

图8-32 用公式（7.2）拟合的瑞银第一波士顿俄罗斯指数。用公式（7.2）拟合的参数值为 $A_2 \approx 4254$，$B_2 \approx -3166$，$B_2 C \approx 246$，$m_2 \approx 0.40$，$t_c \approx 1997.61$，$\phi \approx 0.44$，$\omega \approx 7.7$。根据 [221] 复制

从表8-2可以观察到，对不同指数拟合的无量纲参数 m_2、ω、λ 以及预测崩盘时间点 t_c 的表现非常一致，只有从ASPGEN指数中得到的指数 m_2 是个例外。事实上，在

四个拟合中优选的标度比率 λ 值的波动幅度小于 5%，说明了很好的数值稳定性。

表 8-2 t_c 是用公式（7.2）对市场指数的拟合所预测的崩盘时间点。表中也给出了对之前泡沫拟合的其他参数。误差项 var 是数据和拟合之间的方差，单位为 $price^2$，其中日经指数除外，其单位为 $[\ln(price)]^2$。对泡沫的拟合一直进行到市场指数达到崩盘前最大值时的时间点。参数 t_c、m_2、ω 和 λ 对应于用公式（7.2）得到的拟合，其中 t_c 和 t 相互替换。这里 t_{max} 和 t_{min} 是拟合区间的端点

泡沫	t_c	t_{max}	t_{min}	跌幅(%)	m_2	ω	λ	A_2	B_2	B_2C	var
ASPMT	97.61	97.61	97.67	17	0.37	7.5	2.3	1 280	−1 025	59.5	907
俄罗斯交易系统国际传真社股价指数	97.61	97.61	97.67	17	0.39	7.6	2.3	633	−483	38.8	310
瑞银第一波士顿俄罗斯指数	97.61	97.61	97.67	20	0.40	7.7	2.3	4 254	−3 166	246	12 437
ASPGEN	97.62	97.60	97.67	8.9	0.25	8.0	2.2	2 715	−2 321	72.1	1 940
反泡沫	t_c	t_{max}	t_{min}	跌幅(%)	m_2	ω	λ	A	B	C	var
瑞银第一波士顿俄罗斯指数	97.72	97.77	98.52	74	0.32	7.9	2.2	4 922	−3 449	472	59 891
日经指数（方程 7.2）	89.99	90.00	92.63	63	0.47	4.9	3.6	10.7	−0.54	−0.11	0.002 9
日经指数（非线性对数周期方程）	89.97	90.00	95.51	63	0.41	4.8	3.7	10.8	−0.70	−0.11	0.060 0

这个泡沫的起源早已广为人知。1996 年，大型国际投资者（美国、德国和日本）开始在俄罗斯市场上大量投资，它们认为俄罗斯的金融局势终于稳定下来了。尽管事实绝非如此 [206, 281]，但是对于一个新的投资宝地能够提供高额回报的信念和希望导致了羊群行为与泡沫的发展。这意味着在华尔街（1929，1987，1998）、香港（1997）和外汇市场（1985，1998）制造了对数周期性泡沫的同样的羊群行为进入了一个新兴市场，也引入了和全球市场具有同样特征的对数周期性幂律模式。从俄罗斯市场的四个指数中获得的一致的 λ 值同时与从华尔街、香港和外汇市场崩盘中获得的 λ 值相当，这一事实支持了上述解释。另外，它也支持了以下想法，即股票市场作为一个自组织的复杂系统，在其最富戏剧性的行为之一中拥有着令人惊异的稳健性。

对数周期性振荡修饰的幂律加速预示了俄罗斯股票市场泡沫，受这一明显证据

的启发，我们在前文所述的对数周期性泡沫之后的反泡沫中寻找可能存在的对数周期性信号就是一件顺理成章的事。

如第 7 章所述，始于 1990 年 1 月 1 日并一直延续至今的日本日经指数的衰减可以非常完美地由一个对数周期性修饰的幂律来建模。在图 8-33 中，反泡沫的瑞银第一波士顿俄罗斯指数用公式（7.2）来拟合，其中 t_c 和 t 相互替换了。围绕 t_c 的"对称性"相当令人震撼。

图 8-33 对称的"泡沫"和"反泡沫"：除了用相同拟合复制自图 8-32 的瑞银第一波士顿俄罗斯指数的上升部分外，我们显示了用公式（7.2）拟合的紧缩部分，其中 t_c-t 被替换成 $t-t_c$。参数值为 $A_2\approx 4\,922$，$B_2\approx -3\,449$，$B_2C\approx 472$，$m_2\approx 0.32$，$t_c\approx 1997.72$，$\phi\approx 1.4$，$\omega\approx 7.9$。根据 [221] 复制

主张对数周期性幂律的预示性模式可能有些奇怪，因为也有人可以争辩说市场行为在很大程度上反映了俄罗斯政治体制的反复无常。例如，在反泡沫的例子中，1998 年 2—4 月是市场的一段复苏期，特征是西方投资者在崩盘平静期过后回归市场。这可以通过研究俄罗斯的外汇储备的动态变化来追踪。回归的时机可以说基本上就是受大型投资者的风险政策所驱使。1998 年 4 月俄罗斯指数的又一次大跌肇始于叶利钦决定废除切尔诺梅尔金政府（扰乱了政局并制造了不确定性）。进一步的两次政治动荡由国家杜马①引发，原因是国家杜马拒绝了叶利钦对总理办公室的

---

① 国家杜马即俄罗斯联邦会议的下议院。——译者注

提名，并将自身置于濒临解散的边缘。

1998年8月的崩盘，对世界其他地区的市场造成了巨大的影响（参见第7章），经常被归因于卢布贬值和俄罗斯政治舞台上的重大事件。尽管我们并不低估这些"新闻"的影响力，但是我们观察到这些市场经常性地被新闻轰炸，所以总是有可能在事后将市场崩盘归咎于某一事件。相反地，我们认为市场的反应往往并不反映市场的内在稳定性（或不稳定性）。在1998年8月崩盘的案例中，为爆发一场大危机市场已经万事俱备，而该"新闻"成了东风。如果俄罗斯舞台上没有发生任何事件，其他新闻可能也会在大约一个月的时间里触动危机的爆发[221]，这看起来是和泡沫破灭有关的市场不稳定性最为相关的一个周期。

我们再次强调，我们不必将一个系统性不稳定的情形误认为触发不稳定性的特定历史行为。想象一把垂直竖在桌子上的尺子。因为处在一个不稳定的位置，尺子会朝某个方向倒下，而特定的气流或者初始条件中稍微的不完美都无关紧要。重要的是尺子内在不稳定的初始状态。我们认为相似的情形同样适用于崩盘。崩盘的发生是因为市场已经到达了一个全局不稳定状态。当然，总会有特定的事件可以被认为是触发市场动荡的导火索，但它们仅揭示了该不稳定性，而非动荡的深层原因。进一步而言，政治事件也必须被认为是一个包含市场的动态系统状态的指标。从原则上来说，不同事件之间无法进行分离。具体而言，1997年俄罗斯崩盘可能是由亚洲金融危机触发，但这在很大程度上是由银行体系的崩溃造成的，而后者在泡沫形成的过程中制造了192亿美元的债务[281]。

8.6 市场之间的相关性：经济危机蔓延和泡沫破灭同步化

众所周知，1987年10月的崩盘是一个国际性事件，短短几天内发生于全世界所有的主要股票市场上[30]。大家也经常注意到规模稍小一些的西欧股市和世界其他市场会受到美国市场的主导趋势影响。

不过也存在着反例。与美国事件不相关的一个明显同步化例子是1994年早期绝大多数新兴股市上连续发生的崩盘/回调。这些危机在1994年1—6月间发生，波及货币市场（墨西哥、南非、土耳其、委内瑞拉）和股票市场（智利、匈牙利、印度、印度尼西亚、马来西亚、菲律宾、波兰、南非、土耳其、委内瑞拉、德国、中国香港、新加坡、英国）[271]。以前文所述的泡沫来表示，这些股市最高点分别发生于 1994.13（阿根廷Ⅲ）、1994.09（智利Ⅱ）、1994.09（墨西哥Ⅰ）、1993.83（秘鲁）、1994.01（中国香港Ⅱ）、1994.01（印度尼西亚Ⅰ）、1994.01（马来西亚）、1994.01（菲律宾）以及 1994.01（泰国）。这些危机在拉丁美洲国家尤为严重，最严重的是在墨西哥。美国在加拿大和欧洲的协助下，援助过墨西哥两次，第一次是在 1994 年 4 月，然后是在 1995 年年初，援助金额高达 500 亿美元 [236]。

类似地，另一连续发生的几场危机最初始于泰国的问题，随即蔓延到了世界各地。我们可以看到这一系列的危机已经被前文所述的泡沫破灭所涵盖。泡沫的最大值分别出现于 1997.81（阿根廷Ⅳ）、1997.51（巴西）、1997.80（墨西哥Ⅱ）、1997.42（秘鲁Ⅱ）、1997.73（委内瑞拉）、1997.60（中国香港Ⅲ）以及 1997.52（印度尼西亚Ⅱ）。与这些最大值相继而来的是大幅盘整，其导火索是泰国在其货币受到强烈攻击后放弃了固定汇率体系。当泰国这块多米诺骨牌倒下时，另外三个亚洲国家立即陷入了混乱：菲律宾、印度尼西亚和马来西亚。没有一个国家的情况像泰国那么糟糕，但由于它们的货币都是盯住强势的美元，所以它们也遭受了重创。

此类金融危机蔓延基于相同的机制，即导致投机性泡沫产生的机制。投资者和贷款人的情绪服从范式转换：当时机良好时，他们较少考虑风险而专注于潜在收益。当有不好的事件发生时，他们重新开始担心风险，结果推动市场不断上涨的由希望和贪婪搭建而成的整个结构便分崩离析。此类市场心理的突然转换如今被投资的国际化进一步放大：在泰国损失惨重的同一批基金经理人和银行家还在马来西亚、印度尼西亚和其他新兴市场持有资产。不仅如此，他们还从相近的渠道获得大致相同的信息。结果是，他们经常集体重新评估他们在全球所面临的风险，尤其是那些与泰国相似的经济体和金融体系。特别要指出的是，真正的经济不景气，即基本面，会通过实体经济纽带跨越国界的相互联结而再一次浮出水面。

这样的连带效应也有其简单的技术原因。新兴市场上的主要玩家是对冲基金和共同基金。前者从银行借款进行杠杆投资。如果这些投资价值下跌到足够低的水平，银行会收回贷款，对冲基金需要出售其他证券以偿还贷款。而那些被出售的证券就会有同样的遭遇，因为在卖出的浪潮中它们的价格也下跌了。共同基金不使用杠杆，但需要保持一定的现金缓冲以防散户投资者撤回投资。它们通过出售尚未受到危机影响的那些国家的证券来实现这一操作。

类似于1997—1998年亚洲货币危机那样的货币危机的原因，可能可以追溯到各国结构性不平衡和对市场预期转换的政策疲软之间的互动，两者相互增强，成为不稳定的主要来源［332］。换言之，这场危机源自结构性缺陷和波动的国际资本市场之间的互动，也归咎于对银行和金融部门的监管不力，以及由贸易和共同信用来源所连接的跨国危机的快速传播。使用100多个发展中国家1971—1992年的一个年度面板数据，有研究发现货币崩溃更容易在产出增长低、国内信用增长高以及国外利率水平高的情况下发生［141］。

在第5章推导出的理论框架中，纳入一个价格影响崩盘概率或反之亦然的反馈环是可行的。价格越高，则风险率或崩盘概率的上升率越高。这个过程体现了一种自我实现危机的现象，这一概念最近受到了广泛关注，特别是和发生在七个国家和地区（墨西哥、阿根廷、泰国、韩国、印度尼西亚、马来西亚和中国香港）的危机相关［245］。这些国家和地区都经历了严重的经济衰退，比美国自20世纪30年代以来所经历的还要恶劣。人们相信这是由和市场投资者信心获得与丧失相关联的反馈过程导致的。卷入这一信心游戏迫使这些国家和地区采取了使衰退进一步恶化而非缓解的宏观经济政策［245］。例如，当亚洲危机席卷而来时，这些国家和地区被告知要提高利率，而不是降低利率，以说服一些境外投资者保持其投资不动，从而限制汇率的下跌。而实际上，这些国家和地区被告知不要理会其宏观经济政策；不是试图预防甚至减轻经济中时隐时现的衰退，它们被告知采取实际上会使得衰退进一步加剧的政策，而目的都是出于对投机者的恐惧。这样，会有可能在一个国家和地区里，信心的丧失能制造出一场经济危机以验证其信心的丧失；这些国家和地区可能对经济学家所说的自我实现的投机性攻击比较没有抵抗力。如果投资者相信，在某些行动缺失的情况下危机有可能发生，那么他们肯定是正确的，因为他们自己便会制造出这一场危机。换言之，由于它们的增长是在能获得境外资本供应的基础之上所做的预测，这些亚洲国家和地区面临着一种迫不得已的政策选择：安抚金融市场的经济政策；或者可以对境内经济产生较好结果并对社会稳定性制造较少压力的政策。前者关心的是在金融市场中创造良好的反应；而后者更关注国际货币基金组织的改革对相关国家和地区的境内经济及政治稳定的影响力。

基于同样的理念，美国国会联合经济委员会最近发布了一份新研究，该研究发现，一系列不妥当的激励机制是导致近期亚洲新兴经济体金融危机的关键因素[362]。这份名为《新兴市场的金融危机：激励机制和国际货币基金组织》的报告发现，给予过度信用的激励（由政府担保、有风险的贷款机会，以及很低水平的由所有者出资的权益资本等共同制造）经常为金融危机创造了条件。这些激励机制的影响与20世纪80年代以及90年代早期困扰美国储蓄及贷款和银行业的情况相似。该研究还显示了国际货币基金组织近期的贷款及其对未来贷款的展望加强了已经存在的无效激励，并且在国际层面上制造了新的一层风险补贴。产生的相应道德风险问题是投资者会去冒不合理的风险，因为他们知道国际货币基金组织将会担当起最后贷款人的角色。相互模仿和从众机制因而便基本不受束缚地被释放出来。

另一个在西欧股市间明显同步化而与美国事件无关的例子来自1994年早期大多数新兴股市崩盘/盘整后的一段时期。这段时期与快速上升的美国利率有关。尽管标准普尔500指数仅下跌了不到10%，并在几个月内恢复到原先水平，但新兴市场危机对全世界规模较小的西方股市的影响却要深远得多。这一系列西方国家遭受的损失大致与一个小型衰退相当，市场在大约5个月（伦敦）到13个月（马德里）的时期里下跌了18%（伦敦）到31%（中国香港），正如表8-3中所总结的那样。对每一个股票市场，指数对数的下降都用对数周期性幂律公式来拟合。在图8-34～图8-37中，我们所分析的所有股票市场中的下跌都可以用对数周期性反泡沫来量化。

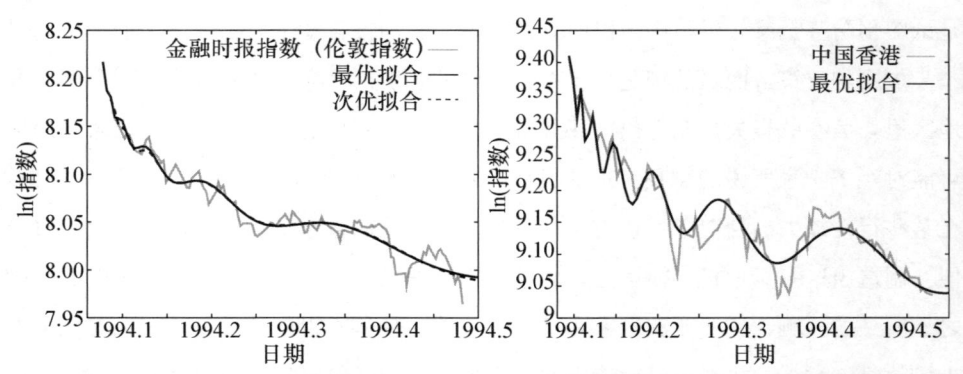

图8-34 左图：金融时报指数（伦敦）。两条线分别为用公式（7.2）得到的最优和次优拟合。右图：中国香港。请注意表8-3中给出的幂指m_2的值较小。这大概是由于数据集第一部分的数据采样过疏的原因。根据[218]复制

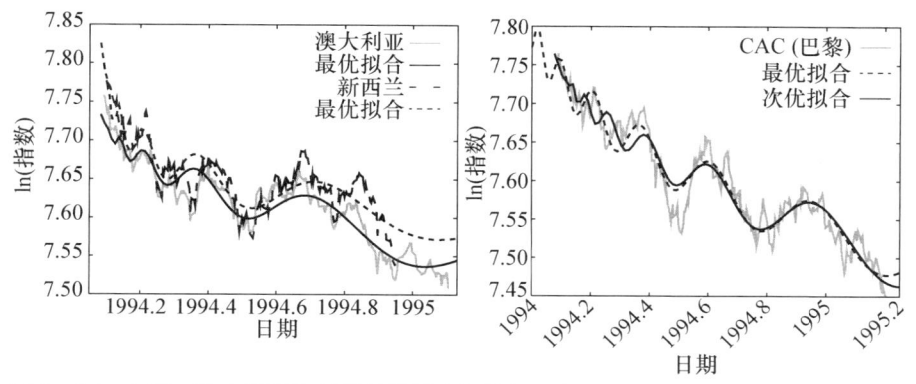

图 8-35 左图：澳大利亚和新西兰股票市场指数。右图：法国 CAC40 指数。两条线分别是用公式 (7.2) 得到的最优和次优拟合。根据 [218] 复制

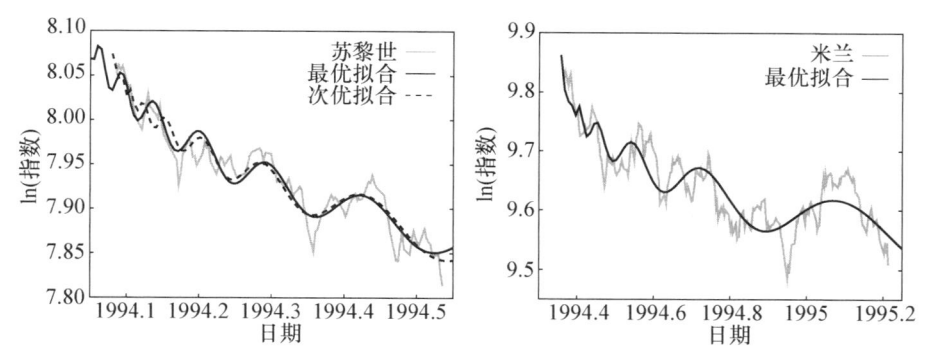

图 8-36 左图：瑞士股票市场指数。曲线是用公式 (7.2) 得到的两个最优拟合。右图：意大利股票市场指数。根据 [218] 复制

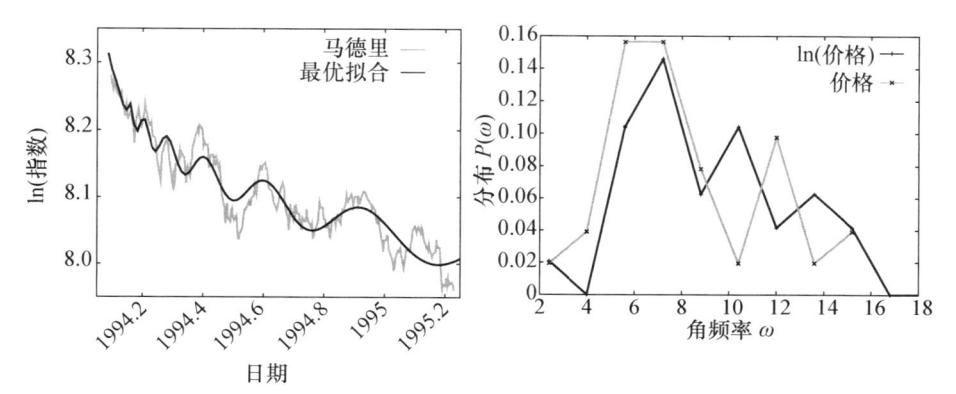

图 8-37 左图：西班牙（马德里）股票市场指数。右图：使用价格（灰色线）和价格对数（黑线）对前述反泡沫进行拟合得到的对数周期性角频率 ω 分布。根据 [218] 复制

从表 8-3 中我们可以观察到优选的标度比率 $\lambda=e^{2\pi/\omega}$ 与 $\lambda\approx2.0\pm0.3$ 非常一致。如果我们考虑到这些股票市场位于世界上三个截然不同的地理区域（欧洲、亚洲和大洋洲），这相当不寻常。至于幂指数 m_2，波动性则和平常一样要大得多。但如果排除新西兰和中国香港，我们得到 $m_2\approx0.4\pm0.1$，这和主要金融市场相比也是相当合理的 [209]。对数周期性振荡的振幅也相当相似，$B_2C\approx0.03\sim0.04$，除了伦敦（≈0.02）和米兰（≈0.05）。

表 8-3 继 1994 年年初新兴市场崩盘后 1994 年西方及中国香港金融市场上反泡沫的拟合特征。t_c 为临界时点，由拟合市场指数的公式（7.2）预测而得。当存在多种拟合时，我们选择 t_c 与 t_{max} 之差最小的拟合。通常这就是最优拟合，但偶尔会是次优拟合。表中也给出了其他拟合参数 m_2、ω 和 λ。拟合开始于时间点 t_{max}，即当市场指数在下降前达到最大值的时间点，一直到时间点 t_{min}，即市场在趋势转换前跌到最低值时的时间点。跌幅是从 t_{max} 到 t_{min} 之间的损失。根据 [218] 复制

股票市场	t_c	t_{max}	t_{min}	跌幅（%）	m_2	ω	λ
英国	1994.08	1994.09	1994.48	18	0.25	7.6	2.3
中国香港	1994.09	1994.09	1994.53	31	0.03	11	1.8
澳大利亚	1994.08	1994.09	1995.11	22	0.46	8.0	2.2
新西兰	1994.08	1994.09	1994.95	23	0.09	7.7	2.3
法国	1994.06	1994.09	1995.20	27	0.51	12	1.7
西班牙	1994.08	1994.09	1995.23	27	0.28	13	1.6
意大利	1994.36	1994.36	1995.21	28	0.35	9.2	2.0
瑞士	1994.08	1994.08	1994.54	22	0.45	12	1.7

8.7 缓解危机的启示

好几位著名的经济学家，J. E. 施蒂格利茨，最近特别是克鲁格曼，还有金融家乔治·索罗斯，都坚持认为不应当任由市场完全自生自灭。自由市场纯化论者要求市场完全自由的口头禅可能并不总是最优方案，因为它忽视了两个关键问题：(1) 投资者开发出可能从根本上动摇市场的策略的趋势；(2) 各国之间可能存在不平衡的非即时性的调整。索罗斯认为现实世界国际金融市场天生动荡和不稳定，因为"市场参与者在试图对由市场预期形成的未来本身进行贴现"。当地和全球市场是否可以在像 1997 年开始的亚洲危机之后自行稳定这一问题当然被置于争辩的中心。在本例中，为了证明国际货币基金组织的干预具有合理性，美国财政部长鲁宾

（Rubin）在1998年1月警告说，全球市场将无法在亚洲自行稳定下来，国际货币基金组织及其他国际组织和政府所扮演的强有力的角色是必要的，以免危机蔓延至拉丁美洲和东欧的其他新兴市场。

下面关于森林火灾的类比对阐述此问题的特点非常有帮助：在世界各地的许多地区，旱季总是发生许多大型山火，有时还伴有消防队员和其他人员的死亡，以及对许多建筑和大森林的破坏。人们普遍认为在过去一个世纪里对家畜的放牧、林木采伐，以及灭火导致了反常的状况，比如在美国西部、地中海国家及其他地区的松林中出现的生物量过度积累（太多没有足够的生物多样性和死木质材料的树木）以及被改变的物种混合。这些状况使森林更容易受到干旱、虫灾和流行病以及其他波及整个森林的灾害——特别是大型山火的影响[167]。人们重拾对燃料管理的兴趣以期减少火灾控制成本和损害，这全拜那些横扫美国西部的无数极具破坏性的野火所赐。燃料管理中最常用的技术就是灭火。最近有几份评论比较了自1900年便开始进行积极灭火管理的南加利福尼亚和灭火管理基本缺失（即"任其自由燃烧"策略）的下加利福尼亚（墨西哥北部），强调了一个相当不寻常的事实[301，308]：下加利福尼亚只发生过小型和规模相对温和的火灾，而南加利福尼亚的火灾规模却分布广泛，其中包括极具破坏力的火灾。在南加利福尼亚正常气候下有选择性地扑灭小规模火灾（即那些可以被控制的火灾）以将大火灾限制在了极端气候的情况下，这一过程鼓励了大规模高蔓延率和强度。研究发现，灭火的危险是粗尺度丛林燃烧物斑块及大规模火灾不可避免的演化，这与在那些任其自由燃烧区域内形成的小规模斑块分布自然自组织截然不同。从表面上看，这一纵容林火的理论看上去好像是一个似是而非的以最小成本对财产和资源进行最大化保护的正确策略。

这一结论看上去是正确的，即对易燃材料纵容不管，让其自组织形成与火灾动态行为一致的方式。换言之，燃料-火灾构成了具有负向和正向反馈，可能是接近最优的一个复杂的非线性系统：更多的燃料导致火灾；火灾减少燃料的瞬时水平但可能加速其未来的产量；许多小火灾为较大火灾的发展和扩大制造了天然屏障；火灾制造出土壤中富含的养分；火灾还有其他好处，比如一些物种，特别是黑松和北美短叶松，是晚熟型的，它们的松果只有在面临和野火一样的高温时才能打开并播撒种子。复杂非线性系统寻找"最优"或接近最优方案的可能性已经在好几处强调

过了 [97，300，404]。让我们来举个例子，例如，一个故障网络模型，通过地震期间地壳的弹性变形和断裂的相互作用，发现故障是适应构造变形的最优几何结构：这是从一个全局数学最优化问题得出的结果，即根据其自组织的动态系统通过模拟计算解决（与用数字计算机进行的数字计算相对应）。组织的一种显著水平叫作自组织临界性 [26，394]，尤其是应用于解释森林火灾的分布 [280]。

下加利福尼亚可能是这种燃料-火灾复杂体系自组织机制的代表，由其自生自灭，导致了许多小火灾却几乎没有大火灾。南加利福尼亚则阐释了这样一种情况，即同时干预燃烧物的产生和被火燃烧（通过试图阻止火灾）会导致一个非常广泛的分布，有许多小型和规模相对温和的火灾及太多无法控制的大型火灾。

股票市场在这个画面中处在何种位置呢？"自生自灭"方法的支持者可能从下/南加利福尼亚的比较中获得有力的证据，但他们可能忘了一个实质性因素：股市和经济更像南加利福尼亚而不是下加利福尼亚。它们并不是孤立的。即使没有政府或监管干预，它们也会被许多影响它们的外部经济、政治以及气候因素所"强迫"，而且它们对那些影响因素也具有一些影响力。如果这个野火的案例教导了我们一些什么，那就是我们必须将自组织的燃料-火灾复杂体系的动态系统和不同的外部随机性来源（气候和风向模式，自然界闪电雷击的分布等）纳入我们的理解。

某类监管是否有用的问题可以被转述成南加利福尼亚的火灾是否最好让其自生自灭。既然管理的方式无法完全令人满意地运作，我们也可能好奇这一自生自灭的情景是否会更好。这一方法实际上曾在黄石公园中以"任其自由燃烧"政策的名义被执行过，但在 1988 年黄石大火之后被摒弃了。从社会角度来看，这一自生自灭策略甚至变得不现实，因为纵容一场特定大火自行烧毁可能会导致社会难以承受的风险或情绪敏感，其作用因而经常在一个很短的时期内会打折扣（与隐含在自生自灭策略中对土地资源管理的长期观点相对）。

我们认为股市中最重大的事件——大规模金融崩盘——实际上可以被看成是一个自组织系统在监管存在的情况下被大量外部因素所强迫做出的反应。外部的强力是一个要考虑的实质性因素，它修正了对这个"任其自生自灭"情境的看法。例如，在最近的亚洲危机中，国际货币基金组织和美国政府认为对国际资本流动进行控制是无效或不可行的。在 2000 年前一直担任国际货币基金组织的首席经济学家的 J.E. 施蒂格利茨，曾经认为在某些情况下限制短期资本在某一发展中国家流进流出是合理的，有时候发达国家将发展中国家金融系统的撤销管制推进得太快了。但挑战仍然一如既往地存在，即鼓励并与那些已经准备就绪且有能力执行强劲调整措施的国家合作，以及在困难出现的时候，一起协作寻找最适于个别情况需求及更广泛的全球金融体系运作的金融解决方案［181］。

1987 年，经济学家和诺贝尔奖得主詹姆斯·托宾提出国际货币体系改革的两种可能方案来控制世界的投机性金融体系和"赌场式经济"［439］：

第一种方案是使货币交易成本更高以减少资本流动性和投机性汇率的压力。这一方法，现在以"托宾税"的名称为人所知，已经成为最受许多新经济学家追捧的方法，其方式是对一种货币与另一种货币的即期兑换征收国际统一税，金额与交易规模成比例。反对托宾税的传统论点包括使流动性枯竭、无法征收，以及招致离岸外汇操作。

第二种方案是实现世界经济更好的一体化，这意味着形成一个最终的货币联盟和世界中央银行。其形式是采用一个国际货币单位，由一个世界中央银行管理并且建立在每一个国家都等同的"一篮子"商品的基础之上。用国内货币表示的这些"篮子"的价值将决定相对汇率，因此汇率取决于国内实际经济状况而非短期的货币走势［439］。一体化的另一种形式是在美国、欧盟以及日本之间实行利率政策合作，从而使得这些国家在实现自己的利率目标时不会因外汇汇率传导和投机行为引起利率政策之间相互竞争而造成不稳定。另一个提议是建立一个非营利性的全球外汇设施（FXE）来进行外汇交易。这可以以一个公共设施的形式建立，可以由一组政府及联合国授以特权，给私有外汇银行提供一点点竞争，与联合国、国际货币基金组织和国际清算银行（BIS）进行合作［439］。在一种货币遭受投机性攻击时，货币市场"跌停费"，与华尔街的一种费用类似，也可以和停牌机制（在所有的证券交易所都非常普遍）一起使用。这可能代表了一种重要的社会创新，因为它为各国政府和中央银行提供了一种新的国内宏观调控工具以使其货币和经济不受到攻击，而同时无须提高利率，使其公民和企业遭受经济衰退的威胁［439］。

目前来看，与全球金融体系的内生风险做斗争的建议和措施都没有真正成功的可能性。

第 9 章
预测泡沫、崩盘以及反泡沫

9.1 预测的本质

时间之箭不可阻挡地将我们投射向不确定的未来。预测未来抓住了所有人的想象力，这也许是最大的挑战。"先知"因为他们对未来的洞察力曾经在历史上让大众受到或是惊吓或是鼓舞。直到最近，科学仍以专注于另一种预测来尽量避免这个问题，即对新奇现象的预测。例如爱因斯坦对太阳引力场可以引起光线偏离的预测，泡利（Pauli）对称为中微子的不可见粒子的预测，以及温伯格（Weinberg）和萨拉姆（Salam）在电弱理论框架内对中间玻色子的预测，便是其中几个例子。基于科学对未来的预测，即典型地使用电脑化的数学模型，是最新现象，正在现代社会中变得日益普遍，以期控制其环境及降低风险。在真实世界中，对预测的努力是令人沮丧的，因为科学家还没有完全确认物理运作，也因为在描述系统表征（包括当下和未来）时仍然存在一个非常大的不确定性。结果是一个相当大的不确定性区间。因此，尽管数学建模和计算机模拟使得对崩盘和反泡沫合理预测成为可能，但它们也总是不确定的；根据定义，最终我们得到的结果是，一个关于现实的模型，而非现实本身。

基本上所有实际生活领域的应用如经济学、金融、气象和气候，预测趋势反转、制度变迁或者"断裂"都是异常困难和不可靠的。这可能是最困难的挑战，也可以说是最有趣和最有用的。两种已知的建模策略，即对结果的大型代数系统的分析理论和穷举数值模拟，都无法对绝大多数的具体问题提供有效的解决方案。断裂的模拟研究遭受各种误差来源的困扰，包括数学模型的模型误设和不精确的数值表示，而这些对罕见极端事件而言都是特别重要的[232]。

我们借用气候学领域的一个例子来阐述这一观点。鉴于对全球气候变暖这一与日俱增的共识，具有启发性的是记住在20世纪70年代科学家曾经越来越担心地球正在变冷，而且可能进入与之前1400—1800年小冰期相似或更糟糕的一个新的冰河时期[61，368，429，155]！而现在，全球气候变暖几乎被普遍公认，我们可以从事后理解到当时这一"预测"有多么短视。这一情况在当下实质上是相同的：对经济增长率在未来小幅变化的估计是相当不错的，但对强劲的经济衰退和崩盘的预测在绝大多数时候则是完全不可靠的。比如，对全球气候变暖的现实和程度几乎压倒性的共识是立足于20世纪的一个明显趋势之上的，这一趋势超越了不确定层面最终浮现出来。我们强调这一共识并非基于对逆转或范式变化的预测之上。换言之，科学家善于从已经沉浸于其中的趋势中辨认出趋势：我们需要一个世纪的数据来提取全球气候变暖趋势的一个明确信号。相比之下，科学家目前可以用于预测的绝大多数范式变化的技术则是非常糟糕的。

在经济和金融领域，这一情况可能更加糟糕，因为人们对未来的预期、他们的贪婪以及他们的恐惧交织在一起构建着不确定的未来。关于这个预测问题，美联储主席格林斯潘[177]曾说过："尽你所能地学习，收集所有的数据，处理所有的数字，然后再进行预测或者金融预测（financial forecast）。即便如此，请接受并理解没有人可以在有人们牵涉其中的情况下预测未来。人类的行为并没有改变；人们是不可预测的。如果你错了，纠正你的错误，继续前行。"由于预期扮演的角色及未来贴现对当下投资者决策导致的模糊性可以由格林斯潘于1995年6月20日对参议院银行委员会所说的另一句名言来表达："如果我说的话你们可以完全理解，那么我很可能就犯错了。"

预测的不确定性是任务的复杂性所固有的。然而，预测却是有用的。例如，气象预报具有很大程度上的不确定性。但是，它们有用是因为它们优于纯随机的情况，一旦用户认识到了它们的缺点，就会将这些因素纳入考虑。预测可以与观察值相比较，修正后用于新的改良后的预测。这一过程叫作预测的数据同化。因此使用"误差线"并量化与任何给定预测相关的不确定性是必要的；预测的具体数值是误导人的；只有成功的概率分布才包含相关信息。北达科他州大福克斯北红河泛滥的例子很好地说明了这一点。当它于1997年春天涨到其历史水位时，居民和官员依赖于科学家的预测，看水位可能升到多高。49英尺的预测值使得整个小城放松了警惕，因为预报比之前保证的给出了更多的精确性。但实际上，当时存在着更大范围的概率；河水最高涨到了54英尺，迫使50 000人口匆忙弃家出逃。如果居民可以了解全部的情景和概率，那么可能便可以采取应对措施，这样更多的人就可以保护财产。这里最重要的信息是，49英尺的预报值不一定是错的。而对这一最佳预测值的可能偏差却非常遗憾地缺失了。允许至少两种可能情景的概率预测法可能会更有意义。例如，该预报可以这样说："有50%的可能性河水水位将不超过49英尺，有90%的可能性水位不超过52英尺。"注意此陈述的第一部分携带着对于最高水位的最优估计的同样信息（从中值角度来看），而第二部分则提供了对不确定性的量化。有了这个，原则上便有可能衡量减灾措施成本以应对每一种与最佳估计的偏离值。这里的信息是我们要记住共存着几种可能的情景（而不是最好的或者平均的）及其相关的估计概率。

几种情景同时工作的重要性在图9-1中进行了解释，图中给出了服从一套公式（现在叫作洛伦茨系统）的整体曲线的演化，该系统作为对大气动力的模拟由气象学家洛伦茨［270］提出。注意该系统的研究对20世纪70年代和80年代混沌理论的发展起到过很大作用。横轴代表一个气象变量的代理变量，比如风速v。纵轴是时间，在该图中从0到5。对每一时间点，相关的第三维度上显示了风速v的概率分布：初始钟形分布最高点对应于系统目前状态下的最好初始猜测值。钟形曲线的宽度量化了我们观察的初始不确定性；我们对风速进行了一个初始测量，而且知

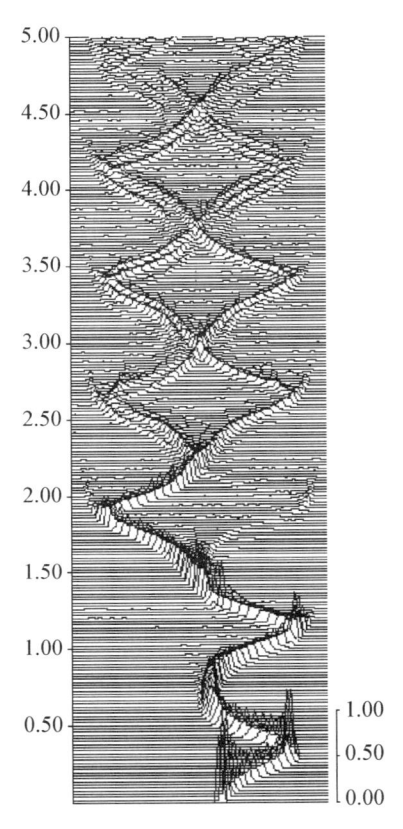

图 9-1 在洛伦兹公式下，关于变量 v 的概率密度函数的演化。该整体曲线提供了大气动力学的一个简化模型。变量 v 沿着横轴绘制，以使对称性的中心是初始条件。时间 t 沿着竖轴绘制。当时间增加（向上）时，在 t=0 时的初始尖锐分布开始衰变并变宽，但之后又变高变尖，显示了真正的技术回报率（在 t=0.4 时）。之后，该分布朝两个分支分叉：变量 v 远远高于或者低于初始值，而一个平均估计则预测一个位于中间的数值，这一情况在现实中几乎从未被观察到。这说明了基于一个典型数值进行预测的根本性局限。根据 [388] 复制

道任何测度都有一些不确定性，这里用真实初始条件偏离于相对峰值的最优估计的概率来量化。为使该分布进行演变，随机选择的 4 096 个初始条件的每一个都根据洛伦兹运动公式来演进。这 4 096 个初始条件中的每一个都这样定义了一个可能的轨道。在每一个时间点，我们测量每一个轨迹的 v 值，那么这 4 096 个测度的集合便提供了构造 v 分布的统计量。在早期，分布是扩散开的：注意峰值在振幅上减少，分布变宽。这反映了 v 值在经过一段时间后增加的不确定性，从而造成预测能

力的丧失。直到时间 $t=1.5$，我们观察到交互更替的预测能力的恶化和改善，因为分布函数周期性地变宽又变尖。这是第一个相当不符合直觉的教训：减少的不确定性区域可能存在于一个混沌动力学之中［388］。增加预测期间并不总是导致预测质量下降，这与混沌动力学的标准观点相左。在 $t=1.5$ 之后，分布函数分叉成两个不同分支。在 $t=2.5$ 时，很明显这一速度或远远正向偏离或远远负向偏离初始值，但通过将所有轨迹进行平均所得的最优预测接近于初始值。这是此类非线性体系的标准预测技术的一个基本缺点［388］。它强调了用分布或不同情景的集合，而不是用均值、平均数、中位数或者有代表性的预测值来进行思考的重要性。在 $t=2.5$ 时，没有一个单一轨迹可以可靠地代表该动力学机制的复杂性。由于本例中动力学机制的结构，至少有两个主导情景必须被考虑到。

当把观测的不确定性和模型误差一起考虑进来时，将预测看成是与其相关的不确定性内在相关联更为重要。模型误差指的是在通常情况下我们不知道我们想要预测的系统动力学机制精确公式的事实，而被强制运用于预测的模型只能抓住所有因素中的一部分。这一模型误差显然对我们可以描述的一个系统的未来设定了严重的限制。我们推荐研究属于一个模型集合里的每一个模型的轨迹集合的方法，这是可以缓解这些根本性局限的一个办法［386］。

在后面我们将描述如何将这些概念转换成具体的形式来预测金融崩盘。不同的模型对应于不同的对数周期性幂律临界点理论应用。不同的场景会被生成，对应于由拟合程序得到的不同方案所产生的每一个模型。

9.2 如何开发并阐释对数周期性的统计学检验

在研究预测这一主题之前，我们必须讨论一下在第 7 章和第 8 章里出现过的拟合金融时间序列可能存在的选择性偏差的问题。通过基于以下两个标准选择时间窗口——存在一个范式变化和市场价格的加速与时间末期存在一个崩盘或大幅调整——我们可能裁减了数据，以至仅出于偶然的因素，对数周期性幂律公式的拟合得以胜任。每一次一种模式被提出作为具有一定预测能力的指标，这个话题就不得不被提及。这里有一个根本性的数学原因：英国数学家 F. P. 拉姆齐证明了完全的无序是不可能的［173，172］。每一个大型数集，例如金融价格序列或者点或物体的集合，必然包含着高度规律性的模式。例如，夜空看上去充满了由直线、长方形和五边形构成的星座，它们还都带着令人浮想联翩的由远古天文学家命名的名字，如狮子、公牛、蝎子。是否有可能这样的几何图形来自宇宙的未知力量？1928 年，拉姆齐证明了这样的图案隐藏于任何大型结构之中。只要给予足够数量的星星，人们总可以找到一组星星，组合起来非常接近一个特定的图案。只要给予足够长的数字序列，你可以在里面找到任何模式，如你的生日，或者任何其他你感兴趣的数字。从直觉上来说，这一定理的基本论点是：如果在一个随机集合里不能大致找到任一模式，那么这一集合就不可能是真正随机的。随机性就是任何模式都有可能出现。

那么相关的问题就是：要算出到底需要多少星星、数字或者图形才能保证得到一个想要的模式？换言之，在一个给定的集合中，有多少可能性可以观察到一个想要的子结构？对这一问题的回答属于统计学的范畴及其在经济学上的应用——计量经济学。如果可以证明获得一个特定模式所需要的星星数量不远远大于可以观察到的数字，那么我们可以有针对性地询问在这个特定集合中这一特定模型是否纯属偶然出现。这是统计学假设检验方法的实质所在，该方法构造了一个所谓的"统计学置信水平"：如果某一现象的置信水平是，比如，99%，那么这意味着该现象只有 1% 的极小可能属于偶然出现。

在这里，我们先来参考一下在第 7 章关于终结"电子繁荣"的 1962 年"慢速"崩盘那一节里概述过的计算机试验，道琼斯工业平均指数在 1910—1996 年 50 个 400 周的时段被随机选取［209］。这一试验证明拟合，即以相对应的 1929 年、1962 年和 1987 年三次崩盘的拟合参数而言，不可能是"偶然"出现的。费根鲍姆和弗罗因德也研究过在真实数据中随机选取的时间窗口，基本上没有在这些窗口中发现对数周期性，除非是在崩盘即将来临的时期［128］。最近，费根鲍姆检验过标准普尔 500 指数对数从 1980 年至 1987 年间的一阶差分，发现他在 95% 的置信水平上不能拒绝对数周期性成分的假设［127］；简单而言，这意味着对数周期性成分属于完全偶然产生的可能性大概在 1/20 或更低。

为了进一步检验先前的对数周期性假设的稳健性，约翰森、勒杜瓦和我［209］

检验了金融市场的一个标准统计模型，带学生分布噪声的 GARCH(1，1)，这一原假设是否能够"解释"对数周期性的存在。在 1 000 个由这个带学生分布噪声的 GARCH(1，1) 模型产生的时长 400 周并用于对现实崩盘分析的代理数据中，只有两个 400 周的窗口符合标准。这一结果和 99.8% 的置信水平相对应，即拒绝带学生分布噪声的 GARCH(1，1) 可以产生有意义的对数周期性的原假设。和崩盘无关；这里的问题仅是检验在 1929 年和 1987 年崩盘之前观察到的对数周期性的强度是否可以用一个被学术界和实业界广泛使用的金融时间序列的标准基准模型之一来产生。如果在此基础上我们还发现使用带学生分布噪声的 GARCH(1，1) 模拟出来的两段显著的对数周期性并没有伴随着崩盘，那么我们能更强有力地得出结论，真实的市场表现出来的行为与业界最基本的基准模型之一所预测的结果截然不同。实际上，在蒙特卡洛模拟中崩盘的频率要比真实数据中崩盘的频率小得多：如果业界最常使用的基准模型之一无法复制出观察到的崩盘频率，这实际上意味着有些东西可能需要用新的概念和方法来进行解释。

但我们必须强调，没有真理可以被科学论证；我们能做的唯一的事是构筑模型并在一个给定的统计学显著性水平上拒绝它们。那些用越来越多数据检验而没有被拒绝的模型会逐渐地获得理论的地位（考虑一下，例如，量子力学，就是被一再反复地检验）。在这里，很显然，从纯粹主义者的角度来看，我们可能从来无法"证明"对数周期性的存在是和特定的市场机制真正相关联的。我们能做的第二种选择就是将业界最好的基准模型一个一个地拿来并检验，看看它们是否可以产生我们所记录的同样结构。当然，如果可以用与检验带学生分布噪声的 GARCH(1，1) 同样的方法来检验更复杂的模型，一定会很有意思。但是，我们告诫大家，拒绝一个又一个模型永远无法证明对数周期性的存在。这已经超出了统计学和计量经济学分析的范畴。但是，如果越来越多的模型无法"解释"观测到的对数周期性，那么这意味着对数周期性是需要被了解的一个重要事实。

另一个顾虑是单积过程，比如一个随时间变化加总随机新息的随机游走，可以从纯随机中产生对数周期性模式。实际上黄等人 [203] 特别检验过以下问题：在什么样的情况下一个单积过程会产生虚假的对数周期性？经由冗长和彻底的蒙特卡洛检验后得到的答案是两方面的：(1) 对于大致是规律性取样的时间序列，就像金融时间序列，对一个带噪声的对数周期性函数取积分会破坏对数周期性的信号！（2）只有取样率以指数增长或以 t_c-t 的幂律增长，单积过程中的伪对数周期性才能被观测到。"蒙特卡洛"的名字指的是具有指定特性的随机（就像在赌场中）序列被用于检验一种给定模型能够随机产生的概率：如果这个概率很小，那么相应的模式很可能不是随机产生的。结果是它可能源自一个因果集合，可以被理解和使用。

最终，只有正向预测才能验证一项理论的有效性（参见 9.5 节"前向预测"），因此，只有时间才能证明一切。然而，我们已经在第 7 章和第 8 章记录了这么多的例子，还有下面的讨论，这一分析指明了一个有趣的预测潜力。有一个基本问题是关于使用崩盘预测机制的可靠性。假设一个崩盘预测被发布，指出一个幅度在 20%～30% 间的崩盘会在一两个月内发生。至少有三种不同情景可能会发生 [217]：

• 没有人相信该预测，那么它就是无用的，并且假设该预测是正确的，即市场崩盘了。有人可能会认为这是"预言者"的胜利，但是因为我们经历过对日经指数范式转换的量化预测 [213，216]，这对某些批评家来说可能只会被认为是另一个"幸运儿"而已，并无任何统计上的显著性（参见下文关于前向预测统计显著性的估计的一节 [216]，以及下文中介绍的另一种贝叶斯方法）。

• 每个人都相信这个警告，那么就会导致恐慌，然后市场因此崩盘。这一预测因而看上去更像自我实现，预言的成功被更多地归功于恐慌效应而非真正的预测能力。

• 足够多的投资者相信该预测可能是正确的，投资者进行合理的调整，然后泡沫消减。该预测因此证明它自己是错的。

以上情景没有一个是具有吸引力的。在前两个中，崩盘没有被避免，而在最后一个情景中，该预言自证为错，因此该理论看上去并不可靠。这看上去好像是对带有学习和反思能力的系统进行科学调查不可避免的命运，与通常情况下静止不变的自然的物理规律截然相反。进一步而言，这涉及了科学责任性的核心问题。自然地，科学家有责任发表他们的发现。但是，当涉及这些发现在社会中的实际应用时，问题就变得复杂多了，正如历史所教给我们的那样。然而我们相信，提升对市场不稳定性潜在可能的认识，特别是通过我们的方法提供的，将会有助于建立一个更稳定且有效的股票市场。

9.3 预测的基本原则

时间被转换成十进制小数点年份单位：平年中，365 天＝1.00 年，即 1 天＝0.002 74 年。因此，0.01 年＝3.65 天，0.1 年＝36.5 天或 5 周。例如，1987 年 10 月 19 日就相对应于 1987.800 年，缩写为 87.800 年。

9.3.1 公式（7.2）的预测力是什么

表 9-1 给出了对公式（7.2）的预测力的概述：1929 年、1987 年、1998 年的华尔街崩盘，1987 年、1994 年、1997 年的香港证券交易所崩盘，以及 1985 年的美元崩溃和 2000 年 4 月的纳斯达克崩盘，所有的案例都在第 7 章里讨论过。

我们可以看到，在所有九个案例中，市场崩盘开始于介于最后时点和预测时点 t_c 之间的一个时点。除了 1929 年 10 月崩盘外，在所有案例中市场在预测时点 t_c 之后大约不到一个月的时期内结束了下滑。这些结果表明使用公式（7.2）进行崩盘预测确实是可行的。

表 9-1 t_c 是金融时间序列对公式（7.2）拟合所预测的临界时点。表中也给出了其他参数 m_2、ω 和 λ。拟合一直进行到时间 t_{max}，即当市场指数达到崩盘前最大值时的时点。t_{min} 是市场在反弹前跌到最低值时的时点。跌幅计算从 t_{max} 到 t_{min} 之间的损失。这些崩盘中的一部分也在表 7-2 中列出。根据 [218] 复制

崩盘	t_c	t_{max}	t_{min}	跌幅（%）	m_2	ω	λ
1929 (DJ)	30.22	29.65	29.87	47	0.45	7.9	2.2
1985 (DM)	85.20	85.15	85.30	14	0.28	6.0	2.8
1985 (CHF)	85.19	85.18	85.30	15	0.36	5.2	3.4
1987 (S&P)	87.74	87.65	87.80	30	0.33	7.4	2.3
1987 (HK)	87.84	87.75	87.85	50	0.29	5.6	3.1
1994 (HK)	94.02	94.01	94.04	17	0.12	6.3	2.7
1997 (HK)	97.74	97.60	97.82	42	0.34	7.5	2.3

续前表

崩盘	t_c	t_{max}	t_{min}	跌幅（%）	m_2	ω	λ
1998（S&P）	98.72	98.55	98.67	19.4	0.60	6.4	2.7
1999（IBM）	99.56	99.53	99.81	34	0.24	5.2	3.4
2000（P&G）	00.04	00.04	00.19	54	0.35	6.6	2.6
2000（Nasdaq）	00.34	00.22	00.29	37	0.27	7.0	2.4

9.3.2 崩盘前多久可以辨识出对数周期性信号

我们不仅希望可以预测未来的崩盘，重要的是要进一步检验结果的稳健性。显然，如果数据的对数周期性结构纯粹是偶然出现的，那么我们获得的参数值应该在很大程度上依赖于拟合中所用的时间间隔大小。［209］中记录的系统性检验程序，使用了崩盘风险率的二阶展开［397］，以及1929年和1987年两次崩盘之前长达8年的时间间隔，具体做法如下。

对这两次崩盘的每一个，拟合中所用的时间间隔是被截断的，这通过移除样本点，再对每个截取的数据集重新进行拟合程序来实现。具体而言，标准普尔500指数对数被截断到结束日期大约在1985年，然后进行拟合。接着0.16年被连续地加入，拟合不断被重复，直到整个时间间隔被重新恢复。表9-2报告了对不同时间间隔得到的最小值的数量。这一数字在某种程度上相当随意，因为它很自然地依赖于初次扫描时所用的样本点数，以及 t_c 所用的时间间隔的大小。具体而言，我们用了40 000个样本点，对 t_c 的搜索我们选择在使用的最后一个数据点之后0.1年到3年的时间间隔内。更有意思的是这些拟合解的数量（每个"解"对应于数据和理论函数之间误差的最小值）带有被称为"物理的"合理参数，特别是 t_c、m_2、ω 和 Δ_t 的值，其中 Δ_t 是一个用于量化临界区域大小的附加时间参数。从表9-2得到的大概意思是，对崩盘前一年或更久，没有足够数据来给出任何有定论的结果。这一点对应于第四个振荡的末期。从崩盘前大约一年，拟合对锁定崩盘日期的精确性开始增加。实际上，在最后五个时间间隔中的四个里，存在着一个带 t_c 的拟合，其中 t_c 与实际崩盘日期只相差几个星期。

表 9-2 通过使用文中描述的程序拟合图 7-2 中标准普尔 500 时间序列不同截断版本预测 1987 年 10 月崩盘所获得的最小值个数。注意预测的崩盘时间随结束日期的增加而逐步推后。但是，正确的时间是先被辨识出来（事后来看），然后随着结束日期的增加在解集里重复出现。根据 [397] 复制

结束日期	最小值总数	"自然的"最小值个数	"自然的"最小值的 t_c
85.00	33	1	86.52
85.14	25	4	4 个位于 [86.7；86.8]
85.30	26	7	5 个位于 [86.5；87.0]，2 个位于 [87.4；87.6]
85.46	29	8	7 个位于 [86.6；86.9]，1 个是 87.22
85.62	26	13	12 个位于 [86.8；87.1]，1 个是 87.65
85.78	23	7	87.48，5 个位于 [87.0；87.25]，87.68
85.93	17	4	87.25，87.01，87.34，86.80
86.09	18	4	87.29，87.01，86，98，87.23
86.26	28	7	5 个位于 [87.2；87.4]，86.93，86.91
86.41	24	4	87.26，87.36，87.87，87.48
86.57	20	2	87.67，87.34
86.73	28	7	4 个位于 [86.8；87.0]，87.37，87.79，87.89
86.88	22	1	87.79
87.04	18	2	87.68，88.35
87.20	15	2	87.79，88.03
87.36	15	2	88.19，88.30
87.52	14	3	88.49，87.92，88.10
87.65	15	3	87.81，88.08，88.04

为了更好地研究这一话题，表 9-3 对其他三个相关变量 m_2、ω 和 Δ_t 给出了相应的参数值。这一情形与 t_c 类似。这意味着 [397] 的拟合程序在崩盘前一年左右具有相当的稳健性。但是，如果有人真想要预测崩盘的时间，一个主要的障碍是这一拟合程序会产生几个可能的崩盘日期，甚至对最后一个数据组也是如此。

表 9-3 对表 9-2 中显示的最后五个时间间隔，给出了其他三个变量 m_2、ω 和 Δ_t 的相应参数值。根据 [397] 复制

结束日期	t_c	m_2	ω	Δ_t
86.88	87.79	0.66	5.4	7.8
87.04	87.68，88.35	0.61，0.77	4.1，13.6	12.3，10.2
87.20	87.79，88.03	0.76，0.77	9.4，11.0	10.0，9.6
87.36	88.19，88.30	0.66，0.79	7.3，12.2	7.9，8.1
87.52	88.49，87.92，88.10	0.51，0.71，0.65	12.3，9.6，10.3	10.2，9.8，9.8
87.65	87.81，88.08，88.04	0.68，0.69，0.67	8.9，10.4，10.1	10.8，9.7，10.2

作为该问题的一个朴素解法，表 9-4 给出了 t_c、m_2、ω 和 Δ_t 不同最小值的平均值。m_2、ω 和 Δ_t 的值都在最优预测值的 20% 范围内，但对 t_c 的预测则没有显著改善。这一现象的原因是该拟合在一般情况下会对实际崩盘日做出"过度反应"。这一过度反应与第 5 章中所描述的泡沫和崩盘的理性预期模型吻合。实际上，临界时点 t_c 并不是崩盘时间，而只是其最可能的值，即可能崩盘时间的非对称分布达到峰值的时间。崩盘的发生是一个偏随机现象，它的发生概率随着时间趋近 t_c 而增加。这样，我们期望拟合给出的 t_c 值通常会接近于但会系统性地晚于实际的崩盘时间：临界时点 t_c 被包含在泡沫的对数周期性幂律结构中，而崩盘则被随机触发，其偏概率在接近 t_c 时大幅增加。

表 9-4　　在表 9-3 中所列数值的平均值。根据 [397] 复制

结束日期	t_c	m_2	ω	Δ_t
86.88	87.79	0.66	5.4	7.8
87.04	88.02	0.69	8.6	11.3
87.20	87.91	0.77	10.20	9.8
87.36	88.25	0.73	9.6	8.0
87.52	88.17	0.62	10.7	9.9
87.65	87.98	0.68	9.8	10.2

同样的程序也被用于图 7-7 中所示的 1929 年崩盘前的道琼斯指数对数，结果展示在表 9-5、表 9-6 表和 9-7 中。我们需要等到崩盘前大约四个月才能锁定崩盘日期，但从那一点开始情形就与 1987 年崩盘相同了。对 1929 年该拟合"锁定"了一个较晚时间的原因显然是两次崩盘之间的过渡时间 Δ_t 的差异，这说明 1929 年崩盘前的指数具有较少的独特振荡。

表 9-5　　与表 9-2 相同，对应于 1929 年 10 月崩盘。根据 [397] 复制

结束日期	最小值总数	"自然的"最小值个数	"自然的"最小值的 t_c
27.37	12	1	31.08
27.56	14	2	30.44，30.85
27.75	24	1	30.34
27.94	21	1	31.37
28.13	21	4	29.85，30.75，30.72，30.50
28.35	23	4	30.29，30.47，30.50，36.50

续前表

结束日期	最小值总数	"自然的"最小值个数	"自然的"最小值的 t_c
28.52	18	1	31.3
28.70	18	1	31.02
28.90	16	4	30.40, 30.72, 31.07, 30.94
29.09	19	2	30.52, 30.35
29.28	33	1	30.61
29.47	24	3	29.91, 30.1, 29.82
29.67	23	1	29.87

表 9-6 与表 9-3 相同，对应于 1929 年 10 月崩盘。根据 [397] 复制

结束日期	t_c	m_2	ω	Δ_t
28.90	30.40, 30.72, 31.07, 30.94	0.60, 0.70, 0.70, 0.53	7.0, 7.6, 10.2, 13.7	12.3, 9.5, 9.0, 11.6
29.09	30.52, 30.35	0.54, 0.62	11.0, 7.8	12.6, 10.2
29.28	30.61	0.63	9.5	9.5
29.47	29.91, 30.1, 29.82	0.60, 0.67, 0.69	5.8, 6.2, 4.5	15.9, 11.0, 10.9
29.67	29.87	0.61	5.4	15.0

表 9-7 表 9-6 中所列数值的平均值。根据 [397] 复制

结束日期	t_c	m_2	ω	Δ_t
28.90	30.78	0.63	9.6	10.6
29.09	30.44	0.58	9.4	11.4
29.28	30.61	0.63	9.5	9.5
29.47	29.94	0.65	5.5	12.6
29.67	29.87	0.61	5.4	15.0

费根鲍姆 [127] 最近确认，对于 1987 年 10 月的崩盘，"如果去掉最后一年的数据，对数周期性成分就不再具有统计显著性"。这对临界现象的专家来说应该不在意料之外，如果不是如此，期望就流于天真了。幂律 $B_2(t_c-t)^{m_2}$ 的测定确实对噪声和与估计所用数据的 t_c 的距离非常敏感。这是在临界现象工作的科学实验人员和数值科学家所熟知的，他们花费相当大的努力设计可靠性强的实验以便尽可能接近临界点 t_c 来探测系统，从而获得对 t_c 和 m_2 的可靠估计。一个典型的经验法则是：t_c 测定中小于 1% 的误差可以导致临界指数 m_2 估计中 0.1% 的误差。尽管这一情况可以通过加入对数周期性成分来得以改善，但是因为拟合可以锁定振荡，所以问题仍

然存在。在临界时点前一年可能相当于以下情形，即临界现象的工作人员试图通过摒弃数据的最后 15% 来获得对 t_c 和 m_2 的可靠估计，而这部分数据当然是最相关的——在通常情况下这是一个几乎不可能完成的任务。

因此我们告诫读者，跳进预测的游戏可能是冒险且易误解的：我们在应对一个微妙的需要进行大量回溯和正向检验的最优化问题。另外，这里讨论的公式只是"一阶"近似，有很多新的改良方法被开发出来但是并没有被发表。最后，我们绝不能忘记崩盘必须是随机事件中的一部分才能够存在！这一理论基础是第 5 章中描述过的理性预期模型。

9.4 预测机制的层级

9.4.1 简单幂律

崩盘和临界点相关联这一概念建议我们使用一个简单幂律

$$\ln[p(t)] = A + B(t_c - t)^\beta \tag{9.1}$$

来拟合价格或价格的对数。当使用从 1985.7 到 1987.65 之间的数据来拟合 1987 年 10 月崩盘之前的标准普尔 500 指数对数时，得到 $t_c = 1987.65$，$\beta = 0.72$，$\chi^2 = 107$，$A = 327$，$B = -79$。注意从该拟合中得到的 t_c 值完全被在拟合中所用的其余数值所支配。原因是关于 t_c 的信息本质上是包含在最末数据点的加速中或受其支配。相反，对数周期性结构在其远远早于 t_c 产生的振荡中已经包含了 t_c 的信息。

所有试图使用公式（9.1）进行预测的努力至今尚未成功，因为在数据很嘈杂时实际上不可能区分幂律公式（9.1）和一个非临界的指数增长。众所周知，一个像公式（9.1）一般的平滑增长对嘈杂时间序列中的 t_c 具有很小的约束力。这就是为什么我们所有实证上的努力都集中在对数周期性公式上。

9.4.2 "线性"对数周期性公式

这里，我们将之前使用过的用价格对数来拟合金融时间序列的公式（7.2）重新写一下：

$$\ln[p(t)]=A+B(t_c-t)^{\beta}\{1+C\cos[\omega\ln(t_c-t)+\phi]\} \tag{9.2}$$

我们发现，对两年或更短的时间尺度而言，价格变动的振幅在这样的时段内没有大到能探测到分别用 $p(t)$ 和 $\ln[p(t)]$ 拟合的适配度之间存在着显著区别。

对于使用这类公式去拟合金融时间序列的实际操作，我们必须强调，一旦其他四个变量 t_c、β、ω、ϕ 已知，变量 A、B 和 C 是线性进入的。最佳程序是使用所谓的最小二乘法来解析求得，然后将它们代入目标函数中推导出一个仅取决于 t_c、β、ω 和 ϕ 的集中目标函数。

由于数据的嘈杂特性以及我们在执行高度非线性的四参数拟合，所以存在着好几个局部最小值。最优策略是先进行第一轮网格搜索，然后从网格所有的局部最优值启动一个优化程序（例如莱文贝格-马夸特）。因此得到的最好的收敛点就是全局最优值。

参数值有一些先验限制，可以保证这些值是合理的。指数 β 需要在 0 和 1 之间以保证价格可以加速但仍然有限。我们发现更为严格的标准 $0.2<\beta<0.8$ 可以有效避免与端点 0 和 1 相关联的一些不正常的问题。回忆一下，角对数周期性频率 ω 通过以下关系决定 λ，即在局部最大值之间连续的时间间隔比率：$\lambda=e^{2\pi/\omega}$。许多学科的经验和一些理论论据 [392] 认为比率 λ 应该典型地位于 2～3 的区域。在实际操作中，我们经常使用限制条件 $5<\omega<15$，即对应于 $1.5<\lambda<3.5$。显然，t_c 必须大于被拟合样本数据中的最后一个日期。相位 ϕ 不受限制。

9.4.3 "非线性"对数周期性公式

用于拟合在第 7 章和第 8 章中讨论过的最长金融时间序列的非线性对数周期性公式是 [397]

$$\ln[p(t)]=A+B\frac{(t_c-t)^{\beta}}{\sqrt{1+\left(\frac{t_c-t}{\Delta_t}\right)^{2\beta}}}\left\{1+C\cos\left[\omega\ln(t_c-t)\right.\right.$$
$$\left.\left.+\frac{\Delta_\omega}{2\beta}\ln\left(1+\left(\frac{t_c-t}{\Delta_t}\right)^{2\beta}\right)\right]+\phi\right\} \tag{9.3}$$

和线性对数周期性公式一样使用最小二乘法，可以使我们不用关注线性变量 A、B

和 C，并且可以建立一个像前文所述那样的目标函数，仅取决于 t_c、β、ω 和 ϕ，再加两个参数 Δ_t 和 Δ_ω。因为 Δ_t 是在两个范式之间的过渡时间，这一过渡应当在数据集中被观察到，所以我们要求它取值在 1~20 年。如前所述，目标函数的非线性产生了多个局部最小值，我们使用初步网格搜索来为优化程序找到起始点。

9.4.4 对特征时间等级的尚克转换

隐藏于对数周期性表象之后的基本思想是存在着一个特征时间尺度的等级。反过来，任何一个对数周期性模式都意味着存在一个特征时间尺度的等级。这一时间尺度等级是由像 $\ln[p(t)]$ 之类的函数的局部正最大值决定的。它们由以下公式给出：

$$t_c - t_n = \tau \lambda^{\mp} \tag{9.4}$$

其中，

$$\tau \propto \exp\left(-\frac{\ln\lambda}{2\pi}\tan^{-1}\frac{2\pi}{\beta\ln\lambda}\right) \tag{9.5}$$

且

$$\lambda = e^{2\pi/\omega} \tag{9.6}$$

当 n 增大时，t_n 连续值之间的间隔趋向于零，t_n 收敛于 t_c。这一尺度等级 $t_c - t_n$ 不具有普遍性而是取决于系统规范。我们期望有普遍性的是比率 $\frac{t_c - t_{n+1}}{t_c - t_n} = \lambda^{\mp}$。根据 t_n 的三个连续观察值，比如 t_n、t_{n+1} 和 t_{n+2}，我们有

$$t_c = \frac{t_{n+1}^2 - t_{n+2}t_n}{2t_{n+1} - t_n - t_{n+2}} \tag{9.7}$$

这一关系运用了所谓的尚克转换来加速序列的收敛。在一个正合几何序列中，三项就足够精确收敛到渐近值 t_c。注意这一关系相对于时间里的一个任意平移是不变的。另外，下一个时间点 t_{n+3} 是由前三个点预测而来：

$$t_{n+3} = \frac{t_{n+1}^2 + t_{n+2}^2 - t_n t_{n+2} - t_{n+1}t_{n+2}}{t_{n+1} - t_n} \tag{9.8}$$

这一方法的缺陷在于对特征时间点 t_n 的辨识可能相当主观。

对 1929 年 10 月崩盘的应用

直接观察道琼斯指数，我们可以尝试辨识"特征"时间点为那些连续的"粗粒度"的局部最大值，这些值构成一个几何序列。我们提议 $t_1=1926.3$，$t_2=1928.2$，$t_3=1929.1$。将它们代入公式（9.7），我们得到预测值 $t_c=1929.91$。这一预测值与真实日期相差不到一个月。虽然结果是肯定的，但是这一方法却相当不稳定，因为改变一个月，或者改变 t_1、t_2、t_3 这些日期之一的 0.1，便可能将预测日期移动一个月或更多。这就是为什么这一结果仅起到指示作用而不能全信。与使用一个完整的数学公式进行拟合相比，这一方法仅注重特定的时间点，从而失去了信息中可能包含的重要部分。

对 1987 年 10 月崩盘的应用

观察标准普尔 500 指数，我们辨识出特征时间点为那些能组成一个几何序列的连续粗粒度局部最大值。我们发现 $t_1=1986.5$，$t_2=1987.2$，$t_3=1987.5$ 或者 1987.55。将它们代入公式（9.7），我们得到预测值 t_c 分别为 1987.725 和 1987.900。这两个预测值准确地囊括了实际日期 1987.800。

9.5 前向预测

如前文所述，只有前向预测才能提供一个可靠的检验，避免统计偏差和数据探测等许多陷阱。

我们现在描述一下 A. 约翰森和本书作者在过去几年中所做的前向预测。具体而言，我们实时——实质上自 1996 年以来就是连续地——检验了一些主要指数，并且尝试应用前文所述的方法去预测一次崩盘、一次严重调整，甚至是一个衰退（在第 7 章被称为反泡沫）。这里"预测"一词完全是其本意，因为在进行预测时未来都是不可知的。术语"前向"强调了这一事实。与之相反，"事后措辞"或反溯预测的操作方法是人为地将一段已记录的时间序列中最近期的一部分截掉，然后再对这一段隐蔽的过往进行预测。这样的事后措辞，在前一节中已经讨论过，对于检验一个预测系统的能力是非常有用的，因为这个方法提供了一个较大的检验数据组，比等待未来去证明或反对一项已有的预测要快得多。然而，它们从没有完全复制前向预测的实时和实际情况。

我们报告一下所有的案例,成功的和失败的,这样读者就可以自行判断。我们报告了三个成功案例(1998 年 8 月的美国市场,1999 年的日经日本市场,2000 年 4 月的纳斯达克),两个失败案例(1997 年 12 月的美国市场,1999 年 10 月的纳斯达克),以及一个"半失败"案例(1997 年 10 月的美国市场)。

在成功案例中,只有 1999 年的日经预测是公开宣布并发表的。另外两个(1998 年 8 月的美国市场和 2000 年 4 月的纳斯达克)是提前一个月预测的,但没有发表。

半失败案例是关于 1997 年 10 月美国市场崩盘的预测,大约提前一个月在一家官方机构注册过。正如我们在第 7 章中所示,这一预测可以实际上被归为半失败或半成功案例,这取决于个人喜好,因为就投资者和市场评论员而言,一定发生了什么事(美国主要市场指数一天里下跌了大约 7%),我们也能从报道这一事件的许多报告中看到,但它没有足够的量级被称为崩盘,因为市场很快就复原了。其他学者也研究了这一事件 [129],并用类似的对数周期性分析对其进行了预测 [433]。

9.5.1　1999 年日经反泡沫的成功预测

遵循前文所述的一般准则(也可参见 [214]),一项预测于 1999 年 1 月 25 日公开发布,以预印本的形式发布在洛斯阿拉莫斯互联网服务器上;参见 http://xxx.lanl.gov/abs/cond-mat/9901268。该预印本后来以 [213] 正式发表。该预测指出,日经指数会从其 14 年低谷(1999 年 1 月 5 日的 13 232.74 点)回弹,并在一年后达到大约 20 500 点,相当于指数大约 50% 的增长。这一预测被一家发行量极大的物理学杂志在其 1999 年 5 月刊中提及 [413]。

具体而言,基于概括了非线性对数周期性公式(9.3)的三阶"朗道"(Landau)展开,我们建立了如下公式

$$\ln(p(t)) \approx A' + \frac{\tau^{\alpha}}{\sqrt{1+(\frac{\tau}{\Delta_t})^{2\alpha}+(\frac{\tau}{\Delta_t'})^{4\alpha}}}$$

$$\times \left\{ B' + C' \cos\left[\omega \ln\tau + \frac{\Delta_\omega}{2\alpha}\ln\left(1+\left(\frac{\tau}{\Delta_t}\right)^{2\alpha}\right)\right.\right.$$

$$\left.\left. + \frac{\Delta_\omega'}{4\alpha}\ln\left(1+\left(\frac{\tau}{\Delta_t'}\right)^{4\alpha}\right) + \phi\right]\right\} \quad (9.9)$$

来描述日经指数 $p(t)$ 的时间演变,其中 $\tau \equiv t - t_c$,$t_c = $ 1989 年 12 月 31 日为日经指数历史最高时间点。然后我们用公式(9.9)拟合日经指数 1990 年年初至 1998 年年底的时间区域,一共是 9 年时间。这样将曲线延伸至 1998 年以后为我们提供了日经指数未来演变的一个量化预测。原始图发表于[213],后者为该预测奠定了基础,该图就是第 7 章中的图 7-25。

在图 9-2 中,我们比较了日经指数在 1999 年及之后实际的和预测的演化[216]。日经指数不仅经历了符合预测的趋势反转,而且服从了量化预测,精确度令人印象深刻。具体而言,对 1999 年年底增长 50% 的预测被准确地验证了。另一个趋势反转的预测也被准确地预见,并且时间点也对,反转发生在 2000 年年初:预测的最大值和观察到的最大值非常接近。有必要强调曲线和数据之间的误差在拟合使用的最后一个数据点之后,在整个 1999 年没有再增长。这告诉我们预测在一年多的时间里进行得相当良好。另外,因为拟合和数据之间的相对误差在 10 年的时间里都在 ±2% 之内,所以不仅预测表现很好,基础模型也是如此。

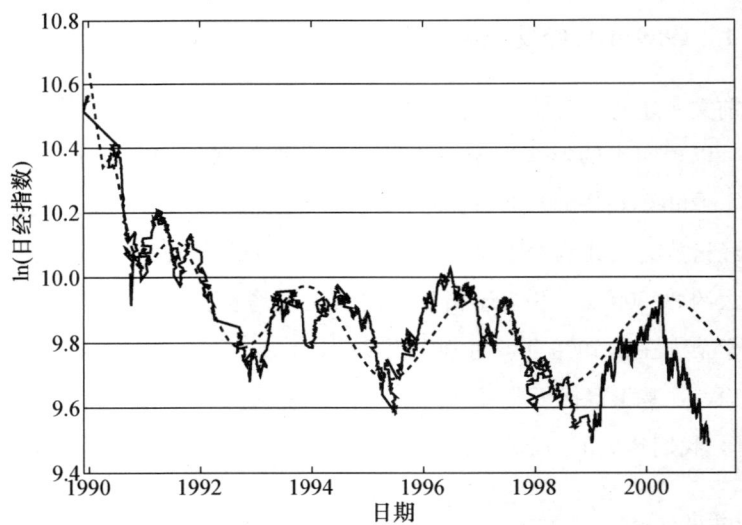

图 9-2 日经股票市场指数的自然对数,从 1990 年 1 月 1 日开始下降直到 2001 年 2 月。连续平滑的线是扩展的非线性对数周期性公式(9.9),在[213]中推导出来并用于充分拟合始于 1990 年 1 月 1 日的大约 9 年的时间间隔。日经指数数据被分成两部分。圆点表示用公式(9.9)进行拟合的数据(虚线)并发布对 1999 年 1 月的预测(参见图 7-25)。之后继续的实线给出了预测之后日经指数的走向。根据[216]复制

这项预测的完成相对于比较曲线和数据所显示的更不同寻常，因为它包含了一个趋势的变化：在预测发布的时点，市场正在下滑，并没有增长的迹象。当时许多经济学家都非常悲观，无法预见日本及其市场何时将会反弹。例如，著名经济学家克鲁格曼于正是银行丑闻盛行之时的 1998 年 7 月 14 日写道：

> 日本现在的中心问题是没有充足的需求——消费者和公司储蓄得太多而借贷得太少……所以查封这些银行并将其纳入更负责任的管理之下，如果有效果，只能是进一步减少消费；这本身肯定不会刺激经济……但这样做至多能将经济拉回至一两年前的水平——也就是萧条，而不是下跌 [247]。

随后，在 1999 年 1 月 20 日，克鲁格曼写道："故事开始变得像个悲剧。一个伟大的经济（根本不应该或不需要低迷）却开始走向悬崖的边缘——并且它的司机还拒绝转向。"[249] 在路透社（全世界新闻和金融数据主要供应商之一）于 1998 年 10 月进行的对 30 位经济学家的一份调查中，只有两位预测 1998—1999 财年会有增长。对于 1999—2000 年，预测是可怜的 0.1% 的增长。这些经济学家大多认为"经济中的恶性循环不太可能非常快地消失，因为他们期待从政府获得经济刺激措施的帮助很少……经济学家批评是奄奄一息的国内需求、不停下跌的价格、疲软的资本支出以及不良贷款高企的银行业拖了经济的后腿"[315]。

在这样的背景下，假设日经指数会在拟合的误差线内，我们预测了 1999 年 1 月之后的 12 个月里市场将有大约 50% 的增长。对于趋势反转的预测是众所周知的困难和不可靠，特别是在用于标准经济分析的自回归模型线性框架下。现在的非线性框架很好地适应了预测趋势变化，而这是到目前为止对预测家来说最困难的挑战。这里，我们所说的趋势反转预测是指受公式 (9.9) 的严格定义：趋势就是有限的时间段，其中在图 9-2 所示的振荡行为是单调的。趋势变化因此就对应于跨越这些振荡的局部最大值或最小值。我们的公式似乎已经预测了两种趋势变化：1999 年年初从熊市到牛市，以及 2000 年年初从牛市到熊市。

9.5.2　成功预测 2000 年 4 月纳斯达克崩盘

这一预测是使用公式 (9.3) 来进行的。在拟合数据时段使用的最后一个数据点是 2000 年 3 月 10 日。最优拟合所预测的崩盘时间是 2000 年 5 月 2 日，再次优拟合所预测的是 2000 年 3 月 31 日。次优拟合给出了一个相当小的值 $\beta \approx 0.08$，因此没有考虑。除了 3 月 31 日以及 4 月 5、6、7 日的小幅上涨，纳斯达克综合指数收盘价从 3 月 24 日起就持续下跌，到 4 月 14 日星期五收尾那一周，跌幅已经超过 25%。因此，崩盘大概发生在两个拟合所给出的预测日期之间。最优拟合已经在第 7 章"2000 年 4 月的纳斯达克崩盘"一节的图 7-22 中给出。

表 7-2 报告了纳斯达克指数拟合的主要特征，以及 10 个其他案例。请注意观察，在所有的例子中，市场崩盘始于最后一个数据点日期和预测值 t_c 之间的一个时点。另外，除了 1929 年 10 月的崩盘，以及使用了纳斯达克崩盘的再次优拟合（该拟合有 $\omega/2\pi \approx 1$）外，在所有的例子中，市场在预测时点 t_c 之后大约不到一个月的时间里结束下跌。

9.5.3 美国市场，1997 年 12 月的虚惊一场

1997 年 10 月底美国市场受到的冲击可以被看作一场失败的崩盘。对职业投资者的一项秘密调查确实显示，许多交易员担心会有一场崩盘在 1997 年 10 月底来临。在这一事件之后，我们持续密切关注市场以便探测可能复苏的不稳定性。有一项分析使用了直到 1997 年 11 月 21 日星期五的数据，并使用了基于对数周期性公式 (9.2) 及其非线性扩展 (9.3) 以及尚克公式 (9.7) 的三种方法，该分析建议了一项大概在 1997 年 12 月中旬价格下跌的预测，误差线大概是两周。

表 9-8 显示了用线性对数周期性公式来预测临界时点 t_c 的一个尝试，使用的数据截止到第一列中给出的"最后日期"，目的是检验稳健性。最后一个"最后日期" 97.8904 对应于 1997 年 11 月 21 日星期五，数据包含这个星期五的收盘价。在拟合直到 1997 年 11 月 21 日星期五的数据中，我们发现了十个解。前八个都给出了 $25 \leqslant \omega \leqslant 38$，数值相当大。因为大数值 ω 对应于快速振荡，这就存在着拟合"噪声"的危险，即从没有信息的地方提取信息。这样拒绝这些解就是安全的，而这些解都给出 $t_c = 98.6 \pm 0.1$。最后两个解列在表 9-8 中。它们的平方误差 χ^2 只高出最优快速振荡解 7%。这样 χ^2 就不是一个可以用于判断可接受或不可接受解的参数。将从过去日期 97.719[1] 和 97.678[1]（上标[1] 是指我们选择了公式对数据的最优拟合）中得到的两个预测作为包含真正 t_c 的值，这意味着 $97.922 \leqslant t_c \leqslant 97.985$，对应于

1997年12月3日$\leqslant t_c \leqslant$1997年12月25日。

表9-8 使用线性对数周期性公式（9.2）来预测标准普尔500指数的下一次崩盘，所用时间段从1994.9至"最后日期"。上标1和2分别指对数据使用公式得到的最优和次优拟合。未公开发表结果，与约翰森合作所得

最后日期	t_c	β	ω	χ^2	A	B	C
97.8904[1]	98.06	0.28	6.4	8.884	998	−858	0.105
97.8904[2]	98.04	0.25	6.1	8.886	989	−793	0.103
97.719[1]	97.985	0.23	8.3	113.400	897	−622	0.026
97.678[1]	97.922	0.24	7.9	108.800	838	−573	0.028
97.633[1]	97.678	0.42	6.3	103.900	514	−280	0.054
97.633[2]	97.845	0.27	7.3	105.000	753	−499	0.032
97.588[1]	97.796	0.30	7.0	102.000	670	−422	0.038
97.543[1]	97.756	0.36	6.8	95.200	579	−337	0.046
97.498[1]	97.702	0.44	6.4	90.300	501	−265	0.056
97.453[1]	97.676	0.50	6.3	88.200	461	−227	0.061
97.408[1]	97.674	0.52	6.2	88.700	452	−218	0.062
97.408[2]	97.864	0.74	16.0	160.00	414	−154	0.031
97.363[1]	97.734	0.53	6.6	88.700	458	−217	0.059

事后来看，知道了1998年8月所发生的事（参见第7章"1998年8月的崩盘"一节），最优的八个解可能实际上是相关的，它们意味着远期未来可能发生的情景。这里学到一个与图9-1有关的教训：有好几个情景可能是未来解。股市的动力学机制会选择一个解，但另一个分支可能会出现，伴随着作用在系统上的不同扰动的一些轻微修正。这就将我们带回本章开始，我们强调了一种涉及多种情境的预测观点的重要性。正如在［6］中的不同背景下的应用，预测的模式及与其关联的预测应当以概率术语来定义，允许从同一个过去演化而来的多种情景。深植于这一方法中的是对未来的看法，应当是一个潜在可接受的多种轨迹的集合，这些轨迹可以在特殊的时点上进行分支和分叉。在一定的时点上，只有一个主要轨迹可以从过去以高概率外推而来，使得未来几乎完全由过去决定（尽管可能是以一种非线性和混乱的方式）。在另外一些时点上，未来更不确定，具有多个几乎相同的选择。在这种情况下，我们回到一个几乎是随机游走的画面中。存在一个独特的未来，不必被看成是一个单一的动态系统的特征，而应当是一个大概率分布的坍塌。这一概念的习得来自，比如，第4章中讨论过的著名的波利亚瓮问题，其中历史轨迹看起来收敛

到一个确定的结果，但后者完全受控于纯粹随机选择的累积；历史可能会以同样的概率选择一个不同的结果[20]。重要的是将任一预测程序看成本质上是对可能出现的相互竞争的情景进行概率量化。这一观点在阿西莫夫著名的科幻小说《基地》系列中有着生动的强调[23，22]。

表9-9显示了用非线性对数周期性公式（9.3）来预测临界时点 t_c 的一个尝试，使用的数据是从"初始日期"（第一列）至"最后日期"（第二列），目的是为了检验稳健性。看上去有一个清晰的预测指向 1997.94±0.01。有些拟合给出的 t_c 值非常接近"最后日期"，因此必须拒绝。用星号 * 标注出来的那些行就属于这一情况。我们首选的预测日期是 $t_c \approx$ 1997 年 12 月 12 日。

表 9-9　尝试预测崩盘，使用非线性对数周期性公式来拟合标准普尔 500 指数对数，所用时间段从"初始日期"至"最后日期"。指数 i 表示对同样的"最后日期"所发现的最小值的顺序（order）。未公开发表结果，与约翰森合作所得

初始日期	最后日期	t_c	β	ω	Δ_ω	Δ_t	χ^2	A	B	C
1991	97.890 4[1]	98.07	0.82	10.5	−11.2	5.2	0.024 83	6.33	−0.338	−0.085
1991	97.678[2]	98.13	0.52	12.3	−58.6	29	0.025 76	6.51	−0.510	−0.076
1991	97.678[1]	97.948	0.73	8.9	−14.1	9.3	0.039 16	6.26	−0.505	−0.091
1991	97.678[2]	97.942	0.61	9.1	−33.8	23.0	0.039 30	6.33	−0.584	−0.089
1991	97.606[1]	97.709	0.69				0.039	6.15		
1991	97.516[1]	97.819	0.80				0.039	6.13		
1991	97.444[1]	97.780	0.885				0.039	6.06		
1988	97.392[1]	97.982	0.94				0.076	6.17		
1992.4	97.392[1]	97.990	0.48				0.102	9.83		
1995*	97.392[1]	97.481	0.247				0.019	7.14		
1991	97.372[1]	97.818	0.94				0.039 3	6.05		
1987.9	97.304[1]	98.788	0.86	9.9	−6.6	7.1	0.102	596	−134	0.066
1988	97.286[1]	99.479	0.135	6.6	−14.9	10.4	0.088	17.0	−24.8	0.488
1992.2	97.268[1]	98.962	0.39	8.5	−76.7	16.4	0.100	11.5	−4.63	0.034
1991	97.242[1]	97.966	0.62	10.4	−20.2	9.5	0.016	6.73	−0.367	0.074
1988*	97.242[1]	98.280	0.84	12.6	−35.8	9.5	0.026	6.63	−0.212	0.113
1988	97.242[2]	97.361	0.79	7.0	−34.1	13.9	0.026	6.46	−0.196	0.158
1991	97.229[1]	97.894	0.925				0.039 15	6.10		
1988*	97.215[1]	98.229	0.88	12.6	−10.5	3.3	11.3	786	−173	0.055
1991	97.157[1]	97.851	0.927				0.039 35	6.08		
1991	97.085[1]	98.412	0.43				0.040 5	7.40		
1988	97.055[1]	97.760	0.47	10.1	−15.9	7.5	232	6.26	−0.505	−0.091

最后一个尝试是使用尚克公式（9.7）。这里的困难之处在于辨识"特征"时点 t_n。对于这一问题，我们使用了逐次"粗粒度"局部最大值。用观察到的一个粗略估计给出 $t_1=94.05$，$t_2=96.15$，$t_3=97.1$。代入公式（9.7）得到预测值 $t_c^{(1)}=97.884$。公式（9.8）预测 $t_4=97.53$，而我们观察到 $t_4=97.55$，这提供了一个相当好的验证。在公式（9.7）中使用 t_2、t_3、t_4 给出了预测值 $t_c^{(2)}=97.955$。这被选为最优值，因为它在最后两年里使用了对数周期性，其中由非线性对数周期性公式所描述的对数频率转换没有出现。这再一次预测了 $t_c\approx1997$ 年 12 月 15 日，与其他两种方法所得一致。

9.5.4 美国市场，1999 年 10 月的虚惊一场

使用类似方法，我们还密切地关注了几个美国市场，并且发现显著的对数周期性幂行为可以在 1999 年 9 月被探测到，这说明了 1999 年 10 月泡沫的结束。全球市场实际上被格林斯潘的一场演讲送进了混乱，道琼斯指数自 1999 年 4 月 8 日以来首次在 1999 年 10 月 15 日和 18 日跌破 10 000 点。然而市场并未崩盘，与之相反还迅速恢复，并随后开始了一段新的被加强的牛市。事后来看，我们发现与 1997 年 10 月相似，这可能是一个夭折的事件，随即又变成了 2000 年 4 月大崩盘的先兆，而我们正确地探测到了大崩盘的发生。

9.6 前向预测的现状

我们刚刚比较详细地讨论了三个成功预测案例（1998 年 8 月的美国市场，1999 年的日经日本市场，2000 年 4 月的纳斯达克）中的两个以及两场虚惊（1997 年 12 月的美国市场，1999 年 10 月的纳斯达克）。

下面是一些注释。

9.6.1 泡沫化中不会发生崩盘的有限概率

我们再次强调这一事实，市场大致有效以及投资者试图通过套利消除盈利机会导致了这一基本约束条件，即崩盘是随机事件。第 5 章描述的理性预期模型为此类

行为提供了一个基准。它告诉我们我们不应当期望所有的投机性泡沫都止于崩盘：这一理论的关键在于，总是存在一个泡沫会平滑缩小而不发生崩盘的有限概率。因此，根据该理论，两场虚惊可能就是对应于泡沫平滑破灭这一情景。样本并不大，但在没有更好的认识下，在这一背景中所阐述的存在着虚惊这一现象说明，在泡沫存在的前提下崩盘发生的总概率大概是 $3/5=60\%$。这样，大概有 40% 的可能性一个投机泡沫会安然无恙而不出现崩盘。

换言之，这两个泡沫或多或少平滑着陆的案例与［221］提出的并在第 5 章中讨论过的理性泡沫和崩盘理论是完全一致的。这也说明了基于临界点理论推导一个崩盘预测机制所涉及的重重困难。根据理性预期模型，临界时点 t_c 并不必然是崩盘的时点，而只是其最有可能发生的时点。

9.6.2　前向预测统计显著性的估计

崩盘"轮盘赌"的统计置信

让我们现在变得保守些，并且认为两场虚惊都是真正失败的预测。我们怎样来量化预测的统计显著性呢？让我们来精确地将问题公式化。首先，我们将时间划分成月度时间段，并问一下在给定的月度中崩盘的概率会是多少。让我们来考虑一下 N 个月。我们分析过的最近的样本外时期是从 1996 年 1 月至 2000 年 12 月，相当于 $N=60$ 个月。在 $N=60$ 个月中，出现了 $n_c=3$ 个崩盘，而 $N-n_c=57$ 个月中没有崩盘。在这个 5 年的时段里，我们做了 $r=5$ 个预测，其中 $k=3$ 个是成功的，而 $r-k=2$ 个是虚惊一场。随机获得如此成功的概率 P_k 是多少呢？

这个问题有非常明确的数学回答，可以简化为一个著名的组合问题，进一步可引申到所谓的超几何分布。

如 W. 费勒在其书中所述［131］，这个问题和下面这个游戏是相同的。在一个有 N 个球的总体中，n_c 个是红的，$N-n_c$ 个是黑的。有 r 个球被随机选出组成一组。有多大的概率 p_k 选取的这组球里正好有 k 个红球？

为了进一步分析，我们需要定义一个叫作 $C(n, m)$ 的量，这是从 n 个元素里选取 m 个元素的不同方法的数目，与我们选取这 m 个元素的顺序无关。这个组合因子 $C(n, m)$ 有一个简单的数学表达式 $C(n, m)=n!/m!(n-m)!$，

其中 $m!$ 叫作 m 阶乘，定义如下：$m!=m\times(m-1)\times(m-2)\times\cdots\times3\times2\times1$。$C(n=52, m=13)=635\,013\,559\,600$ 给出了，比如，在桥牌游戏中可能摸到的不同组合牌的数目，而 $C(n=52, m=5)=2\,598\,960$ 则给出了扑克牌游戏中可能摸到的不同组合牌的数目。

现在我们可以用 $C(n, m)$ 来估计概率 p_k。如果在 r 个选取的球里，有 k 个红球，那么剩下的就是 $r-k$ 个黑球。这样就有 $C(n_c, k)$ 个选取红球的不同方法和 $C(N-n_c, r-k)$ 个选取黑球的不同方法。在 N 个球中选取 r 个球的方法的总数目是 $C(N, r)$。因此，选取的 r 个球里正好有 k 个红球的概率 p_k 是积 $C(n_c, k)\times C(N-n_c, r-k)$ 除以总共的可能数目 $C(N, r)$（在这里我们只是使用了一个事件发生概率的所谓"频率论"的定义，即对应于该事件的状态的数目除以总事件数目的比率）：

$$p_k=\frac{C(n_c,k)\times C(N-n_c,r-k)}{C(N,r)} \qquad (9.10)$$

p_k 就是所谓的超几何函数。为了量化统计置信，我们必须要问一个稍微不同的问题：在 r 个球里，至少有 k^* 个红球的概率 P_k 是多少？显然，答案是通过将 p_k 在所有可能的 k 从 k^* 至 n_c 与 r 的最大值的取值加总来得到的；事实上，r 个球中的红球数量不可能大于 r，也不可能大于红球的总数量 n_c。

在我们所讨论的问题中，总月度数目是 $N=60$，实际崩盘次数 n_c 等于正确的预测次数 k，$n_c=k=3$，$N-n_c=57$，总共发布的预测次数为 $r=5$，虚惊次数为 $r-k=2$。因为 $n_c=k$，$P_{k=3}=p_{k=3}=\dfrac{C(3, 3)\times C(57, 2)}{C(60, 5)}=0.03\%$：这一结果是纯粹出于偶然的概率为非常小的一个值 0.03%，对应于一个非常强的统计显著性 99.97%。我们总结我们的成绩记录，尽管仅包含很少几个案例，却是极具现实显著性的。

为了对所报告的成功和失败次数估算的敏感性有点感觉，让我们假设我们不是正确预测了 $k=3$ 个崩盘，而只预测对了五个中的两个。这对应于 $N=60$，$n_c=3$，$N-n_c=57$，$r=5$，$k=2$，$r-k=3$。这一结果完全出于偶然的概率是 $P_{k=2}=p_2+p_3=\dfrac{C(3, 2)\times C(57, 3)}{C(60, 5)}+\dfrac{C(3, 3)\times C(57, 2)}{C(60, 5)}=1.9\%+0.03\%$；这一结果完全出于偶然的概率值仍然很小，大约等于 2%，对应于一个仍然非常强的统计显著性

98%。尽管不是压倒性优势，两个正确的预测和三场虚惊仍然非常显著。我们得出的结论是：我们成绩记录的统计置信水平是稳健的。

如果我们下一年发布第六个预测，结果是错的，那又会如何呢？业绩记录就会变成 $N=72$, $n_c=3$, $N-n_c=69$, $r=6$, $k=3$, $r-k=3$。这一结果完全是随机的概率为 $P_{k=3} = \dfrac{C(3,\ 3) \times C(69,\ 3)}{C(72,\ 6)} = 0.033\%$，这只使统计显著性下降了一点点：在 72 个目标集中，三个正确预测和三个失败仍然是极不随机的。因此，我们认为宣称这些结果是非随机并有高度显著性的是合理的。

我们应当强调这与以下观点相左，即三个成功和两个失败，或者相反，相对应于大致两个中有一个是正确的，这给人以预测技能并不比以随机掷硬币的方式来预测崩盘的手段更高明的错觉。这一结论太过简单，因为它忘记了预测方法的一个必要因素，那就是辨识崩盘可能发生的一个（短的）时间窗口（一个月）；进行预测的主要困难在于在 60 个月份中真正辨识出少数几个有崩盘风险的月份。

通过贝叶斯定理计算单一成功预测的统计显著性

考虑一下我们于 1999 年 1 月做出的对日经指数在反泡沫状态下趋势反转的预测。这是对反泡沫状态预测的单一案例。在标准的"频率论"方法中，对概率论 [224] 和建立统计置信而言，这一案例几乎没有任何分量，应当像听个故事般被丢弃。然而，用这一"频率论"方法来评估预测全球金融指标这样一个独特实验的质量是不合适的。正确的框架是贝叶斯。在贝叶斯框架下，在给定数据的条件下，估算的是假设是正确的概率，然而这却是在标准的"频率论"公式构建下被排除在外的，即我们只能计算原假设是错误的概率，而非备择假设是正确的概率（请参见 [279, 98] 中近期的一些引导性讨论）。现在我们描述贝叶斯定理的一个简单应用来量化我们预测的影响力 [216]。

贝叶斯对于给定一个成功预测的预测技能的观点：我们可以使用概率论里的一个基础结论来处理单一成功预测的显著性这一问题，那就是贝叶斯定理。该定理表述如下：

$$P(H_i \mid D) = \dfrac{P(D \mid H_i) \times P(H_i)}{\sum_j P(D \mid H_j) P(H_j)} \qquad (9.11)$$

其中分母中的加总包括所有不同的相互矛盾的假设。用文字来说明，公式（9.11）估算在给定数据 D 的条件下，假设 H_i 正确的概率是与给定假设 H_i 下数据概率 $P(D\mid H_i)$ 乘以假设 H_i 的先验概率 $P(H_i)$ 再除以数据的概率成正比的。考虑一下我们在 1999 年 1 月对日经指数趋势反转所做的预测。转换到这个背景里，我们只使用两种假设 H_1 和 H_2，即我们的趋势反转模型是正确的或者错误的。针对数据，我们将趋势变化定义为从熊市到牛市的变化。现在我们想估算一下我们预言的实现是否仅是"撞大运"。我们将对日本股市会恢复的通常怀疑氛围量化为 $P(D\setminus H_2)=5\%$，即日经指数会改变趋势却不相信我们模型的概率。我们估算经典的置信水平为 $P(D\setminus H_1)=95\%$，这是日经会改变走向同时相信我们模型的概率。

让我们来考虑一下一位多疑的贝叶斯学者，她对我们模型是正确的先验概率（或信念）为 $P(H_1)=10^{-n}$，$n\geqslant 1$。由公式（9.11）我们得到：

$$P(H_1\mid D)=\frac{0.95\times 10^{-n}}{0.95\times 10^{-n}+0.05\times(1-10^{-n})} \tag{9.12}$$

对 $n=1$，我们看到她对我们模型的后验概率相对于她的先验概率被放大了大约 7 倍，对应于 $P(H_1\mid D)\approx 70\%$。对 $n=2$，放大倍数约为 16，因此 $P(H_1\mid D)\approx 16\%$。对大 n（非常多疑的贝叶斯学者），我们看到她对我们模型的后验概率相对于她的先验概率被放大的倍数为 $0.95/0.05=19$。

另外再考虑一下一位中性的贝叶斯学者，先验概率为 $P(H_1)=1/2$；即她事前认为我们模型是正确或错误的概率是同等的。在这种情况下，她的先验概率转变成如下的后验概率：

$$P(H_1\mid D)=\frac{0.95\times\frac{1}{2}}{0.95\times\frac{1}{2}+0.05\times\frac{1}{2}}=95\% \tag{9.13}$$

这意味着这个单一案例就足够让中性贝叶斯学者信服。

我们强调贝叶斯定理的这一具体应用仅讨论了模型的一小部分，即趋势反转。它并未在相对误差为 $\pm 2\%$ 的范围内建立起所立模型对十年期数据（最后一个数据点在预测时是未知的）进行量化描述的显著性。

误差图和决策过程

在评估预测及其对（投资）决策的影响时，我们必须考虑错误警报相对于因正确预测而得益的相对成本。内曼-皮尔逊（Neyman-Pearson）图，也被称为决策质量图，被应用于优化决策策略中，仅使用单一检验统计量。前提是对正确的信号（崩盘）以及背景噪声（错误警报）我们都有事件样本或概率密度函数；然后寻找一个合适的检验统计量来最优辨识这两者。使用一个给定的检验统计量（或者判别函数），我们可以引入一个分割来区分接受域（由正确预测支配）和拒绝域（由错误预测支配）。内曼-皮尔逊图绘出了污染（被误分类的事件，即被归类成预测，实际上是错误预测）对损失（被误分类的信号事件，即被归类成背景噪声或无法预测）的关系，两者都是总样本的一部分。一个理想的检验统计量应对应于这样一幅图，其中"预测接受率"被绘成"错误预测接受率"的一个函数，接受率对真正的信号取值接近于1，对错误预测则接近于0。采取不同的策略是可能的：一个"自由"策略喜欢最小损失（即对信号的高接受率，也就是几乎不错过捕捉任何真正事件，但也捕捉到很多错误预测），一个"保守"策略则喜欢最小污染（即信号的高纯度，几乎没有错误预测但可能错过许多真正事件）。

莫尔昌（Molchan）证明过在连续时间里预测一个事件可以被映射到内曼-皮尔逊过程上。他引入了"误差图"，将失败预测率（错过事件数除以在总时段里的事件总数）绘成告警时间比率（总共告警时间除以总时间，换言之就是我们宣称崩盘可能发生的时间比率）的函数[303，304]。在这个图中，最佳预测变量对应于靠近原点的一个点，几乎没有失败预测，只有一小段时间比率被宣称为危险时段：换言之，这一理想的策略不会错失事件，但也不会发出错误警报！这些考虑告诉我们，预测是一回事，而使用它则是另一回事，后者相当于解决一个控制最优化问题[303，304]。

决策理论提供了很有用的指南。用 c_1 来表示将一个崩盘误预测为非崩盘的成本，用 c_2 来表示将一个正常时点误判为崩盘的成本。让我们假设，基于过去的数据 X，我们的模型计算一个崩盘会发生（$Y=1$）的概率为 $\pi=\Pr(Y=1\mid X)$。如果崩盘发生，则平均成本是 $C_1=c_2(1-\pi)$，表示我们错误预测的可能性。如果崩盘没有发生，

那么平均成本是 $C_2 = c_1 \pi$，表示我们还是将它预测为崩盘的可能性。比较这两种成本，很显然，如果 $\pi < 1/(1+(c_1/c_2))$，则有 $C_1 > C_2$，如果 $\pi \geq 1/(1+(c_1/c_2))$，则有 $C_1 \leq C_2$。这样，最优预测（从最小化总预期成本的角度而言）当 $\Pr(Y=1|X) > 1/(1+(c_1/c_2))$ 时为"崩盘"（$Y=1$），其他情况下则为"没有崩盘"（$Y=0$）（也可以参见[345]，19、58页）。因此，如果两个可能的误预测成本是同等的，即 $c_1/c_2 = 1$，我们会在 $\Pr(Y=1|X) > 0.5$ 时预测崩盘将发生。然而，如果误预测崩盘的成本，比如，是误预测无崩盘成本的两倍，即 $c_1/c_2 = 2$，那么一个最优的决策过程只要在 $\Pr(Y=1|X) > 1/3$ 时便会预测崩盘将发生。应用像这样的决策理论，我们可以将模型结果与数据进行比较，判断我们在预测中的成功率。但是关键在于 c_1/c_2 的值必须在独立于数据和模型开发的条件下决定。该模型还必须能够使用概率论的语言提供预测。未来的科研还有很多工作要做。

9.6.3 对不同交易策略的实践指导意义

职业投资者和经理人中的很大一部分，特别是对冲基金经理人，广泛地使用各种策略来提高绩效。很显然，两大类策略，即趋势跟踪和市场时机会从事先探测到即将发生的崩盘中获利。

冯和谢（Fung and Hsieh）[149]最近给各种策略提供了一个有用且简单的分类机制，我们在这里借用一下。他们考虑了所谓的买入并持有、市场时机以及趋势跟随策略。

市场时机和趋势跟随投资者都试图从价格变动中获利。总体而言，一位市场时机投资者会预测一种资产的动向，在捕捉到价格上升时买入，在捕捉到价格下跌时卖出。一位趋势跟随投资者则试图捕捉趋势，即价格变动中的序列相关性，使得价格在一个给定时段中持续地主要朝一个方向移动（对正价格相关而言）。

此类策略的一个简单模型如下所示。假设 p_i、p_f、p_{max} 以及 p_{min} 为给定一段时期内的初始资产价格、最终价格、最高价格以及最低价格。让我们考虑一下在给定时段里完成单笔交易的各种策略。

买入并持有策略是在一开始以价格 p_i 买入，然后在期末以 p_f 卖出，盈利

或亏损为 $p_f - p_i$。

在这个例子中，市场时机策略试图捕捉在 p_i 和 p_f 之间的价格变动。如果 p_f 被预期高于（低于）p_i，那么交易员就买入（卖出）一种资产。交易在期末进行相反操作以退出市场。这样，市场时机策略的最优回报为 $p_f - p_i$（若 $p_f > p_i$），或者 $p_i - p_f$（若 $p_f < p_i$），也可以表示为 $|p_f - p_i|$，其中竖直线表示取绝对值。换言之，这样一种理想的市场时机策略就像一个整流器，将负的价格变化转换成正的盈利。

在这个例子中，完美的趋势跟随策略试图捕捉在给定时段里最大的价格变动。因此，最优回报为 $p_{max} - p_{min}$。很显然，这一策略会从崩盘预测中获得最大盈利。

让我们再提一下使用金融衍生品的投资策略，比如"看跌"期权和"看涨"期权。看跌期权是为了对一个即将发生的崩盘的预测使用杠杆的一个自然工具。回想一下，一个看跌（也叫卖出）期权授予了一种权利（而非义务），即从对家（比如一家银行）获得的在一段给定时期内以事先选定的价格（叫作行权价）卖出股票的权利。当实际价格远远小于行权价时，这个看跌期权就变得非常有价值，因为投资者可以从市场上以低价买入股票，然后以高行权价卖给银行，从而赚取差价。内含在看跌期权里的这一杠杆作用源自以下事实，即如果行权价最初被选为"价外状态"，即远远低于现在的股价，那么期权的初始价格可能很低，因为交易员最后将股票以低于市价卖出的可能性并不大。如果崩盘在期权到期前发生，导致价格跌到接近或低于行权价，那么一开始几乎不名一文的期权立刻就获得了巨大的价值。期权价在大崩盘中可能上百倍跳升，而这相当于上万个百分点的潜在盈利！但是说来容易实行难，因为精确的择时才是关键。

可以理解，交易员认为他们的交易系统是其专有的而不愿意透露。我们也不例外：尽管我们已经以开放的观点详细描述了我们的基础理论并提供了一些过去实际操作的具体例子，我们并未披露关键的最新进展。近期的理论研究也确实指出，与旧策略共同演进的新策略，只有在有限数量参与人使用的情况下才能超越旧策略。

第 10 章

2050 年：增长时代的终结？

10.1 股市、经济和人口

在接下来的几个月、几年，甚至几十年里，股市会有什么样的表现呢？这个问题与未来的全球经济情况密切相关。正如我们之前所述，世界上的任何国家都比原来更加依赖于股票市场，因为股市是养老金的存放地，是量化公司价值的场所，同时是检验经济体健康与否的标准。另外，由于股市是投资资本和流动性的源泉，所以它自然成为发达国家和发展中国家经济增长的引擎。

在 20 世纪末，很多学者认为牛市是永恒的。尽管从 1999 年中期到本书写作时间 2001 年中期这段时间，道琼斯工业平均指数保持在 10 000~11 000 点之间不涨，但是他们仍然估计道琼斯工业平均指数会在接下来的二三十年里达到 36 000 点 [158]、40 000 点 [118]，甚至 100 000 点 [225]。这些预测有道理吗？更一般地说，股市将来会有什么样的表现呢？

为了回答这个问题，我们把我们之前提到的方法应用于可以收集到的最长的金融、经济和人口时间序列上。运用这种多变量方法是可信的，因为股市的将来本身就是依赖于经济的，而经济的成长则与劳动力的生产效率，以及人口的变化密切相关。我们自然想到了更为一般的问题，像现在这样持续加速的人口增长和经济发展可以一直保持下去吗？还是像很多学者担心的那样，如果人们不赶快找到一个长时间的可持续发展的途径，人类的发展步伐将被一个灾难性的事件所终止？

与一般的大众认知不同，全球人口增长和经济增长确实在长久以来都保持了比指数增长更快的速度，这种加速过程在最近两个世纪尤为明显。指数增长代表了恒定的增长速率，我们从定期存款或政府债券中获得的收益就是指数增长的。而超指数增长则意味着增长速率本身在随时间增大（见第5章5.3.3节的"在t_c处产生有限时间奇点的直观解释"）。我们发现不论是在人口数量、国内生产总值，还是在金融指数的加速过程中，都存在着自相似对数周期性模块，并且它们都给出了相同的临界点：2050年。虽然其中任意一项都不足以造成如此强的正反馈，但人口增长、资本增长和技术进步之间的相互促进使经济发展"大爆炸"，并产生了我们预计的结果。更为有趣的是，早在20世纪50年代，著名的数学家和计算机学家乌拉姆（S. Ulam）和冯·诺依曼（现代计算机之父和博弈论的发明人）就预言了这种可能性。在［428］中，乌拉姆提到了一段他与冯·诺依曼的谈话："这样持续的在人类日常生活中的技术加速进步将人类的演化带入一个奇点，因此正如我们所料，这种加速过程是不可持续的。"

直到目前为止观测到的极大的加速增长使很多人开始对它的可持续性产生怀疑。人类文化对生态系统、全球气候等不可逆的严重破坏也受到越来越多的关注。另外，乐观的人认为人类的创新精神可以解决这些问题，世界经济将会在持续的技术革命中保持加速增长。这些技术革命包括互联网、生物技术以及其他一些尚待挖掘的在农业、工业、医学和信息领域的创新。我们观察到的过去的经济加速发展似乎支持乐观者的观点。

然而，我们接下来说明的2050年左右的自发发散（spontaneous divergence）可能会让乐观者改变观点。因为这种加速增长过程伴随着自身内生的极限，即在2050年左右达到奇点。所谓奇点，就是对相变点的数学抽象，这时整个系统会进入一个全新的与原来非常不同的新发展模式。新时代马上就要来临的一个证据是，世界人口增长速率在1970年达到了高峰，这比预测的2050年提早了80年，但是放在2 000年加速过程的尺度上，这离预测仅有4%的偏差。这一提前可能是由在临近有限时间奇点时有限尺寸效应（finite-size effects）和阻力效应（drag effects）开始占支配地位这一现象引起的。我们很可能已经步入了大变革时代。

作为对分析这个问题的回报，我们同样可以预测美国股市在接下来的十年里会停滞不前。这段时间之后将会恢复加速增长的状态。我们试图从宏观经济的角度来探索这一现象的根源。

10.2 "自然"科学家的悲观观点

世界人口的快速增长相对于现代人的进化历史来说是一个很新的现象。在2 000年之前，全世界的人口仅有3亿左右。人类花了长达1 600年的时间才使得人口数量翻倍至6亿，从那之后人口开始加速增长。在1804年，世界人口总量达到了10亿，而1927年达到20亿（达到10亿之后123年），1960年达到30亿（达到20亿之后33年），1974年达到40亿（达到30亿之后14年），1987年达到50亿（达到40亿之后13年），1999年达到60亿（达到50亿之后12年）。见表10-1。

表10-1 数据来自联合国人口署经济与社会信息及政策分析部。**Durand**：J. D. Durand, 1974。《世界人口历史预测：一份评估》（宾夕法尼亚大学人口研究中心，费城），油印本。D&C：联合国，1973。《人口趋势的决定性因素和后果》，卷一，（联合国，纽约）。**WPP63**：联合国，1966。《1963年对世界人口的预测》（联合国，纽约）。**WPP94**：联合国，1993。《世界人口预测：1994年修订本》（联合国，纽约）。**Interp**：由相邻两次人口预计差分而来

年份	人口（10亿）	数据来源
0	0.30	Durand
1000	0.31	Durand
1250	0.40	Durand
1500	0.50	Durand
1750	0.79	D & C
1800	0.98	D & C
1850	1.26	D & C
1900	1.65	D & C

续前表

年份	人口（10 亿）	数据来源
1910	1.75	Interp.
1920	1.86	WPP63
1920	1.86	WPP63
1930	2.07	WPP63
1940	2.30	WPP63
1950	2.52	WPP94
1960	3.02	WPP94
1970	3.70	WPP94
1980	4.45	WPP94
1990	5.30	WPP94
1994	5.63	WPP94
1999	6.00	WPP94
2001	6.14	WPP01

1993年10月各国科学院的代表齐聚印度新德里，召开了关于世界人口的"科学峰会"。最终来自58个科学院的代表签署了一份关于人口的协议，该协议涉及生育的决定性因素，人口增长对环境的影响，以及人类生存质量等发展议题。该协议警告"持续的人口增长会给人类带来非常大的风险"，并提出了一个人口目标："为了使人类有足够的能力去成功处理社会、经济和环境问题，我们的子孙需要把人口增长率控制为0"，"由于地球是有限的，人类正面临着人口、环境和发展的极限"[366]。因此，"更多的人口会带来诸如过度砍伐、气候变暖、酸雨、空气污染和洪涝灾害等环境问题，甚至饥荒和艾滋病传播等社会问题"[366]。

已经有很多现象证实了不可逆的生态环境破坏、气候变化和日益严重的水资源短缺问题。按照现在的趋势，在2025年全世界将有2/3的人口生活在缺水地区[119]。这些问题都有同样的根源：过快的人口增长和经济发展。自然科学家[包括由99个诺贝尔奖获得者组成的忧思科学家联盟（Union of Concerned Scientists）]普遍对人口数量和增长速度问题非常担忧，他们向联合国提出了"稳定人口"的建议。

10.3 "社会"科学家的乐观观点

作为另一个极端，乐观者认为人类的创新精神可以解决目前面临的增长率持续增高的问题［441，380，306］。具体来说就是，他们认为世界经济会通过技术革新而持续加速发展。例如，互联网、生物技术，以及其他一些尚待挖掘的在农业、工业、医学和信息领域的创新会促进经济增长。

事实上，到 1990 年，绝大多数经济学家都开始反对人口增长对经济发展有负面影响这一传统观点（参见［94，145，99］）。他们开始相信人口是经济增长的正面因素：更多的人意味着更多的财富、资源和更健康的环境。他们认为，"长期来看，人们创造的远大于其能消费的，即使是自然资源也不例外"［380，306］。"无一例外地，各种相关数据（包括长期经济发展趋势和合理的稀缺性测量，即劳动力的自然资源成本和它们相对于平均工资和物价的比值）都证实自然资源从长远来看，直到今天，都越来越不稀缺"［380］。因此，在任何方面，乐观者都认为相对于过去几十年来说，当前条件已经得到长足的改善，并会在今后几十年持续进步［380，306］。

（1）**污染**：污染问题从一开始就存在，但我们现在生活在一个比 20 世纪初更健康和干净的环境之中。平均寿命作为衡量综合污染程度的最好指标，随着世界人口增加得到了显著提高。

（2）**食品**：人均食品供应量自第二次世界大战之后持续增加。饥荒也在 20 世纪中持续减少（以相对数值计算，即饥饿人口占总人口的比例）。即使人口数量增加，人类的营养状况也将会得到持续改善。

（3）**土地**：耕地面积已经变大很多，并且可以在需要的时候变得更大。对富裕国家（比如美国）来说，耕地面积已经开始减少。大量的耕地开始转变为森林、娱乐用地和野生动物栖息地。

（4）**自然资源**：我们的供给在任何经济度量下都是无限的。任何过去的经验也告诉我们自然资源并没有变得更为稀缺。自然资源占比将会持续降价，也就变成我们生活消费的越来越小的部分。人口增长对自然资源状况的长期影响可能是正面的。

（5）**能源**：长期的能源供给状况至少和其他自然资源供给一样好，尽管由于政府干预，能源价格可能经常阶段性飙升。这里有限量依旧不是问题。更多的人口会使开发廉价能源的技术进步得更快。

（6）**生活水平**：在现阶段，正如我们所知，较多的子女会造成较多的花销。而长期来看，人口增长会比人口不变带来更大的人均收入，这一条对发达国家和发展中国家都适用。

（7）**人类繁殖**：穷人和受教育程度低下的人应该节制生育这一观点，即使在最穷和最原始的社会中也是不对的［380，306］。那些认为穷人应该少生小孩的人都是自大且愚昧的。

（8）**未来人口增长**：现在的趋势表明，尽管总人口在不断增长，世界上的大部分地区的人口密度却在下降。这在发达国家中尤为明显。尽管在发达国家中1950年到1990年这段时间人口有明显的增长，但由于城市化的步伐更快，所以在这些国家的大部分区域里，人口密度反倒下降了。以美国为例，有97％的地方人口密度下降。随着穷国逐渐变富，它们也将经历同样的变化。这使得地球表面的绝大多数地方的人口都会持续减少。

10.4　对人口、国内生产总值和金融指数的超指数增长的分析

我们从马尔萨斯的指数增长模型开始。他在模型中假设新增人口是人口总数的固定比例，该比例不随时间而改变，因此总的人口数量依指数增长。我们取每年2.1%或每十年23.1%的增长率，这是人类历史上增长最快的1970年时的数值。依此人口将每48年翻一番。假设开始时有1 000个人，10年之后就有1 000的1.231倍即1 231个人，20年之后就有1 231的1.231倍，即1 515个人，也就是这种指数增长在相同时间间隔下的人口比例为常数。以10年为时间间隔，这个常数值为1.231。因此，用把增长幅度表示为线性的对数坐标能更好地表示这一类曲线。在接下来的图中，我们全都使用对数坐标。

依照马尔萨斯的理论，人口数在对数坐标下应该显示为一条直线。图10-1显示了由联合国人口署经济和社会事务部估计的世界人口数量依时间的变化。与马尔萨斯所估计的直线不同，我们观察到了一条明显向上弯曲的曲线。这代表了超指数增长。另外，我们还在加州大学伯克利分校经济系教授德龙（Delong）所估计的从公元0年到2000年的世界经济总量上观测到了类似的曲线［105］。

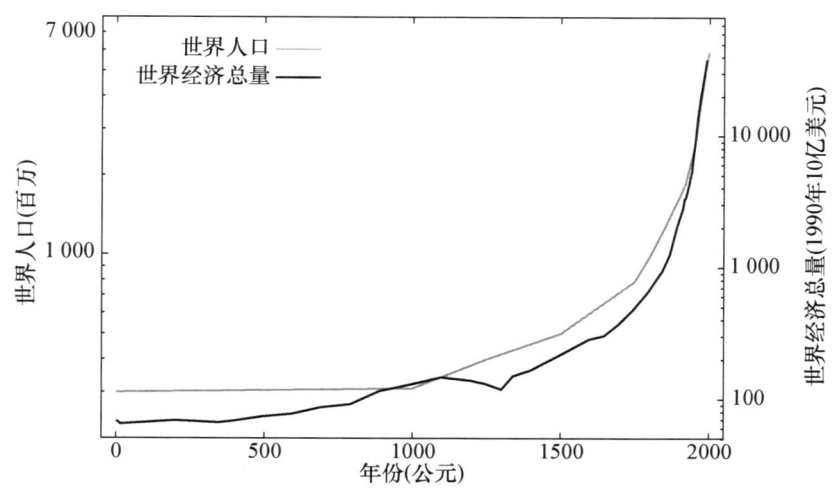

图 10-1 世界人口和世界经济总量自公元 0 年到 2000 年的增长。这里纵坐标为对数坐标，横坐标为线性坐标。因此，这里直线代表指数增长。两列时间序列都向上弯曲代表它们的增长都比指数增长更快，是"超指数增长"

图 10-2 所示的由周期研究基金会（Foundation of the Study of Cycles）（www.cycles.org/cycles.htm）估计的从 1790 年开始的道琼斯工业平均指数，由洛杉矶世界金融数据中心（www.globalfindata.com）提供的从 1871 年开始的标准普尔 500 指数，1920 年开始的世界金融指数，以及一系列区域金融指数［包括拉丁美洲指数、欧洲指数和欧澳远东指数（EAFE）］，也在较小的时间尺度上体现了这种超指数增长。在对数坐标下所有的增长都快于一条直线。

数据来源：我们这里分析的数据在人类发展过程和经济体壮大过程中是比较有代表性的。具体的时间序列如下：

● 从公元 0 年到 1998 年的世界人口数据，该数据来自联合国人口署经济和社会事务部（http://www.popin.org/pop1998/）。

● 从公元 0 年到 1998 年的世界经济总量，该数据由加州大学伯克利分校经济系教授德龙估计［105］，我是从汉森那里得到的［186］。

● 从 1790 年开始的道琼斯工业平均指数，从 1871 年开始的标准普尔 500 指数，从 1920 年开始的世界金融指数，以及一系列区域金融指数。道琼斯工业平均指数由周期研究基金会构建。它实际上从 1896 年开始，但可向前追溯至

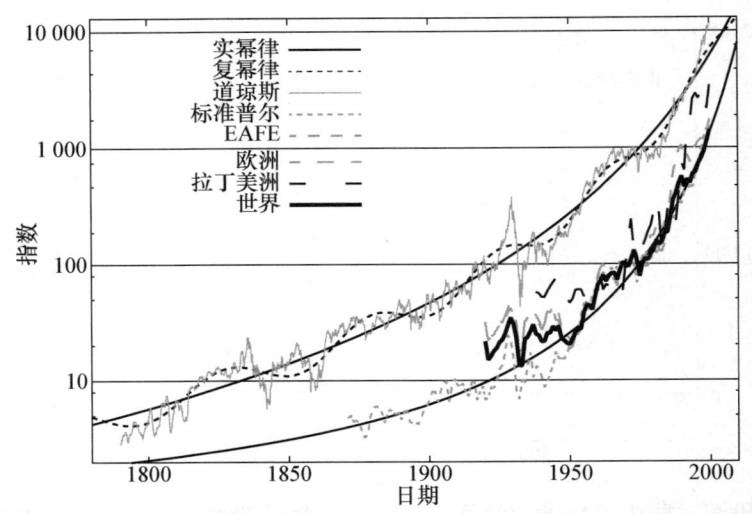

图 10-2 对数坐标下金融指数关于时间（线性坐标）的函数。最长的两个时间序列：1790 年起的道琼斯指数和 1871 年起的标准普尔 500 指数被幂律 $A(t_c-t)^m$ 拟合，拟合结果在图中以实线表示。图中虚线代表道琼斯指数的对数周期律（即幂指数为复数的幂律）。复杂的幂律分析表明突然的转换将在 2050 年左右发生 [219]。EAFE 是指欧洲、澳大利亚和远东国家的集合。请注意这些曲线都向上弯曲，代表着超指数增长而非指数增长

1790 年。其他数据来自洛杉矶世界金融数据中心 [159]。对于标准普尔，1871—1918 年的数据来自考尔斯委员会（Cowles commission）依据《商业和金融史料》（Commercial and Financial Chronicle）的计算。从 1918 年起，数据源自标准普尔综合指数。其他从 1919 年到 1969 年的金融指数来自世界金融数据中心，从 1970 年到 2000 年则来自摩根士丹利国际资本指数。其中欧澳远东指数包括欧洲、澳大利亚和远东，拉丁美洲指数则包括阿根廷、巴西、智利、哥伦比亚、墨西哥、秘鲁和委内瑞拉。

人口学家通常把不同成分的人口分开研究，比如看年龄、发展程度、区域分布。用分解方法来控制这些变量是人类学发展的关键，它对可靠的人口预测至关重要。但这里我们运用累积的人口数据：为了得到在总体上可信的预测结果，研究全局变量比研究只强调个体而缺少大局观的局部变量更为管用。举一个材料科学中的例子，对各向异性材料在受压时断裂的预测有两种方法。材料科学家经常过分关注材料中的声波传播或其他由微小结构缺陷造成的巨大损坏。然而，这一

方法对预测整体断裂基本不管用。这是因为，整体断裂通常是全局合作的结果[193]，材料内部的许多微小缺陷在相互作用中不断形成、长大并合并。有研究证明，仅用一个描述所有声波传播的宏观变量确实能更有效地进行预测[215]。类似地，在美国、欧洲与世界其他地方的经济和金融发展过程中也存在着非常多的相互关联的机制，这包括国家间相互交换物品、服务，科研成果转让，以及移民。

图10-1和图10-2中所示的超指数增长其实是说人口和经济的增长率都不是常数，它们依时间变化而增大。

假设人口增长率在人口翻倍的时候也翻倍。为了简化起见，我们只考虑离散的情况。从总人口数为1 000人起，我们假设增长率为1%直到人口翻倍。则翻倍的时间反比于增长率，即需要1/1%＝100年。实际上，有一个复合计算的问题，翻倍时间应该是ln2/1%＝69年，不过为了简便，我们忽略这一点。因为把时间尺度从1压缩到0.69，会得到同样的结果，所以这里的简化不影响最终结果。

当人口变为2 000人时，我们假设人口增长率变成了2%，这一增长率保持不变一直到人口变为4 000人。在2%的增长率下，人口从2 000人增加到4 000人只用了50年。而当人口达到4 000人时，增长率变为4%。由于增长率翻倍，从2 000人到4 000人仅用了25年时间。由于每次的翻倍时间都是原来的一半，我们得到如下序列：（时间＝0，人口＝1 000，增长率＝1%），（时间＝100，人口＝2 000，增长率＝2%），（时间＝150，人口＝4 000，增长率＝4%），（时间＝175，人口＝8 000，增长率＝8%），等等。翻倍的时间间隔变得越来越短，这就导致了古希腊著名的泽诺悖论（Zeno's paradox）：时间间隔之和即最终时间有限，这是因为1/2＋1/4＋1/8＋1/16＋…＝1，而人口数无限。在我们的例子里，最终时间极限为100＋50＋25＋…＝200（严格来说需要用连续时间来做，我们这里简化一下，说明问题即可）。一个自发的奇点就这样被增长率增加创造出来了！

这一过程非常一般，只需假设在人口增长为原来某倍（大于1）时，增长率也增长为原来的某倍（大于1），我们都能得到类似的结果。虽然这种自发奇点看起来非常奇怪，它其实经常出现在对自然和社会现象的数学描述中。很多物理和自然系统中都有类似现象，比如洪流、黑洞的形成、材料断裂、地震，以及我们之前讨论过的股市崩盘。关于奇点的数学被广泛应用于物理学中的相变研究，比如冰变为水，或者在温度升高时磁性材料的退磁过程。

知道了在人口和经济指数中的动力学机制中存在奇点之后，我们更要关心它们在到达临界点之前的变化规律。它们的变化实际上是自相似和分形的：在距到达奇点等比例的时间里，人口数量或经济指数的增长比例是确定的。这同我们刚才说的增长率随人口数翻倍模型一样。这个现象的数学特征就是之前讨论过的幂律。幂律描述分形的自相似几何结构。如在第6章中所讲的，分形是说在很多不同尺度下系统都有相同的结构。这种现象广泛存在于不同复杂系统中，比如布列塔尼和挪威的海岸线、不规则的云彩边界和河流网络的分叉结构。幂律的指数大小被称为分形维度。对我们现在的例子来说，它描述人口、金融指数、关于距离奇点特定长度的翻倍特性。

纵向用对数坐标描述人口数，横向用对数坐标描述距离奇点的时间。如果人口数遵循幂律，则会被表示为一条直线。图10-3和图10-4刻画了世界人口数量、世界经济总量，以及图10-1和图10-2展示的各种金融指数的这一特性。由于幂律是人口数或经济增长关于奇点时刻的函数，我们需要选择这个奇点时刻去满足幂律。在图10-3中我们把2050年当作奇点，这和我们稍后要用的更为复杂的统计分析得到的结果相近（参见[219]）。对于金融指数，如果考虑平均每年4%的通货

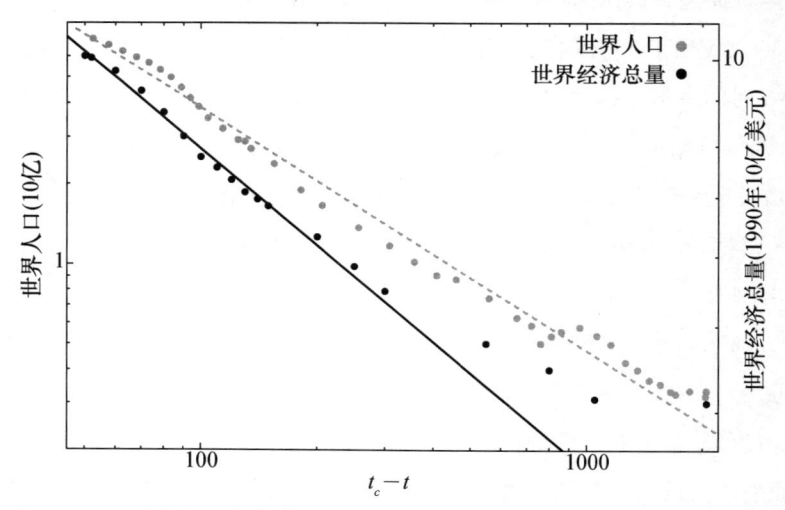

图10-3　世界人口和世界经济总量相对于到临界时间 $t_c=2050$ 的时长的函数。这里横纵坐标均为对数坐标，时间从右流向左。图中直线是数据对幂律的最优拟合（参见正文），这预示2050年会发生突然转化

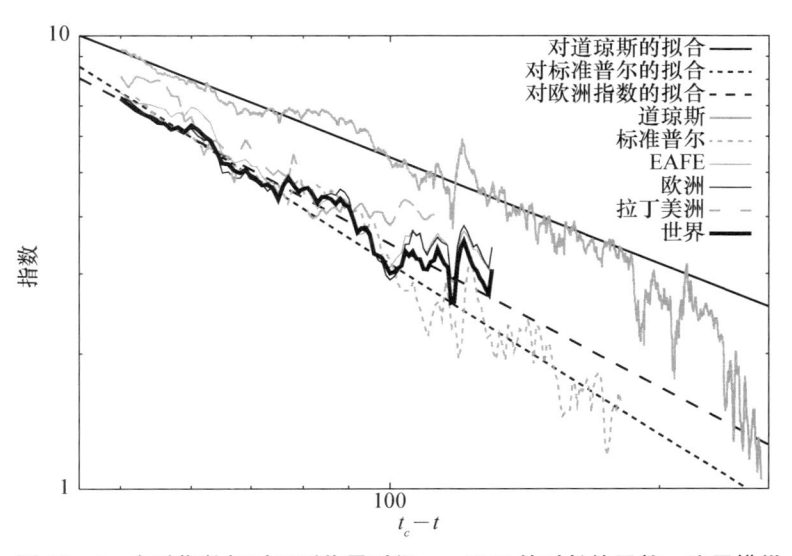

图 10-4 金融指数相对于到临界时间 $t_c=2050$ 的时长的函数。这里横纵坐标均为对数坐标，时间从右流向左。图中直线是数据对幂律的最优拟合（参见正文），这预示 2050 年会发生突然转化

膨胀率，我们可以得到相似的结果。但由于通货膨胀率随时间推移变化很大而且很难估计，对金融指数的结果没有对人口和经济总量的分析令人信服。但总体来说，这个结论还是可信的，这是因为用固定的通货膨胀率修正，等于把原来的对数价格减去一条斜率大于 0 的直线，这样做丝毫不改变对数价格向上弯曲的非线性特性，也就是说，金融指数经过对通货膨胀的修订之后，依然是超指数增长过程。

关于去通胀后恒值美元和指数的一点讨论：在美国，大家通常认为，19 世纪末的 1 美元考虑通胀效应后，值 20 世纪末的 15 美元；1870 年的 1 美元在 1995 年大约值 15 美元。相对于法国来说，这个通胀率很小。在法国，1959 年的 1 法郎换到 1995 年可以值 20 法郎。在 [378] 中运用消费者价格指数（CPI）将从 1885 年起的道琼斯工业平均指数进行了去通胀变换。这样做有一个问题，就是对消费者价格指数的定义在这段时间内发生了很大的变化。最开始，为了计算简便，该指数考虑所有销售的价格指数。另一种衡量通胀的方法是看以美元计算的黄金价格（以当前金价为 300 美元一盎司和在 19 世纪末金价为 20 美元一盎司计算，我们可以得到之前提到的 15 倍通胀因子）。去通胀

的技术有很多种，每一种都有长处和问题，我们希望尽量避免问题。

美国的通货膨胀有如下几个阶段：

(1) 1914 年之前，除南北战争时期（绿币时代）外，通胀总体上讲基本为零。

(2) 1914—1921 年，美国经历了高通胀时代，但从 1921 年起开始通缩，并于 1929—1932 年大萧条之后，美国消费者价格指数回落到 1914 年之前的水平。

(3) 从 1933 年到现在经历了一些非常强的通胀时期，这些时期包括第二次世界大战、冷战、朝鲜战争、越南战争和 20 世纪 70 年代的石油危机。

把通胀 15 倍按年折算，就得到了从 1933 年开始每年通胀率为 4% 这一数值。在图 10-5 中，我们给出美国政府债券的长期变化图。债券发行量和通胀率之间似乎有固定的关系（两倍左右）。这一特征在战争时段尤为明显，那时通胀飙升，国债发行量也大规模增加。这很容易想到，因为通胀是政府对税收加杠的简单方法，以此对战争费用进行融资。由于在这些高通胀时期的会计计算非常复杂，我们没有对数据进行通胀修正。

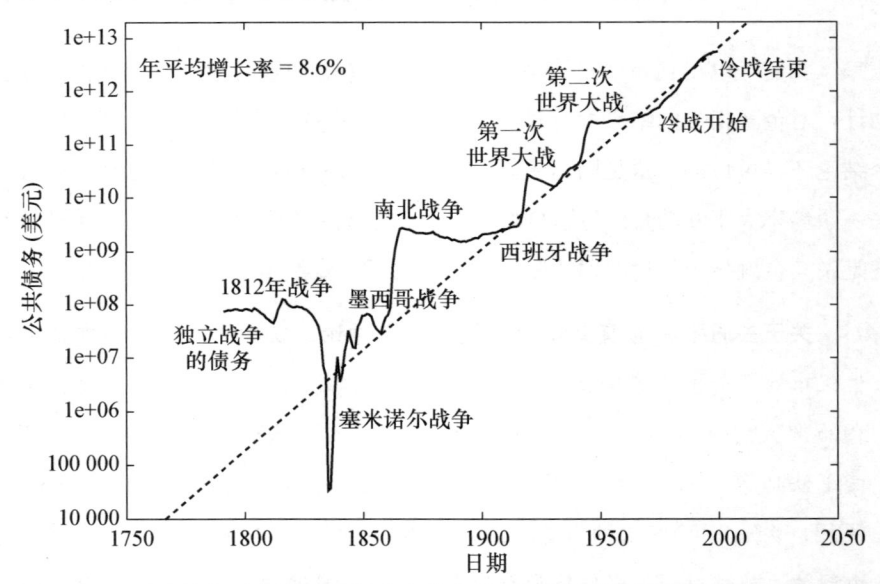

图 10-5 独立战争以来美国联邦政府的负债（对数坐标）作为时间（线性坐标）的函数。1e+09 代表 10 亿美元，1e+12 代表 1 万亿美元。2000 年，美国联邦政府的债务约为 5.6 万亿美元。直线代表平均年化 8.6% 的指数增长。在美国介入战争时，债务从不同尺度上看都显著增长。战争似乎是可以解释债务增长的主要大尺度特征。数据来自美国公共债务局（http://www.publicdebt.treas.gov/opd/opd.htm#history）。图片由约翰森提供

10.5 进一步分析

10.5.1 复幂律奇点

前一节的分析告诉我们世界人口数量和主要经济指标的增长率都随时间变化而增大，这是一个在有限时间内的奇异行为。

奇点和无穷长久以来都被认为是很讨厌的事，直到大家发现这种数学形式竟然在很多自然现象中都有实际应用。它们在实际中很难被观察到，我们能看到的只是其加速增加的先兆和随之而来的重要相变现象。这里我们将把它们解释为规则发生根本性变化的临界点。对临界点的确定依然存在着非常大的不确定性。从本书的很多图中我们都能发现这个难点在于围绕在幂律行为周围的大幅振动。

第6章所总结的关于幂律的数学理论告诉我们，可以通过把实指数拓展成复指数的方法来把波动考虑进去。这样会形成在幂律加速基础上的对数周期性振荡。这其实对应着把连续自相似对称替换为离散自相似对称。之前举的人口增速随人口数量翻倍而翻倍的例子就符合这一理论。这时自相似的性质只在时间尺度变化和增长率变化为2的幂的时候才能体现出来。人口加速是一个离散过程，只有当人口翻倍时，人口数量的斜率才会改变。在实际中，这个2可以取其他任何数字。另外，如果引入其他一些使这个突变界限模糊的效应，我们将得到图10-2中对道琼斯工业平均指数的较为平滑的对数周期性振荡描述（虚线）。图10-6是对对数周期性的一个非参估计，这个方法我们在第7章和第8章中运用过。从图10-6可知，我们可以得到较为可信的对数周期性信号。

引入对数周期性和复指数，对小到对基本粒子的理论研究大至复杂系统的组织结构都有重要意义。正如我们在第7~9章所看到的，这样的例子包括流体流动、黑洞的形成、材料失效、股市崩盘。这种从一般理论推导出的对数周期性可能对解释我们观测到的人口和经济增长在不同尺度上的周期都很有帮助。图10-3和图10-4运用的幂律敏感性分析与图10-2运用的对道琼斯指数的对数周期性幂律拟合以及统计显著性检验都增强了对临界点的预测准确度。这个临界点以70%的置

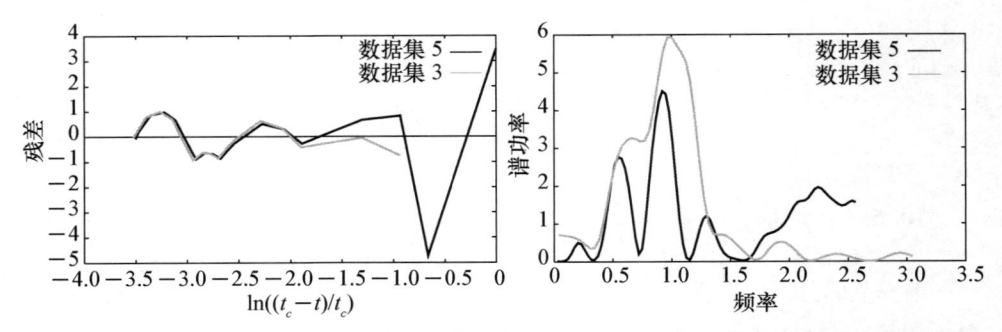

图 10-6 左图：1250—1998 年人口数据（数据集 3），以及 1500—1998 年人口数据（数据集 5），与其简单幂律的最优拟合间的残差。制作本图的目的是：(ⅰ) 检查过去最不可靠的人口数据的敏感性，(ⅱ) 探测对数周期性是否存在。右图：用洛姆周期图得到的残差谱。对 1500—1998 年的人口数据，顶点代表对数角频率 $\omega \approx 5.8$，这对应于用对数周期性幂律拟合的 $\omega \approx 6.5$。对 1250—1998 年的人口数据，顶点代表对数角频率 $\omega \approx 6.1$，这对应于用对数周期性幂律拟合的 $\omega \approx 6.5$。本图根据 [219] 复制

信度落在 2042—2062 年 [219]。

对道琼斯指数 210 年间月度数据依式（9.3）的最优拟合结果见图 10-7。这里的对数角频率 $\omega \approx 6.5$，这同对人口的拟合参数 $\omega \approx 6.3$ 非常接近。同样这里预计的临界时间 $t_c \approx 2053$ 年也与对人口拟合预计的临界时间 $t_c \approx 2056$ 年非常接近。另外，两个对数频率的交叉点 $\Delta t \approx 171$ 年也与总拟合长度 210 年完全相容。

10.5.2 对接下来十年的预测

图 10-8 是图 10-7 对道琼斯指数的拟合的外延。我们把它延长至临界点 2053 年。请注意我们在拟合中用的最后一个点是 1999 年 12 月，而该拟合的外延直到校稿之时（2002 年中期）都和实际股市表现吻合得很好：对数周期性拟合预测从 1999 年中期起，股市将经历长达十年的稳定或衰退时期。

图 10-8 还告诉我们另外五个道琼斯指数不景气的时段，它们可以被分为两类：(1) 波动很小维持不涨也不跌的时期（1790—1810、1880—1900 和 1970—1980）；(2) 快速拉升并伴随比较大崩盘和萧条的时期（1830—1850 和 1920—1945）。请注意，1987 年 10 月的大崩盘在这个大尺度大间隔的分析之下是属于加速增长的时段的。我们在 2001—2010 年这个十年里将会经历哪一种不景气呢？

我们对接下来十年股市不景气的预测跟剑桥大学利维研究所（Levy Institute）和

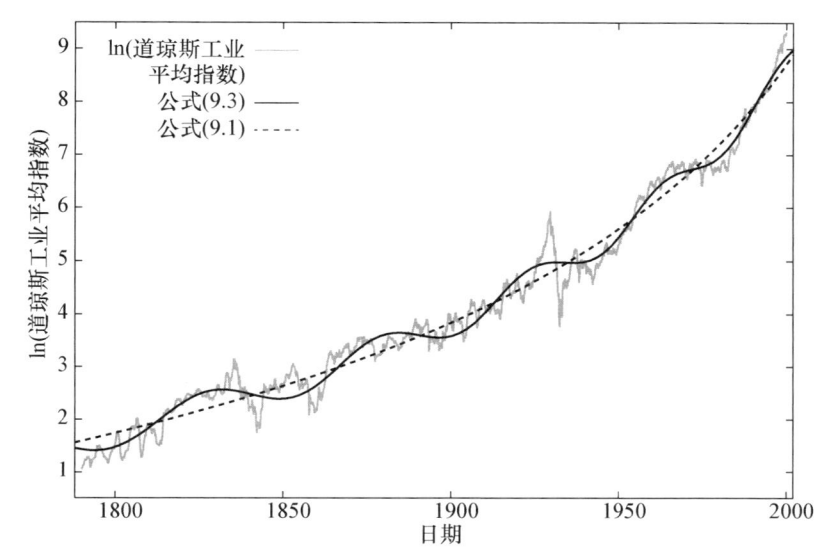

图 10-7 波纹线是已经在图 10-2 中展示过的在（自然）对数坐标下的 1790 年 12 月至 1999 年 12 月间道琼斯指数的月度数据。趋势向上的虚线是用简单幂律［定义见式（9.1）］拟合的最优结果，其中 $\beta\approx+0.27$，$t_c\approx2068$。振荡的实线是用式（9.3）中非线性对数周期性幂律拟合的最优结果，其中 $\beta\approx0.39$，$t_c\approx2053$，$\omega\approx6.5$，$\Delta t\approx171$。根据［219］复制

应用经济学系的名誉教授 W. 戈德利（Godley）的看法相吻合［162］。戈德利在分析了促使美国经济在 20 世纪最后十年里飞速发展的财政政策、对外贸易、个体消费和借贷等因素之后，得出在接下来的十年里美国经济发展是不可持续的这一结论。

要理解戈德利的论点，让我们回顾一下一些财富守恒和流动（wealth conservation and flux）的基本原则。当我们尝试通过收入来平衡我们的支出时，也许我们并没有认识到，但我们都了解这些原则。对某国的私人商业领域（消费者和公司）来说，当以下两种情况发生时，总体来说，我们会突然变得更富有，因为这两个过程会直接向经济注入资金：

- 该国政府支出增多，并转化为公司和民众的收入。
- 对外出口增加。

政府突然的支出在短时间内会算作对私人企业和家庭注入资金，当然，这些支出来自向民众借贷（如果政府赤字增加），其利息由政府税收支付，长期来看，这些税收又会让我们总体来说变穷。当以下两种情况发生时，我们会变得更穷，因为

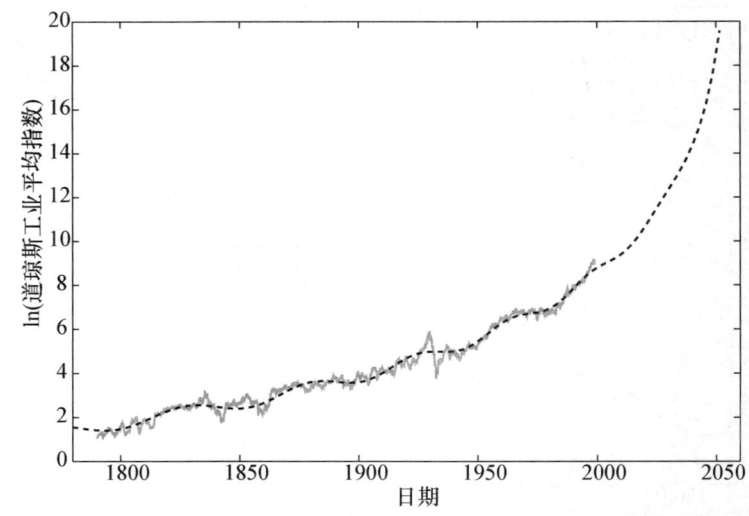

图10-8 图10-7中显示的对道琼斯工业平均指数的非线性对数周期性幂律拟合的外推。该外推止于临界时间 $t_c \approx 2053$。纵轴是道琼斯工业平均指数的（自然）对数。请注意在拟合所用的最后一个点1999年12月之后，道琼斯工业平均指数跟我们的预测匹配得十分好：对数周期性拟合预言指数在接下来的十年里走平或略微下跌；从1999年中期到2002年中期（本书校稿之时），道琼斯工业平均指数在10 000至11 500点间振荡，这段时间并没有明显的趋势。根据［219］复制

这两个过程会从经济吸出资金：

- 税费增加。
- 进口增加，我们需要向外国人支付更多的钱。

如果没有生产力的增长，那么从长期来看，对经济增长的测量数据，如国内生产总值，应与注入（政府支出和出口）和吸出（税费和进口）经济的资金流的净差额一一对应。戈德利指出，在1961—1992年，美国的国内生产总值确实紧跟着资金流的净差额变动，只有很小的波动出入。然而，从1992年年初到1999年，流入资金的净差额每年仅上涨了0.6%，国内生产总值每年却增加3.3%。但是，从1992年起，政府的净支出及净出口比1960年以来的任何其他时期都少，并不能作为这段时间国内生产总值大幅增加的原因。

戈德利（［162］）提出，这段时间国内生产总值的增长来自更多的私人财务赤字，也就是说，私人的消费和住房投资超过了私人可支配的收入，超出水平远远大于以往的任何时候。从两组证据可推导出私人财务赤字增加。首先，私人财务赤字

应机械地等同于政府的收入加上国际收支顺差。相反地，私人财务收入应等同于政府的赤字加上国际收支顺差。直觉上，公共赤字和国际贸易收入创造私人领域的收入与金融资产；而公共收入和国际贸易赤字使私人的收入和金融资产减少。在1992—1999年，因公共收入比以往任何时候（至少自20世纪50年代初）变动得更剧烈并创造了纪录（1999年第一季度达到国内生产总值的2.2%），而国际贸易迅速恶化，结果就是，私人财务赤字也创造了纪录（1999年第一季度达到国内生产总值的5.2%）[162]。私人财务赤字的增加还可通过比较私人的收支直接得出：从1993年开始，私人支出的增加越来越大并快于收入的增加[162]。数据显示，私人财务的下降和赤字大部分发生在家庭，而非企业，因为企业投资主要来自企业内部产生的资金。

这样，私人部门作为一个整体已成为刷新纪录的资金的净借款人（或者金融资产的净卖家）。净借款的年率从1991年年末占可支配收入的约1%（400亿美元）增加到了1999年第一季度的15%（超过1万亿美元）。私人财务赤字是指，在私人部门通过提供货物、服务得到的资金，超过了私人在货物、服务和税上的花费。赤字必须是用现金结算的。

在股票市场上的资本增值可能是因为越来越多借来的款项被投资其中，并可能引起消费增加。为了产生持续的影响，股票市场必须比指数还快地加速增长。只有比指数还快的股票增长才能使私人投资者感到越来越有钱。他们可以卖掉他们股票的一小部分而不感到变穷，因为加速增长的股票市场补偿了资本的损失，提供继续增长的资本。比如，如果投资者习惯了股票市场每年增长10%，他们期待他们的资本在一年内从100美元增长到110美元。如果在第二年，增长率升到了20%，他们的资本增长到120美元而不是期待的110美元，那么，他们会花掉10美元，而不觉得损失了资本。这是一个与心理账户相关联的心理过程[423，375]（见第4章4.3.1节"行为经济学"）。另一方面，如果股票价格没有加速增长，资本收益只一次性地使股票增值，而不改变未来的收入流。如果股票价格没有加速增长，资本增值只会对支出产生短暂影响。但是，就像我们在前几个章节中所看到的，即使比指数更快的股票增长也是不可持续的。一个股票大牛市的上升效果可能需要许多年才会消失殆尽，但是，至多5~10年，它注定终会消失殆尽[162]。

总而言之，国内生产总值的增长以及与其相关的股票市场泡沫，和美国[162]

的一些不可持续的过程有关：(1) 私人储蓄不断变负。(2) 净贷款越来越多地流向了私人部门。(3) 实际货币存量的增长率上升。(4) 资产价格增长的速度远远超过了收益的增长（或者国内生产总值的增长）。(5) 公共财政预算赤字增加。(6) 经常账户赤字增长。(7) 美国的净外债相对于国内生产总值增长。

戈德利总结道 [162]：如果支出相对于收入停止增长，同时既没有财政宽松政策，也没有净出口的急剧恢复，那些迄今为止推动扩张的动力就会消失，产出将不能增加得足够快以避免失业率上升。如果就像看上去的那样，私人的花销在某个阶段会恢复和收入的正常关系，根据当前的财政计划，那时将会出现一场严重的旷日持久的经济衰退，伴随着失业率剧增。因为经济增长的势头变得如此依赖越来越多地借钱给私人和越来越多的资本收益，美国的实体经济变得如此依赖股票市场，到了极不寻常的程度。于是，当股票市场崩盘时，很可能会对产出和就业带来比以往大得多的影响 [162]。

然而，还有一个关键因素没有被纳入这个分析：生产率的提高。让我们回顾一下，劳动生产率的定义是单位工作时间内的真实产出量。类似地，全要素生产率的定义是单位总投入的真实产出。全要素生产率部分地反映了投入转化为产出的整体效率。它常与技术有关，但它也反映了许多其他要素，如经济规模、任何未予说明的投入、资源再分配。当生产率提高，经济（国内生产总值）的增长可能比注入（政府支出和出口）与吸出（税费和进口）数额的差异的增长更大，因为当每份投入可以产生更多产出时，就会从总量上在内部创造新的财富。结果是，看上去戈德利的论点并不直接适用。

根据美国劳工统计局提供的美国官方的生产率数据，1995—1999 年，全要素生产率年均增长 2.7%（如此大的增长率意味着在 20 年后，生产率会提高 70%）。明显地，生产率的增长速度会对真实产出量和生活水平产生巨大影响。生产率的增长是健康经济的根本支撑，在长时间的萧条后，最近，所有总劳动力和全要素生产率的主要评估都有所改善。虽然生产率和实际收入（或产出，在最短的时期后）在短期内的相关性并不会像有人可能希望的那么强，但是如果这种改善继续，真正的增长和低通胀就可能持续 [415]。对生产率增长来源的考察表明，较好总体表现的一个主要来源是在高科技行业领域的巨大发展浪潮（新经济的论点！）。一个对美国

20世纪90年代后期的信息技术和生产力复苏之间联系的近期研究确实表明，实际上，几乎所有总生产率的加速都可追溯到生产信息技术或最密集使用信息技术的行业，而其余那些较少涉及 IT 变革的行业，则基本上没有贡献［416］。在这个迅速成长的领域的较快的生产率增长使总体生产率增加，而其他领域对高科技的投资巨浪也同样重要。

然而，这种乐观的看法需要调整，因为事实上美国的生产率增长呈现出明显的周期性。在一定程度上回应了戈德利的说法［162］，最近显示，在20世纪90年代后期，生产率增长的反弹很大部分是总需求加强的反映，而不是生产率趋势在中期或长期上得到了根本改善［165，166］。纳斯达克在2000年4月的崩盘反映了新经济泡沫的破灭，确认了新经济产业远没有产生被期待的巨大的未来收入。

老龄化的"婴儿潮一代"

我们迄今为止是由单一的数据总结世界的人口结构及金融资产，这是有局限的，可能会错过这一问题的重要方面。特别是，要理解世界未来几十年的人口发展带来的经济影响，要求我们区分不同的人群，典型的是区分青年人群、"资产积累"人群（通常在 40～65 岁）和 65 岁以上人群。这些人群对财富创造会有不同的影响，有不同的消费水平，他们在社会上发挥不同权重，他们有非常不同的投资行为和需求。

特别是，有人关心出生在第二次世界大战后的 20 年间的"婴儿潮一代"，他们不但会因退休福利而对社会施加巨大的压力，而且在 21 世纪的头 10 年里开始出售资产来资助他们的退休生活，间接地使市场崩溃。要理解为什么这可能很重要，让我们回想，公共和私人的养老金控制了美国将近 1/4 的有形财富，这大致相当于全国所有的住宅房地产。它们占国家大部分的活期储蓄，是家庭养老资源的一个至关重要的组成部分，对劳动力市场的流动性和效率有明显的影响。作为一个整体，它们持有所有普通股的巨大比重。类似的情况适用于欧洲的大多数发达工业国家和日本。

很清楚，当"婴儿潮一代"退休时，社会保障系统需要剧变以保持偿还债务的能力。当"婴儿潮一代"从养老保险计划［365］撤走资金时，股票市场是否会经历类似的崩溃？我们关注的是，在 21 世纪的第三个 10 年里，当养老金系统开始成为资产的净卖家时，可能会压低股票价格。

麻省理工学院的波特巴（J. Poterba）［336］提出，这个简单的逻辑有缺陷，因为它忽略了这个问题的一些重要方面。首先，只有当供应仍然相对未受影响时，对金融资产的低需求才可能使价格变低。假设股票和债券的供给将保持不变是不现实的。比如，一个更加平衡的财政预算将导致政府发行较少的债券。其次，更重要的是，大的人口变化将对经济表现和生产率增长产生重大影响，这反过来会影响资产的收益率。正如我们之前在本章中所指出的，这种间接影响的规模可能巨大，可以实际引起经济的加速增长，由此可能超过人口改变对资产收益带来的直接影响。再次，资产收益和人口结构之间的可能关系也许会被世界资本市场的日益一体化削弱。对有明显外来投资的开放经济体，更起作用的是全球的人口结构。最后，经验数据表明，资产在退休后的被出售速度比在工作期间的被积累速度要慢得多。

虽然不会导致系统崩溃，但是"婴儿潮一代"的退休可能会强烈地改变市场的稳定性和其对外来冲击的敏感性。"婴儿潮一代"的影响，可能也是到21世纪中期变迁到另一种制度的因素，我们将在下文讨论。

10.5.3 相关的工作和证据

其他作者也已证明了人类活动的超指数加速。卡皮查（Kapitza）[231]最近分析了人类人口在总体上以及在区域上的动态演化，并记录了直到最近的整体加速度，它与幂律奇异性（a power law singularity）是一致的。基于无穷大是不可能的，他引入了限制人口爆炸的随机饱和效应（arbitrary saturation effect）。注意，与他相反，我们不想添加任何参数，我们把接近奇点解释为过渡时期的特征。卡皮查使用《剑桥百科全书》（*Cambridge Encyclopedia*）的数据，提出典型的演化或改变的时代会以几何级数缩小，也就是说，时代尺度（epoch size）在对数坐标上几乎是等距的，这和我们自己的研究结果 [219] 相同。

在一个重要的与研究和发展相关的人类活动的研究中，范兰恩（A. van Raan）[436]发现，在欧洲，从16世纪起，科学的产出加速得比指数快得多 [436]。比指数更快的发展也存在于计算机科技，如测量1900—1997年，每1 000美元的计算机的每秒百万次计算（MIPS）数量的演变（见图10-9）。因此，所谓的摩尔定律是不正确的，因为它只意味着指数增长。这种快于指数的加速被认为会带来一个新时代（在2030年左右），那时我们将有技术手段创造超人的智慧 [438]。

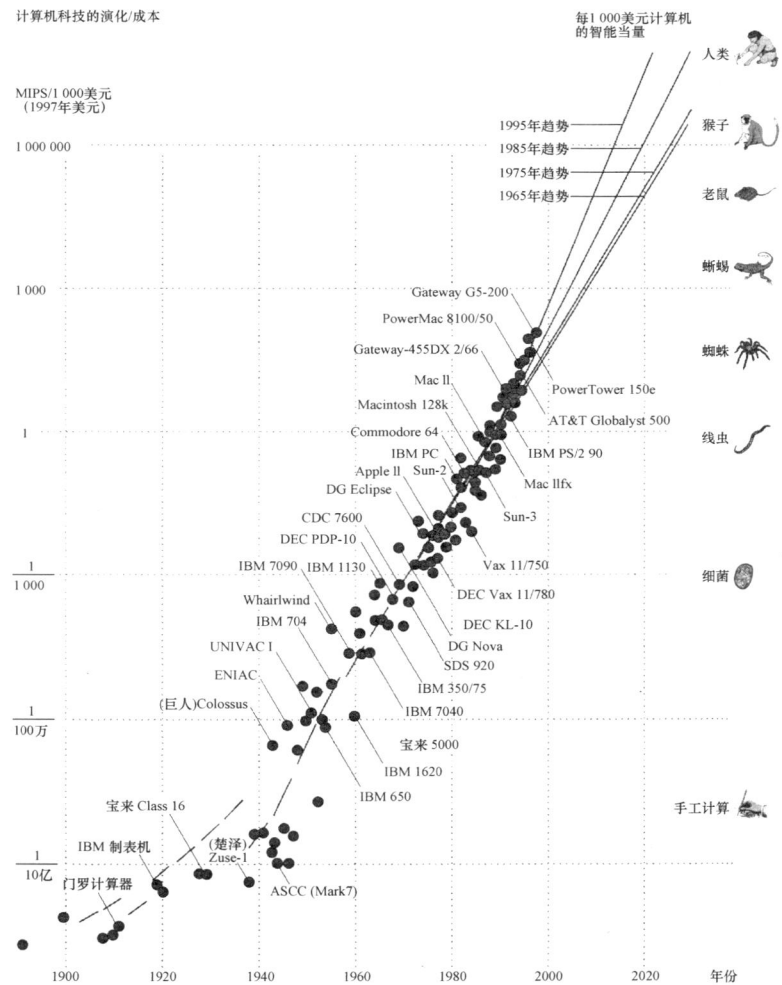

图 10-9 计算能力的超指数增长。1900—1997 年每 1 000 美元的计算机含有的 MIPS（每秒百万次计算）数量的演化。第二次世界大战之前机械计算机和电动机械计算机稳步改进，计算速度在 1900—1940 年提高了 1 000 倍。战争期间电子计算机出现后，进步速度加快。在 1940—1980 年，计算速度提高了 100 万倍。从那之后步伐变得更快了，依现在的速度完全有可能在 21 世纪中叶造出跟人相似的机器人。图中纵轴是对数坐标，一格主标度代表计算能力增强 1 000 倍。指数增长应该是直线，向上弯曲说明创新速度比指数增长还快。我们也可以看到超指数增长，因为从 1965 年到 1995 年，代表指数趋势的直线也在持续增长。20 世纪 90 年代数据越来越密，这可能是愈演愈烈的竞争造成的：表现较差的机器被淘汰的速度加快。实际的计算能力可通过图中右边列举的动物来参考。根据 [307] 复制

从更标准的观点来看，可预测加速增长的宏观经济模型已被开发［352］。也许最简单的模型是克雷默（M. Kremer）［243］的。他指出，在几乎所有的人类历史中，技术进步主要带来的是人口增长，而不是增加人均产出。克雷默开发了一个简单的模型，在该模型中，人均经济产出等于一个常数因子乘以最低温饱水平，并因此被假定是固定的。总产量被认为会随着技术、知识和劳动力（与人口成比例）增加，比如正比于自变量的平方根，即知识或劳动力变为原来的4倍时，总产量只翻一倍。知识和技术增长的速度是与人口和知识成比例的，这体现的概念是，较大的人口基数为寻找到会做出重要创新的才华出众的人提供更多机会，而新知识是通过利用现有知识获得的。最后得到的对于总人口的方程呈现出与人口成正比的增长速度。因人口增长率的增长是人口的正面因素（因为在人口/劳动力、技术/知识、产出之间有正反馈效应），这就会产生有限时间奇异性（finite-time singularity）。克雷默用考古学家和人类学家构筑的回溯到公元前100万年的人口数据来检验这个预测：他得出，人口增长的速度相对人口基本是线性的［243］，这与他的预测一致。这个理论还预测，在地区被分隔的历史时期，人口更多的地区的技术进步更快，这与历史事实也是吻合的，可以解释欧亚-非洲、美洲、澳洲和塔斯马尼亚岛的不同。我们的研究结果是在他的基础上进一步延伸和改善的，显示不仅是人口，还有世界经济总量以及主要的金融指数都有临界时间，且这些临界时间是一致的。

通过结合劳动力、资本、技术/创新、输出/产量，我们还一般化了克雷默的经济模型，以显示可以通过这些同时增加的变量的相互影响创造有限时间奇点，即使单个数值并没有这样的奇点［219］。这种相互作用同样可以解释，在2050年左右，人口和金融指数存在同样的近似临界时间（approximate critical time）。这个模型的关键点在于，长期的增长是内生的，而非来自随机的外来的技术进步。于是，这个增长的观点提供了长期增长的一个内部机制，通过回避降低的资本回报，或通过解释内在的技术发展，而非受回报降低的影响和依赖于外部的创新。

一个非常简单的补充方法是，在马尔萨斯的模型里纳入人口与增加的地球"承载能力"之间的反馈。该反馈来自技术进步，如使用工具和火，农业发展，使用化石燃料、化肥，扩展新的栖息地，以及通过发展疫苗、杀虫剂、抗生素等去除限制因素。如果承载能力增加得足够快，方程会得到一个有限时间奇点。在现实中，奇点会被平滑掉，因为地球不是无限的。

人口增长和地球承载能力正反馈的逻辑斯蒂方程（logistic equation）。作为人口增长的标准模型，马尔萨斯模型假设人口增长的速率固定为 r，它不随时间和人口数量的改变而改变。因此这个模型中人口是指数增长的。逻辑斯蒂方程试图用有限承载能力 K 来修正指数增长无上限的问题，在这个方程里人口增长速率满足：

$$\frac{\mathrm{d}p}{\mathrm{d}t} = rp(t)[K - p(t)] \tag{10.1}$$

承载能力 K 可变，而且由于它与生产和消费的结构有关，所以它同其他变量间没有简单相关关系。它取决于物理和生物环境间相互影响的变化。另外，仅用一个数表示人类承载能力显然是简化的，因为人类发明和生物进化都非常复杂，难以描述。维托塞克（Vitousek）等［440］给出了一个描述现阶段人类对生物圈影响强度的一般指数：现在地球上生物圈中所有净原始产出的 40% 左右被人类消费。这透视出人类在地球上的尺度［15］。

科恩（Cohen）及其合作者（参见［87］及其参考文献）改进了这一理想化模型，他们的新模型考虑了人口数量 $p(t)$ 和承载能力 $K(t)$ 之间的相关关系。如前文所述，随着技术进步，承载能力会随人口数量增加。如果 $\mathrm{d}K(t)/\mathrm{d}t$ 始终比 $\mathrm{d}p(t)/\mathrm{d}t$ 大足够多，例如 $K \propto p^\delta$，$\delta > 1$，那么人口数量 $p(t)$ 将在有限的时间内达到无穷多，这时会产生奇点。确实，在这种情况下，限制因子 $-p(t)$ 可以被忽略，式（10.1）变为：

$$\frac{\mathrm{d}p}{\mathrm{d}t} = r[p(t)]^{1+\delta} \tag{10.2}$$

增长速度依 $r[p(t)]^\delta$ 加速。增长速度依幂律加速的结果是有限时间内出现奇点：

$$p(t) \propto (t_c - t)^z, \text{ 当 } z = -\frac{1}{\delta} \text{ 且 } t \text{ 趋近于 } t_c \text{ 时} \tag{10.3}$$

式（10.2）在临界时间 t_c 有"自发的"或"可动的"奇点［37］，因为临界时间 t_c 由积分常数即初始条件 $p(t=0)$ 确定。

诺塔尔（Nottale）（天体物理学家）、沙利纳（Chaline）（古生物学家）和格鲁（Grou）（经济学家）[317，318] 最近独立地对不同文明的主要危机进行了对数周期性分析。他们首先注意到历史事件似乎在加速。这实际上被迈耶（Meyer）预测过，他使用了对数周期性加速分析的原始形式 [295，296]。格鲁 [181] 已证实，自新石器时代以来的经济演化，可用多个主导极点（various dominating poles）来描述，其服从于加速危机/非危机的模式。

诺塔尔、沙利纳和格鲁对西方文明历史中主要经济危机时长的中位数的量化分析（如 [181，52，156] 所列）如下（主导极点和日期是按公元给出年份）：新石器时代：−6500 年；埃及：−3000 年；埃及：−900 年；希腊：−100 年；罗马：+400 年；拜占庭：+800 年；阿拉伯扩张：+1100 年；南欧：+1400 年；荷兰：+1650 年；英国：+1775 年；英国：+1830 年；英国：+1880 年；英国：+1935 年；美国：+1975 年。以标度因子为 $\lambda = 1.32 \pm 0.018$ 的对数周期加速向着 $t_c = 2080 \pm 30$ 年靠近。数据和对数周期法则在统计上是显著吻合的（$t_{student} = 145$；结果偶然的概率远小于 0.01%）。令人吃惊的是，这个根据不同数据进行的独立分析给出了与我们的估计相似的临界时间：2050 ± 10 年。

10.6 "奇点"的场景

在接近和超过临界时间时，人类社会可能会发生什么场景？在本质上具有高度推测性的这最后一个部分，看上去适合作为本书的高潮。

10.6.1 崩溃

当代思想家预见了核战争、资源枯竭、经济衰退、生态危机或社会政治解体等灾难带来的崩溃（见 [419] 和其中的参考文献）。

在如此灰暗的场景中，人类将进入一个其宿主（地球）缓慢死亡带来的严重衰退期。科罗拉多大学博尔德分校的赫恩（W. Hern）[192] 和其他科学家甚至将人类与癌症比较：在过去数万年中，人类活动的总和呈现出一个恶性过程的所有四个主要特征：不受控制的快速生长、入侵并破坏邻近组织（生态系统）、转移（殖民化和城市化)、去分化(在整个星球上,各个部件和社区失去独立性)。

正如我们在本章开始所总结的那样,很多科学家都有这种关于人类人口规模及其增长的担忧。正如在最近的美国国家科学院的研讨会上讨论的那样,除了预测的人口过多危机,可能出现的情况还有恐怖主义的系统性发展,以及将人类分隔为至少两组,少数的富裕社区躲在堡垒里,他们与外面晃荡的"什么都没有的"群体隔开。这种情况既可能在发达国家出现,也可能在发达国家与发展中国家的关系间出现。

在这方面,历史告诉我们,文明是脆弱的、无常的东西。我们现在的文明是在许多其他死去文明后出现的一个相对新的文明。在西方,罗马帝国的衰亡是最广为人知的崩溃的实例。然而,这只是正常过程的一个例子。崩溃是人类社会的一个周期性特征。考古和历史记录确实充满了史前、古代与前现代社会崩溃的证据。这些崩溃发生得非常突然,并经常伴随着一个区域的生存基础被放弃、被替换为另一生存基础(如用畜牧业替换农业),或转为能量较低的社会政治组织(如跨地区的帝国解散为地方政权)。

人类历史作为一个整体的特点是:有复杂化、专业化、社会政治控制变得更高水平的看上去不可阻挡的趋势,能处理更大量能量和信息,会形成越来越大的定居点,以及发展出更复杂、更高效的技术[419]。有越来越多的研究团体认为,高技术带来的复杂性可能导致人类毁灭。例如,南部佩滕低地的玛雅支配中美洲长达 9 世纪。他们建造精巧的灌溉系统以支持他们疯长的人口,这些人口集中在城市里,不断在数量和力量上增长,在城里建造并装饰了寺庙和宫殿,艺术百花齐放,大量荒地被开垦为农田。人口过剩和对灌溉的过度依赖是玛雅失败的一个主要因素:触发他们崩溃的事件看上去是约公元 840 年出现的一次久旱(辛辛那提大学的考古学家斯卡伯勒(V. Scarborough)的信件[90])。在导致古代社会多次崩溃的战争和瘟疫等众多因素中,看上去有两个主要因素:太多的人和太少的淡水。其结果是,文明很容易受环境压力影响,例如,一次长期干旱或一次气候的变化[90]。社会本身看上去通过鼓励人口增长到过度利用土地的程度从而促成了它们自己的衰亡(英国剑桥大学的考古学家斯卡里(C. Scarre)的信件[90])。类似地,在公元前 2300—前 2200 年的一次灾难性干旱和气候变冷中,美索不达米亚的阿卡德帝国、古埃及王国、印度河流域的印度文明、巴勒斯坦的早期社会、希腊和克里特岛全都崩溃了。

对高精度的古气候数据的积累，提供了对过去气候事件的时序、幅度和持续时间的独立测量。它显示，在过去 11 000 年间，气候一直会有间歇性的不稳定性[449]；好几十年到好几百年的干旱会突然开始，而按当时存在的那些社会经验，这是无法预测的，这对那些社会的农业基础具有高度破坏性，因为没有社会和技术的革新能抗击气候环境变化的快速性、幅度以及持续时间。这些气候事件很突然，带来了当时居民所不熟悉的新条件，并持续了几十年到几个世纪。因此，它们造成了极大的破坏，导致社会崩溃——这是对难以克服的压力的一种适应性反应[449]。

人们很容易相信，现代文明带着其科学和技术能力、能源、经济和历史知识，应能熬过任何古代和较简单社会认为难以逾越的危机。但是，当面对我们的现代文明已实现了人类所知的最高水平的复杂度这个事实时，这个信念会有多坚定呢？这种复杂度来自人类活动的高度分化、强烈的相互依存关系，以及需依赖环境资源养活集中的人口。这些成分似乎正是许多以前文明崩溃的根源。泰恩特（Tainter）[420]认为解决问题所带来的回报越来越低，是因为增加了的复杂性限制了历史上的社会解决其面临挑战的能力。为了帮助当代社会解决全球变化的问题，他提议在不断演化的复杂系统的背景下，鼓励和资助解决问题。这个观点看上去与我们对正在到来的危机的建议相反，危机的前兆是人口加速增长，而它是由与其相关的经济增长支持的，两者都依赖于正在展开的科学和技术革命。为了避免以前文明面对的死路，泰恩特的解法是加速创新。与之相反，我们认为，这种加速正孕育着它自身的崩溃。

如何才能调和这两种观点？要回答这个问题，我们要借鉴对复杂系统进行优化/修正的最新研究，其应用广泛，深入流行病学、航空和自动化设计、林业与环境研究、互联网、交通，以及能源系统。它显示，复杂系统发展出有点自相矛盾的稳健性和脆弱性[71,394]。的确，互相关联的系统通过在另一领域变得敏感来对抗某一领域的不确定性，从而有获得稳健性的倾向。一个系统可能会获得对抗一般不确定性的稳健性，但同时会对设计缺陷或罕见事件高度敏感。比如，在温度、湿度、养分和掠食行为的大幅度变化方面，生物体和生态系统表现出显著的稳健性，但也可能对另一种形式的小的干扰显现出灾难性的敏感，如一次基因突变、一个外来物种或一种新的病毒。

打个比方（见图 10-10），想象一片森林，其中自燃（火花和闪电）有倾向性地发生在森林的某个部分；换句话说，火花的空间分布是不均匀的。管理的问题是如何设计最优排布防火墙，使得既能提供森林的最高收益率，又能同时考虑建设和使防火墙保持良好工作状态的成本。一个给定几何结构的防火墙对应着一个具体尺寸和具体空间分布的被保护区域或树丛。当火花落在树丛里的一棵树上时，所有与其相连的由防火墙分隔开的树丛都应被烧掉。换句话说，火只会在防火墙处停止。于是，我们可以将优化森林管理的方法重新阐述为，在建设和使防火墙保持良好工作状态的成本一定的情况下，建立防火墙，让火后收益率最大化，也就是说，让火的平均破坏性影响最小。

在火花的异质空间概率密度 ρ 存在时，防火墙密度 r 明显不可能是空间均匀分布的：在火花较多的敏感区域需要更多的防火墙。因此防火墙密度 r 相对于优化过程来说不是常数，它与事先定义的火花密度 ρ 相关。火花的空间密度 ρ 决定了一个区域 i 内由火花引起火灾的概率 p_i；p_i 是区域内的 ρ 之和。在火花的分布不是均匀分布时 [71，394]，最优解通过最小化平均火灾的大小来达到。给定火灾的损失，由防火墙区分开的区域将会呈幂分布。不论概率 p_i 如何，优化过程都有很稳健的表现。在森林火灾的例子中，防火墙的最优空间分布是由火花分布的先验概率和火灾损失间相互作用决定的。结果在存在不确定性的情况下依然很稳健：我们不知道哪里的火花将会引起火灾，但我们知道它们的概率分布。

然而，根据第 9 章的讨论，如果在量化概率 p_i 时产生错误，即模型错误，则这种被优化过的防火墙的几何形态将是非常脆弱的。不确定性并不危险，而量化这种不确定性时犯的错误却是危险的：对 p_i 的不同设定会带来非常不同的防火墙的空间分布。因此，防火墙的理想化系统将是脆弱的，它很难适应火花的长期空间再分配，即使这种再分配非常温和 [71，394]。

根据这一概念，我们可以将问题重新表述为，我们现代社会的稳健性源于对依靠一连串技术革新及其应用的增长模型的适应力。然而，面对具有新型动力学特征

(a) (b)

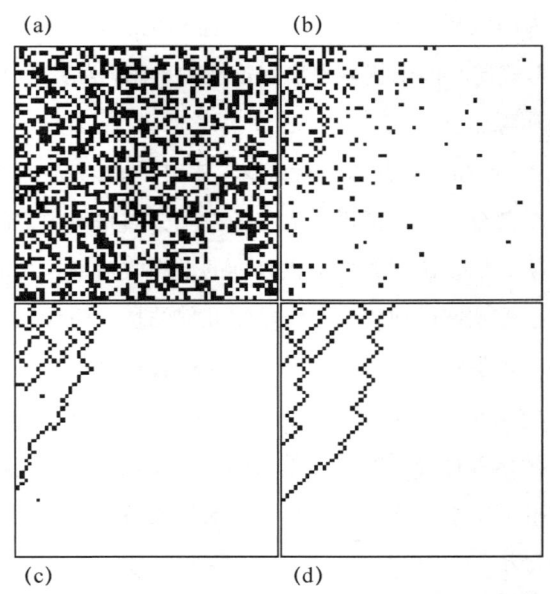

(c) (d)

图 10 - 10　64 乘 64（$N=64$）的位置（树）系统，没有被占据的位置为黑色，被占据的位置为白色。目标是优化森林模型的产量，即优化因火灾损失的树的数量。假设左上角的火星出现得更为频繁。四种森林管理策略中最优的树的位置分别显示在四幅子图里。图（a），树从之前空着的位置上随机长出。这时最优的树的结构是渗流临界密度。这是一个自由放任主义（laissez-faire）策略。在图（b）~图（d）中，优化过程是计算每增加一棵树可能带来的平均收益改变，这里要权衡随机火花可能带来的影响。从图（b）到图（d），复杂度通过"设计参数" D 逐渐增加。D 是指在计算最优种树策略时，每加一棵新树需要考虑的树的位置的数目。在图（b）中 $D=2$，即在新加一棵树时仅考虑两个位置，从中选择较优的。在图（c）中 $D=N=64$，在图（d）中 $D=N^2=4\,096$，即对所有可能增加树的位置都分析了发生火灾的后果。这让人联想起下国际象棋，其中 D 是棋手检查过的组合的数目。请注意，随着优化过程中复杂度 D 的增加，最优森林变得越来越密，仅有极少的空地被保留下来用作防火墙。给出火花的分布后，这些经过优化的防火墙把森林分隔成最优的树集。请注意，如果火花恰好出现于右下角，图（d）的优化结果将会表现得十分糟糕，正体现了这种优化十分脆弱的特性。根据 [72] 复制

的全球变化，我们的社会也许是脆弱的。另外，临界奇点的概念告诉我们，随着社会的优化及其复杂度的上升，其对全球变化的脆弱性和敏感性也将会上升。根据泰恩特的观点 [420]，我们可能需要为定性地区分不同社会状态给出解决方法。这些解决方法可能不会自发地从加速创新过程及其带来的增长中出现，而正是这些增长自己才能预防其他动力学模式的爆发。

一个是，未来的气候变化将来自自然和人为的力量，并将越来越由后者掌控。目前的估计表明，这一问题很可能非常巨大且快速。全球温度将上升，大气环流将改变，这会导致降雨的再分配很难被预测。这些变化将影响全世界的人口（预期会从目前的约60亿人增至2050年的约100亿人）。尽管技术变革迅速，世界上大多数人还是会难以度日，就像史前/早期社会一样，他们非常容易被气候波动所伤害。另外，在一个日益拥挤的世界里，人们不可能再自由变换栖息地。但是，我们确实有超过以往社会的独特优势，因为我们能从一定程度上预测未来。我们必须利用预测信息来制定策略，最大限度地减少气候变化对社会的威胁。这将需要大量坚实的国际合作，否则21世纪将可能见证前所未有的社会混乱[449]。

10.6.2 向可持续发展过渡

一个较乐观的观点是，"生态的"行动将在未来几十年增长，平稳地过渡向将工业和人性生态地结合在一起。有迹象表明我们正走在这条道路上：在20世纪90年代，风力发电每年增长26%，太阳能发电每年增长17%，与之形成对比的是，煤和油的增长比2%还低；政府已批准了包罗万象的从捕鱼到沙漠化的170多个国际环境条约。

然而，严重的阻力是存在的，特别是因为正如在10.3节"'社会'科学家的乐观观点"中描述的那样，人们对形势的严重性没有达成共识。问题不在于乐观的看法是错误的，事实上，根据经济核算，乐观的看法大部分是正确的。通过本书[219]和其他人的分析提出的问题是，接近有限时间奇点的速度在之前的几十年可以是令人惊讶地快。那么，线性外推（linear extrapolations）就可能严重误导，并会带来灾难性后果。我们的分析显示，"乐观的观点"内生地包含它自己的死亡，其形式是一个由符合乐观观点的加速度创造出来的可以预测的奇点。

转向可持续性在于，从发展转为与自然和地球资源平衡地共生。这要求过渡到一个以知识为基础的社会，其中，知识、智力、艺术和人文的价值取代了追求物质财富。实际上，它们在经济上的主要不同是，知识是"非竞争性的"[350]：在一个地方使用一个想法或一种知识，并不妨碍它也在其他地方被使用。与之形成对比，以一个人的衣服为例，它并不能被其他人同时使用。只有重视非竞争性的物品，才能从根本上限制对地球的掠夺。人们需要找到超越物质财富和权力的激励机制，比如对工作的渴望和在生活中对寻找生命的意义的渴望。一些所谓的"原始"社会似乎已能演变成这样一个国家。

许多科学家和环保组织倡导，我们目前主要利用石油、天然气和煤炭的能源体系是不可持续的，应过渡为以核能、风力、海洋运动和生物能源为主的形式，或更直接地利用太阳能的形式（如参见［148，149，151］及其参考文献）。粮食和生物量（biomass）的可持续性生产取决于一些关键因素，包括土壤质量、水的质量及数量、气候、空气质量、农业技术、肥料技术、生物技术和生物多样性。在植物生物技术上的新进展必须被有效利用，以造福发展中国家不断增长的人口，这是因为通过"绿色"革命带来的在粮食生产中的好处已碰到天花板，而世界人口仍继续上升［91］。

水土流失也存在全球性的问题，世界的耕作层每年流失近1％［151］（以这种速度，不到70年就会流失一半土壤）。水土流失可通过聪明地使用水和植被来避免。土壤质量也是一个至关重要的问题：土壤是非常复杂的材料，它由大气运动、水圈和岩石物质上的生物圈间的共同作用，即"风化作用"形成。土壤一旦流失，要再从岩石再变成土壤，需要几十年到几千年。我们有必要基于多个领域的技术的多样性和它们之间的融合发展出综合土壤化学（total soil chemistry）的新型农业。水与土壤密切相关。对供水的管理需要整合几乎所有科学与工程领域的知识，以及可持续的社会学和经济学［148，149，151］。

矿石提炼和纯化矿物产生巨大量的有毒物与污染，如砷、卤素（氟、氯和溴）、汞、铅、硫和硒。我们需要新的工程技术来收集材料，以便最小限度地干扰环境。因为工业国家的人口里有75％居住在城市，废物管理产生了巨大问题，包括带来大规模空气污染和水污染的工程。我们需要对资源和循环利用技术有良好的质量控制。为了产生真正可持续的系统，所有人都必须接受教育，都必须理解我们的生命支持系统［150］。

最后，也最重要的是，我们需要行动而不是空谈［264］。关于经济增长的必胜信念让人们无暇关注环境。只要环境提供的服务没有被合适地定价并纳入资产负债表，市场的力量就似乎并没有足够大［145］，使在资源、能源、化工、农业等行业的大型跨国公司往可持续方向做真正具体的努力。

生态系统是资产：当被管理得当时，它们会产生重要的商品和服务流［99］。自然的价值包括生产产品（如海鲜和木材）、支持生命过程（如授粉、净化空气和水、稳定气候、缓解洪涝和干旱、病虫害防治、创造肥沃的土壤）和提供让生命愉悦的条件（如休闲娱乐、美和宁静）。此外，生态系统还能贮存可能性（如供将来使用的遗传多样性）。再举一个例子，亚马孙热带雨林的一部分经济价值是作为未来医药产品的资源库或作为生态旅游之地，而其所谓的"使用"价值可能只是正确定义的经济价值的一小部分。几十年来，经济学家已经认识到了环保设施的"非使用"价值的重要性：如自然保护区或濒危物种。这些资本因为是公有的，所以其价值特别难凭经验被量化，它们的市场价格不存在［145］。事实上，相对于其他形式的资本，生态系统被了解得很少，几乎没有被控制，而且，（在许多情况下）正在迅速退化和耗竭。

有人认为，经济价值评估的过程可以提高组织管理工作的水平［99］。个人和社会已在他们的集体决策中默默评价了自然的价值，生态系统服务太经常被当成是免费的。直到最近，这样做通常还是安全的：生态资本充裕，相对来说，经济活动对其的影响是最小的。然而，生态系统的资本正变得越来越稀缺，因此，现在关键是既要了解如何评估生态系统的价值，又要了解这种估值的限制［145］。马里兰州大学的科斯坦萨（R. Costanza）和12个合作者做出了最近最有争议的尝试，融合经济学和生态学以获得世界"生态系统服务和自然资本"的总货币价值［94］：他们得到的数字是每年33万亿美元，超过世界国民生产总值的总和。科斯坦萨等人描述了16种生态系统（从公海到城市中心）的17种生态系统服务（从大气调节到提供"文化价值"），对其"当前经济价值"的"最低限度的估计"是每年33万亿美元。这项工作受到了很多批评，未来资源研究所（Resources for the Future）的托曼（M. Toman）认为其是"无限地严重低估"，还有人认为其"新古典经济学的方法，不适用于评价一种特殊交换的价值。"按新古典经济学的观点，要问什么是世界上生态系统服务的价值是荒谬的。这里的局限是，人们只能评估当前条件的很小（或"边际"）的变化。然而，在我们看来重要的是，这个量级的研究更正了很多人可能会猜想的生态系统服务的价值只占国民生产总值的1%或更少的观点。它评估出的价值比没有价值要好，因为它可以在工业和经济的方法中纳入对环境可持续性的考量。

10.6.3　通过超越根本障碍来恢复加速增长

有限时间奇点到来所宣告的新时期，可能是新一轮增长的比赛，因为新发现让人类能充分利用海洋的巨大资源（大部分尚未开发），甚至其他行星的资源，特别是我们太阳系外的资源，这甚至可能是一次更强的加速过程。这次增长的条件相当极端。对行星来说，需要快得多的新的推进器模式，以及在如何控制太空零重力和高辐射对人类造成的不利生物效应上有革新。新的药物和基因工程可能让人能应对太空的艰苦情况，从而在一段时间的修整后，带来加速增长的新时代。未来要达到下一个新的有限时间奇点，可能需要几百年。

最近，由于计算机能力的增长（见图10-9）以及大规模互联网的使用，将极有可能在人与计算机和网络的互动方面出现重大革命。圣迭戈州立大学数学科学系的名誉教授、科幻小说作家文奇（V. Vinge）[438]提出：在2030年前，技术进步的加速将带来超越人类智慧的独立存在体。他探索了科学可能取得这个突破的几条路径：

● 有可能开发出"清醒"的超人类智能的计算机（到今天为止，关于我们是否可以创造出与人类一样的一台机器已经有很多争议，但如果答案是"是的，我们能"，那么毫无疑问，不久后我们就能创造出一台比人类更聪明的机器）。

● 大型计算机网络（及其相关用户）可能作为一个超人类智能的整体"苏醒"。

● 人机互动可能变得如此紧密，以至我们有理由认为其用户是超人类智能的。

● 生物技术可能提供改善天然人类的智能的方法。

文奇非常恰当地运用了"奇点"这个词，以描述我们必须废弃模型，而转向新的超人智能的时间点。如果用这种超人智能来推动进步，在更短的时间尺度下，这个进步将快很多，而且可能创造出更智慧的实体。在过去的进化中，动物适应问题并产生发明，在数百万年的自然选择里，世界是它自己的模拟器。超人智能通过执行速度更高的模拟，可导致自然进化急剧加速。我们过去认为在"100万年"中可能的发展，可能在21世纪或22世纪就会发生[438]。这种进化的加速，可能带来令人不安的后果。超人智能的机器将不会成为人类的"工具",就像人类不会是兔子、知更鸟或黑猩猩的工具。它们是否能好好对待我们,比我们对待动物的态度要好?

有几个反对人类智能和意识(更不要说超人智能)的可能性的论点。牛津大学与宾夕法尼亚大学的物理和数学教授彭罗斯(R. Penrose),基于哥德尔(Gödel)的不完全性定理(incompleteness theorem),提出意识通过神经元中的微管运作,它的机制与量子引力现象有关[331]。加州大学伯克利分校的哲学教授瑟尔(J. Searle)认为电脑对形式符号的句法操作本身并不能构成语义[367]。计算机对符号只是盲目地操作,它们不理解它们在"说"什么。应该指出的是,瑟尔的生物自然主义并不是说,大脑,且只有大脑,可引起意识。瑟尔谨慎地指出,虽然某些大脑功能看上去似乎是足以产生意识,但我们当前的神经生物学的知识,还无法使我们得出结论说,它们对产生意识是必要的。

还有一个可能性是,单个神经元的计算能力可能远高于我们一般认为的那样。如果是这样,我们现在的计算机硬件可能比我们头部携带的设备差 10 个数量级。如果这是真的(或如果关于这一点,彭罗斯或瑟尔的批评有效),我们可能永远也看不到的奇点[438]。但如果技术的奇点可能发生,它就会发生。文奇认为,我们无法阻止奇点,它的到来是人类的自然竞争力和技术天生所蕴含的可能性的不可避免的结果。

在这个场景中,远超人类智能的实体的一个核心特征将可能是,有能力用可变的频带宽度进行交流,包括远比语音或书面消息高的带宽。当自我的片段可被复制和融合,当自我意识的大小可增长或缩小以适应问题的性质,会发生什么[438]?强人工智能的根本特征是,它真正了解彼此,并了解最深的奥秘的能力,随着时间的推移永不休止地加速增长。

10.7　向股市中的行为日益靠近的倾向

我们把股市分析放在这样一个人口、环境和经济的整体框架中是个必要步骤,因为从长期来看,它们的未来,尤其是金融崩盘的发生,不能与它们所"生活"的世界的许多其他组成部分分离开来。

我们很愿意在本书的最后指出，通过互相影响，整个经济正越来越多地仿效股票市场的行为。2001年2月，美国联邦储备委员会主席格林斯潘在对货币政策的声明中提出："已推动结构性生产率增长的那些力量，似乎也加快了周期性调整的步伐。"也就是说，最近一次制造业的暴跌只是因为反应敏捷的企业去库存的步伐，又进一步被信息技术加速了[250]。这种快速的调整包含着一个警告：企业的投资决策开始效仿金融投资者的一触即发的行为。正如格林斯潘在声明中的总结："对出现的失衡进行的调整比以往更快，这通常是有益的……但更快的调整过程确实举起了一些警旗……这些警旗看上去出现得比过去几十年远为密集。"

这意味着越来越多的经济成分可能开始表现得像金融市场，所有这些暗示着泡沫和恐慌等可能性。事实上，克鲁格曼曾提出，今天企业的快速反应远不会让经济更稳定，而是会使它们在设备和软件上的投资容易陷入自我实现的悲观主义，这过去只可能在票据资产投资（如股票）上存在[250]。一个典型的现象是，企业突然缩减其投资计划，不是因为它们已受损，而是因为发展起来的恐惧气氛让经理确信要"谨慎再谨慎"。因为一家公司的投资是另一家公司的销售，这样的缩减可以带来经理担心的低迷情况[250]。我们认为，与之相对应，对未来的乐观看法也可逐渐转成自我实现的泡沫，它决定企业的战略、投资和招聘目标。如果这些泡沫吹得过多或过久，它们可能会在"崩盘"中倒塌。

所以，投机和自我实现的泡沫和抗击泡沫的行为远不是过去的事，它可能将占据经济和人类活动的越来越大的部分。本书中讨论的现象和其中的机制因此可能会变得与人类活动越来越大的部分越来越多地相关。因此，我们要了解它们的来源，为微妙但显著的先兆做好准备！

参考文献

[1] Adam, M. C. and Szafarz, A. (1992). Speculative bubbles and financial markets, *Oxford Economic Papers* **44**, 626-640.

[2] Agent-Based Computational Economics , http://www. econ. iastate. edu/tesfatsi/ace. htm.

[3] Allen, F. and Gale, D. (1999) Bubbles, crises, and policy, *Oxford Review of Economic Policy* **15** (3), 9-18.

[4] Allen, F. and Gale, D. (2000) Bubbles and crises, *Economic Journal* 110 (460), 236-255.

[5] Altes, R. A. (1976) Sonar for generalized target description and its similarity to animal echolocation systems, *Journal of the Acoustic Society of America* **59**, 97-105.

[6] Andersen, J. V., Gluzman, S., and Sornette, D. (2000). Fundamental framework for technical analysis, *European Physical Journal B* **14**, 579-601.

[7] Anderson, P. W. (1972). More is different, *Science* **177**, 393-396.

[8] Anderson, P. W., Arrow, K. J., and Pines, D., Editors (1988). *The economy as an evolving complex system* (Addison-Wesley, New York).

[9] Andrade, R. F. S. (1999) Thermodynamical behavior of aperiodic Ising models on hierarchical lattices, *Physical Review E* **59**, 150-157.

[10] Andreassen, P. B. and Kraus, S. J. (1990). Judgemental extrapolation and the salience of change, *Journal of Forecasting* **9**, 347-372.

[11] Ang, J. S. (1978). A note on the leverage effect on portfolio performance measures, *Journal of Financial & Quantitative Analysis* **13**, 567−571.

[12] Anifrani, J.-C., Le Floc'h, C., and Sornette, D. (1999). Prédiction de la rupture de réservoirs composites de haute pression à l'aide de l'émission acoustique, *Contrôle Industriel* **220**, 43−45.

[13] Anifrani, J.-C., Le Floc'h, C., Sornette, D., and Souillard, B. (1995). Universal log-periodic correction to renormalization group scaling for rupture stress prediction from acoustic emissions, *Journal of Physics. I France* **5**, 631−638.

[14] Arneodo, A., Bacry, E., Graves, P. V., and Muzy, J.-F. (1995). Characterizing long-range correlations in DNA sequences from wavelet analysis, *Physical Review Lett.* **74**, 3293−3296.

[15] Arrow, K., Bolin, B., Costanza, R., Dasguptam, P., Folke, C., Holling, C. S., Jansson, B.-O., Levin, S., Mäler, K.-G., Perrings, C., and Pimentel, D. (1995). Economic growth, carrying capacity and the environment, *Science* **268**, 520−521.

[16] Arrow, K. J. and Debreu, G. (1954). Existence of an equilibrium for a competitive economy, *Econometrica* **22**, 265−290.

[17] Arthur, B. W. (1994) Inductive reasoning and bounded rationality (The El Farol Problem), *American Economic Review (Papers and Proceedings)* **84**.

[18] Arthur, W., Lane, D., and Durlauf, S., Editors (1997). *The economy as an evolving complex system II* (Addison-Wesley, Redwood City).

[19] Arthur, W. B. (1987). Self-reinforcing mechanisms in economics, *Center for Economic Policy Research* 111, 1−20.

[20] Arthur, W. B., Ermoliev, Y. M., and Kaniovsky, Y. M. (1984). Strong laws for a class of path-dependent stochastic processes with applications, in *Proceedings of the International Conference on Stochastic Optimization*, A. Shiryaev and R. Wets, editors (Springer-Verlag, New York), pp. 287−300.

[21] Arthur, W. B., Holland, J. H., LeBaron, B., Palmer, R., and Tay-

lor, P. (1997). Asset pricing under endogenous expectations in an artificial stock market, in *The Economy as an Evolving Complex System* Ⅱ, W. Arthur, D. Lane, and S. Durlauf, aditors (Addison-Wesley, Redwood City).

[22] Asimov, I. (1982). *The Foundation Trilogy: Three Classics of Science Fiction* Doubleday, Garden City, New York.

[23] Asimov, I. (1983). *Foundation* (Ballantine Books, New York).

[24] Assoe, K. G. (1998). Regime-switching in emerging stock market returns, *Multinational Finance Journal* **2**, 101–132.

[25] Bachelier, L., Théorie de la speculation, 1900, *Annales de l'Ecole Normale Supérieure* (translated in the book *Random Character of Stock Market Prices*); Théorie des probabilités continues, 1906, *Journal des Mathematiques Pures et Appliquées*; Les Probabilités cinematiques et dynamiques, 1913, *Annales de l'Ecole Normale Supérieure*.

[26] Bak, P. (1996) How Nature Works: The Science of Self-Organized Criticality (Copernicus, New York).

[27] Bak, P., Norrelykke, S. F., and Shubik, M. (1999). Dynamics of money, *Physical Review E* **60**, 2528–2532.

[28] Barlevy, G. and Veronesi, P. (2000). Rational panics and stock market crashes, working paper, http://gsb.uchicago.edu/.

[29] Barnsley, M. (1988). *Fractals Everywhere* (Academic Press, Boston).

[30] Barro, R. J., Fama, E. F., Fischel, D. R., Meltzer, A. H., Roll, R., and Telser, L. G. (1989). *Black Monday and the Future of Financial Markets*, R. W. Kamphuis, Jr., R. C. Kormendi, and J. W. H. Watson, editors (Mid American Institute for Public Policy Research, Inc. and Dow Jones-Irwin, Inc. Toronto, Canada).

[31] Barton, C. C. and La Pointe, P. R., Editors (1995). *Fractals in the Earth Sciences* (Plenum Press, New York, London).

[32] Basle Committee on Banking Supervision (1997). *Core Principles for Ef-*

fective Banking Supervision, Basle September 1997. The Basle Committee on Banking Supervision is a Committee of banking supervisory authorities which was established by the central bank Governors of the Group of Ten countries in 1975. It consists of senior representatives of bank supervisory authorities and central banks from Belgium, Canada, France, Germany, Italy, Japan, Luxembourg, Netherlands, Sweden, Switzerland, United Kingdom and the United States. It usually meets at the Bank for International Settlements in Basle, where its permanent Secretariat is located.

[33] Batagelj, V. and Mrvar, A. (2000). Some analyses of Erdös collaboration graph, *Social Networks* **22**, 173-186.

[34] Bates, D. S. (1991). The crash of '87: Was it expected? The evidence from options markets, *Journal of Finance* **46**, 1009-1044.

[35] Batten, D. S. (1981). Foreign exchange markets: The dollar in 1980, *Federal Reserve Bank of St. Louis Review* **63**, 22-30.

[36] Bauer, R. J. and Dahlquist, J. R. (1999). *Technical Market Indicators, Analysis and Performance* (Wiley, New York).

[37] Bender, C. and Orszag, S. A. (1978). *Advanced Mathematical Methods for Scientists and Engineers* (McGraw-Hill, New York), p. 147.

[38] Benford, F. (1938). The law of anomalous numbers, *Proceedings of the American Philosophical Society.* **78**, 551-572.

[39] Bikhchandani, S., Hirshleifer, D., and Welch, I. (1992). A theory of fads, fashion, custom, and cultural change as informational cascades, *Journal of Political Economy* **100**, 992-1026.

[40] Black, F. (1986) Noise, *Journal of Finance* **41**, 529-543.

[41] Black, F. and Scholes, M. (1973). The pricing of options and corporate liabilities, *Journal of Political Economy* **81**, 637-659.

[42] Blackmore, S. (2000). *The Meme Machine* (Oxford University Press, Oxford, U. K.).

[43] Blanchard, O. J. (1979). Speculative bubbles, crashes and rational expectations, *Economics Letters* **3**, 387-389.

[44] Blanchard, O. and Fischer, S. (1989). *Lectures on Macroeconomics* (MIT Press, Cambridge, MA).

[45] Blanchard, O. J. and Watson, M. W. (1982). Bubbles, rational expectations and speculative markets, in *Crisis in Economic and Financial Structure: Bubbles, Bursts, and Shocks*, P. Wachtel, editor (Lexington Books, Lexington, MA).

[46] Bollerslev, T., Chou, R. Y., and Kroner, K. F. (1992). ARCH modeling in finance: A review of the theory and empirical evidence, *Journal of Econometrics* **51**, 5-59.

[47] Bonanno, G. and Zeeman, E. C. (1988). Divergence of choices despite similarity of characteristics: An application of catastrophe theory, *European Journal of Operational Research* **36**, 379-392.

[48] Boissevain, J. and Mitchell, J., Editors (1973). *Network Analysis: Studies in Human Interaction* (Mouton, The Hague).

[49] Bouchaud, J.-P. and Cont, R. (1997). A Langevin approach to stock market fluctuations and crashes, *European Physics Journal B* **6**, 543-550.

[50] Bouchaud, J.-P. and Potters, M. (2000). *Theory of Financial Risks: From Statistical Physics to Risk Management* (Cambridge [England]; New York, Cambridge University Press).

[51] Boutchkova, M. K. and Megginson, W. L. (2000). Privatization and the rise of global capital markets, *Financial Management* **29** (4), 31-75.

[52] Braudel, F. (1979). *Civilisation matérielle, économie et capitalisme* (A. Colin, Paris, France).

[53] Brock, W., Lakonishok, J., and LeBaron, B. (1992). Simple technical trading rules and the stochastic properties of stock returns, *Journal of Finance* **47**, 1731-1764.

[54] Brock, W. A. (1993) Pathways to randomness in the economy: Emergent

nonlinearity and chaos in economics and finance, *Estudios Económicos* **8**, 3−55.

[55] Brock, W. A. and Hommes, C. H. (1997). A rational route to randomness, *Econometrica* **65**, 1059−1095.

[56] Brock, W. A. and Hommes, C. H. (1998). Heterogeneous beliefs and routes to chaos in a simple asset pricing model, *Journal of Economic Dynamics and Control* **22**, 1235−1274.

[57] Brock, W. A. and Hommes, C. H. (1999). Rational animal spirits, in *The Theory of Markets*, P. J. J. Herings, G. van der Laan, and A. J. J. Talman, editors (North-Holland, Amsterdam), pp. 109−137.

[58] Brock, W. A. and LeBaron, B. D. (1996). A dynamic structural model for stock return volatility and trading volume, *Review of Economics & Statistics* **78**, 94−110.

[59] Broglia, R. A., Terasaki, J., and Giovanardi, N. (2000). The Anderson-Goldstone-Nambu mode in finite and in infinite systems, *Physics Reports* **335**, 2−18.

[60] (The) Bubble Project at http://is.dal.ca/dmcneil/bubble.html

[61] Budyko, M. I. (1969). The effect of solar radiation variations on the climate of the earth, *Tellus* **21**, 611−619.

[62] Burgess, C. P. (2000). Goldstone and pseudo-Goldstone bosons in nuclear, particle and condensed-matter physics, *Physics Reports* **330**, 194−261.

[63] Cai, J. (1994) A Markov model of switching-regime ARCH, *Journal of Business & Economic Statistics* **12**, 309−316.

[64] Callen, E. and Shapero, D. (1974). A theory of social imitation, *Physics Today* **July**, 23−28.

[65] Camerer, C. (1992). The rationality of prices and volume in experimental markets, *Organizational Behavior & Human Decision Processes* **51**, 237−272.

[66] Camerer, C. and Lovallo, D. (1999). Overconfidence and excess entry: An experimental approach, *American Economic Review* **89**, 306−318.

[67] Camerer, C. and Weigelt, K. (1991). Information mirages in experimental

asset markets, *Journal of Business* **64**, 463-493.

[68] Campbell, J. Y., Lo, A. W., and MacKinlay, A. C. (1997). The Econometrics of Financial Markets. (Princeton University Press, Princeton, NJ).

[69] Carbonara, P. (1999). What is the intrinsic value? *Money* **28**, 133.

[70] Cardy, J. L. (1998). Finite-size scaling (North-Holland, New York).

[71] Carlson, J. M. and Doyle, J. (1999). Highly optimized tolerance: A mechanism for power laws in designed systems, *Physical Review. E* **60**, 1412-1427.

[72] Carlson, J. M. and Doyle, J. (2000). Highly optimized tolerance: Robustness and design in complex systems, *Physical Review Letters* **84**, 2529-2532.

[73] Chaitin, G. J. (1987). *Algorithmic Information Theory* (Cambridge University Press, Cambridge, New York).

[74] Chaline, J., Nottale, L., and Grou, P. (1999). L'arbre de la vie a-t-il une structure fractale? *Comptes Rendus l' Académie des Sciences*, *Paris* **328**, 717-726.

[75] Challet, D. Minority Game's web page: http://www.unifr.ch/econophysics/minority/minority.html.

[76] Challet, D., Chessa, A., Marsili, M., and Zhang, Y.-C. (2001). From minority games to real markets, *Quantitative Finance* **1** (1), 168-176.

[77] Challet, D. and Zhang, Y.-C. (1997). Emergence of cooperation and organization in an evolutionary game, *Physica A* **246**, 407-418.

[78] Challet, D. and Zhang, Y.-C. (1998). On the minority game: Analytical and numerical studies, *Physica A* **256**, 514-532.

[79] Chan, N. T., LeBaron, B., Lo, A. W., and Poggio, T. (1999). Agent-Based Models of Financial Markets: A Comparison with Experimental Markets, Working paper, MIT, Cambridge, MA; preprint at http://cyber-exchange.mit.edu/.

[80] Chauvet, M. (1998). An econometric characterization of business cycle dynamics with factor structure and regime switching, *International Economic Review* **39**, 969-996.

[81] Checki, T. J. and Stern, E. (2000). Financial crises in the emerging markets: The roles of the public and private sectors, *Current Issues in Economics and Finance* (Federal Reserve Bank of New York) **6** (13), 1-6.

[82] Chen, J. (1999). When the bubble is going to burst, *International Journal of Theoretical and Applied Finance* **2**, 285-292.

[83] Chen, J. (2000). *Credit Distortion and Financial Crisis*, Working paper, National University of Singapore.

[84] Chen, N.-F., Cuny, C. J., and Haugen, R. A. (1995). Stock volatility and the levels of the basis and open interest in futures contracts, *Journal of Finance* **50**, 281-300.

[85] Chiang, R., Liu, P., and Okunev, J. (1995). Modelling mean reversion of asset prices towards their fundamental value, *Journal of Banking & Finance* **19**, 1327-1340.

[86] Christie, A. A. (1982). The stochastic behavior of common stock variances: Value, leverage and interest rate effects, *Journal of Financial Economics* **10**, 407-432.

[87] Cohen J. E. (1995). Population growth and Earth's human carrying capacity, *Science* **269**, 341-346.

[88] Coleman, P. H. and Pietronero, L. (1992). The fractal structure of the universe, *Physics Reports* **213**, 311-389.

[89] Commission on Physical Sciences, Mathematics, and Applications, Computing and Communications in the Extreme Research for Crisis Management and Other Applications, Steering Committee, *Workshop Series on High Performance Computing and Communications*, Computer Science and Telecommunications Board, National Academy Press, Washington, D. C., 1990.

[90] Conference on "The Collapse of Complex Societies," San Francisco, Feb. 2001.

[91] Conway, G. and Toenniessen, G. (1999). Feeding the world in the twen-

ty-first century, *Nature* **402**, c55-c58.

[92] Cootner, P. H., Editor(1967). *The Random Character of Stock Market Prices* (Cambridge, MA, MIT Press).

[93] Cosmides, L. and Tooby, J. (1994) Better than rational-evolutionary psychology and the invisible hand, *American Economic Review* **84**, 327-332.

[94] Costanza, R., dArge, R., deGroot, R., Farber, S., Grasso, M., Hannon, B., Limburg, K., Naeem, S., O'Neill, R. N., Parvelo, J., Raskin, R. G., Sutton, P., and van den Belt, M. (1997). The value of the world's ecosystem services and natural capital, *Nature* **387**, 253-260.

[95] Cox, J. C., Ingersoll, J. E., and Ross, S. A. (1985). A theory of the term structure of interest rates, *Econometrica* **53**, 385-407.

[96] Cronin, R. P. (1998). *Asian Financial Crisis: An Analysis of U. S. Foreign Policy Interests and Options*, Foreign Affairs and National Defense Division, http://www.fas.org/man/crs/crs-asia.htm.

[97] Crutchfield, J. P. and Mitchell, M. (1995) The evolution of emergent computation, *Proceedings of the National Academy of Science*, U. S. A. **92**, 10742-10746.

[98] D'Agostini, G. (1999). Teaching statistics in the physics curriculum: Unifying and clarifying role of subjective probability, *American Journal of Physics* **67**, 1260-1268.

[99] Daily, G. C., Sderqvist, T., Aniyar, S., Arrow, K., Dasgupta, P., Ehrlich, P. R., Folke, C., Jansson, A., Jansson, B.-O., Kautsky, N., Levin, S., Lubchenco, J., Mler, K.-G., Simpson, D., Starrett, D., Tilman, D., and Walker, B. (2000). The value of nature and the nature of value, *Science* **289**, 395-396.

[100] Darke, P. R. and Freedman, J. L. (1997). Lucky events and beliefs in luck: Paradoxical effects on confidence and risk-taking, *Personality & Social Psychology Bulletin* **23**, 378-388.

[101] Davis, D. and Holt, C. (1993). *Experimental Economics* (Princeton University Press, Princeton, NJ).

[102] Dawkins, R. (1990). *The Selfish Gene* (Oxford University Press, Oxford, U. K.).

[103] De Bandt, O. and Hartmann, P. (November, 2000). *Systemic Risk: A Survey, Financial Economics and Internation Macroeconomics*, ECB Discussion paper series No. 35, European Central Bank.

[104] De Bondt, W. F. M. and Thaler, R. H. (1995). Financial decision-making in markets and firms: A behavioral perspective, in *Finance*, R. A. Jarrow, V. Maksimovic, and W. T. Ziemba, editors, Handbooks in Operations Research and Management Science **9**, 385–410 (Elsevier Science, Amsterdam, New York).

[105] DeLong, J. B. (1998). *Estimating World GDP, One Million B. C. - Present*. Working paper available at http://econ161.berkeley.edu/TCEH/1998_Draft/World_GDP/Estimating_World_GDP.html.

[106] Derrida, B. , De Seze, L. , and Itzykson, C. (1983). Fractal structure of zeros in hierarchical models, *Journal of Statistical Physics* **33**, 559–569.

[107] Devenow, A. and Welch, I. (1996). Rational herding in financial markets, *European Economic Review* **40**, 603–616.

[108] Dezhbakhsh, H. and Demirguc-Kunt, A. (1990). On the presence of speculative bubbles in stock prices, *Journal of Financial & Quantitative Analysis* **25**, 101–112.

[109] Diba, B. T. and Grossman, H. I. (1988). Explosive rational bubbles in stock prices? *American Economic Review* **78**, 520–530.

[110] Driffill, J. and Sola, M. (1998). Intrinsic bubbles and regime-switching, *Journal of Monetary Economics* **42**, 357–373.

[111] Drozdz, S. , Ruf, F. , Speth, J. , and Wojcik, M. (1999) Imprints of log-periodic self-similarity in the stock market, *European Physical Journal* **10**, 589–593.

[112] Dubrulle, B., Graner, F., and Sornette, D., Editors (1997). *Scale Invariance and Beyond* (EDP Sciences and Springer-Verlag, Berlin).

[113] Dunbar, N. (1998) Plugging the holes in Black-Scholes, *Financial Products* **84**, 14–16.

[114] Dunning, T. J. (1860). *Trades' Unions and Strikes: Their philosophy and intention.* T. J. Dunning, London.

[115] Dupuis, H. (1997). Un krach avant Novembre, *Tendances*, September 18, p. 26.

[116] Dyson, F. (1988). *Infinite in All Directions* (Penguin, London), pp. 258–259.

[117] Edgar, G. A., Editor. (1993). *Classics on Fractals* (Addison-Wesley, Reading, MA).

[118] Elias, D. (1999). *Dow 40,000: Strategies for Profiting from the Greatest Bull-Market in History* (McGraw-Hill, New York).

[119] Energy and Natural Environment Panel (2000). *Stepping Stones to Sustainability*, The Office of Science and Technology, Department of Trade and Industry, United Kingdom, http://www.foresight.gov.uk/.

[120] Evans, G. W. (1991). Pitfalls in testing for explosive bubbles in asset prices, *American Economic Review* **81**, 922–930.

[121] Evans, P. (1986). Is the dollar high because of large budget deficits? *Journal of Monetary Economics* **18**, 227–249.

[122] Fama, E. F. (1991). Efficient capital markets. 2, *Journal of Finance* **46**, 1575–1617.

[123] Farmer, J. D. (1998). *Market Force, Ecology and Evolution*, Preprint available at adap-org/9812005.

[124] Farmer, J. D. and Joshi, S. (2000). The price dynamics of common trading strategies, to appear in the *Journal of Economic Behavior and Organization*; e-print at http://xxx.lanl.gov/abs/cond-mat/0012419.

[125] Feather, N. T. (1968). Change in confidence following success or failure as a predictor of subsequent performance, *Journal of Personality and Social Psychology* **9**, 38–46.

[126] Feder, J. (1988). *Fractals* (Plenum Press, New York).

[127] Feigenbaum, J. A. (2001). A statistical analysis of log-periodic precursors to financial crashes, *Quantitative Finance* **1**, 346–360.

[128] Feigenbaum, J. A. and Freund, P. G. O. (1996). Discrete scale invariance in stock markets before crashes, *International Journal of Modern Physics B* **10**, 3737–3745.

[129] Feigenbaum, J. A. and Freund, P. G. O. (1998). Discrete scale invariance and the "second Black Monday," *Modern Physics Letters B* **12**, 57–60.

[130] Feldman, R. A. (1982). Dollar appreciation, foreign trade, and the U. S. economy, *Federal Reserve Bank of New York Quarterly Review* **7**, 1–9.

[131] Feller, W. (1971). *An Introduction to Probability Theory and Its Applications*, Vol. I (Wiley, New York), section 6 of chapter 2.

[132] Fernando, C. S. and Herring, R. J. (2001). Liquidity shocks, systemic risk, and market collapse: Theory and application of the market for perps, Working paper of the Financial Institutions Center at the Wharton School of the University of Pennsylvania, Philadelphia. 01.34.

[133] Fieleke, N. S. (1985). Dollar appreciation and U. S. import prices, *New England Economic Review* (Nov/Dec), 49–54.

[134] Fisher, I. (1961). *The Theory of Interest as determined by impatience to spend income and opportunity to invest it*. A. M. Kelley, editor, New York.

[135] Flood, R. P. and Hodrick, R. J. (1990). On testing for speculative bubbles, *Journal of Economic Perspectives* **4**, 85–101.

[136] Folkerts-Landau, D., Mathieson, D. J., and Schinasi, G. J. (1997). *World Economic and Financial Surveys on International Capital Markets Developments, Prospects and Key Policy Issues*, International Monetary Fund (available at

http://www.imf.org/external/pubs/ft/icm/97icm/icmcon.htm).

[137] Forsythe, R., Palfrey, T. R., and Plott, C. R. (1982). Asset valuation in an experimental market, *Econometrica* **50**, 537-567.

[138] Foundation for the Study of Cycles, http://www.cycles.org/.

[139] Frankel, J. A. and Froot, K. A. (1988). Chartists, fundamentalists and the demand for dollars, *Greek Economic Review* **10**, 49-102.

[140] Frankel, J. A. and Froot, K. A. (1990). Chartists, fundamentalists, and trading in the foreign exchange market, *American Economic Review* **80**, 181-185.

[141] Frankel, J. A. and Rose, A. K. (1996) Currency crashes in emerging markets: An empirical treatment, *Journal of International Economics* **41**, 351-366.

[142] Friedberg Mercantile Group, *The Collapse of Wall Street and the Lessons of History*, http://www.usastores.com/Consensus/longterm/fried.htm.

[143] Friedman, D. and Sunder, S. (1994). *Experimental Methods: A Primer for Economists* (Cambridge University Press, New York).

[144] Froot, K. A. and Obstfeld, M. (1991). Intrinsic bubbles: The case of stock prices, *American Economic Review* **81**, 1189-1214.

[145] Fullerton, D. and Stavins, R. (1998). How economists see the environment, *Nature* **395**, 433-434.

[146] Fung, W. and Hsieh, D. A. (2000). Measuring the market impact of hedge funds, *Journal of Empirical Finance* **7**, 1-36.

[147] Fung, W. and Hsieh, D. A. (2001) The risk in hedge fund strategies: Theory and evidence from trend followers, *The Review of Financial Studies* **14**, 313-341.

[148] Fyfe, W. S. (1998). Towards 2050: The past is not the key to the future—Challenges for the science of geochemistry, *Environmental Geology* **33**, 92-95.

[149] Fyfe, W. S. (1999). Clean energy for 10 billion humans in the 21st century: Is it possible? *International Journal of Coal Geology* **40**, 85-90.

[150] Fyfe, W. S. (1999). Needed universal education and new systems for a

positive 21st century, *Ecosystem Health* **5**, 181-182.

[151] Fyfe, W. S. (2000). Truly sustainable development for a positive future: the role of the earth sciences, *Trends in Geochemistry* **1**, 125-132.

[152] Galbraith, J. K. (1997). *The Great Crash*, 1929 (Houghton Mifflin, Boston).

[153] Garber, P. M. (2000). *Famous First Bubbles: The Fundamentals of Early Manias* (MIT Press, Cambridge, MA).

[154] Gaunersdorfer, A. (2000). Endogenous fluctuations in a simple asset pricing model with heterogeneous agents, *Journal of Economic Dynamics & Control* **24**, 799-831.

[155] Ghil, M. and Childress, S. (1987). *Topics in Geophysical Fluid Dynamics: Atmospheric Dynamics, Dynamo Theory and Climate Dynamics* (Springer-Verlag, New York, Berlin, London, Paris, Tokyo).

[156] Gilles B. (1982). *Histoire des techniques* (Gallimard, Pairs).

[157] Gillette, D. and DelMas, R. (1992). *Psycho-Economics: Studies in Decision Making, Classroom Expernomics*, Newsletter published by Department of Economics, Management and Accounting, Marietta College, Marietta, Ohio, Fall 1992, 1, pp. 1-5.

[158] Glassman, J. K. and Hassett, K. A. (1999). *DOW 36,000: The New Strategy for Profiting from the Coming Rise in the Stock Market* (Times Books, London).

[159] Global Financial Data, Freemont Villas, Los Angeles, CA 90042. The data used are free samples available at http://www.globalfindata.com/.

[160] Glosten, L. R., Jagannathan, R., and Runkle, D. E. (1993). On the relation between the expected value and the volatility of the nominal excess return on stocks, *Journal of Finance* **48**, 1779-1801.

[161] Gluzman, S. and Yukalov, V. I. (1998). Booms and crashes in self-similar markets, *Modern Physics Letters B* **12**, 575-587.

[162] Godley, W. (1999). *Seven Unsustainable Processes (Medium Term Prospects and Policies for the United States and the World)*, Special report of The Jerome Levy Economics Institute, available at http://www.levy.org/docs/sreport/sevenproc.html.

[163] Goldberg, J. and von Nitzsch, R. (2001). *Behavioral Finance*, translated by A. Morris (Wiley, Chichester, U.K., New York).

[164] Goldenfeld, N. (1992). *Lectures on Phase Transitions and the Renormalization Group* (Addison-Wesley, Reading, MA).

[165] Gordon, R. J. (1999). *Has the New Economy Rendered the Productivity Slowdown Obsolete?*, Manuscript, Northwestern University, Evanston, IL.

[166] Gordon, R. J. (2000). Does the New Economy measure up to the great inventions of the past?, *Journal of Economic Perspectives* **14**, 49–74.

[167] Gorte, R. W. (1995). *Forest Fires and Forest Health*, Congressional Research Service Report, The Committee for the National Institute for the Environment, Washington, D.C..

[168] Gould, S. J. and Eldredge, N. (1977). Punctuated equilibria: The tempo and mode of evolution reconsidered, *Paleobiology* **3**, 115–151.

[169] Gould, S. J. and Eldredge, N. (1993). Punctuated equilibrium comes of age, *Nature* **366**, 223–227.

[170] Graham, B. and Dodd, D. L. (1934). *Security Analysis*, 1st ed. (McGraw-Hill, New York).

[171] Graham, J. R. (1999). Herding among investment newsletters: Theory and evidence, *Journal of Finance* **54**, 237–268.

[172] Graham, R. L., Rothschild, B. L., and Spencer, J. H. (1990). *Ramsey theory*, 2nd ed. (Wiley, New York).

[173] Graham, R. L. and Spencer, J. H. (1990). Ramsey theory, *Scientific American* **July**, 112–117.

[174] Grant, J. L. (1990). Stock return volatility during the crash of 1987,

Journal of Portfolio Management **16**, 69-71.

[175] Gray, S. F. (1996). Regime-switching in Australian short-term interest rates, *Accounting & Finance* **36**, 65-88.

[176] Greenspan. A. (1997). Federal Reserve's semiannual monetary policy report, before the Committee on Banking, Housing, and Urban Affairs, U. S. Senate, February 26.

[177] Greenspan, A. (1998). Is there a new economy? *California Management Review* **41** (1), 74-85.

[178] Grossman, J. The Erdos Number Project, http://www.acs.oakland.edu/grossman/erdoshp.html.

[179] Grossman, J. W. and Ion, P. D. F. (1995). On a portion of the well-known collaboration graph, *Congressus Numerantium* **108**, 129-131.

[180] Grossman, S. and Stiglitz, J. E. (1980). On the impossibility of informationally efficient markets, *American Economic Review* **70**, 393-408.

[181] Grou, P. (1987, 1995). *L'aventure économique* (L'Harmattan, Paris), p. 160.

[182] Guare, J. (1990). *Six Degrees of Separation: A Play* (Vintage, New York).

[183] Guild, S. E. (1931). *Stock Growth and Discount Tables* (Financial publishers).

[184] Hamilton, J. B. (1989). A new approach to the economic analysis of non-stationary time series and the business cycle, *Econometrica* **57**, 357-384.

[185] Hamilton, J. D. (1986). On testing for self-fulfilling speculative price bubbles, *International Economic Review* **27**, 545-552.

[186] Hanson, R. (2000). *Could It Happen Again? Long-Term Growth as a Sequence of Exponential Modes*, Working paper available at http://hanson.gmu.edu/longgrow.html.

[187] Hardouvelis, G. A. (1988). Evidence on stock market speculative bub-

bles: Japan, the United States, and Great Britain, *Federal Reserve Bank of New York Quarterly Review* **13**, 4-16.

[188] Harris, L. (1997). Circuit breakers and program trading limits: what have we learned?, in *The 1987 Crash, Ten Years Later: Evaluating the Health of the Financial Markets*, published in volume II of the annual Brookings-Wharton Papers on Financial Services (The Brookings Institution Press, Washington, D. C.).

[189] Heath, C. and Gonzalez, R. (1995). Interaction with others increases decision confidence but not decision quality: Evidence against information collection views of interactive decision making, *Organizational Behavior & Human Decision Processes* **61**, 305-326.

[190] Heath, C. and Tversky, A. (1991). Preference and belief: Ambiguity and competence in choice under uncertainty, *J. Risk Uncertainty* **4**, 5-28.

[191] Helbing, D., Farkas, I., and Vicsek, T. (2000). Simulating dynamical features of escape panic, *Nature* **407**, 487-490.

[192] Hern, W. M. (1993). Is human culture carcinogenic for uncontrolled population growth and ecological destruction? *BioScience* **43**, 768-773.

[193] Herrmann, H. J. and Roux, S., Editors (1990). *Statistical Models for the Fracture of Disordered Media* (North-Holland, Amsterdam, New York).

[194] Hill, T. P. (1995). Base-invariance implies Benford's law, *Proc. Amer. Math. Soc.* 123, 887-895.

[195] Hill, T. P. (1998). The first digit phenomenon, *American Scientist* **86**, 358-363.

[196] Hill, T. P. (1995). A statistical derivation of the significant-digit law, *Statistical Science* **10**, 354-363.

[197] Hoffman, E. (1991). *Bibliography of Experimental Economics*, Department of Economics, University of Arizona, Tucson, 1991.

[198] Holland, J. H. (1992). Complex adaptive systems, *Daedalus* **121**, 17-30.

[199] Holmes, P. A. (1985) How fast will the dollar drop? *Nation's Business* **73**, 16.

[200] Hommes, C. H. (2001). Financial markets as nonlinear adaptive evolutionary systems, *Quantitative Finance* **1**, 149-167.

[201] Hsieh, D. A. (1989). Testing for nonlinear dependence in daily foreign exchange rates, *Journal of Business* **62**, 339-368.

[202] Hsieh, D. A. (1995). Nonlinear dynamics in financial markets: evidence and implications, *Financial Analysts Journal* **July-August**, 55-62.

[203] Huang, Y., Johansen, A., Lee, M. W., Saleur, H., and Sornette, D. (2000). Artifactual log-periodicity in finite-size data: Relevance for earthquake aftershocks, *Journal of Geophysics Research* **105**, 25451-25471.

[204] Huberman, G. and Regev, T. (2001). Contagious speculation and a cure for cancer: A nonevent that made stock prices soar, *Journal of Finance* **56**, 387-396.

[205] Ide, K. and Sornette, D. (2002). Oscillatory finite-time singularities in finance, population and rupture, *Physica A*, **307** (1-2), 63-106.

[206] Intriligator, M. D. (1998). Russia: Lessons of the economic collapse, *New York Times*, Aug. 8; Paper presented to the World Bank, Sept. 4.

[207] Investment Company Institute, http://www.ici.org/aboutici.html.

[208] Johansen, A. (1997). *Discrete Scale Invariance and Other Cooperative Phenomena in Spatially Extended Systems with Threshold Dynamics*, Ph. D. Thesis, Niels Bohr Institute, available on http://www.nbi.dk/johansen/pub.html.

[209] Johansen, A., Ledoit, O., and Sornette, D. (2000). Crashes as critical points, *International Journal of Theoretical and Applied Finance* **3**, 219-255.

[210] Johansen, A. and Sornette, D. (1998). Evidence of discrete scale invariance by canonical averaging, *International Journal of Modern Physics C* **9**, 433-447.

[211] Johansen, A. and Sornette, D. (1998). Stock market crashes are outliers, *European Physical Journal B* **1**, 141-143.

[212] Johansen, A. and Sornette, D. (1999). Critical crashes, *Risk* **12** (1), 91-94.

[213] Johansen, A. and Sornette, D. (1999). Financial "anti-bubbles": Log-periodicity in gold and Nikkei collapses, *International Journal of Modern Physics C* **10**, 563-575.

[214] Johansen, A. and Sornette, D. (1999). Modeling the stock market prior to large crashes, *European Physics Journal B* **9**, 167-174.

[215] Johansen, A. and Sornette, D. (2000). Critical ruptures, *European Physics Journal B* **18**, 163-181.

[216] Johansen, A. and Sornette, D. (2000). Evaluation of the quantitative prediction of a trend reversal on the Japanese stock market in 1999, *International Journal of Modern Physics C* **11**, 359-364.

[217] Johansen, A. and Sornette, D. (2000). The Nasdaq crash of April 2000: Yet another example of log-periodicity in a speculative bubble ending in a crash, *European Physical Journal B* **17**, 319-328.

[218] Johansen, A. and Sornette, D. (2001). Bubbles and anti-bubbles in Latin-American, Asian and Western stock markets: An empirical study, *International Journal of Theoretical and Applied Finance* **4** (6), 853-920.

[219] Johansen, A. and Sornette, D. (2001). Finite-time singularity in the dynamics of the world population and economic indices, *Physica A* **294**, 465-502.

[220] Johansen, A. and Sornette, D. (2001). Large stock market price drawdowns are outliers, *Journal of Risk* **4** (2), 69-110 (2002).

[221] Johansen, A., Sornette, D., and Ledoit, O. (1999). Predicting financial crashes using discrete scale invariance, *Journal of Risk* **1**, 5-32.

[222] Johansen, A., Sornette, D., Wakita, G., Tsunogai, U., Newman, W. I., and Saleur, H. (1996). Discrete scaling in earthquake precursory phenomena: Evidence in the Kobe earthquake, Japan, *Journal of Physics I, France* **6**, 1391-1402.

[223] Johnson, S. (2001). *Emergence: The Connected Lives of Ants, Brains,*

Cities (Scribner, New York).

[224] Jeffreys, H. (1961). *Theory of Probability*, 3rd ed. (Oxford University Press, Oxford, U. K.).

[225] Kadlec, C. W. (1999). *Dow 100,000: Fact or Fiction* (Prentice Hall, Englewood Cliffs, NJ).

[226] Kagel, J. and Roth, A., Editors. (1995). *Handbook of Experimental Economics* (Princeton University Press, Princeton, NJ).

[227] Kahneman, D., Knetsch, J. K., and Thaler, R. (1986). Fairness as a constraint on profit seeking: Entitlements in the market, *American Economic Review* **76**, 447-464.

[228] Kahneman, D., Knetsch, J. L., and Thaler, R. H. (1986) Fairness and the assumptions of economics/comments, *Journal of Business* **59**, S285-S300, S329-S354.

[229] Kalyvitis, S. and Pittis, N. (1994). Testing for exchange rate bubbles using variance inequalities, *Journal of Macroeconomics* **16**, 359-367.

[230] Kaminsky, G. and Peruga, R. (1991). Credibility crises: The dollar in the early 1980s, *Journal of International Money & Finance* **10**, 170-192.

[231] Kapitza, S. P. (1996). Phenomenological theory of world population growth, *Uspekhi Fizichskikh Nauk* **166**, 63-80.

[232] Karplus, W. J. (1992). *The Heavens Are Falling: The Scientific Prediction of Catastrophes in Our Time* (Plenum Press, New York).

[233] Keller, E. F. (1985). *Reflections on Gender and Science* (Yale University Press, New Haven, CT).

[234] Keller, E. F. and Segel, L. (1970). Initiation of slime mold aggregation viewed as an instability, *Journal of Theoretical Biology* **26** 399-415.

[235] Keynes, J. M. (1936). *The General Theory of Employment, Interest and Money* (Harcourt, Brace, New York), chapter 12.

[236] Kindleberger, C. P. (2000). *Manias, Panics, and Crashes: A History*

of Financial Crises, 4th ed. (Wiley, New York).

[237] Kindleberger, C. P. (2000). Review of Peter M. Garber's "Famous First Bubbles: The Fundamentals of Early Manias," *Economic History Services*, Aug. 15, http://www.eh.net/bookreviews/library/0281.shtml.

[238] Kirman, A. (1991) Epidemics of opinion and speculative bubbles in financial markets, in *Money and Financial Markets*, M. Taylor, editor, (Macmillan, New York).

[239] Kleidon, A. W. (1995). Stock market crashes, in *Finance*, R. A. Jarrow, V. Maksimovic, and W. T. Ziemba, editors., Handbooks in Operations Research and Management Science **9**, 465–495 (Elsevier Science, Amsterdam and New York).

[240] Knetter, M. M. (1994). Did the strong dollar increase competition in U.S. product markets? *Review of Economics & Statistics* **76**, 192–195.

[241] Koller, T. and Zane, D. W. (2001). What happened to the bull market? *The McKinsey Quarterly Newsletter* **4**(August), http://www.mckinseyquarterly.com.

[242] Koutmos, G. and Saidi, R. (1995). The leverage effect in individual stocks and the debt to equity ratio, *Journal of Business Finance & Accounting* **22**, 1063–1075.

[243] Kremer, M. (1993). Population growth and technological change: One million B.C. to 1990. *Quarterly Journal of Economics* **108**: 681–716.

[244] Krugman, P. (1996). *The Self-Organizing Economy* (Blackwell, Malden, MA).

[245] Krugman, P. (1998). The confidence game: How Washington worsened Asia's crash, *The New Republic*, October 5, available at http://web.mit.edu/krugman/www.

[246] Krugman, P. (1998). I know what the hedgies did last summer, *Fortune*, December issue, available at http://web.mit.edu/krugman/www/xfiles.

[247] Krugman, P. (1998). *A bridge to nowhere?* July 14. Shizuoka Shim-

bun, available at http://web.mit.edu/krugman/www/bridge.html.

[248] Krugman, P. (1999). A monetary fable, *The Independent*, E-print at http://web.mit.edu/krugman/www/coyle.html.

[249] Krugman, P. (1999, January 20). Japan heads for the edge, *Financial Times*, available at http://web.mit.edu/krugman/www.sakikab.html.

[250] Krugman, P. (2001) Reckonings, *The New York Times*, March 4.

[251] Laboratory for Financial Engineering at the Massachusetts Institute of Technology, http://cyber-exchange.mit.edu/.

[252] L'vov, V. S., Pomyalov, A., and Procaccia, I. (2001). *Outliers, Extreme Events and Multiscaling*, Physical Review E 6305, 6118, U158-U166.

[253] Laherrére, J. and Sornette, D. (1998). Stretched exponential distributions in Nature and Economy: "Fat tails" with characteristic scales, *European Physical Journal B* **2**, 525−539.

[254] Laibson, D. (1997). Golden eggs and hyperbolic discounting, *Quarterly Journal of Economics* **112**, 443−477.

[255] Laibson, D. (1998). Life-cycle consumption and hyperbolic discount functions. *European Economic Review* **42**, 861−871.

[256] Lamont, O. (1988). Earnings and expected returns, *The Journal of Finance* **LIII**, 1563−1587.

[257] LeBaron, B. (2000). Agent based computational finance: suggested readings and early research, *Journal of Economic Dynamics and Control* **24** (5−7), 679−702.

[258] LeBaron, B., Arthur, W. B., and Palmer, R. (1999). Time series properties of an artificial stock market, *Journal of Economic Dynamics and Control* **23**, 1487−1516.

[259] Le Bras, H. (1996). *Rumeur, troublante vérité du faux* (Rumors, troubling truth of the false) (Editions Odile Jacob, Paris french).

[260] Lee, C. M., Myers, J., and Swaminathan, B. (1999). What is the

intrinsic value of the Dow? *Journal of Finance* **54**, 1693-1741.

[261] Leeson, R. (1999). *The Decline and Fall of Bretton Woods*, Working Paper No. 178, Economics Department, Murdoch University, Perth, Western Australia, E-print at http://cleo.murdoch.edu.au/teach/econs/wps/178.html.

[262] Levy, M., Levy, H., and Solomon, S. (1995). Microscopic simulation of the stock market—the effect of microscopic diversity, *Journal de Physique I* **5**, 1087-1107.

[263] Levy, M., Levy, H., and Solomon, S. (2000). *The Microscopic Simulation of Financial Markets: From Investor Behavior to Market Phenomena* (Academic Press, San Diego).

[264] Lewis, S. (2000). Politics, resources and the environment: A witches brew? In *Malthus and the Third Millenium*, W. Chesworth, M. R. Moss, and V. G. Thomas, editors, The Kenneth Hammond Lectures on Environment, Energy and Resources, Faculty of Environmental Sciences, University of Guelph, CBC Ideas, Toronto, ON, Canada.

[265] Liggett, T. M. (1985). *Interacting Particle Systems* (Springer-Verlag, New York).

[266] Liggett, T. M. (1997). Stochastic models of interacting systems, *The Annals of Probability* **25**, 1-29.

[267] Lillo, F. and Mantegna, R. N. (2000). Symmetry alteration of ensemble return distribution in crash and rally days of financial markets, *European Physical Journal B* **15**, 603-606.

[268] Lintner, J. (1965). The valuation of risk assets and the selection of risky investments in stock portfolios and capital budgets, *Review of Economics and Statistics* **47**, 13-37.

[269] Lloyd, J. N. and Kotz, S. (1977). *Urn Models and Their Application: An Approach to Modern Discrete Probability Theory* (Wiley, New York).

[270] Lorenz, E. N. (1963). Deterministic nonperiodic flow, *Journal of At-

mospheric Science **20**, 130-141.

[271] Lowell, J., Neu, C. R., and Tong, D. (1998). *Financial Crises and Contagion in Emerging Market Countries*, RAND publication, Santa Monica, CA.

[272] Lowenstein, R. (2001). Exuberance is rational, *New York Times*, February 11.

[273] Lux, T. (1995). Herd behaviour, bubbles and crashes, *Economic Journal: The Journal of the Royal Economic Society* **105**, 881-896.

[274] Lux, T. (1998). The socio-economic dynamics of speculative markets: interacting agents, chaos, and the fat tails of return distributions, *Journal of Economic Behavior & Organization* **33**, 143-165.

[275] Lux, T. and Marchesi, M. (1999). Scaling and criticality in a stochastic multi-agent model of a financial market, *Nature* **397**, 498-500.

[276] Lux, T. and Marchesi, M. (2000). Volatility clustering in financial markets: a micro-simulation of interacting agents, *International Journal of Theoretical and Applied Finance* **3**, 675-702.

[277] MacArthur Jr., J. (1997). Grace Community Church in Panorama City, CA. Sermon transcribed from the tape, GC 90-164, titled "Gambling: The Seductive Fantasy, Part 1" (Word of Grace, Panorama City, CA).

[278] MacDonald, R. and Torrance, T. S. (1988). On risk, rationality and excessive speculation in the Deutschmark-US dollar exchange market: Some evidence using survey data, *Oxford Bulletin of Economics & Statistics* **50**, 107-123.

[279] Malakoff, D. (1999). Bayes offers a "new" way to make sense of numbers, *Science* **286**, 1460-1464; A brief guide to bayes theorem, *Science* **286**, 1461.

[280] Malamud, B. D., Morein, G., and Turcotte, D. L. (1998). Forest fires: An example of self-organized critical behavior, *Science* **281**, 1840-1842.

[281] Malki, E. (1999). *The Financial Crisis in Russia*, ewp-mac/9901001.

[282] Malkiel, B. G. (1999). *A Random Walk Down Wall Street* (Norton, New York).

[283] Mandelbrot, B. B. (1967). How long is the coast of Britain? Statistical self-similarity and fractional dimension, *Science* **155**, 636–638.

[284] Mandelbrot, B. B. (1982). *The Fractal Geometry of Nature* (Freeman, San Francisco).

[285] Mandelbrot, B. B. (1999). A multifractal walk down wall street, *Scientific American* **280**, 70–73 (February).

[286] Mantegna, R. N., Buldyrev, S. V., Goldberger, A. L., Halvin, S., and Stanley, H. E. (1995). Systematic analysis of coding and non-coding sequences using methods of statistical linguistics, *Physical Review E* **52**, 2939–2950.

[287] Mantegna, R. and Stanley, H. E. (2000). An Introduction to Econophysics: Correlations and Complexity in Finance (Cambridge University Press, Cambridge, U. K. and New York).

[288] Markowitz, H. (1959). *Portfolio Selection: Efficient Diversification of Investment* (Wiley, New York).

[289] Mauboussin, M. J. and Hiler, R. (1999). *Rational Exuberance?* Equity research report of Credit Suisse First Boston, January 26.

[290] Maug, E. and Naik, N. (1995). *Herding and Delegated Portfolio Management: The Impact of Relative Performance Evaluation on Asset Allocation*, Working paper, Duke University, Durhan, NC.

[291] McCarty, P. A. (1986). Effects of feedback on the self-confidence of men and women, *Academy of Management Journal* **29**, 840–847.

[292] Meakin, P. (1998). *Fractals, Scaling, and Growth far from Equilibrium* (Cambridge University Press, Cambridge, U. K. and New York).

[293] Merton, R. (1973). An intertemporal capital asset pricing model, *Econometrica* **41**, 867–888.

[294] Merton, R. C. (1990). *Continuous-Time Finance* (Blackwell, Cambridge, U. K.).

[295] Meyer F. (1947). *L'accélération évolutive. Essai sur le rythme évolutif*

et son interprétation quantique (Librairie des Sciences et des Arts, Paris).

[296] Meyer, F. (1954). *Problématique de l'évolution.* (Presses Universitaires de France, Paris).

[297] Milgram, S. (1967). The small world problem, *Psychology Today* **2**, 60-67.

[298] Miller, M. (1991). *Financial Innovations and Market Volatility* (Basil Blackwell, Cambridge, MA).

[299] Miller, M. H. and Modigliani, F. (1961). Divident policy, growth and the valuation of shares, *Journal of Business* **34**, 411-433.

[300] Miltenberger, P., Sornette, D., and Vanneste, C. (1993). Fault self-organization as optimal random paths selected by critical spatio-temporal dynamics of earthquakes, *Physics Review Letters* **71**, 3604-3607.

[301] Minnich, R. A. and Chou, Y. H. (1997). Wildland fire patch dynamics in the chaparral of southern California and northern Baja California, *International Journal of Wildland Fire* **7**, 221-248.

[302] Modigliani, F. and Miller, M. H. (1958). The cost of capital, corporation finance and the theory of investment, *American Economic Review* **48**, 655-669.

[303] Molchan, G. M. (1990). Strategies in strong earthquake prediction, *Physics of the Earth and Planetary Interiors* **61**, 84-98 (1990).

[304] Molchan, G. M. (1997). Earthquake prediction as a decision-making problem, *Pure and Applied Geophysics* **149**, 233-247 (1997).

[305] Montroll, E. W. and Badger, W. W. (1974). *Introduction to Quantitative Aspects of Social Phenomena* (Gordon and Breach, New York).

[306] Moore, S. and Simon, J. (2000). It's Getting Better All the Time: 100 Greatest Trends of the Last 100 Years (Cato Institute, Washington, D. C.).

[307] Moravec, H. (1998). *ROBOT: Mere Machine to Transcendent Mind* (Oxford University Press, Oxford, U. K.)

[308] Moreno, J. M., Editor. (1998). *Large Forest Fires* (Backhuys, Lei-

den).

[309] Morris, C. R. (1999). *Money, Greed, and Risk: Why Financial Crises and Crashes Happen* (Times Books, London).

[310] Moss de Oliveira, S., de Oliveira, P. M., and Stauffer, D. (1999). *Evolution, Money, War and Computers* (Teubner, Stuttgart-Leipzig).

[311] Mulligan, C. B. and Sala-i-Martin, X. (2000). Extensive margins and the demand for money at low interest rates, *Journal of Political Economy* **108**, 961-991.

[312] Nature. com (19999). *Nature Debates, Is The Reliable Prediction of Individual Earthquakes a Realistic Scientific Goal?* http://helix.nature.com/debates/earthquake/.

[313] Newman, M. E. J. (2001). *The Struture of Scientific Collaboration Networks*, Proceedings of the National Academy of Sciences, USA, 98, 404−409.

[314] Newman, M. E. J. (2001). Scientific collaboration networks. I. Network construction and fundamental results—art. no. 016131, Physical Review E6401, U249. U255; II. Shortest paths, weighted networks, and centrality—art. 016132, Physical Review E6401, U256-U261.

[315] Nishikawa, Y. (1998, October 16). Japan economy seen shrinking 1.6%, *Financial Express*, 1998 *Indian Express Newspapers* (Bombay) Ltd., available at http://www.financialexpress.com/fe/daily/19981016/28955054.html.

[316] Nison, S. (1991). *Japanese Candlestick Charting Techniques* (New York Institute of Finance, New York).

[317] Nottale, L., Chaline J., and Grou P. (2000). *Les arbres de l'éolution* (Hachette Litterature, Paris).

[318] Nottale, L., Chaline, J., and Grou, P. (2000). On the fractal stucture of evolutionary tress. In *Fractals 2000 in Biology and Medicine*, Proceedings of Third International Symposium, Ascona, Switzerland, March 8 − 11, 2000, G. Losa, editor (Birkhauser Verlag, Basel).

[319] O'Brien, J. and Srivastava, S. (1991). Dynamic stock markets with multiple assets, *Journal of Finance* **46**, 1811-38.

[320] Obstfeld, M. and Rogoff, K. (1986). Ruling out divergent speculative bubbles, *Journal of Monetary Economics* **17**, 349-362.

[321] Onsager, L. (1944). Crystal statistics. I. A two-dimensional model with an order-disorder transition, *Physics Review* **65**, 117-149.

[322] Oreskes, N., Shraderfrechette, K., and Belitz, K. (1994). Verification, validation and confirmation of numerical models in the Earth Sciences, *Science* **263**, 641-646; The meaning of models—response, *Science* **264**, 331-331.

[323] Orléan, A. (1984). Mimétisme et anticipations rationnelles: une perspective keynesienne, *Recherches Economiques de Louvain* **52** (1), 45-66.

[324] Orléan, A. (1986). L'auto-référence dans la théorie keynesienne de la spéculation, *Cahiers d'Economie Politique* **14-15**.

[325] Orléan, A. (1989). Comportements mimétiques et diversité des opinions sur les marchés financiers, in *Théorie économique et crises des marchés financiers*, H. Bourguinat and P. Artus, editors (Economica, Paris), chapter III, pp. 45-65.

[326] Orléan, A. (1989). Mimetic contagion and speculative bubbles, *Theory and Decision* **27**, 63-92.

[327] Orléan, A. (1991). Disorder in the stock market (in French), *La Recherche* **22**, 668-672.

[328] Orléan, A. (1995). Bayesian interactions and collective dynamics of opinion—Herd behavior and mimetic contagion, *Journal of Economic Behavior & Organization* **28**, 257-274.

[329] Palmer, R., Arthur, W. B., Holland, J. H., LeBaron, B., and Taylor, P. (1994). Artificial economic life—A simple model of a stock market, *Physica D* **75**, 264-274.

[330] Pandey, R. B. and Stauffer, D. (2000). Search for log-periodicity oscillations in stock market simulations, *International Journal of Theoretical and Applied*

Finance **3**, 479-482.

[331] Penrose, R. (1989). *The Emperor's New Mind* (Oxford University Press, Oxford, UK).

[332] Pesenti, P. and Tille, C. (2000). The economics of currency crises and contagion: An introduction, *Economic Policy Review* **6**, Federal Reserve Bank of New York, September, 3-16.

[333] Plott, C. R. and Sunder, S. (1982). Efficiency of experimental security markets with insider information: An application of rational-expectations models, *Journal of Political Economy* **90**, 663-698.

[334] Plott, C. R. and Sunder, S. (1988). Rational expectations and the aggregation of diverse information in laboratory settings, *Econometrica* **56**, 1085-1118.

[335] Porter, D. P. and Smith, V. L. (1995). Futures contracting and dividend uncertainty in experimental asset markets, *Journal of Business* **68**, 509-541.

[336] Poterba, J. M. (2001). Demographic structure and asset returns, *The Review of Economics and Statistics* **83**, 565-584.

[337] Potters, M., Cont, R., and Bouchaud, J.-P. (1998). Financial markets as adaptative ecosystems, *Europhysics Letters* **41**, 239-244.

[338] Press, W. H., Teulolsky, S. A., Vetterlong, W. T., and Flannery, B. P. (1994). *Numerical Recipies in Fortran* (Cambridge University Press, Cambridge, U.K.).

[339] Quinn, D. (1999). *Beyond Civilization: Humanity's Next Great Adventure* (Harmony Books, New York)

[340] Quinn, S. F. and Harvey, J. T. (1998). Speculation and the dollar in the 1980s, *Journal of Economic Issues* **32**, 315-323.

[341] Rachlevsky-Reich, B., Ben-Shaul, I., Chan, N. T., Lo, A. W., et al. (1999). GEM: A global electronic market system, *Information Systems* **24**, 495-518.

[342] Renshaw, E. (1990). Some evidence in support of stock market bubbles,

Financial Analysts Journal **46**, 71−73.

[343] Richardson, L. F. (1961). The problem of contiguity: An appendix of statistics of deadly quarrels, *General Systems Yearbook* **6**, 139−187.

[344] Richebacher, K. (2000/2001). *The Richebacher Letter*, August 2000 and March 2001, the Fleet Street group, Baltimore, MD.

[345] Ripley, B. D. (1996). *Pattern Recognition and Neural Networks* (Cambridge University Press, Cambridge, U. K.).

[346] Roberts, J. C. and Castore, C. H. (1972). The effects of conformity, information, and confidence upon subjects' willingness to take risk following a group discussion, *Organizational Behavior & Human Performance* **8**, 384−394.

[347] Roby, T. B. and Carterette, T. (1965). *The Measurement of Confidence and Trust*, United States Air Force Electronic Systems Division Technical Documentary Report **65−299**, 27.

[348] Roehner, B. M. and Sornette, D. (1998). The sharp peak-flat trough pattern and critical speculation, *European Physical Journal B* **4**, 387−399.

[349] Roehner, B. M. and Sornette, D. (2000). "Thermometers" of speculative frenzy, *European Physical Journal B* **16**, 729−739.

[350] Romer, P. M. (1990) Endogeneous technological change. *Journal of Political Economy* **98**, S71-S102.

[351] Romer, C. D. (1990). The great crash and the onset of the great depression, *Quarterly Journal of Economics* **105**, 597−624.

[352] Romer, D. (1996). *Advanced Macroeconomics* (McGraw-Hill, New York).

[353] Ross, S. A. (1976). The arbitrage theory of capital asset pricing, *Journal of Economic Theory* **13**, 341−360.

[354] Rubinstein, M. (2001). Rational markets: Yes or no? The affirmative case, *Financial Analysts Journal* **57**, 15−29.

[355] Saleur, H., Sammis, C. G., and Sornette, D. (1996). Discrete scale

invariance, complex fractal dimensions and log-periodic corrections in earthquakes, *Journal of Geophysics Research* **101**, 17661-17677.

[356] Saleur, H. and Sornette, D. (1996). Complex exponents and log-periodic corrections in frustrated systems, *Journal de Physique I France* **6**, 327-355.

[357] Samuelson, P. A. (1965). Proof that properly anticipated prices fluctuate randomly, *Industrial Management Review* **6**, 41-49.

[358] Samuelson, P. A. (1973). Proof that properly discounted present values of assets vibrate randomly, *The RAND Journal of Economics* **4**, 369-374.

[359] Santoni, G. J. (1987). The great bull markets 1924-29 and 1982-87: Speculative bubbles or economic fundamentals? *Federal Reserve Bank of St. Louis Review* **69**, 16-30.

[360] Sato, A. H. and Takayasu, H. (1998). Dynamic numerical models of stock market price: From microscopic determinism to macroscopic randomness, *Physica A* **250**, 231-252.

[361] Savoy, C. and Beitel, P. (1997). The relative effect of a group and group/individualized program on state anxiety and state self-confidence, *Journal of Sport Behavior* **20**, 364-376.

[362] Saxton, J. (1998). *Financial Crises in Emerging Markets: Incentives and the IMF*, http://www.house.gov/jec/imf/incentiv.htm.

[363] Schaller, H. and van Norden, S. (1997). Regime switching in stock market returns, *Applied Financial Economics* **7**, 177-191.

[364] Scharfstein, D. and Stein, J. (1990). Herd behavior and investment, *American Economic Review* **80**, 465-479.

[365] Schieber, S. J. and Shoven, J. B. (1997). *Public Policy Toward Pensions* (MIT Press, Cambridge, MA).

[366] Science Summit on World Population: A Joint Statement by 58 of the World's Scientific Academies (1994). *Population and Development Review* **20**: 233-238.

[367] Searle, J. R. (1980). Minds, brains, and programs, in *The Behavioral and Brain Sciences*, Vol 3 (Cambridge University Press, Cambridge, U. K.). Reprinted in *The Mind's I* (1981), D. R. Hofstadter and D. C. Dennett, editors (Basic Books, New York).

[368] Sellers, W. D. (1969). A climate model based on the energy balance of the earth-atmosphere system, *Journal of Applied Meteorology* **8**, 392−400.

[369] Sharp, G. L., Cutler, B. L., and Penrod, S. D. (1988). Performance feedback improves the resolution of confidence judgments, *Organizational Behavior & Human Decision Processes* **42**, 271−283.

[370] Sharpe, W. F. (1964). Capital asset prices: A theory of market equilibrium under conditions of risk, *Journal of Finance* **19**, 425−442.

[371] She, Z. S. (1998). Universal law of cascade of turbulent fluctuations, *Progress of Theoretical Physics Supplement* **130**, 87−102.

[372] Shefrin, H. (2000). Beyond Greed and Fear: Understanding Behavioral Finance and the Psychology of Investing (Harvard Business School Press, Boston, MA).

[373] Shefrin, H. M. and Thaler, R. H. (1988). The behavioral life-cycle hypothesis, *Economic Inquiry* **26**, 609−643.

[374] Shiller, R. J. (1989). *Market Volatility* (MIT Press, Cambridge, MA).

[375] Shiller, R. J. (2000). *Irrational Exuberance* (Princeton University Press, Princeton, NJ).

[376] Shleifer, A. (2000). *Inefficient Markets: An Introduction to Behavioral Finance* (Oxford University Press, New York).

[377] Sieck, W. and Yates, J. F. (1997). Exposition effects on decision making: Choice and confidence in choice, *Organizational Behavior & Human Decision Processes* **70**, 207−219.

[378] Siegel, J. J. (1998). *Stocks for the Long Run*, 2nd ed. (McGraw Hill,

New York).

[379] Simon, H. (1982). *Models of Bounded Rationality*, Vols 1 and 2 (MIT Press, Cambridge, MA).

[380] Simon, J. L. (1996). *The Ultimate Resource 2?* (Princeton University Press, Princeton, NJ).

[381] Sircar, K. R. and Papanicolaou, G. (1998). General Black-Scholes models accounting for increased market volatility from hedging strategies, *Applied Mathematical Finance* **5**, 45–82.

[382] Slater, M. D. and Rouner, D. (1992). Confidence in beliefs about social groups as an outcome of message exposure and its role in belief change persistence, *Communication Research* **19**, 597–617.

[383] Small, P. (2000). *The Entrepreneurial Web* (Addison-Wesley, Reading, MA)

[384] Smith, A. (1776). *An Inquiry into the Nature and Causes of the Wealth of Nations* (Printed for W. Strahan and T. Cadell, London); (1805) 11th ed. with notes, supplementary chapters, and a life of Dr. Smith, by William Playfair (Printed for T. Cadell and W. Davies, London).

[385] Smith, J. Q., Harrison, P. J. and Zeeman, E. C. (1981). The analysis of some discontinuous decision processes, *European Journal of Operational Research* **7**, 30–43.

[386] Smith, L. A. (2000). Disentangling uncertainty and error: On the predictability of nonlinear systems, *in Nonlinear Dynamics and Statistics*, A. Mees, editor, (Birkhauser, Boston) chapter 2.

[387] Smith, L. A., Fournier, J.-D., and Spiegel, E. A. (1986). Lacunarity and intermittency in fluid turbulence, *Physics Letters A* **114**, 465–468.

[388] Smith, L. A., Ziehmann, C., and Fraedrich, K. (1999). Uncertainty dynamics and predictability in chaotic systems, *Quarterly Journal of the Royal Meteorolgical Society* **125**, 2855–2886

[389] Smith, V. L. (1982). Microeconomic systems as an experimental science, *American Economic Review* **72**, 923-955.

[390] Smith, V. L. (1991). *Papers in Experimental Economics* (Cambridge University Press, New York).

[391] Smith, V. L. (1996). The handbook of experimental economics, *Journal of Economic Literature* **34**, 1950-1952.

[392] Sornette, D. (1998). Discrete scale invariance and complex dimensions, *Physics Reports* **297**, 239-270.

[393] Sornette, D. (1999). Complexity, catastrophe and physics, *Physics World* **12** (N12), 57-57.

[394] Sornette, D. (2000). *Critical Phenomena in Natural Sciences, Chaos, Fractals, Self-organization and Disorder: Concepts and Tools*, Springer Series in Synergetics (Springer-Verlag, Heidelberg).

[395] Sornette, D. (2000). Stock market speculation: Spontaneous symmetry breaking of economic valuation, *Physica A* **284**, 355-375.

[396] Sornette, D. and Andersen, J. V. (2002). A nonlinear super-exponential rational model of speculative financial bubbles, *International Journal of Modern Physics C* **13** (2), 171-188

[397] Sornette, D. and Johansen, A. (1997). Large financial crashes, *Physica A* **245**, 411-422.

[398] Sornette, D. and Johansen, A. (1998). A hierarchical model of financial crashes, *Physica A* **261**, 581-598.

[399] Sornette, D. and Johansen, A. (2001). Significance of log-periodic precursors to financial crashes, *Quantitative Finance* **1** (4), 452-471.

[400] Sornette, D., Johansen, A., Arnéodo, A., Muzy, J.-F., and Saleur, H. (1996). Complex fractal dimensions describe the internal hierarchical structure of DLA, *Physical Review Letters* **76**, 251-254.

[401] Sornette, D., Johansen, A., and Bouchaud, J.-P. (1996). Stock market

crashes, precursors and replicas, *Journal de Physique I*, *France* **6**, 167−175.

[402] Sornette, D. and Knopoff, L. (1997). The paradox of the expected time until the next earthquake, *Bulletin of the Seismological Society of America* **87**, 789−798.

[403] Sornette, D. and Malevergne, Y. (2001), From rational bubbles to crashes, *Physica A* **299**, 40−59.

[404] Sornette, D., Miltenberger, P., and Vanneste, C. (1994). Statistical physics of fault patterns self-organized by repeated earthquakes, *Pure and Applied Geophysics* **142**, 491−527.

[405] Sornette, D. and Sammis, C. G. (1995). Complex critical exponents from renormalization group theory of earthquakes: Implications for earthquake predictions, *Journal de Physique I*, *France* **5**, 607−619.

[406] Sornette, D., Stauffer, D., and Takayasu, H. (2002). Market fluctuations: Multiplicative and percolation models, size effects and predictions, chapter 14 of "Theories of disaster: Scaling laws governing weather, body and stock market dynamics," A. Bunde, J. Kropp, and H.-J. Schellnhuber, editors, Springer Proceedings of Facets of Universality: Climate, Biodynamics and Stock Markets, Giessen University, June 1999, E-print at http://xxx.lanl.gov/abs/cond-mat/9909439.

[407] Soros, G. (1998). Toward a global open society, *Atlantic Monthly* **22**.

[408] Speaker's Advisory Group on Russia (1998). *Russia's Road to Corruption*, Report available at http://policy.house.gov/russia/contents.html.

[409] Stanley, H. E. and Ostrowsky, N., Editors (1986). On growth and form: Fractal and non-fractal patterns in physics (M. Nijhoff, Dordrecht, the Netherlands and Boston).

[410] Stanley, H. E. and Ostrowsky, N., Editors (1988). Random fluctuations and pattern growth: Experiments and models (Kluwer, Dordrecht, the Netherlands and Boston).

[411] Stanley, T. D. (1994). Silly bubbles and the insensitivity of rationality testing: An experimental illustration, *Journal of Economic Psychology* **15**, 601−620.

[412] St. Petersburg Times (1999). Post-crisis special '99, Timeline of economic collapse.

[413] Stauffer, D. (1999). Monte-Carlo-Simulation mikroskopischer Börsenmodelle, *Physikalische Blätter* **55**, 49.

[414] Stauffer, D. and Aharony, A. (1994). *Introduction to Percolation Theory*. 2nd ed. (Taylor & Francis, London).

[415] Steindel, C. and Stiroh, K. J. (2001). *Productivity: What Is It, and Why Do We Care about It?* Working paper of the Federal Reserve Bank of New York.

[416] Stiroh, K. J. (2001). *Information Technology and the U. S. Productivity Revival: What Do the Industry Data Say?* Working paper of the Federal Reserve Bank of New York.

[417] Svenson, O. (1981). Are we less risky and more skillful than our fellow drivers? *Acta Psychol*. **47**, 143−148.

[418] Tacoma Narrows Bridge historical film footage showing in 250 frames (10 seconds) the maximum torsional motion shortly before failure of this immense structure, http://cee.carleton.ca/Exhibits/Tacoma_Narrows/.

[419] Tainter, J. A. (1988). *The Collapse of Complex Societies* (Cambridge University Press, Cambridge, U. K. and New York).

[420] Tainter, J. A. (1995). Sustainability of complex societies, *Futures* **27**, 397−407.

[421] Takayasu, H., Miura, H., Hirabayshi, T., and Hamada, K. (1992). Statistical properties of deterministic threshold elements—The case of the market price, *Physica A* **184**, 127−134.

[422] Tesar, L. T. and Werner, I. M. (1997). *The Internationalization of Securities Markets Since the 1987 Crash*, Papers presented at the October 1997 conference, published in Vol. II of the annual Brookings-Wharton Papers on Financial Services, http://wrdsenet.wharton.upenn.edu/fic/wfic/papers/97/b6.html.

[423] Thaler, R. H. (1985). Mental accounting and consumer choice, *Market-*

ing Science **4**, 199-214.

[424] Thaler, R. H., Editor(1993). *Advances in Behavioral Finance* (Russell Sage Foundation, New York).

[425] Thaler, R. H. and Johnson, E. J. (1990). Gambling with the house money and trying to break even: The effects of prior outcomes on risky choice, *Management Science* **36**, 643-660.

[426] Toner, J. and Tu, Y. H. (1998). Flocks, herds, and schools: A quantitative theory of flocking, *Physical Review E* **58**, 4828-4858.

[427] Trueman, B. (1994). Analyst forecasts and herding behavior, *The Review of Financial Studies* **7**, 97-124.

[428] Ulam, S. (1959). Tribute to John von Neumann, *Bulletin of the American Mathematical Society* **64**, 1-49.

[429] U. S. Committee of the Global Atmospheric Research Program (1975). *Understanding Climatic Change—A Program for Action* (National Research Council, National Academy of Sciences, Washington, D. C.).

[430] U. S. -Postage Release No. 99-045, May 21, 1999.

[431] Van Norden, S. (1996). Regime switching as a test for exchange rate bubbles, *Journal of Applied Econometrics* **11**, 219-251.

[432] Van Norden, S. and Schaller, H. (1993). The predictability of stock market regime: Evidence from the Toronto Stock Exchange, *Review of Economics & Statistics* **75**, 505-510.

[433] Vandewalle, N., Ausloos, M., Boveroux, P., and Minguet, A. (1998). How the financial crash of October 1997 could have been predicted, *European Physical Journal B* **4**, 139-141.

[434] Vandewalle, N., Ausloos, M., Boveroux, P., and Minguet, A. (1999). Visualizing the log-periodic pattern before crashes, *European Physical Journal B* **9**, 355-359.

[435] Vandewalle, N., Boveroux, P., Minguet, A., and Ausloos, M.

(1998). The crash of October 1987 seen as a phase transition: Amplitude and universality, *Physica A* **255**, 201–210.

[436] van Raan, A. F. J. (2000). On growth, ageing and fractal differentitation of science, *Scientometrics* **47**, 347–362.

[437] Varian, H. R. (1989). Difference of opinion in financial markets, in *Financial Risk: Theory, Evidence and Implications*, Proceedings of the Eleventh Annual Economic Policy Conference of the Federal Reserve Bank of St. Louis, Courtenay C. Stone, editor (Kluwer, Boston).

[438] Vinge, V. (1993). *The Coming Technological Singularity: How to Survive in the Post-Human Era*, available at http://www.aleph.se/Trans/Global/Singularity/sing.html, presented at the VISION-21 Symposium sponsored by NASA Lewis Research Center and the Ohio Aerospace Institute, March 30–31, 1993.

[439] Visser, W. (1997) Can the casino economy be tamed? *Money Values*, http://sane.org.za/moneyvalues/27-Oct-1997.html.

[440] Vitousek, P. M., Mooney, H. A., Lubchenco, J., and Mellilo, J. M. (1997). Human domination of Earth's eco systems, *Science* **277**, 494–499.

[441] von Foerster, H., Mora, P. M., and Amiot, L. W. (1961). Population density and growth, *Science* **133**, 1931–1937.

[442] Von Neumann, J. (1938/1968). Uber ein ökonomisches Gleichungssystem und eine Verallgemeinerung des Brouwerschen Fixpunktsatzes (English translation, 1968, A Model of General Economic Equilibrium), in *Readings in Mathematical Economics*, Peter Newman, editor (John Hopkins University Press, Baltimore), pp. 221–229.

[443] Von Neumann, J. and Morgenstern, O. (1947). *Theory of Games and Economic Behavior* (Princeton University Press, Princeton, NJ).

[444] Voss, R. F. (1992). Evolution of long-range fractal correlations and 1/f noise in DNA base sequences, *Phys. Rev. Lett.* **68**, 3805–3808.

[445] Watts, D. J. (1999). *Small Worlds* (Princeton University Press, Prince-

ton, NJ).

[446] Weber, M. and Camerer, C. F. (1998). The disposition effect in securities trading: An experimental analysis, *Journal of Economic Behavior & Organization* **33**, 167-184.

[447] Weierstrass, K. (1895). Über continuirliche functionen eines reellen arguments, die für keiner Werth des letzteren einen bestimmten differential-quotienten besitzen, *Mathematische Werke* (Mayer & Muller, Berlin). (Proof first given in 1872).

[448] Weinberg, S. (1996). *The Quantum Theory of Fields* (Cambridge University Press, Cambridge, U. K. and New York).

[449] Weiss, H. and Bradley, R. S. (2001). What drives societal collapse? *Science* **291**, 609-610.

[450] Welch, I. (1992). Sequential sales, learning, and cascades, *Journal of Finance* **47**, 695-732; see also http://welch.som.yale.edu/cascades for an annotated bibliography and resource reference on "information cascades".

[451] Welch, I. (2000). Herding among security analysts, *Journal of Financial Economics* **58** (3), 369-396.

[452] Weron, R. (2000). Energy price risk management, *Physica A* **285**, 127-134.

[453] West, K. D. (1987). A specification test for speculative bubbles, *Quarterly Journal of Economics* **102**, 553-580.

[454] White, E. N. (1996). Stock market crashes and speculative manias. In *The international library of macroeconomic and financial history* **13**. An Elgar Reference Collection, Cheltenham, U. K. and Brookfield, MA.

[455] White, E. N. and Rappoport, P. (1995). The New York stock market in the 1920s and 1930s: Did stock prices move together too much?, in *Anglo-American Financial Systems: Institutions and Markets in the Twentieth Century*, M. Bordo and R. Sylla, editors (Burr Ridge Irwin), pp. 299-316.

[456] Wigner, E. P. (1960). The (unreasonable) effectiveness of mathematics, *Communications in Pure and Applied Mathematics* **13**, February.

[457] Williams, J. B. (1938). *The Theory of Investment Value* (Harvard University Press, Cambridge, MA).

[458] Wilson, K. G. (1979). Problems in physics with many scales of length, *Scientific American* **241** (2), 158−179.

[459] Wu, Y. (1995). Are there rational bubbles in foreign exchange markets? Evidence from an alternative test, *Journal of International Money & Finance* **14**, 27−46.

[460] Youssefmir, M., Huberman, B. A., and Hogg, T. (1998). Bubbles and market crashes, *Computational Economics* **12**, 97−114.

[461] Zajdenweber, D. (2000). *Economie des extrêmes*, collection Nouvelle Bibliothèque Scientifique (Flammarion Editor, Paris).

[462] Zaslavsky, G. M. (2000). Multifractional kinetics, *Physica A* **288**, 431−443.

[463] Zwiebel, J. (1995). Corporate conservatism and relative compensation, *Journal of Political Economy* **103**, 125.

[464] Lo, A. W. and MacKinlay, A. C. (1999). *A Non-Random Walk Down Wall Street* (Princeton University Press, Princeton, NJ).

Why Stock Markets Crash: Critical Events in Complex Financial Systems by Didier Sornette

Copyright © 2003 by Princeton University Press

Simplified Chinese edition © 2018 by China Renmin University Press.

All rights reserved. No part of this book may be reproduced or transmitted in any form or by any means, electronic or mechanical, including photocopying, recording or by any information storage and retrieval system, without permission in writing from the Publisher.

图书在版编目（CIP）数据

股市为什么会崩盘/（法）索尔内特（Sornette, D.）著；闫晚丰，林黎，柯冬敏译.—北京：中国人民大学出版社，2018.7
书名原文：Why Stock Markets Crash: Critical Events in Complex Financial Systems
ISBN 978-7-300-22709-2

Ⅰ. ①股… Ⅱ. ①索…②闫…③林…④柯… Ⅲ. ①股票市场-研究 Ⅳ. ①F830.91

中国版本图书馆 CIP 数据核字（2016）第 064490 号

股市为什么会崩盘
迪迪埃·索尔内特　著
闫晚丰　林　黎　柯冬敏　译
Gushi Weishenme Hui Bengpan

出版发行	中国人民大学出版社		
社　　址	北京中关村大街 31 号	邮政编码	100080
电　　话	010-62511242（总编室）		010-62511770（质管部）
	010-82501766（邮购部）		010-62514148（门市部）
	010-62515195（发行公司）		010-62515275（盗版举报）
网　　址	http://www.crup.com.cn		
经　　销	新华书店		
印　　刷	涿州市星河印刷有限公司		
规　　格	170 mm×230 mm　16 开本	版　次	2018 年 7 月第 1 版
印　　张	24.75 插页 3	印　次	2020 年 6 月第 3 次印刷
字　　数	385 000	定　价	78.00 元

版权所有　　侵权必究　　印装差错　　负责调换